PHP et MySQL

6e ÉDITION

pour les nuls

Janet Valade

FIRST
Interactive

PHP et MySQL 6e édition Pour les Nuls

Titre de l'édition originale : ***PHP & MySQL For Dummies***

Pour les Nuls est une marque déposée de Wiley Publishing, Inc.
For Dummies est une marque déposée de Wiley Publishing, Inc.

Collection dirigée par Jean-Pierre Cano
Traduction : Denis Duplan
Mise en page : Marie Housseau

Edition française publiée en accord avec Wiley Publishing, Inc.

Éditions First, un département d'Édi8
12 avenue d'Italie
75013 Paris
Tél. : 01 44 16 09 00
Fax : 01 44 16 09 01
E-mail : firstinfo@efirst.com
Web : www.editionsfirst.fr
ISBN : 978-2-412-02891-9
Dépôt légal : 3e trimestre 2017

Imprimé en France

Sommaire

Chapitre 2 : Configuration de votre environnement de travail 23

Chapitre 3 : Développement d'une application de base de données sur le Web 51

Introduction

Bienvenue dans le monde passionnant des applications de bases de données sur le Web ! Bien que ce livre vous expose les techniques vous permettant de construire n'importe quelle application exploitant une base de données, je vous recommande de commencer par une application simple. Vous en trouverez deux exemples dans cet ouvrage, choisis en vue de représenter deux types d'applications que l'on rencontre fréquemment sur le Web : les catalogues de produits et les sites réservés à des membres ou à des clients particuliers qui doivent s'enregistrer et fournir un mot de passe pour y avoir accès. Ces exemples sont suffisamment élaborés pour que leur réalisation fasse appel à plusieurs programmes. Ils mettent en œuvre des données et des techniques de manipulation diversifiées, tout en restant faciles à comprendre. Vous pourrez aisément les adapter à la construction de toute une variété de sites Web, et en développer la structure pour y inclure toutes les fonctionnalités qui vous sembleront nécessaires.

Qu'y a-t-il dans ce livre ?

Ce livre est un guide chargé de vous faciliter la construction d'applications de bases de données. Il a été conçu comme une référence et non comme un outil pédagogique, aussi n'avez-vous nul besoin de le parcourir d'un bout à l'autre, page après page, sauf, bien sûr, si tel est votre désir. Vous pouvez en commencer la lecture n'importe où : au Chapitre 1, au Chapitre 9 ou ailleurs. J'ai divisé la tâche que représente la réalisation d'une application de base de données sur le Web en fragments d'informations faciles à digérer. Aussi une simple consultation du sommaire vous permettra-t-elle de localiser le sujet qui vous intéresse et de vous y reporter immédiatement. Si vous avez besoin d'informations supplémentaires contenues dans un autre chapitre, vous trouverez des références à ce chapitre.

Voici un échantillon de quelques-uns des sujets traités :

- Construction et utilisation d'une base de données MySQL.
- Inclusion d'instructions PHP dans un fichier HTML.
- Mise en œuvre des fonctionnalités du langage PHP.

» Emploi de formulaires HTML pour collecter des informations en provenance des utilisateurs.

» Présentation dans une page Web d'informations extraites d'une base de données.

» Enregistrement d'informations dans une base de données.

Conventions utilisées dans ce livre

Ce livre renferme plusieurs exemples dans lesquels interviennent des instructions PHP allant d'une ou deux lignes de code à un programme complet. Pour ces instructions, j'ai utilisé une typographie particulière comme celle de la ligne suivante :

```
Ceci est une instruction PHP
```

J'ai également utilisé cette convention lorsque, à l'intérieur d'un paragraphe normal, j'ai eu besoin de citer une instruction ou un mot clé PHP ou MySQL. Ainsi, ce texte est un exemple d'information PHP présentant ce texte dans le cours d'un paragraphe normal.

Dans les exemples, vous verrez souvent des mots écrits en italique. Ils représentent des types généraux qui doivent être remplacés par un nom ou un mot spécifique en fonction de l'endroit où ils figurent. Par exemple, lorsque vous verrez une ligne comme celle-ci :

```
SELECT `e^jm.)`e^jm/ FROM q^_ib
```

vous saurez que champ1, champ2 et table doivent être remplacés par des noms véritables parce qu'ils sont imprimés en italique. Aussi, dans votre programme, cette ligne pourra-t-elle se présenter ainsi :

```
SELECT nom,age FROM Client
```

En outre, vous pourrez trouver occasionnellement dans un exemple des points de suspension (...) à la suite d'une liste. Il ne faut pas les taper, car ils indiquent simplement que vous pouvez avoir autant d'articles que vous le voulez dans cette liste. Par exemple, si vous lisez la ligne suivante :

```
SELECT `e^jm.)`e^jm/)+++ FROM q^_ib
```

vous ne devez pas reproduire les trois points dans votre instruction ; ils signifient simplement que votre énumération peut comprendre deux articles ou davantage.

Vous pourriez donc les remplacer par champ3, champ4, et ainsi de suite, ce qui donnerait concrètement :

```
SELECT nom,age,taille)pointure+++ FROM Client
```

Lire ou ne pas lire ?

Certaines informations figurant dans ce livre sont flanquées d'un pictogramme marqué *Note technique*. Il signifie qu'il s'agit d'une information qu'il n'est pas indispensable de lire pour être en mesure de créer une application de base de données sur le Web. Cela peut aller d'une explication complémentaire sur un sujet donné à la description d'une astuce demandant davantage de connaissances techniques pour être mise en œuvre. Certains lecteurs pourront s'y intéresser, mais vous devez savoir que vous êtes tout à fait libre d'ignorer ces notes si vous ne les trouvez ni intéressantes ni utiles.

Stupides suppositions

Lorsqu'on écrit un livre sur un sujet précis et non une encyclopédie, on est obligé de faire quelques suppositions sur l'état des connaissances du lecteur. Ainsi, j'ai supposé que vous connaissiez HTML et aviez déjà créé des sites Web avec ce « langage ». En conséquence, bien que j'aie utilisé fréquemment HTML, vous ne trouverez ici aucune explication le concernant. Si vous ne savez pas ce qu'est HTML, je vous suggère d'acquérir un livre sur le sujet (par exemple, *HTML 4 pour les Nuls*, de Ed Tittel, Natanya Pitts et Chelsea Valentine [Ed. First Interactive]) et de réaliser quelques pages Web avant de poursuivre votre lecture. En particulier, il est indispensable de bien connaître tout ce qui concerne les formulaires et les tableaux. Toutefois, si vous êtes du genre impatient, sachez qu'il n'est pas totalement impossible de profiter de ce livre sans bien connaître HTML. Vous aurez en effet l'occasion d'y glaner çà et là suffisamment de HTML pour être en mesure de construire votre propre site Web. Si vous décidez de continuer sans vous intéresser spécialement à HTML, je vous suggère néanmoins d'avoir à portée de main un ouvrage de référence sur le sujet. Vous pourrez certainement y trouver les explications nécessaires sur ce qui n'est pas détaillé dans mon livre.

Si, en dépit de votre peu d'expérience pratique de HTML, vous avez choisi de poursuivre la lecture de ce livre, vous risquez de manquer des connaissances de base nécessaires. Vous devez dans tous les cas savoir comment créer et sauvegarder des textes non formatés avec un éditeur de texte tel que le Bloc-notes de Windows ou votre traitement de texte habituel. Dans ce dernier cas, attention à bien spécifier que votre fichier doit être sauvegardé en texte pur et non en texte mis en forme. Vous devez aussi savoir où placer les fichiers texte contenant le code (HTML et/ou PHP) de vos pages Web, afin qu'elles soient accessibles à tous les utilisateurs qui visiteront votre site. Enfin, il faut que vous sachiez comment transférer vos fichiers sur un serveur Web afin que le monde entier puisse contempler vos pages.

Inutile d'être un spécialiste émérite des bases de données. Inutile également de savoir programmer. Toutes les informations nécessaires pour y parvenir se trouvent dans ce livre.

Comment est organisé ce livre

Ce livre est divisé en six parties, chacune d'elles contenant plusieurs chapitres. Cela va de l'introduction à PHP et MySQL jusqu'à l'installation, la création et l'exploitation de bases de données en passant par l'écriture de programmes en PHP.

Première partie : Principes d'une application Web avec PHP et MySQL

Cette partie constitue un bref tour d'horizon de l'utilisation de PHP et MySQL pour créer une application de base de données sur le Web. PHP et MySQL y sont décrits en mettant en lumière les avantages de leur utilisation conjointe. Vous y apprendrez comment démarrer, de quoi vous allez avoir besoin, comment accéder à PHP et à MySQL, et comment tester votre logiciel. Je vous montrerai comment se présente le processus de développement de ce type d'application.

Deuxième partie : Les bases de données MySQL

Cette partie vous donne des détails concernant la mise en œuvre de bases de données avec MySQL : comment créer une base de données, comment la modifier et comment y placer ou en extraire des informations.

Troisième partie : Le langage PHP

Vous trouverez dans cette partie des détails sur l'écriture de programmes en PHP, programmes qui permettront à votre application Web d'insérer de nouvelles informations, de mettre à jour les informations existantes ou de supprimer des informations dans une base de données MySQL. Vous découvrirez de quelle façon utiliser les fonctionnalités de PHP pour dialoguer avec une base de données et traiter des formulaires HTML.

Vous découvrirez aussi certaines fonctionnalités avancées de PHP qui vous seront très utiles pour développer des applications de manipulation de données plus sophistiquées : la programmation objet pour manipuler les données sous une forme plus agréable que des tableaux, et XML et XSLT pour transformer des données au format XML.

Quatrième partie : Applications

La quatrième partie décrit une application Web considérée comme un tout. Vous y verrez comment organiser un programme PHP sous forme d'une application fonctionnelle qui dialogue avec la base de données. Deux exemples d'applications complets s'y trouvent exposés avec force détails et explications.

Vous y verrez aussi comment mettre en œuvre certaines fonctionnalités avancées de PHP (les objets, XML) pour mettre au point un mécanisme d'échange de données entre le navigateur et le serveur qui permet d'éviter de recharger des pages à chaque requête.

Cinquième partie : Les dix commandements

C'est ici que vous trouverez les listes habituelles de ce qu'il faut faire et ne pas faire lorsqu'on développe une application de base de données sur le Web.

Sixième partie : Annexes

Vous trouverez ici des indications sur la façon d'installer PHP et MySQL à l'intention de ceux qui souhaitent y procéder eux-mêmes plutôt que de recourir aux bons offices d'un hébergeur de pages Web.

Pictogrammes utilisés dans ce livre

Cette icône indique que vous allez trouver ici des informations supplémentaires sur un point particulier. Cela peut vous faire gagner du temps et vous épargner des efforts. Aussi est-il important de lire ce ou ces paragraphes.

Ces « avertissements » sont loin d'être inutiles. Ils mettent l'accent sur tel ou tel point et vous expliquent ce que vous devez faire pour éviter de tomber dans un piège.

Ce pictogramme signale des informations qu'il n'est pas indispensable de connaître en raison de leur nature plus technique. Elles peuvent néanmoins vous être utiles, bien qu'elles ne soient pas essentielles à la compréhension du sujet qui nous occupe.

Ce pictogramme est une sorte de pense-bête qui signale des informations qu'il est utile d'avoir présentes en mémoire.

Pour aller plus loin

Ce livre est organisé en suivant l'ordre à respecter lorsque l'on doit aborder un nouveau projet. Si vous êtes un débutant complet, il vous sera probablement utile de commencer par la première partie, dans laquelle vous apprendrez comment concevoir les différentes composantes de votre application et comment elles vont dialoguer. Pour réaliser votre application, il est nécessaire que vous sachiez d'abord comment créer une application MySQL. C'est pourquoi je vous présente celui-ci avant PHP. Ensuite, lorsque vous saurez ce qu'est MySQL, vous devrez le faire dialoguer avec PHP. Je vous dirai comment dans la quatrième partie. Si vous avez déjà des connaissances suffisantes sur certains des sujets abordés, passez votre chemin. Par exemple, si vous êtes familier du concept de bases de données, rendez-vous directement à la deuxième partie, dans laquelle est décrite la façon d'implémenter ce concept avec MySQL. Si vous connaissez bien MySQL, alors rendez-vous directement à la troisième partie dans laquelle je vous présente PHP.

Les programmes

Vous trouverez les programmes compagnons de cet ouvrage sur notre site :

```
www.efirst.com/EFI_90download.html
```

1

Développement d'une application de base de données sur le Web avec PHP et MySQL

DANS CETTE PARTIE...

Cette partie constitue un bref tour d'horizon de PHP et de MySQL. Vous y apprendrez comment chacun d'eux fonctionne et comment ils coopèrent dans la réalisation d'une application de base de données sur le Web. Une fois décrits ces outils, je vous montrerai comment créer votre environnement de travail, et vous présenterai les options d'accès à PHP et MySQL en vous indiquant ce qu'il faut rechercher dans chaque environnement.

Je vous présenterai ensuite une vue d'ensemble du processus de développement, du planning, de la structuration et de la construction de votre application.

Chapitre 1

Introduction à PHP et MySQL

DANS CE CHAPITRE :

- **Découvrons ce qu'est une application de base de données sur le Web.**
- **Jetons un regard sur PHP.**
- **Comment fonctionne MySQL.**
- **Comment dialoguent PHP et MySQL.**

Ainsi, vous avez l'intention de développer une application de base de données sur le Web ? Peut-être votre patron vous a-t-il confié l'établissement du catalogue en ligne des produits fabriqués par votre entreprise ? Ou peut-être désirez-vous lancer votre propre entreprise ? Ou bien votre sœur vous demande-t-elle de créer un site de vente en ligne de ses peintures ? Ou encore souhaitez-vous proposer un site dont l'accès sera réservé aux membres de votre Amicale des acrobates du cirque ? Quelle que puisse être votre motivation, vous comprenez facilement que cette application nécessite la conservation d'informations (sur les produits, les peintures, les mots de passe...) qui ne peuvent trouver place que dans une base de données. Vous comprenez aussi que l'application doit pouvoir dialoguer de façon dynamique avec l'utilisateur. Par exemple, un client potentiel doit pouvoir choisir un produit, un membre de votre association fournir son mot de passe... Ce type de site est appelé *application de base de données sur le Web.*

Si vous avez déjà créé des pages Web statiques avec HTML, sachez que créer une application de base de données sur le Web constitue un nouveau défi, tout comme créer une base de données. Vous avez peut-être demandé à un quelconque gourou de l'informatique comment procéder. Il vous a raconté un tas de choses obscures desquelles émergeaient les mots « rapide », « facile » et « gratuit » associés à « PHP » et « MySQL ». Et maintenant vous voulez en savoir plus sur PHP et MySQL afin de pouvoir développer votre site.

PHP et MySQL dialoguent très facilement. Dans ce chapitre, vous allez voir comment s'établit ce partenariat dynamique, quels sont les avantages de chacun d'eux, comment ils travaillent et comment, de leur conjugaison, résulte une application de base de données dynamique sur le Web.

Qu'est-ce qu'une application de base de données sur le Web ?

Une *application* est un programme ou un groupe de programmes conçus pour être exploités par un utilisateur final quel qu'il soit (client, membre, acrobate...). Lorsque l'utilisateur final dialogue avec l'application au moyen d'un navigateur, on dit qu'il s'agit d'une *application de base de données sur le Web* ou, plus simplement, d'une *application Web*. Dans ce livre, vous allez trouver les informations dont vous aurez besoin pour développer une application de base de données sur le Web, capable d'accéder à une base de données au moyen d'un navigateur tel que Internet Explorer ou Firefox.

Ce type d'application est conçu pour permettre à un utilisateur d'accomplir une certaine tâche. Il peut s'agir d'une simple application affichant des informations dans la fenêtre d'un navigateur ou d'un programme plus élaboré permettant, par exemple, de passer une commande comme les applications qu'utilisent les sites de vente en ligne Amazon ou eBay.

Vous ne serez pas étonné d'apprendre qu'une application de base de données consiste en deux composants : une application et une base de données.

- » **La base de données est la mémoire à long terme de votre application Web.** Cette dernière ne peut remplir son office sans la base de données. Mais, seule, la base de données est inopérante.
- » **L'application proprement dite consiste en un ou plusieurs programmes destinés à accomplir une certaine tâche.** Les programmes créent l'affichage que voit l'utilisateur dans la fenêtre de son navigateur. C'est ce qui rend votre application interactive en lui permettant d'accepter des informations de l'utilisateur, en traitant ces informations et en renvoyant une réponse composée d'après les informations extraites de la base de données. La base de données seule est inutile si vous n'êtes pas en mesure de faire circuler des informations entre l'utilisateur et elle.

Les pages Web que vous avez précédemment créées avec HTML seul sont dites *statiques*, parce que l'utilisateur ne peut dialoguer avec elles. Tous les utilisateurs voient la même page. Les pages *dynamiques*, au contraire, permettent à l'utilisateur de dialoguer avec la page Web qu'il a sous les yeux. Différents utilisateurs voient différentes pages Web. Par exemple, l'un d'eux peut consulter en ligne le catalogue d'un marchand de meubles et choisir la page des sofas, alors qu'un autre désirera consulter la page des tables de salon. Pour créer de telles pages dynamiques, vous devez ajouter quelque chose à HTML.

Il existe un langage largement utilisé pour dynamiser des pages Web : JavaScript. Il convient à plusieurs objectifs comme la gestion des déplacements de la souris (permettant, par exemple, d'afficher en surbrillance la zone sur laquelle se promène le pointeur de la souris) ou la validation des données saisies par l'utilisateur avant qu'elles ne soient envoyées au serveur. Cependant, JavaScript ne permet pas d'accéder à des bases de données. On ne peut pas s'en servir pour sauvegarder les informations saisies par l'utilisateur dans une base de données. Pour cela, c'est PHP qu'il faut utiliser. Il est capable de valider les données de l'utilisateur avant de les sauvegarder dans la base de données. Tous les programmes de ce livre sont écrits en PHP.

La base de données

Le cœur d'une application Web de base de données est la *base de données* proprement dite, celle qui constitue la mémoire à long terme des informations utilisées par l'application. Une base de données n'est rien d'autre qu'un classeur électronique qui renferme des informations structurées de telle façon qu'il soit facile de s'y reporter. Car, après tout, conserver des informations ne sert pas à grand-chose si on est incapable de les retrouver plus tard. Une base de données peut être quelque chose de simple, possédant une structure rudimentaire comme les titres et les noms des auteurs des livres de votre bibliothèque. Ou bien quelque chose d'énorme, doté d'une structure complexe, comme celle qu'Amazon utilise pour contenir toutes les informations utiles sur son gigantesque catalogue et ses très nombreux clients.

Il existe de nombreuses variétés d'informations pouvant être conservées dans une base de données. Celle qui constitue le catalogue en ligne d'une entreprise doit contenir toutes les informations concernant chaque produit. La base de données utilisée par le site Web d'une association doit renfermer tout ce qui concerne chacun de ses membres. La direction d'une entreprise utilise une ou plusieurs bases de données recelant non seulement les renseignements d'identité des membres de son personnel, mais aussi des informations concernant leur C.V. et leur carrière. Les informations que vous projetez de conserver peuvent être du même type que celles d'autres sites Web de l'Internet ou être de nature très spécifique. Tout dépend de votre application.

Techniquement, l'expression *base de données* désigne un fichier ou un groupe de fichiers contenant des données réelles. Ces informations sont accessibles au moyen d'un ensemble de programmes appelé SGBD (système de gestion de bases de données). Presque tous les SGBD sont de type *relationnel* ; ce sont en réalité des SGBDR dans lesquels les informations sont conservées dans des tables en relation les unes avec les autres.

Dans ce livre, MySQL est le SGBDR qui sera utilisé parce qu'il convient tout particulièrement bien à des sites Web. Nous parlerons en détail de ses avantages dans la section « MySQL, ma base de données », plus loin dans ce chapitre. Vous apprendrez comment organiser et concevoir une base de données MySQL au Chapitre 3.

L'application : transférer les informations d'une base de données dans les deux sens

Pour qu'une base de données serve à quelque chose, vous devez être en mesure de transférer des informations dans les deux sens entre elle-même et une application. Pour cela, il faut écrire un ou plusieurs programmes qui seront chargés de lancer les requêtes nécessaires. Ces requêtes sont de la forme : « Prends ces informations et stocke-les à un endroit particulier. » Ou encore : « Trouve les données spécifiées et envoie-les-moi. » Ces programmes sont lancés lorsque l'utilisateur dialogue avec une page Web. Par exemple, lorsque l'utilisateur clique sur le bouton Soumettre (ou Envoyer) d'un formulaire HTML, il peut provoquer l'appel d'un programme qui va traiter les informations du formulaire et les placer dans une base de données.

MySQL, ma base de données

MySQL est un SGBDR facile à utiliser qui convient très bien pour la plupart des sites Web. La rapidité de développement a été, depuis le début, l'objectif principal de ceux qui l'ont écrit. Pour cela, ils ont décidé de proposer moins de fonctionnalités que leurs concurrents les plus importants (Oracle et Sybase, par exemple). Cependant, même si MySQL est un peu le parent pauvre des SGBDR, la simplicité de son installation et de son utilisation, comme la modicité de son prix, compensent largement cet inconvénient.

MySQL est développé et commercialisé par MySQL AB, un éditeur suédois qui en assure également le support. Il existe deux types de licences :

» **Licence de type « open source » :** Il s'agit de la licence GPL (General Public License) du GNU qui est gratuite. Toute personne remplissant les conditions du GPL peut utiliser ce type de logiciel gratuitement. Si vous utilisez MySQL pour réaliser une base de données sur un site Web (comme ce que nous allons faire dans ce livre), vous êtes dans le bon cas de figure, même si vous gagnez de l'argent avec votre site.

LISTES DE DIFFUSION PAR E-MAIL

Les listes de diffusion spécialisées constituent une bonne source d'informations et d'aide en ce qui concerne les bases de données. Elles sont animées par des groupes d'individus qui discutent de sujets spécifiques au moyen du courrier électronique. Il en existe pour à peu près n'importe quel domaine : la philosophie grecque, Lara Croft, la cuisine, les Beatles, les caniches, la politique, etc. Les échanges ne se font pas en temps réel mais par e-mail. Le gestionnaire de la liste conserve et gère une liste des participants à ces discussions. Lorsque vous envoyez un message à « la liste », celui-ci est envoyé soit au gestionnaire de la liste (listes dites *modérées*), à charge pour lui de le rediffuser ou de le censurer ; soit, d'office, à chacun des membres de la liste. N'importe qui peut donc ainsi répondre à une question posée par n'importe qui.

Ces listes de diffusion sont parfois patronnées par des sponsors, bien que n'importe qui puisse créer sa propre liste. La plupart des éditeurs de logiciels gèrent des listes de diffusion concernant chacun de leurs produits. Les universités gèrent des listes sur des sujets concernant l'enseignement. Certains sites Web (comme Yahoo!, Groups ou Topica) ont leurs propres listes. Tout le monde peut créer une nouvelle liste ou s'abonner à une liste de diffusion existante au moyen d'une application Web.

Les listes de diffusion concernant les logiciels constituent une aide inappréciable pour les utilisateurs de ces produits. Le nombre de leurs abonnés oscille entre une centaine et plusieurs milliers. Nombre d'entre eux ont une bonne expérience de ces logiciels. Parfois, le personnel de l'éditeur (programmeurs et assistants techniques) participe à ces listes. Quels que soient votre question ou votre problème, il y aura presque toujours un abonné à la liste qui sera à même d'y répondre. Il est peu probable que vous serez la première personne à rencontrer cette difficulté. La réponse à votre question peut vous parvenir dans un délai variant de quelques minutes à quelques jours, selon le moment où vous posez votre question et l'endroit où réside celui qui va y répondre. En outre, la plupart des listes conservent des archives des questions posées (et surtout des réponses fournies !) que vous pourrez consulter avec profit lorsque vous commencerez à vous servir d'un nouveau logiciel.

Naturellement, il existe des listes de diffusion sur PHP et MySQL. En réalité, chacun d'eux a des listes distinctes, structurées selon la spécificité de tel ou tel sujet particulier. Vous trouverez leurs adresses et la façon de s'y abonner sur la plupart des sites Web traitant de PHP ou MySQL.

» **Licence commerciale :** Pour ceux qui préfèrent cette solution à la licence GPL, il existe une licence commerciale. C'est le cas, par exemple, d'un développeur qui compte utiliser MySQL à l'intérieur d'un nouveau produit logiciel qu'il a l'intention de commercialiser. Il faut alors qu'il acquière la licence commerciale, car il n'est plus dans le cadre du GPL.

Obtenir des renseignements techniques et une assistance sur MySQL ne présente pas de difficulté. Vous pouvez vous abonner à plusieurs listes de diffusion telles que celles proposées sur le site Web de MySQL à l'URL http://www.mysql.com.

Vous pouvez également consulter les archives de ces listes dans lesquelles vous trouverez de nombreuses informations sous forme de questions/réponses. Si vous le souhaitez, vous pouvez opter pour une solution plus confortable et souscrire un contrat de support technique avec MySQL AB. Il en existe de cinq sortes, allant d'un simple échange d'e-mails à un contact téléphonique. Les prix sont naturellement en rapport avec la solution choisie.

Avantages de MySQL

MySQL est un SGBD très populaire parmi les développeurs. Sa rapidité et sa petite taille en font un outil idéal pour un site Web. Qu'il s'agisse d'un logiciel en open source (gratuit) explique pour une bonne part sa popularité. Voici un résumé de ses principaux avantages :

» **Il est rapide**. L'objectif principal des développeurs qui l'ont créé était la rapidité. En conséquence, cette préoccupation était présente dès le début de sa réalisation.

» **Il n'est pas cher**. MySQL est gratuit dans le cadre de la licence GPL et le coût d'une licence commerciale reste très raisonnable.

» **Il est facile à utiliser**. Vous pouvez réaliser et utiliser une base de données MySQL avec quelques instructions simples écrites dans le langage d'interrogation SQL qui est celui qu'utilisent habituellement tous les SGBDR. Voyez le Chapitre 4 pour en savoir davantage sur ce sujet.

» **Il fonctionne sur de nombreux systèmes d'exploitation**. Il est supporté par Windows, Linux, Mac OS, de nombreux avatars d'UNIX (Solaris, AIX et DEC UNIX, en particulier), FreeBSD, OS/2, Irix…

» **Il existe une assistance technique importante**. Le grand nombre de développeurs utilisant MySQL garantit une assistance efficace par le biais des listes de diffusion spécialisées. Les développeurs de MySQL eux-mêmes sont abonnés à ces listes. Vous pouvez même, moyennant finances, vous abonner à une assistance technique fournie par MySQL AB.

» **Il est sûr**. Il dispose d'un système d'autorisations très souple qui permet des accès à différents niveaux de privilèges. Par exemple, la création ou la suppression d'une base de données peut être limitée à certains utilisateurs ou groupes d'utilisateurs. Les mots de passe qui circulent sur l'Internet sont cryptés.

» **Il permet la création et la manipulation de bases de données de grande taille**. Le nombre de lignes de ces bases de données peut atteindre cinquante millions. Par défaut, la taille d'une table est limitée à 4 Go, mais vous pouvez aller jusqu'à 8 To pour peu que votre système d'exploitation (ou, plus précisément, celui de l'installation sur laquelle se trouve votre base de données) le permette.

» **Il est configurable.** La licence open source GPL autorise les programmeurs à modifier MySQL pour qu'il s'adapte au mieux à des besoins spécifiques.

Comment fonctionne MySQL

Le logiciel MySQL consiste en un serveur MySQL, en plusieurs programmes utilitaires destinés à faciliter l'administration des bases de données, et en quelques logiciels de support dont le serveur MySQL a besoin mais qu'il est inutile que vous connaissiez. Le cœur du système est le serveur MySQL.

Le serveur MySQL est le gestionnaire du système de bases de données. C'est lui qui manipule toutes les instructions adressées à la base de données. Par exemple, si vous voulez créer une nouvelle base de données, vous envoyez un message au serveur MySQL disant : « Crée une nouvelle base de données que tu appelleras *nouvellebase.* » Le serveur MySQL crée alors un sous-répertoire dans son dossier de données, lui donne le nom *nouvellebase* et crée les fichiers nécessaires au format requis dans ce nouveau sous-répertoire. De la même façon, pour ajouter des données à cette base de données, vous envoyez un message au serveur MySQL en lui fournissant les données et en lui disant à quel endroit vous voulez qu'elles soient rangées. Vous apprendrez comment réaliser ces opérations dans la deuxième partie du livre.

Avant que vous puissiez envoyer des instructions au serveur MySQL, il doit naturellement être en service. Il est souvent configuré de façon à démarrer automatiquement en même temps que le système d'exploitation et continue à tourner sans interruption. C'est la configuration habituelle d'un site Web. Cependant, il est possible d'adopter une configuration différente et de lancer le serveur à la demande. Lorsqu'il est actif, le serveur MySQL est constamment à l'écoute des messages qui peuvent le concerner.

Communications avec le serveur MySQL

La totalité de votre dialogue avec une base de données s'effectue en passant des messages au serveur MySQL. Ces messages peuvent être envoyés de plusieurs façons ; dans ce livre, nous mettrons l'accent sur la communication via PHP. Il existe des instructions spéciales dans ce langage pour adresser des messages au serveur MySQL.

Le serveur MySQL doit pouvoir comprendre les instructions que vous lui envoyez et qui sont formulées dans le langage *SQL* (*Structured Query Language*). PHP, lui, ne comprend pas ce langage, mais ce n'est pas nécessaire, car il n'est là que pour passer de façon transparente à MySQL les requêtes écrites en SQL. Recevant ces requêtes, le serveur les interprète et les exécute, puis renvoie en retour un message contenant le résultat de cette exécution ou un diagnostic d'erreur si la requête n'était pas correcte. Vous trouverez des informations sur ces requêtes dans la deuxième partie du livre.

Ce livre aborde aussi la question des logiciels spécifiquement conçus pour interagir avec une base de données MySQL. Vous pouvez utiliser plus particulièrement phpMyAdmin sur votre ordinateur. Ce logiciel est aussi proposé par la plupart des hébergeurs.

PHP, véhicule de données

PHP est un *langage de script* conçu spécialement pour être utilisé sur le Web. C'est l'outil que vous allez employer pour écrire vos pages Web dynamiques. Comme c'est un langage spécialisé, il ne contient pas toutes les fonctionnalités des langages de programmation, généraux. En conséquence, il est bien plus simple que d'autres langages comme C ou Java. Cela ne l'empêche pas d'être employé par des millions et des millions de sites, et sa popularité toujours croissante indique combien il donne satisfaction.

PHP signifie *PHP Hypertext Processor*. Il a été créé par Rasmus Lerdorf qui lui avait, à l'origine, donné le nom de *Personal Home Page* (page d'accueil personnelle). Au cours de sa croissance, son nom a été changé pour mieux refléter l'ensemble de ses possibilités.

La syntaxe de PHP ressemble à celle du C. Aussi, si vous connaissez déjà un peu ce langage, vous ne serez pas (trop) dépaysé par PHP. En réalité, il est beaucoup plus simple que C dont il n'a pas repris l'ensemble des concepts. Il ne possède pas les possibilités de programmation de bas niveau du C qui sont inutiles dans le cas d'une programmation Web.

La force de PHP se révèle dans son habileté à communiquer avec des bases de données. Il peut dialoguer avec presque n'importe quel SGBD. Dès lors, il est inutile de connaître les subtilités de la connexion et des échanges de messages avec telle ou telle base de données. Il suffit de lui indiquer le nom de la base de données et son emplacement et il se chargera de tous les détails : connexion, transmission de vos instructions, récupération de la réponse.

Comme pour MySQL, PHP dispose d'une assistance technique. Vous pouvez vous abonner à des listes de diffusion dont vous trouverez la référence sur le site Web de PHP, à l'URL http://www.php.net. Il existe aussi une interface Web expérimentale pour les listes de discussion (http://news.php.net) à partir de laquelle vous pourrez consulter les messages échangés.

Avantages de PHP

La popularité de PHP va croissant en raison de ses nombreux avantages. En voici quelques-uns :

- **Il est rapide**. Comme il est inclus dans HTML, ses temps de réponse sont courts.
- **Il n'est pas cher. En fait, il est gratuit**. Vous en aurez pour votre argent, voire plus !
- **Il est facile à utiliser**. Il ne contient que les éléments de langage de programmation nécessaires pour créer des pages Web dynamiques. Il a été conçu pour être facilement inclus dans un fichier HTML.
- **Il fonctionne sur de nombreux systèmes d'exploitation**. On le trouve sous Windows, Linux, Mac OS, et la plupart des avatars d'UNIX.
- **Il existe une large assistance technique**. L'importante base installée des développeurs assure une assistance efficace par le moyen des listes de diffusion.
- **Il est sûr**. L'utilisateur final ne peut pas voir le code PHP.
- **Il a été conçu pour supporter les bases de données**. PHP contient des fonctionnalités qui lui permettent de dialoguer avec des bases de données spécifiques, ce qui vous évite d'avoir à apprendre les détails techniques de ces communications.
- **Il est configurable**. La licence open source permet aux programmeurs de modifier l'interpréteur en ajoutant ou en supprimant certaines fonctionnalités selon tel ou tel besoin particulier.

Comment fonctionne PHP

PHP est un *langage de script inclus*, c'est-à-dire que le code PHP est contenu dans le code HTML. Des balises HTML particulières séparent ce qui est PHP de ce qui est HTML. On crée et on édite des pages Web contenant du PHP de la même façon que s'il n'y avait que du HTML pur.

Le logiciel PHP travaille en coopération avec le serveur Web qui est chargé d'envoyer les pages Web au monde entier. Lorsque vous saisissez une URL dans votre navigateur, vous adressez un message au serveur Web qui se trouve à cette URL, message qui lui demande de vous envoyer un fichier HTML. Lorsqu'il reçoit ce fichier, le navigateur interprète et affiche son contenu. La même chose a lieu lorsque vous cliquez sur un lien d'une page Web. De la même façon, c'est le serveur Web qui va recevoir les données que vous envoyez lorsque vous cliquez sur le bouton Soumettre (ou Envoyer, ou encore Submit) d'une page.

Lorsque PHP est installé, le serveur Web est configuré pour reconnaître certaines extensions de fichiers contenant des instructions PHP. La plus courante de ces extensions est .php, mais il en existe d'autres (.php3 ou .phtml, par exemple, quoique ces formes soient aujourd'hui périmées). Lorsque le serveur Web reçoit une requête concernant un tel fichier, il envoie la partie HTML telle quelle, mais les instructions PHP sont traitées par l'interpréteur PHP avant de les transmettre au demandeur.

Le traitement des instructions PHP produit du code HTML qui est substitué dans le fichier original aux instructions PHP. De cette façon, on est certain que l'utilisateur ne verra jamais une instruction PHP, ce qui est un gage de sécurité et de transparence. Par exemple, considérez cette simple instruction PHP :

```
<?php echo "<p>Bonjour le Monde"; ?>
```

<?php est la balise initiale (ouvrante) signalant que ce qui suit est du code PHP, et ?> la balise terminale (fermante) qui indique la fin du code. echo est une instruction PHP qui demande à PHP d'afficher ce qui suit sous forme de code HTML ordinaire. Cette instruction est donc transformée en :

```
<P>Bonjour le Monde
```

qui est une ligne de code HTML standard. C'est cette ligne qui est envoyée au navigateur de l'utilisateur. L'instruction PHP elle-même n'est pas transmise.

PHP et le serveur Web doivent coopérer étroitement. Tous les serveurs Web ne contiennent pas un interpréteur PHP, mais la plupart d'entre eux acceptent très bien sa présence. PHP a été développé en tant que projet du groupe de logiciels Apache, aussi est-il très à l'aise avec les serveurs Apache. Mais il est également accepté par les serveurs IIS/PWS (Microsoft), iPlanet (anciennement Netscape Enterprise Server) et d'autres encore.

Bien que PHP puisse coopérer avec plusieurs types de serveurs Web, c'est avec le serveur Apache qu'il s'entend le mieux. Si vous pouvez choisir ou avoir voix au chapitre dans la sélection du serveur Web par votre entreprise, n'hésitez pas, choisissez Apache ! Il est gratuit, fourni en open source, stable et très répandu. Il équipe actuellement plus de 60 % des sites Web du monde, si l'on en croit le recensement qui figure à l'URL http://www.netcraft.com. Il tourne sous Windows, Linux, Mac OS et la plupart des variantes d'UNIX.

MySQL et PHP, le couple parfait

MySQL et PHP sont fréquemment utilisés conjointement. On les appelle parfois le *duo dynamique*. MySQL assure la gestion de la base de données et PHP le langage de programmation dans lequel sont écrites vos applications de bases de données sur le Web.

Avantages de ce partenariat

Le couple MySQL/PHP offre plusieurs avantages :

» **Ils sont tous deux gratuits**. Sur le plan du coût, il est difficile de faire mieux.

» **Ils sont tous deux orientés vers le Web**. Tous deux ont été spécifiquement conçus pour être utilisés sur des sites Web. Tous deux offrent un ensemble de fonctionnalités orientées vers la construction de sites Web dynamiques.

» **Ils sont faciles à utiliser**. Ils ont été conçus pour permettre de réaliser rapidement un site Web.

» **Ils sont rapides**. La vitesse a été le principal objectif poursuivi lors de leur conception. Leur mise en commun constitue l'un des meilleurs moyens de transmettre rapidement des pages Web aux utilisateurs.

» **Ils s'entendent bien**. PHP possède des fonctionnalités natives pour communiquer avec MySQL. Vous n'avez pas besoin de connaître les détails techniques : PHP s'en charge.

» **Il existe une large base installée pour vous assister**. Comme ils sont souvent utilisés ensemble, ils partagent la même base d'utilisateurs. Ces derniers ayant l'expérience de ce travail en commun sont à même de vous aider, par exemple au moyen des listes de diffusion.

» **Ils sont configurables**. Tous deux sont conçus sur le principe de l'open source, ce qui permet à chaque utilisateur de modifier PHP et MySQL à sa convenance en fonction de besoins particuliers.

Comment ils coopèrent

Dans une application de base de données sur le Web, PHP est la partie « application » et MySQL le côté « base de données ». Vous écrivez les programmes qui sont le cœur de l'application avec PHP, quelle que soit la complexité de cette application (qu'il s'agisse simplement d'afficher une page Web ou de contrôler la validité des informations saisies par l'utilisateur dans un formulaire). Une des tâches qu'elle doit accomplir est le transfert des données dans les deux sens entre l'utilisateur et la base de données MySQL, tâche pour laquelle PHP possède des instructions spécifiques.

Les instructions PHP sont imbriquées à l'intérieur de votre code HTML, encadrées par des balises spécifiques. Lorsque la tâche à accomplir par l'application demande des mouvements de données, vous exécutez des instructions PHP particulières, conçues dans ce but. Il en va de même pour vous connecter à une base de données MySQL. Ces instructions indiquent à quel emplacement se trouve la base de données, quel est son nom et quel est votre mot de passe. Il n'est pas nécessaire que cette base de données soit sur la même machine que l'application, car PHP peut communiquer au travers d'un réseau. Pour interroger la base de données, vous envoyez des requêtes SQL sur le réseau. En retour, vous recevez un message contenant l'état de l'exécution de la requête, ce qui vous permet de savoir si elle s'est correctement déroulée. En cas de problème, vous recevez un message d'erreur. Si votre requête SQL demandait l'envoi de certaines données, MySQL vous renvoie ces informations, et PHP les mémorise dans un emplacement temporaire où elles peuvent ensuite être traitées.

Vous utilisez ensuite une ou plusieurs instructions PHP pour accomplir votre tâche. Par exemple, vous pouvez demander à PHP d'afficher les données reçues. Ou bien d'envoyer dans la fenêtre du navigateur de l'utilisateur un message lui disant que tout s'est bien (ou mal) passé.

En tant que SGBDR, MySQL est capable de manipuler des informations de nature très complexe. En tant que langage de script, PHP peut accomplir des manipulations de données très élaborées, qu'il s'agisse de les enregistrer dans la base de données ou de les traiter après les avoir lues dans cette même base de données. Travaillant ensemble, MySQL et PHP permettent la réalisation d'applications de bases de données sur le Web très sophistiquées.

PHP et MySQL, une évolution constante

PHP et MySQL sont des logiciels *open source*. Si vous ne vous servez habituellement que des produits vendus par de grands éditeurs, tels que Microsoft, Adobe ou encore Macromedia, vous allez vite vous rendre compte qu'il s'agit d'une autre planète. Les programmes *open source* sont développés par des groupes d'individus qui écrivent du code pendant leurs loisirs, gratuitement et pour le plaisir. Pas de siège social, pas de bureau, pas de profit !

Contrairement aux logiciels commerciaux, les applications open source évoluent souvent. Les développeurs peuvent se sentir prêts à diffuser une nouvelle évolution. Ou bien il faut résoudre rapidement un problème, comme une faille de sécurité. Dans ce cas, une version corrigée peut apparaître en quelques jours. Comme vous ne recevrez jamais de brochure sur papier glacé, il est indispensable de vous tenir informé en permanence. Si vous ne faites pas cet effort, vous ne saurez rien des mises à jour, ni même qu'il existe un problème sérieux avec votre version.

Visitez le plus souvent possible les sites de PHP et de MySQL. Lisez les informations qui y sont publiées. Abonnez-vous aux listes de diffusion (le trafic y est souvent très important). Au début, votre messagerie va se remplir de messages qui vous apporteront des renseignements pratiques et utiles. Bientôt, c'est peut-être vous qui pourrez aider d'autres utilisateurs grâce à l'expérience acquise.

Vous devez au minimum vous abonner à la liste qui vous permet d'être informé des nouveautés, des mises à jour ou des problèmes importants (*Announcements*). Les messages y sont assez rares pour ne pas encombrer votre boîte à lettres, mais leur contenu est important. Rendez-vous donc à l'adresse http://www.php.net/mailing-lists.php pour PHP, et http://lists.mysql.com/ pour MySQL. Abonnez-vous à quelques listes (disons, une ou deux pour débuter).

Les versions de PHP

La version courante de PHP est la version 5. Quelques applications fonctionnent encore avec PHP 4, mais comme vous êtes sur le point de créer votre première application PHP, autant partir sur PHP 5.

PHP 6 devrait bientôt être distribué. En fait, il se peut que cette version le soit déjà à l'heure où vous lirez ces lignes. Les changements suivants devraient alors survenir :

- Les paramètres `register_globals` et `magic_quotes` disparaissent.
- Les paramètres relatifs à magic_quotes n'existent plus.
- Les tableaux longs, tels que `HTTP_POST_VARS` n'existent plus. Ces tableaux étaient particulièrement utilisés dans PHP4.

Si vous convertissez des scripts qui fonctionnent avec PHP 4 ou PHP 5 pour les faire fonctionner avec PHP 6, vous devrez sans doute y apporter des modifications pour tenir compte de ces changements avant qu'ils fonctionnent correctement. J'explique la portée de ces changements au fil du livre lorsqu'ils s'appliquent aux techniques et procédures évoquées.

Si vous voulez découvrir une documentation PHP extrêmement complète et en français, rendez-vous sur le site http://www.nexen.net. Chargez le fichier au format PDF ou HTML à partir du lien Documentations. Attention : le bébé pèse près de 2 000 pages à la naissance !

Les versions de MySQL

À l'heure de cette publication, MySQL 5.1 est la version courante. MySQL 5.0 est aussi disponible. Les exemples de scripts qui accompagnent ce livre fonctionnent indifféremment avec les deux versions. Quelques-unes des fonctionnalités les plus avancées de la version 5.1 risquent de ne pas être disponibles sur les sites qui utilisent la version 5.0, mais il n'en sera pas question dans ce livre.

MySQL 6 est proposé au téléchargement sur le site Web de MySQL. Toutefois, à cet instant, la version 6.0 est une distribution alpha qui n'est donc pas recommandée pour faire fonctionner des sites Web ou pour les développeurs débutants.

Vous tomberez parfois sur un site Web qui utilise MySQL 4.3.1. Les scripts fournis comme exemples dans ce livre fonctionneront parfaitement sur ce type de site. Cependant, il n'est pas recommandé de faire fonctionner un site Web avec une version 4.3.0 de MySQL, et a fortiori avec une version antérieure.

Chapitre 2

Configuration de votre environnement de travail

DANS CE CHAPITRE :

» **Comment accéder à PHP et à MySQL.**

» **Construire votre propre site Web à partir de zéro.**

» **Tester PHP et MySQL.**

Maintenant que vous avez pris la décision d'utiliser PHP et MySQL, pour créer votre site Web interactif, vous pouvez commencer à travailler sur ce projet. En premier lieu, vous devez configurer l'environnement qui va vous servir à construire le site. Ce chapitre vous explique comment configurer un environnement doté de tous les outils dont vous avez besoin pour créer une application de base de données sur le Web.

Anatomie d'un site Web

Comme vous avez très probablement déjà créé des sites Web élémentaires, vous savez ce qu'est un site Web. Sommairement, il s'agit d'un ensemble de fichiers texte qui contiennent le code HTML que le navigateur interprète pour afficher les pages Web. L'espace de l'ordinateur où ces fichiers sont stockés correspond à l'emplacement physique de votre site Web.

Les utilisateurs du Web parlent souvent de visiteurs de sites Web, mais le terme *visiteurs* peut induire en confusion. Les visiteurs ne visitent pas un site Web.

Lorsqu'une personne saisit l'adresse d'un site Web (nommée URL, ou identifiant unique de localisation) dans la barre d'adresse du navigateur, ce dernier envoie une requête sur Internet pour demander à voir la page Web qui se trouve à cette adresse. Le logiciel qui se trouve sur le site Web, nommé serveur Web, reçoit la requête et y répond en envoyant la page Web demandée. Le navigateur reçoit cette page sous la forme d'un fichier et l'affiche dans sa fenêtre.

Pour que votre site Web soit accessible à tous, vous devez stocker les fichiers texte qui contiennent le code HTML sur le site Web où les utilisateurs pourront y accéder. Il en va de même pour une application de base de données sur le Web. La seule différence, c'est que les fichiers de cette dernière contiennent du code PHP en plus du code HTML.

Pour exploiter les applications de base de données sur le Web présentées dans ce livre, les logiciels suivants doivent se trouver sur votre site Web :

- » **Un serveur Web.** C'est lui qui enverra vos pages Web à vos utilisateurs.
- » **MySQL.** C'est le SGBDR (système de gestion de bases de données relationnelles) qui va manipuler les données de la base.
- » **PHP.** C'est le langage de script que vous allez utiliser pour écrire les programmes qui rendront votre site Web dynamique.

Chacun de ces outils a été décrit au Chapitre 1.

Créer un site Web

Comme cela a été précisé dans la section précédente, un site Web est un ensemble de fichiers texte placés sur un ordinateur à un emplacement auquel les utilisateurs peuvent accéder. Placer les fichiers d'un site Web là où le public pourra y accéder, cela s'appelle *publier* le site Web. Cependant, il s'agit de la dernière étape dans la construction d'un site Web, et non de la première. Vous ne pouvez pas publier un site Web tant qu'il n'est pas terminé – un site Web parfaitement prêt à accueillir le public.

Pour empêcher le public de visualiser votre site Web à moitié terminé, vous devez développer votre site à un emplacement auquel le public n'a pas accès. Vous voudrez tester et corriger votre site lorsque vous le développerez. Clairement, vous avez besoin de faire cela en privé.

Comme vous devez construire votre site Web en privé et ne pas le rendre public avant qu'il ne soit parfaitement terminé, votre environnement de travail doit comporter deux sites :

» **Votre site Web :** Le site sur lequel votre site Web publié se trouve. L'emplacement où le public peut y accéder.

» **Votre site de développement :** L'emplacement où vous développez vos pages Web. Lorsque vos pages sont terminées, vous les déplacez sur votre site Web.

Votre site Web diffuse vos pages au monde entier. Votre site de développement ne devrait pas être accessible à d'autres que vous-même afin de dissimuler vos erreurs et vos pages à moitié faites. Votre site de développement doit être caché : ne publiez jamais de pages Web tant qu'elles ne sont pas complètement terminées.

Vous devez décider si vous allez publier votre site Web et où vous allez le développer. L'information dont vous avez besoin pour prendre ces décisions se trouve dans les sections suivantes de ce chapitre.

Où publier votre site Web ?

L'une de vos premières décisions est de savoir où publier votre site Web. Vous devez le publier sur un ordinateur qui est connecté au World Wide Web. Cet ordinateur devrait aussi disposer de tous les outils dont vous avez besoin, comme précisés plus tôt : un serveur Web, PHP et MySQL. Les emplacements les plus souvent utilisés pour publier un site Web sont les suivants :

» **Un site Web installé chez un hébergeur**. Le site se trouve sur l'ordinateur d'une entreprise d'hébergement Web. Cette entreprise installe et maintient les logiciels requis pour le fonctionnement du site Web et fournit de l'espace sur son ordinateur pour que vous puissiez y installer les fichiers de votre site Web.

» **Un site Web installé par une entreprise sur son propre ordinateur**. L'entreprise – ou plus généralement son département informatique (DSI) – installe et administre les logiciels requis pour le site Web. Dans le cadre de ce livre, votre travail consistera à programmer un site Web soit en tant que collaborateur de l'entreprise, soit en tant que consultant.

» **Un site Web qui n'existe pas encore**. Vous pouvez décider d'installer vous-même les logiciels requis pour le site Web. En général, ce sera sur votre propre machine, mais ce peut être aussi sur une autre machine si vous travaillez en tant que consultant pour une entreprise.

Vous choisirez vraisemblablement entre les deux premières solutions. Dans ces cas, vous n'aurez pas besoin d'en connaître beaucoup sur l'administration et la mise en œuvre du logiciel requis par un site Web. En effet, le serveur Web, PHP et MySQL seront déjà installés et l'information dont vous aurez besoin pour y accéder sera fournie par l'entreprise ayant la charge du site Web.

Si vous optez pour la troisième solution, vous devrez installer, configurer, administrer et maintenir les logiciels du site Web vous-même. Vous aurez besoin de bien plus de connaissances techniques sur ces logiciels que dans les deux autres cas où d'autres s'occupent des logiciels à votre place. Cependant, cette solution présente l'intérêt de vous donner tout le contrôle : vous pouvez configurer les logiciels du site Web à l'aide des paramètres que vous souhaitez.

Dans les sections suivantes, je décris les options de publication plus en détail et je vous fournis les informations dont vous avez besoin pour décider où publier votre site Web.

Un site Web installé chez un hébergeur

Un *hébergeur* est une entreprise qui vous propose tout ce dont vous pouvez avoir besoin pour créer un site Web : de la place sur ses disques, des logiciels, et même, en cas de besoin, une assistance technique. Dès lors, il ne vous reste plus qu'à créer les fichiers de votre application et à les installer à l'emplacement qui vous a été alloué par l'hébergeur. La plupart des sites Web petits et moyens résident sur les ordinateurs d'hébergeurs.

Il existe des quantités d'hébergeurs. La plupart vous facturent mensuellement l'utilisation de leurs moyens informatiques. De leur côté, les fournisseurs d'accès (gratuits ou payants) vous offrent souvent un accès gratuit pour vos pages Web, mais (tout au moins en France) cette gratuité est parfois limitée à des sites Web non commerciaux. Le prix à payer dépend des ressources utilisées. Par exemple, un site Web qui occupe 2 Mo d'espace disque vous coûtera moins cher qu'un site Web qui en requiert 10.

Lors de la recherche d'un hébergeur, assurez-vous que celui-ci propose les fonctionnalités suivantes :

- **PHP et MySQL**. Tous les hébergeurs ne proposent pas ces outils. Vous devez parfois payer un supplément pour disposer d'un site doté de PHP et de MySQL ; parfois vous devez payer un supplément pour disposer de bases des données MySQL supplémentaires.
- **Accès à PHP**. Il peut arriver que l'interpréteur PHP installé ne soit pas le plus récent. Au moment où j'écris ces lignes, PHP 6 est sur le point d'être distribué.

  En attendant PHP6, vous trouverez généralement deux versions de PHP – PHP 4 et PHP 5. Quoique PHP 5 existe depuis plusieurs années, de nombreux sites Web utilisent encore PHP 4. PHP 4 est toujours maintenu car le code PHP 4 ne fonctionne pas toujours parfaitement avec PHP 5. Toutefois, la fin de PHP 4 se profile à l'horizon. Cette version ne fait plus l'objet d'évolutions depuis fin 2007 : il n'y aura donc plus de nouvelles versions de PHP 4 et les correctifs critiques pour la sécurité ne sont plus effectués depuis la fin de 2008. Il n'y a donc aucune raison valable pour utiliser PHP 4 si vous développez un code tout nouveau.

Recherchez un hébergeur qui propose PHP 5. Quelques hébergeurs proposent PHP 4 et PHP 5, mais ils utilisent PHP 4 par défaut. Vous devez contacter le support technique de l'hébergeur pour savoir comment installer PHP 5 sur votre site Web à la place de PHP 4.

» **Une version récente de MySQL**. La version actuellement préférée de MySQL est la 5.1. Toutefois, ce n'est pas vraiment aussi problématique d'utiliser des versions antérieures de MySQL que d'utiliser des versions antérieures de PHP. La technique détaillée dans ce livre fonctionne avec les versions antérieures de MySQL. Dans le futur, vous découvrirez peut-être des fonctionnalités avancées de MySQL et vous aurez alors éventuellement besoin d'une version plus récente de MySQL. Mais même les vieilles versions disposent de fonctionnalités qui permettent de réaliser des sites Web sophistiqués.

» **La possibilité de changer les paramètres de PHP**. Modifier des paramètres PHP permet d'en contrôler le comportement. Les hébergeurs ne donnent pas tous le même niveau de contrôle sur les paramètres de PHP à leurs clients. Plus vous pouvez accéder aux paramètres de PHP, plus vous disposez de contrôle sur le fonctionnement de votre site Web.

Un fichier texte nommé `php.ini` contient les paramètres de PHP. Votre hébergeur ne vous donnera pas accès au fichier `php.ini` général du système d'hébergement, mais certains vous permettront d'utiliser un fichier `php.ini` local qui n'affectera que le fonctionnement de votre site Web. C'est une fonctionnalité intéressante que vous devez rechercher car il est ainsi facile de modifier les paramètres.

Une autre solution pour modifier les paramètres de PHP consiste à utiliser un fichier `.htaccess`. C'est un fichier que le serveur Web Apache lit et qui peut contenir des paramètres pour PHP. De nombreux hébergeurs vous permettent de conserver un fichier `.htaccess` sur votre site Web, ce qui permet de modifier les paramètres de PHP pour votre site uniquement.

Lorsque vous choisissez un hébergeur, vérifiez qu'il vous permet d'utiliser un fichier local `php.ini` ou un fichier `.htaccess`. Vous devez pouvoir modifier les paramètres de PHP pour votre site Web. C'est important.

» **PhpMyAdmin**. Vous aurez besoin d'un logiciel spécifique pour créer et utiliser des bases de données MySQL. Tout hébergeur Web qui propose MySQL doit fournir un logiciel pour communiquer avec les bases de données MySQL. La plupart d'entre eux fournissent phpMyAdmin, une application Web écrite en PHP et conçue spécifiquement pour gérer des bases de données MySQL. D'autres logiciels fonctionnent aussi, mais ce livre suppose que vous avez accès à phpMyAdmin.

Considérez aussi les points suivants :

- **Fiabilité**. Il est indispensable que vous puissiez compter sur votre hébergeur, aussi doit-il avoir pignon sur rue et bonne réputation pour ne pas risquer de disparaître d'un jour à l'autre avec vos données. Et son matériel doit être récent. Méfiez-vous des machines assemblées avec du fil de fer et des bouts de ficelle, et dont le temps d'indisponibilité est supérieur au temps d'activité.
- **Rapidité**. Les pages Web qui se chargent avec une lenteur majestueuse ont vite fait de lasser les utilisateurs, toujours prompts à s'impatienter. Cette lenteur peut être causée par un équipement insuffisant, incapable de supporter dans de bonnes conditions la charge qui lui est imposée. Parfois, la configuration et la mise à jour de cet équipement n'ont pas suivi l'accroissement du nombre de ses utilisateurs. Quoi qu'il en soit, il faut éviter ce type d'hébergeur.
- **Assistance technique**. Certains hébergeurs ne vous proposent pas d'assistance, et vous n'aurez pas d'interlocuteur valable pour répondre aux questions techniques que vous vous posez ou pour résoudre les difficultés que vous risquez de rencontrer. Parfois, cette assistance n'est fournie que par e-mail, ce qui n'est acceptable que si la réponse parvient dans un délai suffisamment court. Vous pouvez parfois tester la qualité de cette assistance en l'appelant au téléphone ou en lui envoyant un e-mail.
- **Le nom de domaine**. Chaque site Web possède un nom de domaine que les navigateurs Web utilisent pour trouver le site sur le Web. Chaque nom de domaine est enregistré pour une modique somme annuelle afin que seul un site puisse l'utiliser. Certains hébergeurs vous permettent de disposer de votre propre nom de domaine : celui que vous avez enregistré selon la procédure qui a été expliquée plus haut. Certains iront même jusqu'à vous aider à enregistrer ce nom. En revanche, d'autres vous imposeront un nom dans lequel figurera leur propre nom de domaine. Par exemple, si vous vous appelez Jules Dupont, le fournisseur d'accès Free vous imposera le nom `http://jules.dupont.free.fr`. Chez Wanadoo, ce serait `http://perso.wanadoo.fr/julesdupont`. Notez que ce n'est généralement pas le cas pour les hébergeurs payants.
- **Sauvegardes**. Pour des raisons de sécurité, il est bon que vous ayez des copies de vos fichiers HTML/PHP et de vos bases de données, pour le cas où ils se trouveraient endommagés, quelle que soit la raison de ce désastre. Vérifiez donc que votre hébergeur effectue régulièrement des copies de sauvegarde des fichiers de ses clients. Et demandez-lui aussi combien de temps il lui faut pour procéder à la restauration des fichiers endommagés en utilisant cette sauvegarde.
- **Fonctionnalités diverses**. Selon l'objet de votre site Web, certaines de ces fonctionnalités peuvent être importantes et d'autres de second ordre.

Presque toujours, plus les fonctionnalités offertes seront nombreuses et plus votre facture mensuelle sera salée. Voici un échantillon de ce qui peut vous être proposé :

Espace disque. Quelle place sur le disque votre application demande-t-elle ? N'oubliez pas que certains fichiers comme les fichiers audio ou vidéo réclament beaucoup de place.

Volume de trafic de votre site. Certains hébergeurs vous font payer un prix qui augmente avec le nombre de consultations de vos pages. Si votre site devient très populaire, votre facture s'en ressentira.

Adresses e-mail. La plupart des hébergeurs vous proposent un lot d'adresses e-mail pour votre site Web. À vous de voir comment se présentent ces adresses et combien vous sont offertes.

Logiciels. Les hébergeurs vous proposent généralement un certain nombre d'outils logiciels pour créer vos pages. Nous avons déjà parlé de PHP et MySQL. D'autres SGBD peuvent vous être proposés. On peut même vous proposer des outils de support de pages Web comme FrontPage (qui nécessite l'installation, côté serveur, d'extensions particulières), des logiciels de gestion de caddie virtuel, de validation de carte de crédit, etc.

Statistiques. Vous pourrez souvent obtenir des statistiques mensuelles d'utilisation de votre site Web : nombre de consultations des pages, durée des accès, etc.

Il est plutôt difficile de rechercher des hébergeurs à partir de rien – une recherche sur Google sur les mots « hébergement Web » retourne presque 22 millions de réponses. La meilleure solution pour rechercher des hébergeurs consiste à demander des recommandations à ceux qui en ont utilisé les services. Ces clients peuvent vous signaler si le service est trop lent ou si les ordinateurs sont souvent à terre. Une fois que vous avez collecté quelques noms d'hébergeurs auprès de clients satisfaits, vous pourrez réduire la liste à celui qui est le plus indiqué pour vos besoins et qui présente le meilleur rapport qualité/prix.

Voici quelques hébergeurs qui proposent les outils requis, dont PHP 5, MySQL, phpMyAdmin, les fichiers .htaccess et un bon support technique :

» Infomaniak, `www.infomaniak.com`

» Celeonet, `www.celeonet.fr`

» Cinetek, `www.cineteck-fr.com`

» OVH, `www.ovh.com`

» PHPNet, `www.phpnet.org`

N'oubliez pas que cette liste a été constituée sur la base des déclarations des hébergeurs et non sur l'expérience de leurs services.

NOMS DE DOMAINES

Chaque site Web possède une adresse unique sur l'Internet : son *adresse IP* qui consiste en une suite de quatre nombres compris entre 0 et 255, séparés les uns des autres par un point. Exemples : `127.17.204.2` ou `192.163.2.33`.

Ce type d'adresse n'est pas facile à mémoriser. Aussi lui préfère-t-on une adresse «parlée», formée de mots dont l'association est plus aisée à retenir. Ces deux adresses sont associées dans les deux sens. Exemples : `www.amazon.fr`, `www.cnrs.fr`, `www.php.net`... Un nom qui représente l'adresse d'un site Web est appelé *nom de domaine*. Il peut représenter une machine isolée ou un groupe de machines interconnectées. Dans ce dernier cas, chaque ordinateur du groupe peut avoir son propre nom. Un nom dans lequel est inclus le nom d'une machine individuelle, comme `thor.monserveur.com`, identifie un *sous-domaine*.

Pour être utilisable comme adresse, un nom «parlé» doit être unique. C'est pour cette raison que toutes ces adresses doivent être enregistrées par un organisme centralisateur particulier, ce qui permet d'éviter toute duplication. En principe, n'importe qui peut faire enregistrer n'importe quel nom de domaine à la seule condition que ce nom ne soit pas déjà attribué. Aux Etats-Unis, vous pouvez effectuer cet enregistrement directement sur le Web. Vous commencez par indiquer le nom que vous souhaitez enregistrer. S'il n'est pas encore affecté, vous le déclarez à votre nom personnel ou à celui de votre entreprise et réglez les droits d'enregistrement. Dès lors, ce nom est votre bien et nul autre que vous n'a le droit de l'utiliser. La somme à payer est généralement de 30 euros par an.

En France, pays où l'administration impose ses règles tatillonnes, cela n'est pas vrai. Il faut passer sous les fourches caudines de l'AFNIC (Association française pour le nommage Internet en coopération) qui oblige à respecter des règles contraignantes pour acquérir un nom de domaine `.fr` si vous agissez pour une personne morale (*N.d.T.* : depuis juin 2006, les personnes physiques peuvent les acheter plus facilement).

Il existe de nombreux sites Web sur lesquels vous pouvez enregistrer un nom de domaine. Une recherche par Google (`http://www.google.fr`) sur les mots clés *domain name register* renvoie quelque trois millions de réponses. Vous pouvez y naviguer pour trouver le moins cher. Certains sites Web vous permettent de savoir si tel nom de domaine est ou non déjà attribué. Pour cela, ils utilisent un logiciel appelé `whois`. Une recherche par Google sur les mots clés *domain name whois* renvoie plus d'un million de réponses. Vous pouvez consulter à ce sujet les sites Web de Allwhois.com (`http://www.allwhois.com`) et de BetterWhois.com (`http://www.betterwhois.com`).

Le site Web d'une entreprise

Lorsque le site Web est géré par l'entreprise, vous n'avez nul besoin de posséder des compétences d'administrateur ou de savoir installer des logiciels, car c'est le personnel spécialisé de l'entreprise qui s'en charge. Presque toujours, ce site Web existe déjà et votre tâche se limite à demander l'ajout de logiciels ou la modification de la configuration actuelle pour actualiser ce site. Quel que soit le cas, votre responsabilité se limite à l'écriture et à l'installation des fichiers HTML. Vous n'intervenez pas dans l'exploitation du site Web.

Vous accédez aux ressources informatiques de l'entreprise au travers de son département informatique. Le nom de ce département peut varier, mais son rôle est toujours le même : c'est lui le responsable des moyens d'informations de l'entreprise et de leur utilisation.

Si PHP et/ou MySQL ne sont pas déjà installés, c'est ce département qui les installera et les mettra à votre disposition. PHP et MySQL disposent de nombreuses options, mais le département informatique risque de ne pas connaître les meilleures – et peut avoir adopté des options qui ne sont pas adaptées à vos besoins. Si vous avez besoin de modifier des options PHP et MySQL, vous devrez en faire la demande auprès du département ; vous ne serez pas autorisé à effectuer ces modifications vous-même. Par exemple, PHP doit être configuré avec le support de MySQL activé. Par conséquent, si PHP ne communique pas correctement avec MySQL, le département informatique devra éventuellement réinstaller PHP avec le support MySQL activé.

Vous entrerez souvent en contact avec les gars du département informatique lorsque vos besoins se feront jour. Par exemple, si vous avez besoin de modifier des options, d'informations pour vous aider à comprendre un message d'erreur, ou si vous souhaitez signaler un problème rencontré avec le logiciel du site Web. Clairement, entretenir de bonnes relations avec les gars du département vous facilitera la vie. Apportez-leur souvent le café et les croissants.

Créer votre propre site Web

Si vous partez de zéro, dites-vous bien que vous devez posséder de solides connaissances sur les logiciels du Web pour vous lancer dans cette entreprise. Vous devrez faire des choix motivés concernant tant les logiciels que le matériel. Vous devrez installer un serveur Web, PHP, MySQL et un certain nombre d'autres outils logiciels de moindre importance. En outre, vous devrez vous-même assurer l'administration, la maintenance et la mise à jour de votre site. La route vers le succès est ici pavée d'embûches, et il n'est pas conseillé à un néophyte de se lancer dans une telle entreprise. Mais si vous réussissez, vous en tirerez un gros avantage : celui de tout contrôler de A à Z dans votre configuration.

Voici quelles sont les étapes à parcourir pour mettre sur pied un site Web personnel (vous trouverez des détails dans les sections qui suivent) :

1. **Configuration et mise en service d'un ordinateur.**

   Quoiqu'il soit possible de configurer l'ordinateur que vous utilisez pour votre travail quotidien en serveur Web qui permettra d'accéder à votre site Web, cette solution n'est pas recommandée. Si votre site

Web génère beaucoup de trafic, il risque de manquer de ressources et de s'effondrer. Il vaut mieux configurer une nouvelle machine comme serveur Web.

2. **Installation du logiciel serveur.**

   Une fois que vous avez configuré l'ordinateur, vous devez installer un logiciel serveur Web. Dans la plupart des cas, vous souhaiterez installer Apache. Il est gratuit, populaire, fiable, sécurisé, et il fonctionne sur la plupart des systèmes d'exploitation. Apache est automatiquement installé sur les systèmes d'exploitation des Mac et Linux. Actuellement, Apache équipe 60 % des sites Web. Vous pouvez trouver plus d'informations pour installer Apache sur `http://httpd.apache.org`.

3. **Installation de MySQL.**

   Pour faire fonctionner votre application de base de données pour le Web, vous devez installer MySQL. De nombreux ordinateurs Mac et Linux sont livrés avec MySQL déjà installé, même s'il peut s'avérer nécessaire de les faire évoluer vers la version la plus récente. Vous pouvez télécharger et installer MySQL sur `www.mysql.com`.

4. **Installation de PHP.**

   Une fois que vous avez installé MySQL et Apache, vous devez installer PHP. Quelques versions de Mac et Linux sont livrées avec PHP déjà installé. Vous pouvez trouver le logiciel à télécharger et à installer, ainsi que de la documentation sur `www.php.net`.

Décider où développer votre site Web

Comme cela a été expliqué plus tôt, vous devez développer votre site Web à un autre emplacement que celui où vous le publiez. Vous avez besoin d'un emplacement où stocker les fichiers de page Web à l'abri du regard du public parce que vous ne voulez pas que vos expériences et vos pages pleines d'erreur soient accessibles à tous.

L'emplacement le plus recommandé pour développer un site Web est votre propre ordinateur. Si vous ne pouvez pas développer sur votre ordinateur, vous devez disposer d'une zone privée sur l'ordinateur de quelqu'un d'autre, tel que l'ordinateur de votre hébergeur.

Sur votre ordinateur

Vous pouvez développer votre site Web sur votre ordinateur local et télécharger les fichiers sur votre site Web lorsque votre site est terminé et prêt à être exposé à tous les regards. Dans la plupart des cas, cette solution est la meilleure.

Lorsque vous développez sur votre propre ordinateur, vous devez tester les fichiers des pages Web, dont les programmes PHP, que vous écrivez. Pour cela, vous devez installer le logiciel sur votre ordinateur. Si vous ne pouvez pas tester votre travail sur votre site de développement, vous devrez télécharger les fichiers sur votre site Web et les tester, et vous rencontrerez alors le même problème que pose la mise à disposition du public d'un site inachevé aux fichiers non testés.

Votre site de développement sur votre ordinateur local doit comprendre Apache, PHP et MySQL. Si ces logiciels ne sont pas installés sur votre ordinateur, vous pouvez les installer facilement. J'explique comment procéder plus loin dans ce chapitre.

En plus de ces logiciels, vous aurez besoin d'un logiciel pour éditer les fichiers texte qui constituent votre site Web. Votre ordinateur est livré avec un éditeur de texte tel que Bloc-notes ou WordPad pour Windows. Cependant, vous voudrez peut-être installer un logiciel spécifiquement conçu pour écrire des programmes, disposant de fonctionnalités qui vous sont utiles dans ce cas. Je traite de ce type de logiciel plus loin dans ce chapitre.

Sur un autre ordinateur

Si vous êtes confronté à une situation très inhabituelle où vous ne pouvez pas développer votre site Web sur votre ordinateur, vous pouvez le développer sur un ordinateur tiers, tel que celui de votre hébergeur ou celui de votre entreprise. Cependant, vous avez besoin d'un espace séparé, privé sur cet ordinateur.

Sur l'ordinateur de votre hébergeur, vous pouvez créer un sous-répertoire (dossier) dans votre compte Web où vous pouvez stocker les fichiers de vos pages Web. Vous n'avez pas besoin d'installer de logiciel supplémentaire, car PHP et MySQL sont déjà installés. Toutefois, vous devrez protéger le sous-répertoire pour le dissimuler au public. Pour cela, vous pouvez ajouter une directive dans un fichier .htaccess. Je vous explique comment procéder plus loin dans ce chapitre.

Sur l'ordinateur de votre entreprise, le département informatique devra vous créer un espace distinct qui ne sera pas accessible au public et où vous pourrez conserver les fichiers de vos pages Web. Vous devez dialoguer avec le département pour configurer cet espace et permettre le transfert de fichiers entre cet emplacement et celui où se trouve votre site Web.

Configurer votre site Web

Une fois que vous avez décidé où publier votre site Web, l'étape suivante consiste à configurer ce site. Les sections suivantes vous expliquent comment procéder.

Sur l'ordinateur d'un hébergeur

Vous configurez votre compte sur le site Web de l'hébergeur. La plupart d'entre eux proposent plus d'un type de compte, donnant accès à des ressources diverses à des prix variés. Vous obtenez un compte en remplissant un formulaire sur le site Web et en fournissant votre numéro de carte de crédit. L'hébergeur vous retourne par e-mail les informations dont vous avez besoin pour utiliser votre nouveau compte.

Si vous rencontrez des difficultés dans la procédure de création d'un compte, vous devriez pouvoir contacter le support technique de l'hébergeur. Certains proposent un numéro de téléphone, d'autres un e-mail, et d'autres encore une messagerie instantanée. Certains proposent même les trois solutions pour les contacter. Si l'hébergeur n'est pas capable de répondre à vos questions ou s'il prend longtemps pour répondre, ce n'est peut-être pas l'hébergeur qu'il vous faut.

Lorsque vous disposez de votre nouveau compte, il peut s'écouler un jour ou deux avant que l'URL ne permette de se connecter à votre site Web. Lorsque l'URL pointe sur votre site, cela signifie que votre site est accessible au public : tout ce que vous y stockez peut être consulté par tout le monde.

Votre nouveau compte vous donne accès à un panneau de contrôle qui vous permet de le gérer. De nombreux hébergeurs proposent un panneau de contrôle nommé cPanel tandis que d'autres proposent leurs propres panneaux de contrôle, mais les panneaux de contrôle exposent presque toujours les mêmes fonctionnalités, comme un moyen pour créer des comptes e-mail. Le panneau de contrôle donne accès à des logiciels qui vous permettent de créer des bases de données MySQL et d'ajouter/modifier des comptes et des mots de passe MySQL. Le panneau de contrôle donne aussi accès à phpMyAdmin pour gérer vos bases de données. La gestion de vos comptes et de vos bases de données MySQL fait l'objet des chapitres 4 et 5.

Comme cela a été expliqué plus tôt, les pages Web sont stockées sur votre compte, sur l'ordinateur de l'hébergeur, et peuvent être consultées par tout le monde. Pour cette raison, vous choisirez de développer et de peaufiner vos pages Web sur votre site de développement, et de les déplacer sur votre site Web une fois terminées. La solution privilégiée par la plupart des développeurs consiste à utiliser un logiciel sur son ordinateur pour modifier et télécharger les fichiers entre votre environnement de développement et votre site Web. Je traite de ce type de logiciel dans la section « Configurer votre environnement de développement ».

Si, pour une raison quelconque, vous ne pouvez pas télécharger de fichiers depuis votre environnement de développement, vous devriez pouvoir télécharger vos fichiers via le panneau de contrôle fourni par votre hébergeur. Par exemple, pour télécharger un fichier en utilisant cPanel, localisez la section nommée Fichiers et cliquez sur l'icône Gestionnaire de fichiers. La page qui s'ouvre vous permet de gérer vos fichiers, et en particulier de télécharger des fichiers et d'en faire des sauvegardes. Si vous cliquez sur le lien de téléchargement, vous pourrez parcourir les fichiers sur votre ordinateur et sélectionner ceux que vous souhaitez télécharger.

La page du gestionnaire de fichiers fournit aussi une option pour modifier vos fichiers directement sur votre site Web. C'est rarement une bonne idée. La configuration d'environnement de travail la plus fonctionnelle comprend deux sites Web complets – l'un correspond à votre site de développement et l'autre à votre site Web. Vous développez les fichiers sur votre site de développement et vous ne transférez que les fichiers terminés sur votre site Web. Ainsi, vous disposez de deux sites Web complets, et votre site de développement peut servir de sauvegarde en cas de pépin. Pour cette raison, vous souhaiterez que votre site local ressemble comme deux gouttes d'eau à votre site Web, en adoptant notamment la même structure de répertoires et de fichiers. Ainsi, si un désastre mystérieux survient et que vos fichiers disparaissent du site Web, vous pourrez télécharger votre site de développement et être de nouveau fonctionnel très rapidement.

Sur le site Web d'une entreprise

Lorsque vous configurez votre site Web sur l'ordinateur d'une entreprise, vous devez collaborer avec l'équipe du département informatique de l'entreprise en question : c'est eux qui vont configurer votre site Web et vous donner accès à l'emplacement où vous pouvez stocker les fichiers du site Web. Vous devez vous coordonner avec eux. Vous devez les informer précisément de vos besoins.

La division entre les tâches que vous devez assurer et celles qui incombent au département informatique dépend de la politique en vigueur dans l'entreprise. Quelques entreprises vous donnent un accès confortable aux logiciels du site Web et à ses paramètres tandis que d'autres refusent que vous ne touchiez à rien. Par exemple, une entreprise peut vous autoriser à modifier le fichier de configuration PHP (php.ini), mais une autre exigera que vous demandiez les modifications au département informatique. Quel que soit votre niveau d'accès, vous devrez travailler étroitement avec le département informatique.

Les informations dont vous avez besoin

Que vous utilisiez le site Web d'un hébergeur ou d'une entreprise, vous avez besoin d'informations pour travailler. Lorsque vous signez pour un compte auprès d'un hébergeur Web, l'hébergeur doit vous fournir des informations requises pour utiliser les logiciels et créer votre site Web dynamique. Vous recevez généralement un e-mail de l'hébergeur qui vous fournit tout cela. Si vous publiez votre site sur le site Web d'une entreprise, c'est le département informatique qui vous fournit ces informations.

Veillez à récupérer les informations suivantes :

» **L'emplacement du site Web**. Vous devez savoir où stocker les fichiers pour les pages Web. L'hébergeur ou le département informatique doit vous fournir le nom et l'emplacement d'un répertoire où les fichiers pourront être déployés. Vous devez aussi savoir comment déployer les fichiers - les copier, les transférer par FTP ou utiliser une autre méthode. Si vous utilisez les services d'un hébergeur, vous devez disposer d'un identifiant et d'un mot de passe pour déployer des fichiers. Sur le site Web de votre entreprise, vous n'en aurez qu'éventuellement besoin.

» **Le nom du fichier par défaut**. Lorsque les utilisateurs pointent leur navigateur sur une URL, un fichier leur est renvoyé. Le serveur Web est configuré pour renvoyer un fichier qui porte un nom particulier lorsque l'URL spécifié n'en mentionne pas. Ce fichier automatiquement renvoyé est le *fichier par défaut*. Très souvent, le fichier par défaut se nomme `index.html` ou `index.htm`, mais il arrive parfois qu'il soit nommé autrement comme `default.htm`. Vous devez connaître le nom de fichier par défaut.

» **Un compte MySQL**. L'accès aux bases de données MySQL est contrôlé par un système d'identifiants et de mots de passe. Votre hébergeur configure pour vous un compte MySQL qui dispose des permissions requises et vous communique un identifiant et un mot de passe (j'explique les comptes MySQL au Chapitre 5).

» **L'emplacement de la base de données MySQL**. Lorsque vous accédez à une base de données MySQL depuis un script PHP, vous devez spécifier où se trouve le serveur MySQL. S'il se trouve sur le même serveur que PHP, vous pouvez utiliser *localhost*. Toutefois, les bases de données MySQL ne résident pas forcément sur le même ordinateur que le site Web. Dans ce cas, vous devez connaître le nom d'hôte (par exemple, `thor.entreprise.com`) où les bases de données se trouvent.

» **L'extension de fichier PHP**. Lorsque PHP est installé, le serveur Web est informé qu'il va trouver des instructions PHP dans les fichiers dont le nom comprend une certaine extension. Généralement, cette extension est `.php` ou `.phtml`, mais d'autres extensions peuvent être utilisées. Les instructions

PHP dans les fichiers qui ne portent pas la bonne extension ne seront pas interprétées. Demandez donc quelle est l'extension à utiliser pour les programmes PHP.

Configurer votre environnement de développement

Votre site de développement est l'emplacement où vous écrivez et testez les fichiers avant de les télécharger sur votre site Web. Vous devez donc pouvoir éditer des fichiers et les tester dans cet environnement.

Votre propre ordinateur

L'emplacement le plus commun pour votre site de développement est votre ordinateur personnel. Vous pouvez créer les fichiers sur votre ordinateur et les télécharger sur votre site Web.

Installer le logiciel de développement Web

Pour tester les programmes PHP que vous écrivez, Apache, PHP et MySQL doivent être installés sur votre site de développement. Vous pouvez installer le logiciel sur votre machine à l'aide de l'une ou l'autre de ces méthodes :

- **Installation depuis un package tout-en-un**. C'est la solution la plus rapide et la plus facile. Ma préférence va à un package nommé XAMPP. XAMPP n'est pas recommandé pour les serveurs Web où le public peut accéder aux fichiers, mais il convient parfaitement à un site Web de développement.

  XAMPP installe Apache, PHP et MySQL en une seule procédure simple. Il installe aussi phpMyAdmin. XAMPP est disponible pour Windows, Mac, Linux et Solaris. Vous trouverez des instructions détaillées pour télécharger et installer XAMPP dans l'Annexe A.

- **Installation de chaque package logiciel séparément**. Vous pouvez installer les logiciels séparément. Les logiciels peuvent être téléchargés et installés gratuitement. Vous en trouverez des versions pour la plupart des systèmes d'exploitation, dont Windows et Mac. Apache, MySQL et phpMyAdmin disposent d'un installateur que vous lancez pour installer ces logiciels. PHP dispose aussi d'un installateur, mais je préfère l'installer depuis un fichier Zip.

  Les instructions pour installer les logiciels se trouvent sur leurs sites Web officiels, comme suit :

- Apache : `http://httpd.apache.org/docs/1.3/install.html`
- PHP : `http://php.net/manual/fr/install.php`
- MySQL : `http://dev.mysql.com/doc/refman/5.0/fr/installing.html`
- phpMyAdmin : `http://www.phpmyadmin.net/documentation/Documentation.html#setup`

Écrire des fichiers

En plus des logiciels pour tester vos programmes, vous avez besoin d'un logiciel pour écrire ces programmes. Comme les programmes PHP sont des fichiers texte, vous pouvez utiliser votre éditeur de texte favori (tel que WordPad ou Bloc-notes sur Windows). Toutefois, il existe des outils qui proposent des fonctionnalités qui facilitent grandement l'écriture de programmes.

Il est intéressant de jeter un œil sur les éditeurs de programmes et sur les environnements de développement intégrés (EDI) avant d'écrire vos programmes.

Les éditeurs de programmes et les EDI disposent de fonctionnalités qui vous font gagner énormément de temps durant le développement. Téléchargez quelques démos, essayez-les, et sélectionnez celui qui vous semble répondre le plus à vos besoins. Vous pourrez prendre des vacances avec le temps que vous gagnerez.

Les éditeurs de programmes

Les éditeurs de programmes proposent de nombreuses fonctionnalités pour écrire des programmes. Les fonctionnalités suivantes sont les plus fréquentes :

» **La mise en exergue colorée**. L'éditeur affiche des parties du programme – telles que les balises HTML, les chaînes de caractères, les mots-clés et les commentaires – dans différentes couleurs qui sont facilement identifiables.

» **L'indentation**. L'éditeur indente automatiquement le texte entre les parenthèses et les accolades pour faciliter la lecture du programme.

» **Les numéros de ligne**. L'éditeur rajoute des numéros de ligne temporaires. C'est important car les messages d'erreur de PHP font référence au numéro de ligne où l'erreur a été rencontrée. Il serait aberrant d'avoir à compter 872 lignes depuis le début d'un fichier pour localiser la ligne où PHP signale un problème.

» **Les fichiers multiples**. Vous pouvez ouvrir plusieurs fichiers simultanément.

» **La complétion automatique**. L'éditeur propose des boutons pour insérer du code, comme des balises HTML, des instructions ou des fonctions PHP.

» **Les bibliothèques de code**. Vous pouvez enregistrer des morceaux de code que vous pouvez insérer en cliquant sur un bouton.

De nombreux éditeurs de programmes sont disponibles sur Internet gratuitement ou pour un prix modique. Parmi les éditeurs les plus populaires, on trouve :

- **Arachnopilia** (`www.arachnoid.com/arachnophilia`). Cet éditeur est écrit en Java. C'est un freeware. Il est axé sur le développement de pages Web.
- **BBEdit** (`www.barebones.com/products/bbedit/index.shtml`). C'est la Rolls des éditeurs pour le Mac. BBEdit est vendu à environ 100 euros.
- **EditPlus** (`www.editplus.com`). C'est l'éditeur conçu pour les machines Windows. Il colore le HTML, le PHP et d'autres langages. Il coûte environ 30 euros.
- **Emacs** (`www.gnu.org/software/emacs/emacs.html`). Emacs fonctionne avec Windows, Mac et plusieurs versions de Linux et Unix. Il est gratuit.
- **HTML-Kit** (`www.chami.com/html-kit`). C'est un éditeur rempli de fonctionnalités pour HTML, XML, CSS, JavaScript, PHP et autres fichiers texte. Il est disponible pour Windows.
- **TextWrangler** (`www.barebones.com/products/textwrangler`). Cet éditeur est fourni par les auteurs de BBEdit. C'est une sorte de BBEdit allégé, pour Mac. Il est gratuit.

Les environnements de développement intégrés (EDI)

Un EDI est un espace de travail pour développer des applications. Il comprend un éditeur de programmes ainsi que d'autres fonctionnalités. Les IDE comprennent généralement les suivantes :

- **Déboguage**. Des fonctionnalités de déboguage intégrées.
- **Prévisualisation**. Afficher la page Web générée par le programme.
- **Test**. Des fonctionnalités de tests intégrées pour vos programmes.
- **FTP**. Pouvoir se connecter et télécharger via FTP (le protocole de transfert de fichiers). Conserver la trace des fichiers qui appartiennent au site Web et les maintenir à jour.
- **Gestion de projets**. Organiser les programmes en projets ; gérer les fichiers dans un projet ; des fonctionnalités de gestion des versions.
- **Sauvegardes**. Sauvegarder automatiquement votre site Web à intervalles réguliers.

Les EDI sont plus difficiles à maîtriser que les éditeurs de programmes. Certains sont onéreux, mais ils comprennent une multitude de fonctionnalités. Les EDI sont particulièrement utiles lorsque plusieurs personnes écrivent des programmes pour la même application. Un EDI peut simplifier la coordination d'un projet et rendre le code plus compatible.

Les IDE les plus populaires sont les suivants :

- **Dreamweaver** (www.adobe.com/products/dreamweaver). Cet EDI est disponible sur les plates-formes Mac et Windows. Il fournit des outils d'agencement visuels qui vous permettent de créer une page Web en glissant-posant des éléments et en cliquant sur des boutons pour en insérer. Dreamweaver peut écrire le code HTML à votre place. Il gère aussi PHP. La version courante est CS4, qui coûte environ 550 euros. Vous pouvez récupérer Dreamweaver dans la plupart des suites de produits Adobe.
- **Komodo** (www.activestate.com/komodo). Komodo existe pour Windows et Linux. Il gère HTML, JavaScript, CSS et XML ainsi que PHP et d'autres langages tels que Perl et Python. Il coûte environ 200 euros.
- **PHPEdit** (www.phpedit.com). PHPEdit existe pour Windows. Il existe en différentes versions, avec différentes fonctionnalités et à différents prix.

Télécharger vos fichiers sur votre site Web

Lorsque les fichiers de vos pages Web sont terminés et prêts à être publiés, vous devez les transférer sur votre site Web. La plupart du temps, vous les téléchargez depuis votre ordinateur en utilisant FTP. Vous pouvez installer un logiciel FTP qui vous facilite le processus de téléchargement.

Si vous utilisez un EDI, comme je l'ai suggéré plus tôt, vous disposerez d'une fonctionnalité FTP intégrée. Par exemple, si vous utilisez Dreamweaver, lorsque vous configurez un projet Dreamweaver pour la première fois, vous spécifiez le site distant où télécharger. Lorsque vous souhaitez télécharger un fichier dans un sens ou dans l'autre, vous sélectionnez le fichier et vous cliquez sur un bouton de Dreamweaver. De plus, Dreamweaver conserve la trace des versions, ce qui vous permet de savoir que vous êtes sur le point de remplacer un fichier par une version antérieure.

Quelques éditeurs de programmes disposent d'une fonctionnalité FTP intégrée. Par exemple, HTML-Kit, qui vous permet ainsi de télécharger facilement vos fichiers.

Si votre éditeur ne dispose pas d'une telle fonctionnalité, vous pouvez installer un logiciel FTP sur votre ordinateur. Ce logiciel utilise généralement une visualisation des fichiers très similaire à l'explorateur de Windows. Il contient deux panneaux : l'un affiche les fichiers dans le répertoire courant de votre ordinateur tandis que l'autre affiche les fichiers du répertoire distant – votre site Web. Il vous suffit de sélectionner les fichiers pour les déplacer d'un endroit à l'autre.

Vous pouvez utiliser Filezilla (http://filezilla-project.org). C'est un logiciel gratuit que vous pouvez télécharger et installer. Si vous installez vos logiciels Web avec XAMPP, Filezilla sera automatiquement installé en même temps. Il existe d'autres logiciels du même genre :

- **FTP Voyager** (`www.ftpvoyager.com`). Un client FTP puissant et sécurisé pour Windows. Il dispose de nombreuses fonctionnalités, dont le transfert par glisser-poser. Il coûte environ 30 euros.
- **WS_FTP** (`www.ipswitchft.com`). Un client FTP très complet pour Windows. Il coûte environ 40 euros. Le même éditeur commercialise Fetch, un client FTP pour Mac.
- **SmartFTP** (`www.smartftp.com`). Un client FTP populaire doté de nombreuses fonctionnalités, en particulier axées sur la communication avec un hébergeur. La version personnelle coûte environ 30 euros, et la version professionnelle, environ 35 euros.

Votre hébergeur

Si vous devez malgré tout développer sur votre compte hébergé, vous aurez besoin d'un espace privé pour vos fichiers en cours de développement. Vous pouvez obtenir un second compte pour votre développement, et vous pourrez alors transférer vos fichiers sur votre site Web une fois qu'ils seront développés. Ou alors, vous pouvez créer un sous-répertoire sur votre site Web que vous utiliserez uniquement pour le développement, ne transférant vos fichiers dans le répertoire principal de votre site Web qu'une fois qu'ils sont terminés.

Quelle que soit la solution que vous adoptez, vous aurez besoin de certaines petites choses. D'abord, vous devrez être certain que la zone de développement est privée, inaccessible au public. Et vous devrez aussi être certain que les zones consacrées au développement ne peuvent pas être indexées par les moteurs de recherche. Si les moteurs de recherche localisent des pages Web identiques à deux emplacements différents, ils peuvent vous classer moins bien dans leurs résultats.

Garder tout privé

Vous avez besoin de créer un répertoire sur votre compte hébergé pour que ce dernier vous serve de site de développement. Vous pouvez rendre le répertoire privé, sans possibilité d'accès au public, grâce au fichier .htaccess. Pour bloquer l'accès à votre répertoire de développement :

1. **Créez un fichier .htaccess dans le répertoire que vous souhaitez protéger.**

   Si vous avez créé un sous-répertoire nommé `devel` dans lequel vous souhaitez conserver votre site de développement, créez un fichier `.htaccess` dans ce sous-répertoire. Eh oui, il y a bien un point en début du nom de ce fichier.

2. **Ajoutez une ligne au fichier .htaccess.**

Cette ligne devrait être la suivante :

```
deny fom all
```

La directive deny dans le fichier .htaccess empêche quiconque d'accéder à un fichier dans le répertoire où le fichier .htaccess se trouve.

Tenir à distance les moteurs de recherche

Vous pouvez indiquer aux moteurs de recherche qu'ils ne doivent pas indexer les fichiers dans un répertoire à l'aide d'un fichier robots.txt. Créez ce fichier à l'aide du contenu suivant :

```
################################
#
# fichier robots.txt pour ce site Web
#
# s'adresse à tous les robots grâce à *
#
User-agent: *
# lister les répertoires à ne pas indexer
Disallow: /
#
# lister les fichiers à ne pas indexer
#
#Disallow: /didacticiels/balises_meta.html
#Disallow: /didacticiels/page_erreur.html
#
# Fin du fichier robots.txt
#
################################
```

Les lignes qui commencent par des dièses (#) sont des commentaires, qui sont ignorés. Notez que seulement deux lignes ne sont pas des commentaires. La première est :

```
User-agent: *
```

Cette ligne indique que tous les moteurs de recherche doivent suivre les instructions prodiguées dans ce fichier. La seconde ligne est :

```
Disallow: /
```

Cette ligne spécifie que les moteurs de recherche devraient ignorer tous les fichiers dans ce répertoire, dont les sous-répertoires.

L'ordinateur d'une entreprise

Si votre site de développement se trouve sur l'ordinateur d'une entreprise, le département informatique de votre entreprise doit configurer le site et le rendre privé. Vous devez adresser vos besoins à ce département. Vous devez pouvoir transférer les versions achevées des fichiers que vous développez du site de développement vers le site Web. Votre département informatique devrait vous indiquer comment procéder. Il devrait aussi mettre à votre disposition un éditeur de texte et vous fournir les instructions ou la documentation pour l'utiliser.

Tester, tester, 1, 2, 3

Supposons que vous pensiez que PHP et MySQL sont disponibles, pour l'une ou l'autre de ces raisons :

- » Le département informatique de votre entreprise ou celui de l'entreprise qui est votre cliente vous a dit qu'il en était ainsi.
- » Votre hébergeur vous a fourni toutes les informations que vous lui avez demandées et vous a assuré que tout était prêt.
- » Vous avez suivi les instructions précédentes et installé PHP et MySQL vous-même sur votre ordinateur.

Il vous faut maintenant vérifier que PHP et MySQL sont bien en ordre de marche.

Comprendre les fonctions PHP/MySQL

PHP peut communiquer avec n'importe quelle version de MySQL. Toutefois, PHP doit être installé différemment selon la version de MySQL que vous utilisez. PHP définit une famille de fonctions qui sont les fonctions **mysql** pour communiquer avec une base MySQL 4.0 ou antérieure, et une nouvelle famille de fonctions (la famille **mysqli**, notez le i final) pour MySQL 4.1 et suivants. Vous pouvez utiliser l'ancienne famille mysql avec les versions récentes de MySQL, mais vous n'aurez dans ce cas pas accès aux nouveautés fonctionnelles qu'elles apportent. La famille mysqli n'est disponible qu'à partir de la version 5 de PHP.

Les programmes de ce livre, y compris le programme de test de ce chapitre, utilisent MySQL 5.0 et les nouvelles fonctions mysqli. Si vous utilisez encore PHP 4, vous devrez modifier les exemples pour appeler les fonctions mysql dont la syntaxe varie un peu. Un tableau du Chapitre 10 présente les différences. Des versions des exemples pour PHP 4 peuvent être téléchargées sur mon site Web (www.janetvalade.com).

Si vous n'utilisez pas la bonne fonction, voici le genre de message d'erreur que vous risquez de rencontrer :

```
Fatal error: Call to undefined function mysql_connect()
```

Ce message peut signifier que vous tentez d'utiliser une fonction mysql (et non mysqli) dans le programme alors que le support de ces fonctions n'est pas activé. La procédure pour activer la gestion de MySQL est détaillée dans l'Annexe B.

Ces fonctions sont expliquées plus loin dans ce livre. Celles qui permettent à PHP de communiquer avec MySQL sont abordées dans le Chapitre 10. Ceux qui utilisent PHP 4 ne pourront pas lancer les exemples directement, car ils ont été modifiés pour utiliser les nouvelles fonctions mysqli.

Test de PHP

Vous devez vérifier que PHP est installé et qu'il fonctionne sur votre site de développement et sur votre site Web.

Sur votre ordinateur

Pour tester si PHP est installé et fonctionne, suivez ces étapes :

1. **Trouvez le répertoire dans lequel vos fichiers PHP doivent être sauvegardés.**

   Ce dossier et ses sous-répertoires constituent votre *espace Web*. Dans le cas d'Apache, ce répertoire est appelé *Document Root*. Voici où vous pouvez le trouver :

   - Si vous avez installé PHP à partir de XAMPP, le répertoire par défaut est `c:\xampp\`htdocs sur Windows et `Applications/xampp/`htdocs sur Mac.
   - Si vous avez installé PHP et Apache vous-même, séparément, le répertoire par défaut est htdocs dans le répertoire où Apache est installé.
   - Sur IIS, ce sera par défaut `Inetpub\wwwroot`.
   - Sur Linux, il devrait s'agir de `/var/www/html`.

   Vous pouvez modifier l'emplacement de votre espace Web en configurant le serveur Web (voir l'Annexe B).

2. **Créez le fichier ci-après dans votre espace Web et donnez-lui le nom `test.php`.**

   ```
   <html>
   <head>
   <title>Test de PHP</title>
   ```

```
</head>
<body>
<p> Ceci est une ligne HTML
<p>
<?php
   echo "Ceci est une ligne PHP";
   phpinfo();
?>
</body>
</html>
```

Ce fichier doit être enregistré dans votre espace Web pour que le serveur Web puisse le trouver.

3. **Exécutez le fichier `test.php` que vous venez de créer.**

   Pour exécuter un fichier sur l'ordinateur, vous pouvez accéder à l'espace Web par défaut en utilisant le nom `localhost`. Par exemple, pour exécuter le fichier, saisissez `localhost/test.php` dans la barre d'adresse de votre navigateur.

   Pour que le fichier soit interprété par PHP, vous devez y accéder par l'intermédiaire de votre serveur Web – et non en utilisant Fichier->Ouvrir depuis le menu de votre navigateur.

   Vous devriez voir s'afficher les deux lignes suivantes :

```
Ceci est une ligne HTML
Ceci est une ligne PHP
```

   Ces deux lignes devraient être suivies par un grand tableau contenant des informations associées à PHP sur votre système. Il contient notamment des chemins d'accès et des noms de fichiers, des valeurs de variables et le statut de diverses options. Ce tableau est produit par l'appel à la fonction `phpinfo()` dans le script de test. Vous pouvez utiliser cette fonction chaque fois que vous vous posez une question sur un paramètre de PHP afin d'afficher le tableau et d'en vérifier la valeur.

4. **Vérifiez les valeurs des options de PHP que vous comptez utiliser.**

   Par exemple, le support de MySQL doit être activé. Recherchez la rubrique MySQL dans ce tableau et assurez-vous que le support de MySQL a bien la valeur «on» (ou *Enabled*).

   De plus, tout en haut de la sortie générée, vous trouverez le numéro de version de PHP que vous utilisez. Vérifiez que vous utilisez PHP 5 et non PHP 4.

5. **Modifiez éventuellement des valeurs.**

La configuration générale de PHP est stockée dans le fichier *php.ini*. Vous pouvez modifier les paramètres pour modifier le comportement de PHP. Divers paramètres de PHP sont évoqués tout au long de ce livre dans les sections idoines. L'Annexe B explique comment procéder pour les modifier.

Sur l'ordinateur d'un hébergeur

Si votre site Web est hébergé, vous devez vérifier que PHP fonctionne et consulter ses paramètres. Dans la section précédente, à l'étape 2, vous avez créé un programme test en PHP. Pour effectuer ce test, vous devez télécharger ce fichier sur votre site Web et vous assurer qu'il fonctionne correctement.

1. **Localisez le fichier test.**

2. **Téléchargez le fichier test sur votre site Web.**

3. **Exécutez le fichier test PHP sur votre site Web en saisissant son adresse dans la barre d'adresse de votre navigateur.**

   Autrement dit, saisissez le nom de domaine avec le nom du fichier, comme `www.monentreprise.com/test.php`.

   Si le fichier fonctionne bien, vous verrez s'afficher une page Web contenant un long listing telle que celle que vous avez pu voir en exécutant le fichier sur votre ordinateur.

4. **Vérifiez les valeurs des paramètres PHP dont vous avez besoin.**

   Assurez-vous que votre site Web fonctionne avec PHP 5 et non PHP 4. De même, assurez-vous que la gestion de MySQL est active.

5. **Modifiez les paramètres si nécessaire.**

   Vous ne pouvez pas modifier les paramètres dans le fichier `php.ini` sur votre site Web. Toutefois, vous pouvez modifier ces paramètres par d'autres moyens. Vous trouverez toutes les explications dans l'Annexe B.

Tester votre fichier de configuration PHP local

PHP dispose de nombreux paramètres dont vous ne souhaiterez pas toucher les valeurs. Ces paramètres se trouvent dans le fichier texte php.ini. Votre hébergeur ne vous donnera certainement pas accès au fichier php.ini qui contrôle les paramètres PHP de tous les utilisateurs, mais il peut vous permettre d'utiliser un fichier php.ini local qui n'affecte que les paramètres PHP de votre site Web.

Il devient plus facile d'écrire des programmes PHP si vous pouvez utiliser un fichier local php.ini,.Vous devriez faire un test pour vérifier si votre hébergeur vous permet d'utiliser un tel fichier. Voici comment procéder :

1. **Créez un fichier texte vide nommé php.ini et téléchargez-le dans le répertoire principal de votre site Web.**

2. **Exécutez le programme, `test.php`, que vous avez précédemment créé pour votre site Web.**

3. **Examinez la liste de tous les paramètres générée en sortie.**

   Tout en haut, vous trouverez un paramètre nommé `Loaded Configuration File`. Ce paramètre correspond au chemin d'accès du fichier `php.ini` en cours d'utilisation. Si votre hébergeur vous permet d'utiliser un fichier local `php.ini`, ce paramètre devrait pointer vers le fichier que vous venez de télécharger à l'instant.

Si le chemin d'accès au fichier téléchargé n'est pas le chemin au fichier php.ini indiqué, votre hébergeur ne vous permet probablement pas d'utiliser un php.ini local. Cependant, ça ne coûte rien de lui demander. Peut-être faut-il procéder à une manipulation supplémentaire. Ou alors, peut-être votre hébergeur le permettra-t-il si les utilisateurs qui le demandent sont assez nombreux.

Tester MySQL

Lorsque vous aurez vérifié que PHP tournait correctement, il vous restera à tester MySQL au moyen de PHP. Vous devez procéder au test suivant dans votre environnement de développement et sur votre site Web. Lancez d'abord le test sur votre site de développement, puis téléchargez le fichier sur votre site Web pour l'y exécuter. Suivez simplement ces étapes :

1. **Créez le fichier ci-après dans votre espace Web et donnez-lui le nom `test-mysql.php` :**

   Sur votre site Web, vous pouvez placer le fichier dans votre répertoire principal ou dans un sous-répertoire quelconque.

   Vous pouvez télécharger ce fichier sur mon site Web `www.janetvalade.com`.

```
<?php
/* Programme: mysql_up.php
 * Desc:      Se connecte au serveur MySQL et
 *            affiche les paramètres.
 */
 echo "<html>
       <head><title>Test de MySQL5 avec PHP5</title></head>
       <body>";
```

```
$host="localhost";
$user="";
$password="";

$cxn = mysqli_connect($host,$user,$password);
$sql="SHOW STATUS";
$result = mysqli_query($cxn,$sql);
if($result == false)
{
   echo "<h4>Erreur: ".mysqli_error($cxn)."</h4>";
}
else
{
  /* Tableau affichant les résultats */
  echo "<table border='1'>
        <tr><th>Nom_Variable</th>
            <th>Valeur</th></tr>";
  for($i = 0; $i < mysqli_num_rows($result); $i++)
  {
    echo "<tr>";
    $row_array = mysqli_fetch_row($result);
     for($j = 0;$j < mysqli_num_fields($result);$j++)
     {
        echo "<td>".$row_array[$j]."</td>\n";
     }
  }
  echo "</table>";
}
?>
</body>
</html>
```

2. **Modifiez les lignes 9, 10 et 11 du programme :**

```
$host="nomdhote";
$user="moncomptemysql";
$password="monmotdepassemysql";
```

Sur votre ordinateur, changez les `"nomdhote"` en `"localhost"`. Si votre site Web se trouve hébergé, vous devez utiliser `"localhost"` ou votre nom de domaine, tel que `monentreprise.com`. Quelques hébergeurs utilisent une autre désignation pour ce nom d'hôte. Cette information aura dû vous parvenir dans le courrier que vous aura adressé l'hébergeur lorsque vous avez créé votre compte. Si vous ne pouvez pas trouver l'information, contactez le support technique de l'hébergeur et demandez-lui quel nom d'hôte utiliser dans un programme PHP pour accéder aux bases de données MySQL. Sur l'ordinateur d'une entreprise, vous devez vous adresser au département informatique pour obtenir le nom d'hôte.

Modifiez la valeur de `moncomptemysql` et de `monmotdepassemysql`. Sur votre ordinateur, un compte nommé `root` a été créé lorsque vous avez installé MySQL, qui peut ou non comporter un mot de passe (je traite des comptes et des mots de passe MySQL au Chapitre 5). Si votre compte MySQL n'utilise pas de mot de passe, ne saisissez rien entre les guillemets, comme ceci :

```
$password="";
```

Si vous utilisez les services d'un hébergeur, ce dernier devrait vous avoir communiqué le nom et le mot de passe MySQL lorsque vous avez créé votre compte. Si vous utilisez l'ordinateur d'une entreprise, vous devez vous adresser au département informatique pour les obtenir.

3. **Exécutez** `test-mysql.php`.

Ce message d'erreur se rencontre assez fréquemment :

```
MySQL Connection Failed: Access denied for user: 'tartempion'
(Using password: YES)
```

Ce message signifie que votre nom d'utilisateur et/ou votre mot de passe est ou sont incorrects. Vous noterez que, pour des raisons de sécurité, le mot de passe réel n'est pas affiché mais remplacé par YES. Si vous aviez indiqué une chaîne vide en guise de mot de passe, YES serait remplacé par NO.

En cas de message d'erreur, vérifiez soigneusement votre numéro de compte et votre mot de passe. Souvenez-vous qu'il s'agit ici de votre compte MySQL, différent de votre compte de login. Si vous ne trouvez aucune erreur, contactez le département informatique, votre hébergeur ou votre fournisseur d'accès pour leur soumettre le problème. (Les mots de passe et comptes MySQL seront traités au Chapitre 5.)

Chapitre 3

Développement d'une application de base de données sur le Web

DANS CE CHAPITRE :

- » **Planification de votre application.**
- » **Choix et organisation des données.**
- » **Conception de la base de données.**
- » **Vue d'ensemble de la construction de votre base de données.**
- » **Vue d'ensemble de l'écriture des programmes de votre application.**

Développer une application de base de données sur le Web demande bien plus qu'un simple rangement de données dans une base de données MySQL suivi de l'écriture de quelques programmes PHP. La construction de l'application doit être précédée d'une sérieuse planification. Les étapes à suivre sont les suivantes :

1. **Développer un plan listant les tâches que votre application doit accomplir.**
2. **Concevoir la base de données nécessaire pour supporter les tâches précédentes.**

3. **Construire la base de données MySQL en respectant la façon dont elle a été conçue.**

4. **Ecrire les programmes PHP qui accomplissent les diverses tâches de l'application.**

Ce sont ces quatre étapes que nous allons détailler.

Planification de votre application de base de données sur le Web

Avant même de poser le doigt sur votre clavier pour écrire un programme PHP, vous devez planifier votre application de base de données sur le Web. C'est probablement l'étape la plus importante dans le processus de développement de l'application. Il serait douloureux de découvrir, une fois terminée l'écriture du dernier programme de votre application, que vous avez oublié un détail et qu'il vous faut tout reprendre de zéro. Ce serait également pénible pour votre ordinateur si, de rage, vous le projetiez violemment sur le sol.

Une bonne planification vous évitera d'en arriver à de telles extrémités. En outre, cela aura l'avantage de focaliser votre attention sur les fonctionnalités de l'application, vous empêchant d'écrire des fragments de programmes, peut-être intéressants par eux-mêmes, mais sans réelle adéquation avec l'application considérée comme un tout. Lorsque l'écriture de cette application est l'œuvre d'une équipe, la planification augmente les chances qu'ont les divers morceaux de s'emboîter correctement à la fin.

Identification des objectifs de l'application

La première étape de la phase de planification est d'identifier avec exactitude les raisons qui justifient le développement de l'application et ce que vous en attendez. Par exemple, votre but principal pourrait être :

- La collecte de noms et d'adresses auprès d'utilisateurs pour créer une liste de clients.
- La fourniture d'informations concernant vos produits à des clients potentiels, sous forme d'un catalogue.
- La vente en ligne de vos produits.
- L'assistance technique aux gens qui sont déjà en possession de vos produits.

Lorsque vous aurez clairement identifié l'objectif principal de votre application, faites une liste exacte de ce que vous en attendez. Par exemple, si votre objectif est de développer une base de données des noms et adresses de vos clients à des fins de marketing, la liste des tâches est plutôt brève :

- Proposer un formulaire grâce auquel vos clients potentiels pourront s'identifier.
- Placer les informations ainsi recueillies dans une base de données.

Si votre objectif est la vente en ligne de vos produits, la liste s'allonge un peu :

- Proposer à vos clients potentiels des informations sur ce que vous vendez.
- Les inciter à acheter tel ou tel produit.
- Proposer un formulaire grâce auquel ils pourront concrétiser leur achat.
- Proposer une ou plusieurs méthodes de paiement.
- Valider le paiement pour être certain d'être réellement payé.
- Envoyer la commande pour exécution au service chargé des expéditions.

À ce niveau, la description des tâches reste dans le domaine des généralités. Vous pouvez accomplir chacune de ces tâches de diverses façons. Aussi faut-il les examiner de près et entrer plus avant dans les détails. Par exemple, si votre objectif est la vente en ligne, la liste précédente doit être ainsi complétée :

- **Proposer à vos clients potentiels des informations sur ce que vous vendez.**

  Afficher une liste par catégorie de produits, chacune de ces catégories étant un lien.

  Lorsque le client clique sur un des liens, afficher la liste des produits de cette catégorie. Chaque nom de produit est à son tour un lien.

  Lorsqu'un client clique sur le nom d'un produit, afficher la description de ce produit.

- **Les inciter à acheter tel ou tel produit.**

  Proposer des descriptions soigneusement rédigées de chaque produit mettant en lumière ses qualités intrinsèques.

  Montrer des images flatteuses de chaque produit.

  Proposer une documentation imprimée, disponible en ligne, de ces produits.

  Offrir des remises par quantité.

- **Proposer un formulaire grâce auquel le client pourra concrétiser son achat.**

  Afficher un bouton sur lequel le client potentiel puisse cliquer pour matérialiser son intention d'acquérir le produit.

  Proposer un formulaire destiné à collecter toutes les informations nécessaires sur le produit : taille, couleur, etc.

  Calculer et afficher le coût total de la commande.

  Calculer et afficher le montant des frais d'expédition.

  Calculer et afficher le montant de la TVA.

  Proposer un formulaire dans lequel le client pourra indiquer son identité et ses adresses de facturation et de livraison.

» **Proposer une ou plusieurs méthodes de paiement.**

  Afficher un bouton correspondant au mode de paiement choisi.

  S'il s'agit d'une carte de crédit, afficher un formulaire dans lequel le client indiquera les renseignements nécessaires.

» **Valider le paiement pour être certain d'être réellement payé.**

  La méthode usuelle de validation consiste à recourir à un service en ligne spécialisé dans ce contrôle.

» **Envoyer la commande au service chargé des expéditions.**

  Pour cela, l'envoi d'un e-mail à ce service devrait suffire.

Parvenu à ce point, vous devriez avoir une idée claire de ce que vous attendez de votre application. Mais cela n'implique pas que vos objectifs resteront immuables. (En fait, ils sont même très susceptibles d'évoluer au fur et à mesure du développement de l'application, lorsque vous entreverrez de nouvelles possibilités.) Au début de tout projet, il est important de démarrer avec un plan aussi exhaustif que possible, afin de rester focalisé sur l'objectif principal du projet et ne pas risquer de se trouver dans une impasse ou de passer à côté du but recherché.

Se préoccuper du client

L'identification de ce que vous voulez que fasse votre application n'est qu'un des aspects de la planification. Vous devez également prendre en considération ce que vos utilisateurs en attendent. Par exemple, si votre objectif est de constituer une liste de clients potentiels à des fins de marketing, vous devez vous demander s'ils ne risquent pas d'être réticents à fournir ces informations.

Votre application doit correspondre à un but réel, tant pour vous que pour vos clients, faute de quoi ils l'ignoreront tout simplement. Pour les inciter à fournir leurs coordonnées, vous devez les motiver et leur faire comprendre le bénéfice qu'ils pourront en retirer. Voici quelques exemples de raisons pouvant inciter un utilisateur à fournir ses noms et adresse :

- **Recevoir une lettre d'information**. Pour paraître intéressante, cette lettre devra montrer des applications réelles de vos produits et apporter des informations d'actualité. Il ne faut pas qu'elle se contente d'être un instrument de marketing.
- **Participer à une loterie dotée d'un premier prix attractif**. Qui peut laisser passer une chance de gagner une semaine de vacances au soleil ou une Ferrari ?
- **Se voir accorder une remise intéressante**. Vous pouvez, par exemple, proposer périodiquement des offres promotionnelles.
- **Être informé de la sortie de nouveaux produits ou de mises à jour des anciens dès qu'elles sont disponibles**. S'il s'agit de logiciels, les clients seront intéressés par l'existence d'une nouvelle version ou de correctifs qu'ils pourront télécharger.
- **Avoir accès à des informations réellement utiles**. Vous pouvez, par exemple, leur proposer un abonnement gratuit à un journal spécialisé.

Vous pouvez maintenant compléter votre liste de tâches initiale qui était, rappelons-le :

- Proposer un formulaire grâce auquel vos clients pourront s'identifier.
- Placer les informations ainsi recueillies dans une base de données.

En prenant en compte le point de vue du client, cette liste devient :

- Présenter une description des avantages dont bénéficieront les clients qui accepteront de donner leur identité.
- Proposer un formulaire grâce auquel vos clients pourront s'identifier.
- Ajouter les coordonnées du client à la liste des abonnés à votre lettre d'information.
- Placer les informations ainsi recueillies dans une base de données.

De tout cela découle l'ébauche d'un plan pour votre application de base de données sur le Web. Vous-même et vos clients pourrez retirer un réel bénéfice de cette application.

Faciliter l'utilisation de votre site Web

Vous devez non seulement identifier les tâches que doit accomplir votre application, mais aussi vous préoccuper de la façon dont elle doit les accomplir. Ce faisant, l'un des points les plus importants est d'en faciliter l'utilisation. Si les clients ont du mal à trouver le produit qui peut les intéresser, ils n'achèteront rien. Et s'ils ne parviennent pas à trouver rapidement cette information, ils iront chercher leur bonheur ailleurs. N'oubliez pas que, sur le Web, il est très facile de trouver d'autres fournisseurs.

Faciliter l'utilisation de votre application fait appel à plusieurs techniques comme :

- **Navigation**. Tout client doit pouvoir accéder facilement à telle ou telle partie de votre site Web.
- **Graphisme**. «Un court croquis vaut un long discours.» Les images et les schémas accroissent le caractère attractif d'une page Web. N'oubliez pas, cependant, que le temps de chargement d'une image est assez important.
- **Accès**. Certains choix dans la présentation d'une page peuvent contribuer à en faciliter la perception par les visiteurs souffrant de troubles visuels.
- **Navigateurs**. Différents navigateurs (et même différentes versions d'un navigateur donné) peuvent afficher la même page d'une façon différente.

Ces considérations sont importantes, mais en dire davantage sur ce sujet dépasse les objectifs de ce livre. Si vous lisez l'anglais technique, vous tirerez bénéfice de la consultation des deux sites Web suivants conçus par des experts de la question :

- Jakob Nielsen : `http://www.useit.com`.
- Jarod Spool : `http://world.std.com/~uieweb`.

Enfin, reportez-vous au livre de Lisa Lopuck, *Design Web pour les nuls*, paru dans la même collection, chez le même éditeur.

Prévoir de la place pour les extensions

Vous pouvez être certain que votre application évoluera au cours du temps. Vous pouvez, par exemple, imaginer de nouvelles fonctionnalités ou simplement modifier quelques éléments dans sa composition actuelle. Ou bien les logiciels généraux évolueront, vous offrant de nouvelles perspectives. Aussi, lorsque vous planifiez votre application, prévoyez ces possibles évolutions.

Vous pouvez concevoir votre application comme une succession d'étapes qui tiendraient compte de cette évolution. Vous pouvez établir un plan correspondant à vos préoccupations actuelles en conservant la possibilité d'en faire davantage plus tard, lorsque cette première étape sera réalisée de façon satisfaisante. Vous pouvez aussi la compléter au fur et à mesure que vous pourrez développer les programmes nécessaires. Par exemple, vous pouvez publier le catalogue de vos produits sur le Web dès qu'il est prêt. Puis vous pourrez commencer à travailler sur une fonction de prise de commande en ligne que vous incorporerez à l'application lorsqu'elle sera écrite et testée.

Vous n'êtes pas obligé de tout prévoir au départ. Si vous vous occupez d'une agence de voyages, vous pouvez vous limiter actuellement aux destinations sur la Terre et reporter à plus tard l'ouverture des pages concernant des vacances sur Mars ou Alpha du Centaure. En d'autres termes, plus votre application sera souple, et plus il sera facile de la faire évoluer dans le futur.

Écrivez

Écrivez votre plan sur papier. Je vous le répéterai souvent, car j'ai fait la douloureuse expérience d'écarter ce « détail ». Lorsque vous développez un plan, il est très présent dans votre esprit et parfaitement clair. Mais au bout de quelques semaines, vous serez surpris de découvrir que certains de ces aspects sont devenus flous, d'autres préoccupations ayant mobilisé votre attention. Ou bien vous souhaiterez, au bout d'un temps plus ou moins long, apporter certains changements au plan initial. Mieux vaudra alors savoir au plus juste comment s'articule l'application. Autre hypothèse : vous travaillez avec un partenaire pour développer cette application et découvrez que ce dernier a compris de travers vos explications depuis le début et développé des fonctionnalités qui n'entrent pas dans vos objectifs. Fixer votre plan par écrit sur le papier vous évitera ces écueils.

Étudiez les deux exemples donnés dans ce livre

Dans les deux sections qui suivent, je vais vous présenter deux exemples d'applications de bases de données sur le Web que j'ai créés pour ce livre. J'y ferai référence dans les chapitres qui suivent pour illustrer certains aspects de la conception d'une application et de son développement.

Vente en ligne

Le premier exemple est un catalogue de produits en ligne. Vous possédez une animalerie et vous voulez proposer à vos clients potentiels un simple catalogue décrivant les animaux de compagnie que vous vendez. On ne peut pas vendre des animaux par l'Internet, mais il est possible d'en réserver un sur catalogue, puis de concrétiser l'achat en se rendant sur le lieu de vente. Les informations concernant les animaux sont contenues dans une base de données que les clients peuvent consulter.

Votre plan pour ce type de consultation s'établit ainsi :

» **Permettre à un client de choisir l'animal sur lequel il veut avoir des informations. Pour cela, proposer deux méthodes :**

Faire un choix dans une liste de liens. Afficher une liste de liens vers les différentes catégories d'animaux (chat, chien, dinosaure, etc.). Lorsque le client clique sur un tel lien, une liste d'animaux de cette catégorie s'affiche et chaque entrée de cette liste est elle-même un lien vers un descriptif détaillé.

Faire une recherche par mot clé. Afficher un formulaire de recherche dans lequel le client pourra taper les mots qui décrivent au plus près le type d'animal qu'il recherche. L'application va alors consulter la base de données et rechercher des correspondances entre son contenu et les mots saisis par le client. Ensuite, les informations trouvées seront affichées. Si, par exemple, un client tape le mot **chat**, l'application affichera une liste de tous les chats disponibles. Dans cette liste, chaque entrée est elle-même un lien vers la description du chat concerné.

» **Afficher une description de l'animal choisi par le client. Cette description est, elle aussi, contenue dans une base de données.**

Accès réservé

Le second exemple a un rapport avec le premier. Outre le catalogue en ligne, vous voulez proposer à certains clients, membres d'une association particulière, une liste d'articles auxquels le commun des mortels ne peut accéder. Pour consulter cette liste, les membres doivent indiquer leur nom (ou leur pseudo) et leur adresse. Dans cette liste, on trouve, par exemple, des aliments pour animaux proposés à un tarif réduit, des informations sur des animaux qui doivent arriver bientôt et d'autres concernant les soins à donner aux animaux.

Votre plan pour ce type de consultation s'établit ainsi :

» **Afficher une description des articles et des informations accessibles aux seuls membres de l'association.**

» **Proposer des boîtes de saisie permettant à ces membres de s'identifier.**

Proposer un lien vers la zone d'identification.

Dans cette zone, afficher un formulaire contenant les boîtes de saisie qui permettront aux clients de s'identifier.

Valider les informations saisies par le client (vérifier, par exemple, que le code postal ne comporte que des chiffres et qu'il y en a exactement 5, que l'adresse e-mail respecte la syntaxe de ce type d'information, etc.).

Conserver ces informations dans la base de données.

» **Proposer une section réservée aux clients qui sont déjà enregistrés.**

Afficher un formulaire d'identification dans lequel le client déjà enregistré saisira son identité et son mot de passe.

Comparer ces renseignements avec ceux qui existent dans la base de données et, s'il n'y a pas égalité, afficher un message d'erreur.

» **Afficher la page à accès réservé si le client a subi avec succès le contrôle précédent.**

Conception de la base de données

Lorsque vous avez déterminé exactement ce que doit faire votre application de base de données sur le Web, vous êtes prêt pour étudier la conception de la base de données qui contiendra les informations utilisées par l'application. À ce stade, vous devez identifier les informations dont vous avez besoin et les organiser de la façon imposée par le logiciel de cette base de données.

Choix des données

Vous devez commencer par identifier les informations à conserver dans la base de données. En regardant la liste des tâches à accomplir, vous allez pouvoir les identifier.

Voici quelques exemples :

» Un catalogue de produits demande une base de données contenant des informations sur les produits.

» Une application de prise de commande en ligne demande une base de données pouvant contenir des informations sur le client et sur sa commande.

» Une agence de voyages a besoin d'une base de données contenant des informations sur toutes les destinations qu'elle propose, les moyens de transport, les réservations, les tarifs, les horaires...

Dans beaucoup de cas, votre application pourra contenir une tâche d'identification du client. Vous devrez trouver un juste équilibre entre votre souci de collecter le plus d'informations possible et la réticence que peut éprouver un client à s'identifier avec trop de précision. Évitez les formulaires qui contiennent trop de rubriques et demandent donc trop de temps pour les renseigner. Un bon compromis consiste à considérer certaines informations comme facultatives et à signaler (par exemple au moyen d'une couleur différente ou d'un astérisque) celles qui doivent obligatoirement être fournies. Ce sera au client de décider quels sont les champs qu'il accepte de renseigner. Vous pouvez aussi imaginer un moyen d'incitation poussant le client à renseigner plus de rubriques qu'il ne le ferait spontanément. Offrir par exemple une loterie dont les prix ont une valeur intéressante constitue à l'évidence un motif supplémentaire de motivation.

Dans le premier exemple d'application, vos clients vont consulter le catalogue en ligne des animaux pour choisir celui qu'ils envisagent d'acheter. Vous voulez qu'ils aient sous les yeux des informations qui les incitent à acheter. Pour cela, voici ce qu'ils devraient pouvoir trouver :

- » Le type d'animal : caniche, licorne, etc.
- » Une description de l'animal.
- » Une image de l'animal.
- » Le prix de l'animal.

Dans le second exemple (la section à accès réservé), vous voulez enregistrer des informations concernant les membres. Par exemple :

- » Nom.
- » Adresse.
- » Numéro de téléphone.
- » Numéro de fax.
- » Adresse e-mail.

Prenez le temps de réfléchir à toutes les informations dont vous estimez avoir besoin pour garnir votre base de données. Bien que vous puissiez modifier plus tard le nombre et le type des informations contenues dans la base de données et ajouter d'autres données, mieux vaut y penser dès le départ. Faute de quoi, il y aurait des informations manquantes pour les premiers membres enregistrés. Si, par exemple, vous décidez, à un certain moment, de demander en plus l'âge de vos clients, vous ne connaîtrez pas celui des premiers à s'être enregistrés.

Organisation des données

MySQL est un *SGBD relationnel*, ce qui signifie que les données qu'il conserve y figurent sous forme de tables. Il existe des relations entre les tables qui sont dans la base de données.

Tables ou *tableaux* ? Le mot anglais «table» peut être traduit par l'un ou par l'autre. Alors que, dans un livre ou un document HTML, on parle presque toujours de «tableau», dans le domaine des bases de données, «table» s'est imposé. C'est ce qu'on peut constater dans les ouvrages publiés, écrits directement dans notre langue. C'est le choix que nous avons fait pour cette traduction. (*N.d.T.*)

Organisation des données sous forme de tables

Les tables de bases de données sont organisées comme des tableaux : en lignes et en colonnes, ainsi que vous pouvez le voir sur la Figure 3.1. La cellule (la donnée) située à l'intersection d'une ligne et d'une colonne est appelée *champ*.

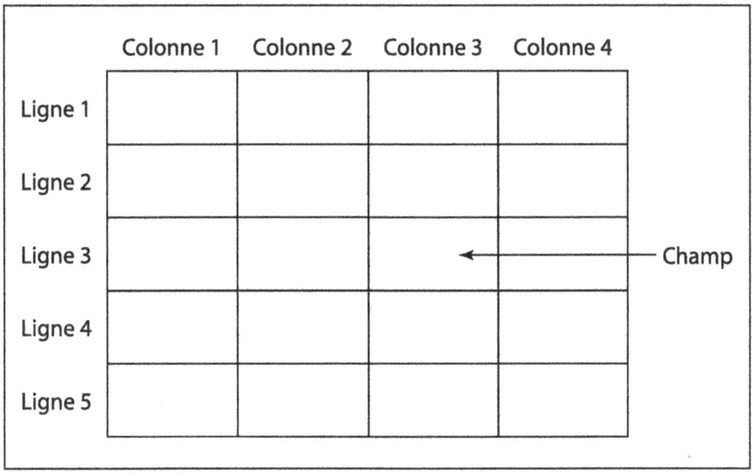

FIGURE 3.1 : Les données utilisées par MySQL sont organisées sous forme de tables.

Le rôle d'une table est de renfermer des informations sur un objet particulier, quel qu'il soit. Voici une liste de quelques objets pouvant être concernés par ce concept de *table* :

- Clients
- Produits
- Entreprises
- Animaux
- Villes
- Pièces d'habitation
- Livres
- Ordinateurs
- Profils
- Documents
- Projets
- Semaines

Vous devez créer une table pour chaque objet et le nom de cette table doit désigner clairement et sans ambiguïté l'objet qu'elle représente. Ce nom doit être écrit en un seul mot, sans espaces intercalés. En général, on adopte le singulier pour ce nom. En conséquence, une table contenant des informations sur les clients pourrait s'appeler **Client**. Une table contenant des informations sur les commandes d'un client s'appellerait alors **CommandeClient**.

Linux et Unix font la différence entre majuscules et minuscules, ce qui n'est pas le cas de Windows. L'échec ou la réussite peuvent tenir à ce genre de détail !

Dans le jargon des bases de données, un objet est appelé *entité*. Une entité possède des *attributs*. Dans la table, chaque ligne représente une entité, et chaque colonne un attribut. Ainsi, dans une table de clients, chaque ligne contient des informations concernant un client particulier, alors que chaque colonne contient le même type d'informations pour tous les clients. Exemple d'attributs : nom, prénom, âge, numéro de téléphone...

L'organisation de vos données en tables s'effectue en parcourant les étapes suivantes :

1. **Donnez un nom à votre base de données.**

   Ce nom, comme je l'ai dit plus haut, doit être significatif. Par exemple, la base de données utilisée par un libraire contenant des informations sur les livres qu'il vend s'appellera tout simplement **Livre**. Evitez les noms trop longs dans l'écriture desquels vous pourriez faire des fautes de frappe.

2. **Identifiez les objets.**

   Considérez la liste des informations que vous voulez conserver dans la base de données et analysez-la pour identifier les objets. Dans l'exemple de la table Livre, ces objets pourraient être :

   - Auteur
   - Titre
   - Date de publication
   - Prix
   - Editeur
   - Quantité en stock

   Ce faisant, vous pourrez généralement constater que vous conservez des informations sur plusieurs objets : un auteur particulier et un de ses ouvrages, un éditeur, par exemple. Ou encore : tous les membres d'une famille possèdent la même adresse, mais ils n'ont pas la même chambre...

3. **Définissez et nommez une table pour chaque objet.**

Pour reprendre l'exemple précédent, vous pourriez avoir une table **Auteur** et une table **Editeur**.

4. **Identifiez les attributs pour chaque objet.**

   Analysez votre liste d'informations et identifiez les attributs dont vous aurez besoin pour chaque objet. Eclatez les informations à conserver en morceaux raisonnablement petits. Par exemple, lorsque vous voulez conserver le nom d'une personne dans une table, vous pouvez le décomposer en deux attributs : nom propre et prénom. De cette façon, vous pourrez ensuite faire facilement un tri sur le nom propre, ce qui serait plus difficile si l'attribut contenait, dans cet ordre, le prénom suivi du nom propre. Les Américains, qui utilisent couramment jusqu'à trois prénoms, peuvent pousser la décomposition plus loin. Chez nous, il est rare de s'identifier par tous ses prénoms. Tout au plus peut-on avoir un prénom composé (Jean-Claude, Paul-Emile, Anne-Aymone...) qu'il faut alors traiter comme une entité unique.

5. **Définissez les colonnes et donnez-leur un nom.**

   Vous devez le faire pour chaque article d'information identifié à l'étape précédente. Ici encore, choisissez un nom de colonne significatif et suffisamment bref. La syntaxe est toujours la même : un seul mot et pas d'espace. Exemples : Nom, Nom_propre, Prénom...

   Certains mots sont réservés par SQL (et donc aussi par MySQL) pour son propre usage (ou pour des extensions futures). Ils ne peuvent pas être utilisés comme noms de colonnes. En voici quelques exemples : `ADD`, `ALL`, `AND`, `CREATE`, `DROP`, `GROUP`, `ORDER`, `RETURN`, `SELECT`, `SET`, `TABLE`, `USE`, `WHERE`. Et il y en a bien d'autres ! Vous trouverez une liste complète des mots réservés dans le manuel en ligne de MySQL, à l'adresse `http://www.mysql.com/doc/en/Reserved_words.html`.

6. **Identifiez la clé primaire.**

   Chaque ligne d'une table doit avoir un identificateur unique, ce qui empêche deux lignes ou plus d'avoir le même nom. Lors de la conception de la table, vous devez choisir parmi les colonnes celle ou celles qui contiendront l'identificateur unique qui va devenir la *clé primaire*. Dans la plupart des cas, les attributs d'un objet ne peuvent avoir un identificateur unique, parce que, par exemple, deux clients peuvent avoir le même nom. Mais si vous associez le prénom au nom, vous diminuez ce risque de collision. Dans la réalité, on utilise plutôt comme clé primaire une numérotation des colonnes. Dans notre exemple, cet identificateur pourrait être constitué par le «code client», numéro unique attribué par le logiciel au moment de l'enregistrement du client. De cette façon, on ne risque pas d'avoir deux codes identiques.

7. **Définissez des valeurs par défaut.**

   Vous pouvez définir une valeur par défaut qui sera assignée à un champ lorsque aucune valeur ne lui aura été spécifiquement attribuée. Ce n'est pas indispensable, mais souvent utile. Par exemple, si votre application inclut le pays parmi les champs qui définissent une adresse, vous pouvez définir le champ «pays» comme ayant la valeur «France» par défaut. Si rien n'a été spécifié pour ce champ, il prendra automatiquement cette dernière valeur.

8. **Identifiez les colonnes qui doivent obligatoirement contenir des informations.**

   Vous pouvez spécifier que certaines colonnes doivent obligatoirement être renseignées, ce qui implique qu'elles ne peuvent pas recevoir de valeur vide (ou `NULL`). C'est le cas, par exemple, pour la colonne désignée comme clé primaire. Tout champ de ce type laissé vide produirait un message d'erreur au moment de son enregistrement.

Les bases de données bien conçues ne conservent chaque élément d'information qu'en un seul exemplaire, à un endroit unique. Agir autrement est inefficace et peut créer des problèmes lorsque cette information doit être déplacée, car si vous ne la déplacez que d'un seul des endroits qu'elle occupe, laissant l'autre ou les autres intacts, votre base de données risque fort de connaître de sérieuses difficultés.

Si vous constatez que vous rangez la même donnée dans plusieurs lignes, vous avez probablement besoin de réorganiser vos tables. Par exemple, supposons que vous traitiez des informations concernant des livres, informations parmi lesquelles figure l'adresse de l'éditeur. Lorsque vous placez les données dans la base, vous vous rendez compte que vous allez ranger cette adresse à plusieurs endroits, pour chaque livre publié par cet éditeur. Il serait bien plus efficace de ranger tout ce qui concerne le livre proprement dit dans une table Livre (titre, auteur, date de publication, prix) et de constituer une seconde table, Editeur, qui ne contiendrait que des éléments concernant les éditeurs (nom, adresse, numéro de téléphone...). Un pointeur établirait alors une relation entre une entrée de la table Livre et la table Editeur, comme nous allons le montrer dans la section suivante.

Création de relations entre les tables

Certaines tables d'une base de données ont des relations avec d'autres tables. Le plus souvent, il existe une relation entre une ligne d'une certaine table et plusieurs lignes d'une autre. Il est nécessaire de consacrer une colonne à l'établissement de ces relations entre les lignes de ces différentes tables. Dans la plupart des cas, une colonne d'une table contiendra une information (un pointeur) correspondant à la clé primaire d'une autre table.

Pour illustrer ce type de relation, considérons une application dans laquelle une base de données renferme des clients et leurs commandes. Une des tables contiendra les informations «Client» (nom, adresse...). Chaque client peut avoir commandé un nombre quelconque d'articles. Dans la seconde table, celle des commandes, on trouvera donc, pour un client donné, de 0 à *n* entrées (une par commande). Une colonne de cette table «Commande» contiendra une information d'identification pour un client donné (normalement, la clé primaire de celui-ci), ce qui permettra d'établir un lien entre les deux tables. La Figure 3.2 illustre l'agencement de la table des clients.

ID_client	Prénom	Nom	Téléphone
27895	Jean	Dupont	0123456789
44555	Arthur	Martin	0455667788
23695	Georgette	Durand	02999888777
27822	Kevin	Dupond	0666666668
29844	Emma	Bovary	0233445566

FIGURE 3.2 : Extrait de la table des clients.

La Figure 3.3 montre un extrait de la table des commandes correspondant à l'extrait de la table des clients illustré par la Figure 3.2. Vous remarquerez la correspondance entre les colonnes ID_client des deux tables, établissant ainsi le lien nécessaire entre les commandes de chaque client et le client concerné.

No_cde	ID_Client	No_article	Prix
87-222	27895	chat_3	200
87-223	44555	chat-4	225
87-224	23695	cheval_1	550
87-225	27822	chien_27	210
87-226	29844	oiseau_1	50

FIGURE 3.3 : Extrait de la table des commandes.

Dans cet exemple, les colonnes qui créent la relation entre les deux tables ont le même nom, mais ce n'est pas un impératif. Ce qui compte, c'est que leur contenu soit identique.

Conception des deux bases de données d'exemple

Dans les deux sections qui suivent, nous verrons comment sont conçues les deux bases de données pour les deux exemples proposés.

Catalogue d'animaux (AniCata)

Vous voulez afficher la liste des informations suivantes lorsque le client consulte le catalogue des animaux :

- » Le type d'animal : caniche, licorne, etc.
- » Une description de l'animal.
- » Une image de l'animal.
- » Le prix de l'animal.

Chaque animal doit être classé dans sa catégorie, et celle-ci comporter autant d'entrées qu'il y a d'animaux. Il en découle l'exécution des étapes suivantes, d'après le schéma général que nous avons expliqué plus haut :

1. **Donnez un nom à votre base de données.**

   Ce sera **AniCata** (contraction de **Ani**mal**Cata**logue).

2. **Identifiez les objets.**

   Voici quelle est la liste des informations à entrer pour chaque animal :

   - Le type d'animal : caniche, licorne, etc.
   - Une description de l'animal.
   - Une image de l'animal.
   - Le prix de l'animal.
   - La catégorie de l'animal.

   Toutes ces informations concernent un animal. Aussi, le seul objet ici présent est-il «animal».

3. **Définissez et nommez une table pour chaque objet.**

   Ce sera tout simplement `Animal`.

4. **Identifiez les attributs pour chaque objet.**

   Voyons de plus près la nature des informations à saisir :

   - **Type de l'animal**. Un seul attribut : caniche, licorne… Cependant, il semble évident que plusieurs caniches sont à vendre dans votre boutique en même temps. Il vous faut donc un identificateur unique comme clé primaire.
   - **Numéro d'identification de l'animal.** Ce numéro unique est affecté de façon séquentielle lorsqu'un nouvel animal est ajouté à la table. Ce sera notre clé primaire.
   - **Description de l'animal**. Ici, nous avons affaire à deux attributs : la description écrite de l'animal et sa couleur.
   - **Image de l'animal**. Ce sera un pointeur vers une image de l'animal.
   - **Prix de l'animal**. Prix de vente exprimé en euros.
   - **Catégorie de l'animal**. Ici encore, deux attributs : le nom de la catégorie (chien, cheval, dragon…) et une description générale de cette catégorie.

   Il serait peu efficace d'inclure deux types d'informations dans cette table :

   - Les informations concernant la catégorie contiennent une description de celle-ci. Comme chaque catégorie contient plusieurs animaux, inclure la description de la catégorie dans la table `Animal` entraînerait sa duplication dans plusieurs lignes. Il est bien plus efficace de définir une catégorie d'animal comme un objet ayant sa propre table.
   - S'il existe plusieurs couleurs pour un animal, toutes les informations seront répétées dans une ligne séparée pour chaque couleur. Ici encore, il est plus efficace de créer une autre table : celle des couleurs d'animaux.

   Ces deux nouvelles tables s'appelleront `Type` et `Couleur`.

5. **Définissez les colonnes et donnez-leur un nom.**

   La table `Animal` contient une ligne pour chaque animal. Les noms des colonnes sont :

   - **animalID**. L'identificateur de chaque animal doit être unique.
   - **animalNom.** Définit le nom de l'animal.
   - **animalType**. Le nom de la catégorie de l'animal. C'est la colonne qui va établir une relation avec l'entrée appropriée de la table `Type`.
   - **animalDesc**. La description de l'animal.
   - **animalPrix**. Le prix de l'animal.
   - **animalImage**. Le nom du fichier d'image contenant une photo ou un dessin de l'animal.

La table `Type` possède une ligne pour chaque catégorie d'animal et chaque ligne contient les deux colonnes suivantes :

- **animalType**. Le nom de la catégorie de l'animal. C'est la colonne qui va établir une relation avec l'entrée appropriée de la table `Animal` vue ci-dessus.
- **typeDesc**. La description du type.

La table `Couleur` a une entrée pour chaque couleur d'animal et chaque ligne contient les trois colonnes suivantes :

- **animalNom**. Le nom de l'animal. C'est cette colonne qui établira la relation entre la ligne de la couleur et la ligne appropriée de la table `Animal`.
- **animalCouleur**. La couleur de l'animal.
- **couleurImage.** Le nom du fichier d'image contenant une photo ou un dessin de l'animal dans la couleur considérée.

6. **Identifiez la clé primaire.**
   - La clé primaire de la table `Animal` est animalID.
   - La clé primaire de la table `Type` est animalType.
   - La clé primaire de la table `Couleur` est formée de l'association de `animalNom` et `animalCouleur`.
7. **Définissez des valeurs par défaut.**

   Aucune valeur par défaut n'est définie pour ces tables.
8. **Identifiez les colonnes qui doivent obligatoirement contenir des informations.**

   Les colonnes suivantes doivent toujours être renseignées :
   - `animalID`
   - `animalNom`
   - `animalCouleur`
   - `animalType`

   Ces colonnes sont celles qui sont utilisées pour les clés primaires. Une ligne qui ne possède pas de valeurs pour ces attributs ne doit pas se trouver dans une table.

Base à accès réservé (MembresSeuls)

Vous avez établi la liste d'informations ci-après qui représente les informations à exploiter lorsque les clients veulent accéder à la section à accès réservé de votre site Web :

» Nom.

» Adresse.

» Numéro de téléphone.

» Numéro de fax.

» Adresse e-mail.

En outre, vous aimeriez mémoriser la date à laquelle chaque membre s'est enregistré, ainsi que la date de chacune de ses consultations de la section à accès réservé.

La base de données utilisée dans cette section va être créée en suivant les étapes énumérées ci-après, d'après les règles générales que nous avons vues plus haut.

1. **Donnez un nom à votre base de données.**

   Ce sera **MembresSeuls**.

2. **Identifiez les objets.**

   Voici quelle est la liste des informations à entrer pour chaque membre :

   - Nom
   - Adresse
   - Numéro de téléphone
   - Numéro de fax
   - Adresse e-mail
   - Date d'enregistrement
   - Enregistrement des accès à cette section

   Toutes ces informations concernent un membre déterminé. Aussi le seul objet de cette liste est-il «membre».

3. **Définissez et nommez une table pour chaque objet.**

   Ce sera tout simplement `Membre`.

4. **Identifiez les attributs pour chaque objet.**

   Voyons de plus près la nature des informations à saisir :

   - **Nom**. Deux attributs : nom propre et prénom.
   - **Adresse**. Quatre attributs : adresse proprement dite (nom de la rue et numéro), ville, département et code postal. Comme actuellement tous vos clients sont domiciliés en France, nous supposerons que ces informations sont exprimées conformément aux règles en usage dans notre pays.

- **Numéro de téléphone**. Un seul attribut (un nombre de dix chiffres).
- **Numéro de fax**. Un seul attribut (un nombre de dix chiffres).
- **Adresse e-mail**. Un seul attribut.
- **Date d'enregistrement**. Un seul attribut.

Ici, plusieurs informations sont en relation avec chaque accès :

- L'accès à la section réservée requiert un nom de login et un mot de passe qui doivent être conservés dans la base.
- La façon la plus simple de conserver trace des accès est d'enregistrer la date et l'heure de chaque accès dans la base.

Comme chaque membre peut visiter autant de fois qu'il le souhaite la section à accès réservé, plusieurs groupes date/heure devront pouvoir être enregistrés. En conséquence, plutôt que de définir ce groupe date/heure comme étant un attribut de l'objet membre, mieux vaut le considérer comme un objet à part entière, relié au membre mais disposant de sa propre table.

Cette nouvelle table prendra le nom `Login`. L'attribut de l'objet login est le groupe date/heure du login.

5. **Définissez les colonnes et donnez-leur un nom.**

La table `Membre` contient une ligne pour chaque membre. Les noms des colonnes sont :

- **login**. Nom de login.

Chaque nom de login doit être unique. Les programmes de l'application doivent vérifier cette unicité.

- **mPasse**. Mot de passe.
- **initial**. Date de l'enregistrement du membre.
- **prénom**.
- **nom**.
- **rue**. Nom de la rue et numéro.
- **ville**.
- **département**.
- **codePostal**.
- **email**.
- **tph**. Numéro de téléphone.
- **fax**. Numéro de fax.

La table `Login` possède une entrée pour chaque login. Elle contient les trois colonnes suivantes :

- **login**. C'est le nom de login du membre. Cette colonne est celle qui établira un lien avec la colonne de même nom de la table `Membre`. Alors que cette valeur est unique pour cette table, elle peut figurer plusieurs fois dans la table `Login`.
- **date**. C'est le groupe date/heure du login considéré.

6. **Identifiez la clé primaire.**

- La clé primaire de la table `Membre` est `login`.
- La clé primaire de la table `Login` est formée de l'association de `login` et de `date`.

7. **Définissez des valeurs par défaut.**

Aucune valeur par défaut n'est définie pour ces tables.

8. **Identifiez les colonnes qui doivent obligatoirement contenir des informations.**

Les colonnes suivantes doivent toujours être renseignées :

- `login`
- `mPasse`
- `date`

Ces colonnes sont celles qui sont utilisées pour les clés primaires. Une ligne qui ne posséderait pas de valeurs pour ces attributs ne doit pas se trouver dans une table.

Type de données

MySQL conserve les informations selon différents formats dépendant du type de ces informations tel que vous le déclarez dans les tables. Les principaux types sont : chaîne de caractères, numérique et date/heure.

Chaîne de caractères

C'est le type le plus courant : noms, adresses, numéros de téléphone ou de fax, descriptions... Il est représenté par une suite de caractères quelconques et ne peut être manipulé que sous cette forme. Une chaîne de caractères peut être déplacée, comparée, affichée, imprimée et concaténée (ou accolée) à une ou plusieurs autres. Il est possible de définir une sous-chaîne formée d'une suite de caractères consécutifs extraits d'une chaîne donnée. Une chaîne peut être remplacée par une autre.

Une chaîne de caractères peut avoir une longueur fixe ou variable. Dans le premier cas, MySQL réserve un emplacement de longueur fixe pour la chaîne. Si celle-ci s'avère plus longue, seuls les premiers caractères en seront conservés, le reste étant perdu. Si elle est plus courte, elle sera complétée à droite par des espaces.

Dans le cas d'un format de longueur variable, la chaîne est rangée dans un champ qui a la même longueur. Vous continuez à spécifier une taille, mais aucun espace n'est ajouté si la chaîne est plus courte. Par contre, les caractères supplémentaires sont toujours perdus si la chaîne est plus longue que ce qui est attendu.

Lorsque la longueur d'une chaîne varie peu, le format de longueur fixe est préférable. Dans le cas contraire, il est évident qu'il faut choisir une longueur variable. Ce serait le cas, par exemple, pour le champ Titre d'un livre.

Numérique

C'est un type de données également courant. On peut avoir affaire à des nombres décimaux *réels* (10.5, 2.34567, -45.91) ou à des *entiers* (-5, 234, 0). Une valeur stockée sous forme numérique peut intervenir dans des calculs classiques. Si une information ne doit pas être utilisée dans des expressions arithmétiques ou mathématiques, il est préférable de l'enregistrer sous forme de chaîne de caractères. C'est le cas, par exemple, pour un code postal, un numéro de téléphone ou de fax.

Rappelez-vous qu'en notation anglo-saxonne (celle qu'utilise MySQL) la partie fractionnaire et la partie entière d'un nombre décimal sont séparées par un point (.) et non par une virgule (,).

Les nombres peuvent être positifs, négatifs ou nuls, mais vous pouvez spécifier que tel ou tel champ ne doit contenir que des nombres positifs. On a alors affaire à des nombres sans signe (*unsigned*). Un bon exemple en est le nombre d'habitants d'une ville ou le nombre de pages d'un livre.

MySQL définit un type numérique spécial à auto-incrémentation. Une colonne de ce type contient d'office une valeur numérique entière croissante si aucune valeur n'est fournie. Si vous insérez un enregistrement en indiquant la valeur 5 dans cette colonne, le prochain enregistrement créé recevra a priori le numéro 6 (sauf si vous en fournissez un, mais ce n'est pas le but). Les colonnes à auto-incrémentation sont très utiles par exemple pour générer des numéros de référence de produits ou de commandes sans risquer de doublon.

Date/heure

C'est un autre type de données, toutefois un peu moins utilisé. Une information conservée sous forme de groupe date/heure peut être affichée sous différents formats. Elle peut également être utilisée pour déterminer l'intervalle entre deux dates ou deux heures.

Énumération

Il peut arriver qu'un champ ne puisse recevoir qu'un nombre limité de valeurs. Par exemple : «oui» ou «non». Pour cela, MySQL propose le type *énumération*. Il faut indiquer dans la déclaration du champ la liste des valeurs acceptables et MySQL vérifiera qu'aucune autre valeur n'est placée dans cette colonne.

Nom des types de données reconnus par MySQL

Lorsqu'on crée une base de données, on déclare quels seront les types de valeurs convenant aux diverses colonnes. Le Tableau 3.1 montre la liste des types de variables les plus utilisés dans les applications de bases de données sur le Web.

Tableau 3.1 : Types de données reconnus par MySQL.

Type de données	Description
`CHAR(longueur)`	Chaîne de caractères de longueur fixe.
`VARCHAR(longueur)`	Chaîne de caractères de longueur variable (255 caractères au plus).
`TEXT`	Chaîne de caractères de longueur variable (65 535 caractères au plus).
`INT(longueur)`	Entier compris entre -2147483648 et +2147483647. La longueur du nombre pouvant être affiché est déterminée par **`longueur`**. Ainsi, si **`longueur`** vaut 4, seuls les nombres compris entre -999 et +999 pourront être affichés, même si la valeur conservée est plus grande.
`INT(longueur) UNSIGNED`	Nombre entier compris entre 0 et 4294967295. **`longueur`** représente la taille maximale du nombre pouvant être affiché. Ainsi, si **`longueur`** vaut 4, seuls les nombres compris entre 0 et 9999 pourront être affichés, même si la valeur conservée est plus grande.
`BIGINT`	Grand nombre entier. S'il est déclaré signé, la plage va de -9223372036854775808 à +9223372036854775807. S'il est déclaré non signé, la plage va de 0 à 18446744073709551615.

Tableau 3.1 : Types de données reconnus par MySQL.	
Type de données	**Description**
`DECIMAL(longueur, dec)`	Nombre décimal. **`longueur`** représente le nombre de caractères pouvant être utilisés pour l'affichage, y compris le signe, l'exposant et le point décimal. **`dec`** représente le nombre de chiffres de la partie fractionnaire. Par exemple, pour 12.34, **`longueur`** vaut 5 et **`dec`** vaut 2.
`DATE`	Date (année, mois, jour) selon le découpage AAAA-MM-JJ. Par exemple : 2002-05-17.
`TIME`	Heure (heures, minutes, secondes) selon le découpage hh:mm:ss.
`DATETIME`	Groupe date/heure selon le découpage AAAA-MM-JJ hh:mm:ss.
`ENUM("val1", "val2",...)`	Liste des seules valeurs que peut prendre le champ 65 535.
`SERIAL`	Abréviation remplaçant la suite de mots réservés très utilisée **`BIGINT UNSIGNED NOT NULL AUTO_INCREMENT`**.

Notez que le type de données SERIAL n'est disponible que dans MySQL 5.0 et versions ultérieures. De même, vous ne pouvez pas spécifier le type de données SERIAL avec phpMyAdmin. Vous devez utiliser du SQL pour ce faire, comme cela est expliqué au Chapitre 4.

Il existe d'assez nombreux autres types de données dont l'emploi est moins fréquent. Pour une description complète de tous les types de données possibles, faites une recherche sur le Web.

Écrivez-le !

À nouveau ma petite ritournelle : écrivez tout ça ! Vous avez sans doute passé pas mal de temps à déterminer la structure et le contenu de votre base de données. Alors, maintenant que tout cela est clair et (provisoirement) définitif dans votre esprit, même si vous croyez que vous ne pourrez jamais l'oublier, notez tout cela sur des feuilles de papier. Rédigez tout ce dont vous aurez besoin pour n'oublier aucun détail.

Documentez l'organisation des tables, les noms des colonnes et tous vos choix. Une bonne façon de le faire est de décrire chaque table dans un document séparé, sous la forme d'un tableau avec une ligne pour chaque colonne et une colonne pour chacun des choix effectués. Les colonnes pourraient, par exemple, s'appeler : *nom de colonne, type de données* et *description.*

Revenons à nos deux exemples

Dans cette section, nous allons revoir les choix effectués pour nos deux exemples et dresser l'inventaire du contenu des tables.

Base AniCata (vente en ligne)

La base de données prévue pour le catalogue de l'application de vente en ligne d'animaux contient trois tables : Animal, Type et Couleur. Les Tableaux 3.2 à 3.4 montrent comment sont organisées ces tables. Ces structures ne sont pas ainsi figées pour l'éternité. MySQL est suffisamment souple pour autoriser des modifications de structure. Si, initialement, vous avez fixé la longueur d'une chaîne de caractères à 20 caractères et que vous découvrez un peu plus tard que c'est trop court, vous pourrez facilement revoir cette définition.

Structure de la base AniCata

Tableau 3.2 : Contenu de la table Animal.

Nom de la variable	Type	Description
`animalID`	`SERIAL`	Numéro unique de l'animal. Clé primaire.
`animalNom`	`CHAR(25)`	Nom de l'animal.
`animalType`	`CHAR(15)`	Catégorie de l'animal.
`animalDesc`	`VARCHAR(255)`	Description de l'animal.
`animalPrix`	`DECIMAL(9,2)`	Prix de l'animal.
`animalImage`	`CHAR(15)`	Pointeur vers l'image de l'animal.

Tableau 3.3 : Contenu de la table Type.

Nom de la variable	Type	Description
`animalType`	`CHAR(15)`	Catégorie de l'animal. Clé primaire.
`typeDesc`	`VARCHAR(255)`	Description de la catégorie.

Tableau 3.4 : Contenu de la table Couleur.

Nom de la variable	Type	Description
`animalNom`	`CHAR(25)`	Nom de l'animal (clé primaire 1).
`animalCouleur`	`CHAR(15)`	Nom de la couleur (clé primaire 2).
`couleurImage`	`CHAR(15)`	Nom du fichier d'image de l'animal dans la couleur considérée.

Base MembresSeuls (accès réservé)

La base de données prévue pour la section à accès réservé contient deux tables appelées Membre et Login. Les Tableaux 3.5 et 3.6 en présentent l'organisation. Ces structures ne sont pas figées pour l'éternité. MySQL est suffisamment souple pour autoriser des modifications de structure. Si, initialement, vous avez fixé la longueur d'une chaîne de caractères à 20 caractères et que vous découvrez un peu plus tard que c'est trop court, vous pourrez facilement revoir cette définition.

Structure de la base MembresSeuls

Tableau 3.5 : Contenu de la table Membre.

Nom de la variable	Type	Description
`login`	`VARCHAR(20)`	Nom de login (clé primaire).
`mPasse`	`CHAR(255)`	Mot de passe.
`initial`	`DATE`	Date enregistrement initial.
`nom`	`VARCHAR(50)`	Nom propre.
`prénom`	`VARCHAR(40)`	Prénom.
`rue`	`VARCHAR(50)`	Nom de la rue et numéro dans la rue.
`ville`	`VARCHAR(50)`	Ville de résidence.
`département`	`CHAR(2)`	Code du département.
`codePostal`	`CHAR(10)`	Code postal.
`mail`	`VARCHAR(50)`	Adresse e-mail.
`tph`	`CHAR(15)`	Numéro de téléphone.
`fax`	`CHAR(15)`	Numéro de fax.

Tableau 3.6 : Contenu de la table Login.

Nom de la variable	Type	Description
`login`	`CHAR(20)`	Nom de login (clé primaire 1).
`date`	`DATETIME`	Groupe date/heure des logins (clé primaire 2).

Développement de l'application

Maintenant que sont définies les structures de chacune des tables des deux bases de données et que votre plan contient la liste des tâches que devra accomplir l'application, vous êtes prêt pour créer l'application. Vous allez d'abord construire la base, puis écrire vos programmes PHP. Mais vous êtes encore loin d'une application pleinement fonctionnelle ! Allons, j'exagère : vos progrès sont déjà sensibles.

Construction de la base de données

Cette tâche consiste à transformer la description sur papier de la base en une suite de déclarations que MySQL sera à même de comprendre. Cette phase est indépendante de la programmation PHP, car la base de données qui va en résulter pourrait tout aussi bien être utilisée par des programmes écrits dans d'autres langages : C, Perl, Java... La base de données forme un tout.

Il faut créer la base avant d'entamer la programmation PHP, car les scripts écrits dans ce langage sont destinés à manipuler les informations qu'elle contient. Vous ne pourrez donc pas les tester tant que la base n'existera pas.

Les déclarations qui vont matérialiser la base de données doivent être écrites en SQL pour être comprises par MySQL. Vous allez lui expliquer comment créer la base, et comment y ajouter les tables. Vous lui indiquerez la façon dont les données sont organisées et quel est leur format. Nous étudierons en détail ces déclarations au Chapitre 4.

Ecriture des programmes

Ce sont ces programmes qui vont accomplir les tâches que vous avez définies pour votre application. Ils créeront, entre autres, les affichages que verra l'utilisateur dans la fenêtre de son navigateur et ils assureront le dialogue avec lui. D'un autre côté, ils géreront les informations contenues dans la base (en lecture comme en écriture). En l'absence de tout programme, une base de données ne sert à rien.

Le plan qui a été développé dans les sections précédentes a tracé les grandes lignes des programmes que vous allez devoir écrire. En général, chaque tâche de votre projet appelle un programme distinct. Par exemple, si votre plan implique l'affichage d'un formulaire, vous devez écrire un programme à cet effet. Et le principe est le même pour lire le contenu du formulaire et l'enregistrer dans la base de données.

Le langage PHP a été développé spécifiquement pour écrire des applications interactives de bases de données sur le Web ; il contient des fonctionnalités natives à cet effet. En particulier, vous disposez de méthodes spécifiques pour gérer des formulaires et leur contenu. Nous étudierons l'écriture des programmes dans la troisième partie du livre.

2 Bases de données MySQL

DANS CETTE PARTIE...

Vous allez trouver dans cette partie des détails sur la façon d'exploiter une base de données MySQL grâce au langage SQL. Vous découvrirez en outre comment créer une base de données et en manipuler les données.

Chapitre 4

Construction de la base de données

DANS CE CHAPITRE :

- » **Envoi de requêtes SQL à MySQL.**
- » **Création d'une nouvelle base de données.**
- » **Ajout d'informations à une base de données existante.**
- » **Recherche d'informations dans une base de données existante.**
- » **Suppression d'informations dans une base de données existante.**

Lorsque vous avez achevé le plan de votre base de données ainsi que nous venons de le voir au Chapitre 3, vous êtes prêt à créer, puis à utiliser, la base proprement dite.

Cette phase de création consiste à donner un nom à la base et à définir les tables qui vont contenir les données. Pour cela, vous devez communiquer un certain nombre d'informations à MySQL sur cette base. Plus tard, vous communiquerez avec lui pour en exploiter le contenu. Dans ce chapitre, nous allons voir comment créer des requêtes SQL, le langage que comprend MySQL.

Communications avec MySQL

Le serveur MySQL est le gestionnaire de vos bases de données. C'est lui qui :

- » Crée les nouvelles bases de données.
- » Sait à quel endroit sont conservées les bases de données.
- » Range les données et les retrouve selon les *requêtes* qu'il reçoit.

Pour cette communication, vous devez rédiger une requête SQL puis l'envoyer au serveur MySQL (qui a été décrit dans le Chapitre 1). Les deux sections qui suivent vous donnent des détails sur la façon de procéder.

Construction de requêtes SQL

SQL (*Structured Query Language* ou «langage de requêtes structuré») est le langage qu'on utilise pour communiquer avec MySQL. Il se compose de phrases et de mots très proches de l'anglais courant ; il n'est donc pas nécessaire de connaître un jargon particulier pour exprimer ses requêtes. (Tout au moins pour ceux d'entre vous qui ont quelques notions d'anglais !)

Le premier mot d'une requête est son nom. C'est un vocable d'action, mot ou verbe, qui indique à MySQL ce qu'il doit faire. Les requêtes dont nous parlerons dans ce chapitre sont : CREATE, DROP, ALTER, SHOW, INSERT, LOAD, SELECT, UPDATE et DELETE. (En français : créer, lâcher, modifier, montrer, insérer, charger, sélectionner, actualiser et supprimer.) Ce vocabulaire de base est suffisant pour créer et manipuler des bases de données sur un site Web.

Le nom de la requête doit être suivi par des mots ou des phrases (certains obligatoires, d'autres facultatifs) qui indiquent à MySQL comment accomplir l'action spécifiée. Par exemple, vous devez toujours indiquer à MySQL ce qu'il doit créer et dans quelle table insérer ou extraire des données.

La requête suivante vous donne un exemple de ce langage :

```
SELECT nom FROM Membre
```

Cette requête demande à MySQL de rechercher tous les champs appelés «nom» dans la table appelée Membre. Il existe des formes de requête plus complexes, comme la suivante :

```
SELECT nom,prénom FROM Membre WHERE département="95"
                  AND ville="Montmorency" ORDER BY nom
```

Cette requête demande à MySQL de retrouver tous les noms et prénoms des membres qui habitent à Montmorency, dans le Val-d'Oise (code 95) et de les présenter triés en séquence croissante sur le nom.

Voici quelques points importants dont vous devez vous souvenir lorsque vous construisez une requête en SQL du genre de celles que nous venons de voir.

» **Majuscules et minuscules.** Dans ce livre, j'écrirai les mots du langage SQL en capitales (majuscules) et ceux des champs (variables) de la base de données en bas de casse (minuscules), ce qui facilitera la lecture et la compréhension des requêtes. Mais, comme pour le langage HTML, ce n'est pas un impératif exigé par MySQL : `select` et `SELECT` seront compris de la même façon. En revanche, les noms des tables, des colonnes comme de toute information variable doivent respecter la casse utilisée pour les déclarer si vous œuvrez sous Linux ou UNIX. Dans ce cas, `motPasse` et `motpasse` ne sont pas identiques. Si vous travaillez sous Windows, cela n'a pas d'importance, car ce système d'exploitation ne fait pas de distinction entre majuscules et minuscules. Avec Windows, `motPasse` et `motpasse` sont identiques.

» **Espaces**. Les mots du vocabulaire SQL doivent être séparés les uns des autres par au moins un espace. Peu importe qu'il y en ait un ou vingt. En outre, une requête peut s'étaler sur plusieurs lignes sans qu'il soit nécessaire de l'indiquer par des «caractères de continuation».

» **Guillemets**. Dans la dernière commande que j'ai montrée, vous aurez sans doute noté que `95` et `Montmorency` étaient placés entre guillemets. Ce sont en effet des chaînes de caractères (nous reviendrons un peu plus loin, dans ce même chapitre, sur cette notion) et, comme telles, elles exigent cette forme particulière d'écriture. En ce qui concerne les autres types de variables (numériques, par exemple), **il ne faut pas** utiliser de guillemets. Les principaux types de données nous ont été présentés dans le Chapitre 3.

» **Caractères accentués**. De même que PHP (comme nous le verrons dans la troisième partie), MySQL accepte les caractères accentués dans les noms de champs, de tables et de bases de données.

Envoi de requêtes SQL

Il existe deux solutions pour envoyer des requêtes SQL à un serveur MySQL lorsque vous créez une application de base de données pour le Web :

» **phpMyAdmin**. phpMyAdmin est un logiciel développé spécifiquement pour gérer les bases de données MySQL. Il est écrit en PHP et fonctionne dans un navigateur. Il expose une interface utilisateur qui simplifie l'interaction avec MySQL.

» **Les scripts PHP**. Le langage PHP dispose de fonctionnalités spécifiquement conçues pour envoyer des requêtes SQL à des bases de données MySQL et recevoir en retour des informations de ces dernières.

Utiliser phpMyAdmin

La page du logiciel phpMyAdmin fournit une interface pour interagir avec le serveur MySQL. Pour ouvrir cette page, tapez localhost/phpmyadmin/ dans la barre d'adresse de votre navigateur. Si vous utilisez XAMPP, vous pouvez aussi ouvrir phpMyAdmin depuis la page d'accueil de XAMP en cliquant sur le lien phpMyAdmin qui se trouve vers le bas du panneau orange sur la gauche.

La page d'accueil de phpMyAdmin est représentée sur la Figure 4.1.

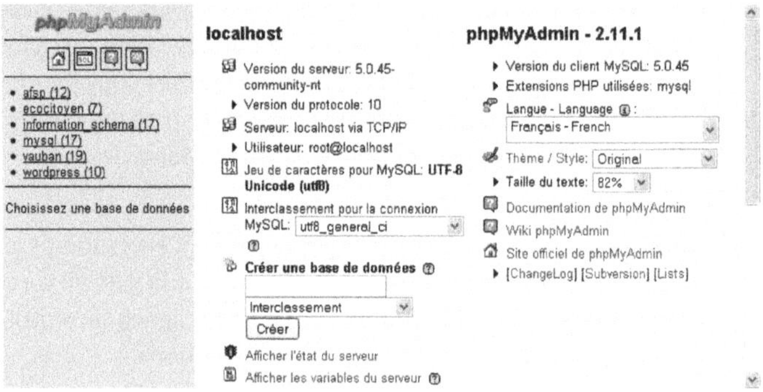

FIGURE 4.1 : La page d'accueil de phpMyAdmin.

Home = Accueil – Help = Aide

Notez le panneau sur la gauche de la page. Le haut du panneau contient quelques petites icônes. La première icône à partir de la gauche vous renvoie à la page d'accueil. Chaque fois que vous cliquez dessus, vous retournez ici.

Une autre icône représente un point d'interrogation. Lorsque vous cliquez sur un point d'interrogation, une nouvelle fenêtre s'affiche qui contient de la documentation sur phpMyAdmin.

Vous pouvez utiliser phpMyAdmin pour gérer votre base de données d'une des deux manières suivantes :

- **Écrire des requêtes SQL.** Vous pouvez écrire votre propre requête SQL et utiliser la fonctionnalité SQL de phpMyAdmin pour envoyer votre requête à votre serveur MySQL.
- **Cliquer les liens et les boutons de l'interface de phpMyAdmin.** L'interface contient de nombreuses fonctions qui simplifient l'interaction avec MySQL. Par exemple, l'interface contient des fonctionnalités pour naviguer dans les données, rechercher dans les données, insérer des données, supprimer des données, importer des données et d'autres fonctionnalités.

Envoyer vos propres requêtes SQL en utilisant phpMyAdmin

Vous pouvez écrire votre propre requête SQL et l'envoyer au serveur MySQL en utilisant phpMyAdmin. Pour cela, suivez les étapes suivantes :

1. **Accédez à la page d'accueil de phpMyAdmin.**
2. **Cliquez sur l'icône SQL en haut du panneau de gauche.**

   La page représentée sur la Figure 4.2 apparaît. Cette page est une plus petite version de celle qui apparaît en haut de la page d'accueil.

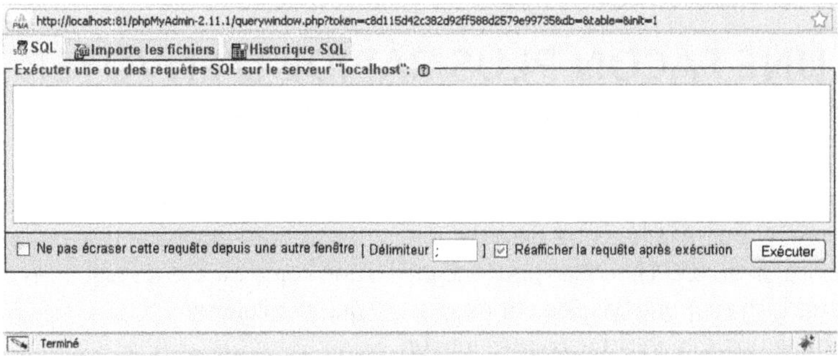

FIGURE 4.2 : La page de requête SQL de phpMyAdmin.

3. **Saisissez la requête SQL que vous souhaitez dans le panneau du haut.**
4. **Cliquez sur le bouton Exécuter.**

   La requête SQL est exécutée et la réponse s'affiche dans la page d'accueil. La petite fenêtre reste ouverte afin que vous puissiez saisir une autre requête si vous le souhaitez.

Grâce à cette méthode, vous pouvez écrire n'importe quelle requête SQL et l'envoyer. La réponse s'affiche dans la page d'accueil.

En utilisant l'interface de phpMyAdmin

Le logiciel phpMyAdmin propose une interface que vous pouvez utiliser pour gérer vos bases de données. Elle contient des boutons, des liens et des champs qui effectuent les tâches que vous souhaitez, telles que créer une base de données, insérer des données, consulter des données, rechercher des données, supprimer des données, et ainsi de suite.

Lorsque vous utilisez l'interface pour effectuer une tâche, phpMyAdmin crée la requête SQL requise pour indiquer à MySQL ce que vous souhaitez faire et envoie la requête au serveur MySQL. Si la requête retourne des informations, ces dernières sont affichées dans la page de phpMyAdmin. Cette page de résultats affiche aussi la requête qui a été exécutée.

Les tâches les plus courantes que vous aurez l'occasion de pratiquer sont présentées dans le reste de ce chapitre. Vous découvrirez comment le faire, et en particulier comment le faire en utilisant phpMyAdmin.

UNE FAÇON PLUS RAPIDE D'ENVOYER DES REQUÊTES AU SERVEUR MYSQL

Parfois, vous ne pouvez pas utiliser phpMyAdmin pour administrer ou modifier votre base de données. Et écrire un script PHP entier pour accomplir une seule tâche sur une base de données est une perte de temps. Cet encart vous présente un moyen rapide pour envoyer des requêtes SQL à un serveur MySQL.

Lorsque vous installez MySQL, vous installez automatiquement un autre programme appelé `mysql`. (Avec certains systèmes d'exploitation, il peut s'appeler *terminal monitor* ou *monitor*.) Les programmes qui communiquent avec le serveur MySQL sont appelés *logiciels clients*, parce que ce qui s'adresse à un serveur est tout naturellement un client. Lorsque vous envoyez une requête au serveur MySQL au moyen d'un «client mysql», le serveur renvoie une réponse à ce client, réponse qui est affichée sur l'écran. Ce programme de monitoring peut envoyer des requêtes sur un réseau, car il n'est pas nécessaire qu'il tourne sur la même machine que celle où est installée la base de données.

Pour envoyer des requêtes à MySQL au moyen du «client mysql», suivez les étapes énumérées ci-dessous :

1. **Localisez le client `mysql`.**

Par défaut, il se trouve dans le sous-répertoire `bin` du répertoire dans lequel MySQL a été installé. Avec Linux/UNIX, il figure dans le sous-répertoire `/usr/local/mysql/bin` ou encore sous `/usr/local/bin`. Sous Windows, il s'agit par défaut du sous-répertoire `c:\Program Files\MySQL\MySQL Server 5.0\bin`. Mais selon les options choisies par l'administrateur de la machine que vous utilisez, il peut se trouver à un autre endroit. Si vous n'êtes pas vous-même l'administrateur de MySQL, vous pouvez fort bien ne pas pouvoir accéder à ce programme. Dans ce cas, demandez à ce personnage tout-puissant de vous faire une copie du client `mysql` à un endroit d'où vous puissiez l'utiliser.

2. **Lancez le client `mysql`.**

Sous Linux/UNIX, tapez le nom du client précédé de son chemin d'accès (par exemple : `/usr/local/mysql/bin/mysql`). **Sous Windows**, ouvrez une fenêtre de commandes et saisissez le chemin d'accès suivi du nom de fichier (par exemple, `c:\Program Files\MySQL\MySQL Server 5.0\bin\mysql`). Cette commande lance le client si vous n'avez pas besoin de spécifier ni de nom d'utilisateur, ni de mot de passe. Si vous devez saisir ces informations, utilisez les paramètres suivants :

-u utilisateur où *utilisateur* est le nom de votre compte MySQL.

-p mpasse où *mpasse* est le mot de passe attaché à votre compte MySQL.

Par exemple, si vous vous trouvez dans le répertoire où se trouve le client `mysql`, la ligne de commande devrait ressembler à ceci :

mysql -u root -p

3. **Si vous lancez le client `mysql` pour accéder à une base de données via le réseau, utilisez le paramètre suivant après la commande `mysql`.**

-h hôte où *hôte* est le nom de la machine sur laquelle MySQL est installé.

Par exemple, si vous êtes dans le répertoire où se trouve le client `mysql`, la ligne de commande devrait ressembler à la suivante :

```
mysql -h mysqlhost.macompagnie.com -u
root -p
```

Pressez Entrée après avoir saisi cette ligne.

4. **Saisissez votre mot de passe lorsqu'il vous est demandé.**

Le client `mysql` démarre, et vous voyez s'afficher quelque chose ressemblant à cela :

```
Welcome to the MySQL monitor. Commands
end with ; or \g.
Your MySQL connection id is 459 to server
version: 5.0.15
Type 'help;' or '\h' for help. Type '\c'
to clear the buffer.
mysql>
```

5. **Sélectionnez la base de données que vous voulez utiliser en saisissant la commande (remplacez `basededonnées` par le nom voulu, puis validez) :**

```
use _^pbabalkk«bp
```

6. **Vous pouvez alors taper votre commande SQL que vous terminerez par un point-virgule (;). La réponse est affichée à l'écran. Continuez si nécessaire à saisir vos requêtes de la même façon.**

7. **Pour quitter le client mysql, tapez simplement `quit` suivi d'un appui sur la touche <Entrée>.**

Utiliser des scripts PHP

Comme ce livre porte sur PHP et sur MySQL, l'accès aux bases de données MySQL par des scripts PHP focalisera l'attention. PHP et MySQL fonctionnent parfaitement ensemble. PHP fournit les fonctions nécessaires pour interagir avec MySQL. Vous n'avez pas besoin de connaître les détails pour interagir avec une base de données car ces fonctions gèrent tous les détails pour vous. Vous devez simplement savoir comment les utiliser.

Les fonctions PHP se connectent à votre serveur MySQL, sélectionnent la bonne base de données, envoient une requête, récupèrent le résultat que la requête retourne. J'explique comment utiliser les fonctions de PHP pour interagir avec votre base de données MySQL au Chapitre 10.

Construction d'une base de données

Une base de données se compose de deux parties : une structure, qui contiendra les données, et les données proprement dites. Dans les sections qui suivent, nous verrons comment créer la structure de la base de données. Pour commencer, vous allez créer une base de données vide, c'est-à-dire dépourvue de tout contenu.

Vous créez rarement votre base de données à partir d'un script PHP. Généralement, la base de données doit exister avant que votre application Web ne puisse effectuer ses tâches – afficher les données de la base de données, stocker des données dans la base de données, les deux à la fois. Il se peut qu'une application nécessite que vous créiez une nouvelle table pour chaque client, comme une nouvelle galerie de photos ou une table d'informations sur des produits spécifiques. Dans ce cas, vous devrez créer une nouvelle table en cours de fonctionnement à l'aide d'un script PHP. Cependant, cela est très inhabituel.

Création d'une nouvelle base

Vous pouvez créer une nouvelle base de données vide de données en utilisant phpMyAdmin. Une fois que vous avez créé cette base, vous pouvez y ajouter des tables. La manière de procéder pour ajouter des tables est présentée plus loin.

Dans cette section, je vous explique comment créer votre nouvelle base de données sur un ordinateur local et sur un compte Web hébergé.

Sur un ordinateur local

Pour créer une base de données vierge, suivez ces étapes :

1. **Ouvrez la page d'accueil de phpMyAdmin dans votre navigateur.**

   La page d'accueil de phpMyAdmin apparaît (voir Figure 4.1).

2. **Faites défiler la page jusqu'à atteindre la mention Créer une base de données.**

   Cette mention se trouve dans la colonne de gauche du panneau principal.

3. **Saisissez le nom de la base de données que vous souhaitez créer dans le champ vide.**

4. **Cliquez sur Créer.**

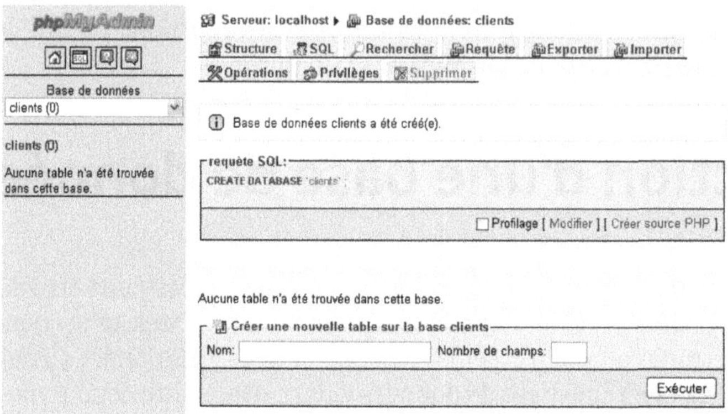

FIGURE 4.3 : La page de phpMyAdmin annonçant la création d'une nouvelle base.

Lorsque vous avez créé la nouvelle base de données, phpMyAdmin affiche une nouvelle page, comme sur la Figure 4.3.

Notez que le nom de la nouvelle base de données – Clients – est maintenant affiché dans le panneau de gauche. Clients est le nom que j'ai saisi dans le champ avant de cliquer sur le bouton Créer. Le 0 qui suit le nom de la base de données indique que cette base ne comporte pour l'instant aucune table.

Dans le panneau principal, vous pouvez voir la mention suivante :

```
Base de données clients a été créé(e).
```

Ce qui vous indique que la base de données a été créée. La page reprend aussi la requête SQL que phpMyAdmin a utilisée pour créer la base de données, en l'occurrence :

```
CREATE DATABASE `clients` ;
```

En dessous de l'instruction SQL, la page mentionne qu'aucune table n'a été créée et fournit une section qui vous permet justement d'en créer. Je traite de la création de pages plus loin dans ce chapitre.

Sur votre compte Web hébergé

La plupart des hébergeurs vous donnent accès à phpMyAdmin. Parfois, vous pourrez suivre la même procédure que celle qui vient d'être décrite dans la section précédente pour créer une nouvelle base de données. Toutefois, de nombreux hébergeurs ne vous permettent pas de créer une nouvelle base de données dans phpMyAdmin. Lorsque vous faites défiler la page d'accueil de phpMyAdmin pour accéder à la mention Créer une base de données, vous ne pouvez alors pas voir ni le champ, ni le bouton Créer dont vous avez besoin pour créer la nouvelle base. À la place, vous risquez de tomber sur un message tel que :

```
Pas de droits
```

Cela signifie que vous devez mettre en œuvre une autre procédure pour créer une nouvelle base de données. Ou alors que vous n'êtes tout simplement pas autorisé à créer une base de données. Il se peut que vous n'ayez le droit de disposer que d'une seule base de données, et vous ne pouvez donc créer des tables que dans cette dernière. Vous pouvez essayer de demander la création d'une nouvelle base, mais vous devrez faire valoir un bon prétexte. MySQL et PHP se moquent que vos tables se trouvent dans une unique base de données ou qu'elles soient réparties entre plusieurs bases de données aux noms significatifs. Disposer de plusieurs bases de données n'est qu'un moyen humain pour retrouver et classer les données.

Si vous avez le droit de créer une nouvelle base de données mais que vous n'avez pas le droit de la créer via phpMyAdmin, l'hébergeur vous fournira un moyen d'y parvenir depuis le panneau de contrôle de votre compte Web. De nombreux hébergeurs utilisent cPanel pour vous permettre de gérer votre compte. D'autres fournissent des panneaux différents, mais similaires. Les étapes suivantes vous permettent de créer une base de données à l'aide de cPanel. Vous trouverez une procédure similaire dans les autres panneaux de contrôle. Si vous n'y arrivez pas, vous devrez demander de l'aide à l'équipe du support technique de votre hébergeur.

1. **Ouvrez le panneau de contrôle de votre hébergeur.**
2. **Recherchez le lien relatif aux bases de données MySQL et cliquez dessus.**

   Dans cPanel, l'icône se trouve dans une section nommées Bases de données. L'icône est intitulée Bases de données MySQL.

   Une page apparaît pour vous permettre de créer une nouvelle base de données. La page contient la liste de vos bases de données actuelles, si jamais vous en avez.
3. **Saisissez le nom de la base de données que vous souhaitez créer dans le champ Nouvelle base de données.**
4. **Cliquez sur le bouton Créer la base de données.**

   Une page s'affiche pour vous informer de la création de la base de données. Depuis cette page, vous pouvez retourner au panneau de contrôle puis à phpMyAdmin. Vous pouvez visualiser la nouvelle base de données dans la page d'accueil de phpMyAdmin, dans le panneau de gauche.

Visualisation des bases de données

Vous pouvez visualiser les noms de vos bases de données à tout instant en accédant à la page d'accueil de phpMyAdmin. Les noms sont affichés dans le panneau de gauche de la page. La liste mentionne un numéro à côté de chaque nom. Il s'agit du nombre de tables que la base de données contient actuellement.

La requête SQL pour afficher la liste des noms des bases de données est la suivante :

```
SHOW DATABASES
```

Une fois que vous avez créé une base de données vierge, vous pouvez y ajouter des tables (l'ajout de tables est expliqué plus loin dans ce chapitre).

Suppression d'une base de données

Vous pouvez supprimer une base de données sur votre ordinateur local en utilisant phpMyAdmin de la manière suivante :

1. **Accédez à la page d'accueil de phpMyAdmin.**
2. **Cliquez sur le nom de la base de données que vous souhaitez supprimer.**

   Les noms de toutes vos bases de données figurent dans le panneau de gauche. Il se peut que vous deviez sélectionner le nom de votre base de données dans une liste déroulante.

   Une page apparaît qui affiche le nom et la structure de la base de données. Cette page contient une série d'onglets, comme sur la Figure 4.4.

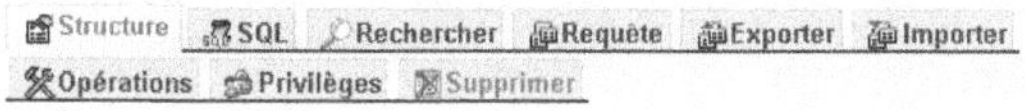

FIGURE 4.4 : Les onglets en haut de la page de phpMyAdmin.

3. **Cliquez sur Supprimer.**

   Un message vous demande de confirmer que vous souhaitez supprimer la base de données.

4. **Cliquez sur OK.**

   Une page apparaît, qui contient un message vous informant que la base de données a été supprimée. Elle vous affiche aussi la requête SQL utilisée pour ce faire :

```
DROP DATABASE nomdelabase
```

Utilisez la commande DROP DATABASE avec prudence, car son effet est irréversible. Les données que contenait la base qui vient d'être détruite sont irrécupérables.

Pour supprimer une base de données sur votre compte Web hébergé, vous devez suivre une procédure spécifique définie par votre hébergeur. Par exemple, dans cPanel, vous devez utiliser la même page que celle qui vous a permis de créer la base de données. Cette page contient un tableau de toutes les actions possibles que vous pouvez accomplir sur votre base de données. Dans la colonne Actions, vous trouverez un lien Supprimer la base de données. Cliquez sur ce lien pour supprimer la base. Toutefois, n'oubliez pas que cette suppression est totalement irréversible.

Ajout de tables dans une base de données

Vous pouvez ajouter des tables à n'importe quelle base de données (pour peu que vous ayez les droits nécessaires pour y accéder), qu'elle soit vide ou qu'elle contienne déjà quelque chose. Dans la plupart des cas, vous créez des tables dans une base de données avant d'utiliser des scripts PHP pour y accéder. C'est pourquoi vous utiliserez généralement phpMyAdmin pour ajouter des tables.

Repartons des deux exemples du Chapitre 3. La base de données AniCata possède trois tables : Animal, Type et Couleur. La seconde base, MembresSeuls, possède deux tables : Membre et Login.

La définition de la table Animal est reprise dans le Tableau 4.1. Ce tableau mentionne les noms et les types de données. Il mentionne aussi la clé primaire de la table.

Tableau 4.1 : Base AniCata, table 1 : Animal.

Nom *du champ*	Type	Description
`animalID`	`SERIAL`	Numéro unique de l'animal. Clé. primaire.
`animalNom`	`CHAR(25)`	Nom de l'animal.
`animalType`	`CHAR(15)`	Catégorie de l'animal.
`animalDesc`	`VARCHAR(255)`	Description de l'animal.
`animalPrix`	`DECIMAL(9,2)`	Prix de l'animal.
`animalImage`	`CHAR(15)`	Pointeur vers l'image de l'animal.

Le type de données n'est pas la seule caractéristique que vous pouvez spécifier pour un champ. Voici celles que vous pouvez spécifier le plus généralement :

- `NOT NULL` : Cette colonne doit prendre une valeur ; elle ne peut pas être vide.
- `DEFAULT` : La valeur stockée dans la colonne lorsqu'une ligne est ajoutée si aucune autre valeur n'est spécifiée pour cette colonne.
- `AUTO_INCREMENT` : Permet de créer une numérotation séquentielle des lignes. Chaque fois qu'une ligne est ajoutée, la valeur de ce champ reprend la valeur du champ pour la ligne précédente, plus un. Vous pouvez court-circuiter ce système en spécifiant la valeur que vous souhaitez donner au champ.
- UNSIGNED : Permet d'indiquer que les valeurs de ce champ numérique ne seront jamais négatives. Vous pouvez créer une table dans phpMyAdmin en utilisant l'interface ou une requête SQL.

En utilisant l'interface phpMyAdmin

phpMyAdmin fournit une page d'interface pour ajouter une nouvelle table à la base de données, comme suit :

1. **Accédez à la page d'accueil de phpMyAdmin.**

2. **Cliquez sur le nom de la base de données à laquelle vous souhaitez ajouter une table.**

3. **Saisissez le nom de la table dans le champ.**

4. **Saisissez le nombre de champs que vous souhaitez voir figurer dans la table dans le champ Nombre de champs.**

   Ne vous souciez pas de faire une erreur. Rien n'est gravé dans le marbre à ce stade. Vous pourrez modifier facilement la structure de la table si vous le souhaitez.

   Par exemple, pour la table Animal définie dans le Tableau 4.1, vous saisirez 6 dans le champ car la table contient 6 champs : `animalID`, `animalNom`, `animalType`, `animalDes`, `animalPrix`.

5. **Cliquez sur Exécuter.**

   La page qui s'affiche vous permet de définir chaque colonne, ou *champ*. La page contient un tableau assez large pour cela. La Figure 4.5 reprend la partie gauche de la page, et la Figure 4.6 en reprend la partie droite.

6. **Saisissez les définitions pour tous les champs.**

   La Figure 4.5 reprend la partie gauche du tableau de définition dont les cellules ont été remplies. Saisissez le nom du champ dans la première colonne.

   Dans la seconde colonne, sélectionnez le type de données dans une liste déroulante. Le type de données pour le premier champ est `SERIAL`. Si vous ne trouvez pas `SERIAL` dans la liste déroulante, sélectionnez `BIGINT` à la place.

   La troisième colonne vous permet de saisir la longueur ou les valeurs du champ. Par exemple, pour les types de données `VARCHAR`, saisissez le nombre de caractères, tel que 15.

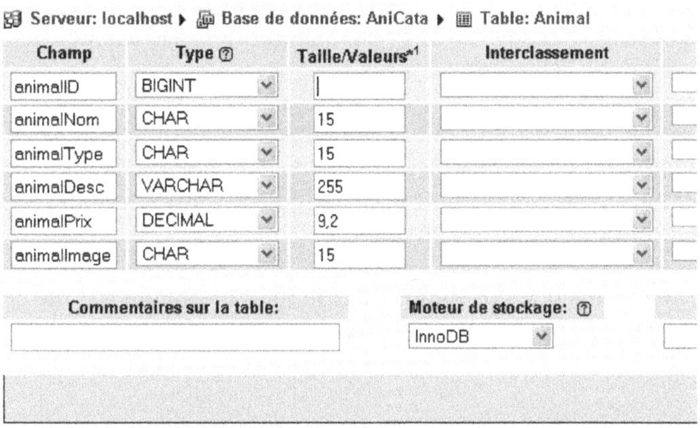

FIGURE 4.5 : Le tableau de définition des champs (partie gauche).

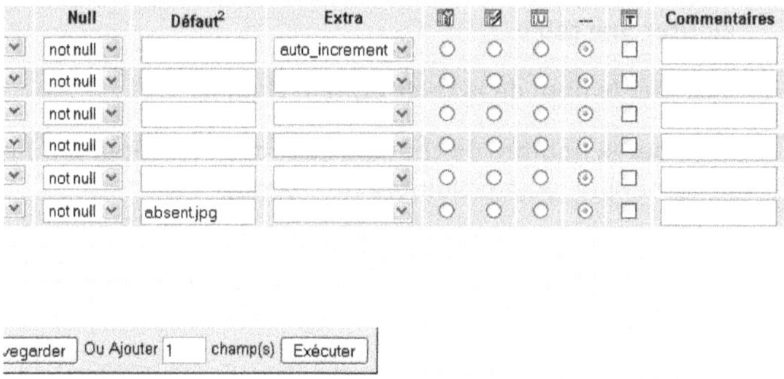

FIGURE 4.6 : Le tableau de définition des champs (partie droite).

La Figure 4.6 reprend la partie droite du tableau de définition. La colonne nommée `Null` spécifie si le champ peut être vide ou non. La valeur par défaut est `Not Null`, mais vous pouvez la passer à `Null` en utilisant la liste déroulante.

Dans la colonne marquée `Default`, vous pouvez spécifier une valeur pour le champ que MySQL insérera lorsqu'aucune valeur n'est spécifiée pour le champ.

La colonne suivante comprend plusieurs boutons radios. Le seul dont vous devez vous soucier est le premier. Sélectionnez-le pour définir une colonne comme clé primaire. Les autres boutons ne sont utilisés que pour des fonctionnalités avancées de MySQL dont il n'est pas question dans ce livre.

7. **Cliquez sur Sauvegarder.**

   Une nouvelle page phpMyAdmin apparaît, contenant un message qui vous indique que la table a été créée. La nouvelle page affiche aussi la requête SQL utilisée pour créer la table.

Vous pouvez visualiser les tables de la base de données et leur structure à tout instant en vous rendant dans la page de la base de données. Autrement dit, il vous suffit d'accéder à la page d'accueil de phpMyAdmin et cliquer sur le nom de la base de données. La page qui apparaît recense les tables qui existent actuellement dans la base de données.

Chaque table est affichée sur une ligne qui commence par le nom de la table. La ligne contient ensuite diverses icônes. La seconde est l'icône de structure. Si vous cliquez dessus, la structure de la table est affichée, qui recense les noms et les définitions de tous les champs.

Une autre icône qui figure dans la liste des tables est un gros X rouge. Si vous cliquez dessus, la table est supprimée. Pour toujours.

Écrire une requête SQL

Vous pouvez aussi créer une table en écrivant votre propre requête SQL et en l'envoyant au serveur MySQL. Parfois, il est plus rapide d'écrire la requête.

La requête CREATE TABLE crée une nouvelle table. Le nom est suivi par les noms et les définitions de tous les champs, séparés par des virgules, des parenthèses délimitant l'ensemble des définitions. Par exemple, la requête que vous pourriez écrire pour créer la table Animal serait :

```
CREATE TABLE `animal` (
  animalID serial,
  animalNom char(25) NOT NULL,
  animalType char(15) NOT NULL,
  animalDesc varchar(255) NOT NULL,
  animalPrix decimal(9,2) NOT NULL,
  animalImage char(15) NOT NULL default 'absent.jpg'
);
```

Vous pouvez aussi définir le premier champ de la manière suivante :

```
animalID bigint(20) NOT NULL UNSIGNED AUTO_INCREMENT PRIMARY KEY
```

Si vous utilisez une combinaison de colonnes pour clé primaire, faites figurer PRIMARY KEY dans la définition de chacune des colonnes incriminées. Vous pouvez aussi utiliser l'instruction PRIMARY KEY à la fin de la requête CREATE TABLE. Par exemple, vous pouvez définir une table Login (voir le Chapitre 3) avec la requête suivante :

```
CREATE TABLE Login (
  loginName varchar(20) NOT NULL,
  loginTime DATETIME NOT NULL,
  PRIMARY KEY (loginName, loginTime) }
```

Comme je l'explique au Chapitre 3, n'utilisez aucun des mots réservés de SQL dans vos noms de colonnes. Si vous le faites, MySQL affichera un message d'erreur tel que :

```
You have an error in your SQL syntax near
'create VARCHAR(50)' at line 5
```

Comme vous le voyez, ce message vous indique la définition d'une colonne qui n'est pas bonne et la ligne où elle a été trouvée. Cependant, le message ne vous dit pas de quel problème il s'agit. Le message error in your SQL syntax désigne en fait un erreur qui provient de l'utilisation du mot réservé «create» en guise de nom de colonne.

Une fois qu'une table a été créée, vous pouvez effectuer une requête pour la visualiser, consulter sa structure ou la supprimer.

» Pour voir les tables que vous venez d'ajouter à une base de données, tapez la requête :

```
SHOW TABLES
```

» Pour voir la structure d'une table, utilisez la requête :

```
DESCRIBE kljQ^_ib
```

» Pour supprimer une table, utilisez la requête :

```
DROP TABLE kljQ^_ib
```

Utilisez la commande DROP TABLE avec prudence, car son effet est irréversible. Les données que contenait la table qui vient d'être détruite sont irrécupérables.

Modification de la structure d'une base de données

La base de données que vous venez de créer n'est pas figée pour l'éternité. Vous pouvez en modifier la structure au moyen de la requête ALTER, ajouter, supprimer ou renommer une colonne ou modifier le type de données qu'elle contient ou tout autre de ses attributs. Vous pouvez modifier la structure même si la table contient des données, du moment que vous ne modifiez pas la définition d'un champ en adoptant une nouvelle définition qui serait incompatible avec les données déjà présentes dans le champ en question.

Modifier une base de données n'est pas quelque chose de rare. Vous pouvez avoir besoin de le faire pour de nombreuses raisons. Par exemple, supposez que vous ayez défini le type de données de la colonne nom de la table Membre (base de données MembresSeuls) comme VARCHAR(20), et qu'ultérieurement survienne un nouveau membre du nom de Marc Schwartzheimer-Losterman. Pour ne pas amputer ce magnifique patronyme en le réduisant à ses vingt premières lettres, vous allez redéfinir par prudence cette colonne pour qu'elle soit plus large.

En utilisant phpMyAdmin

Pour modifier la structure dans phpMyAdmin, suivez ces étapes :

1. **Accédez à la page d'accueil de phpMyAdmin.**
2. **Cliquez sur le nom de la base de données qui contient la table à modifier.**

Une page apparaît, qui recense les tables que la base de données contient. Chaque table figure sur une ligne d'un tableau.

3. **Dans la ligne correspondant à la table à modifier, cliquez sur la seconde icône (l'icône de structure).**

   Une page apparaît, qui affiche la structure de la table. Chaque champ figure sur une ligne d'un tableau.

4. **Cliquez sur l'icône représentant un crayon dans la ligne correspondant au champ que vous souhaitez modifier.**

   Cette icône se trouve dans une colonne nommée Action qui contient plusieurs icônes. Il s'agit de la seconde à partir de la gauche.

   Une page apparaît où vous pouvez modifier la définition du champ. Dans cette page, vous pouvez modifier le type de données du champ `prenom` pour le passer de `VARCHAR(20)` à `VARCHAR(30)`.

   La page qui décrit la structure de la table contient aussi une icône rouge en forme de X que vous pouvez utiliser pour supprimer un champ. Et sous la liste des champs, elle contient aussi une section qui vous permet d'ajouter un champ.

5. **Une fois que vous avez apporté des modifications au champ, cliquez sur Sauvegarder.**

6. **Répétez les étapes 4 et 5 jusqu'à avoir modifié tous les champs que vous souhaitez.**

Ecrire votre propre requête SQL

Vous pouvez modifier la structure d'une table à l'aide de la requête ALTER. Le format de base de cette requête est ALTER TABLE nomtable, suivi des modifications que vous souhaitez apporter. Le Tableau 4.2 recense les modifications possibles.

Tableau 4.2 : Modifications possibles au moyen de la requête ALTER.

Changement	Description
`>AA□klj@li□a«ā□kfqflk`	Ajouter une colonne. *définition* renferme le type de données et d'autres paramètres facultatifs.
`ALTER klj@li SET DEFAULT s^ibro`	Modifier la valeur par défaut d'une colonne.
`ALTER klj@li DROP DEFAULT s^ibro`	Supprimer la valeur par défaut d'une colonne.
`CHANGE klj@li□klrsKlj@li□a«ā□kfqflk`	Modifier la définition d'une colonne et changer son nom. *définition* renferme le type de données et d'autres paramètres facultatifs.

Tableau 4.2 : Modifications possibles au moyen de la requête ALTER.	
Changement	**Description**
DROP□*klj@li*	Supprimer une colonne ainsi que les données contenues dans cette colonne, lesquelles seront définitivement perdues.
MODIFY□*klj@li*□*a«ā*□*kfqflk*	Modifier la définition d'une colonne. *définition* renferme le type de données et d'autres paramètres facultatifs.
RENAME *klrsKljQ^_ib*	Changer le nom d'une table.

Par exemple, pour modifier le champ prenom afin de le rendre plus grand, vous enverrez cette requête :

```
ALTER TABLE membre MODIFY prenom VARCHAR(50)
```

Manipulation des données d'une base

Une base de données vide est pareille à une bonbonnière vide : elle ne présente aucun intérêt. Elle ne peut être utile à quelque chose qu'à partir du moment où elle contient des informations. Le rôle d'une base de données est de recevoir des informations et de pouvoir les compléter, les restituer ou les modifier à la demande.

Voici les quatre types de requêtes qui peuvent être adressées à une base de données :

- **Recevoir de nouvelles informations.** Ajouter une ligne à une table.
- **Mettre à jour des informations.** Modifier les données contenues dans une ligne qui existe déjà. Par exemple, ajouter une donnée dans un champ jusque-là vide.
- **Retrouver des informations.** Rechercher une valeur de donnée. Cette requête ne modifie pas le champ où se trouve la valeur.
- **Supprimer des informations.** Supprimer une valeur dans une base de données.

Une requête peut parfois concerner plusieurs tables. Par exemple, la question : «Combien coûte un dragon vert ?» demande des informations provenant de la table Animal et de la table Couleur. Vous pouvez poser cette question au moyen d'une seule requête SELECT associant les deux tables.

Dans les sections qui suivent, nous allons voir comment accepter et retrouver des informations et comment associer des tables.

Ajouter des informations

Toute base de données doit contenir des données. L'exemple de la base AniCata montre comment le contenu de cette table permet aux visiteurs de se documenter sur les animaux commercialisés. À l'inverse, ces données peuvent provenir des utilisateurs eux-mêmes, comme c'est le cas pour la base MembresSeuls. Dans les deux cas, des données sont ajoutées à une base.

Si vos données sont encore sur papier, vous pouvez les saisir dans une base MySQL, ligne par ligne, au moyen d'une requête MySQL. Cependant, si vous avez beaucoup de données, cette méthode se révèle vite fastidieuse. Supposez, par exemple, que vous ayez des données sur un millier de produits à ajouter à votre base. En admettant que vous soyez un virtuose du clavier et que vous soyez capable de taper une ligne par minute, cela représente une quinzaine d'heures de dactylographie forcenée. Pas très drôle, n'est-ce pas ? Mais néanmoins faisable. D'un autre côté, supposez que vous deviez entrer les informations concernant les 5 000 membres d'une organisation et qu'il faille cinq minutes pour saisir tout ce qui concerne un des membres. Maintenant, c'est environ 400 heures de travail continu que cela implique. Qui va s'en charger ?

Lorsque vous avez beaucoup d'informations à saisir, il faut trouver une solution appropriée. Scanner ces informations est une des méthodes possibles, à condition que vous ayez ensuite un bon logiciel d'OCR (*Optical Character Recognition* - reconnaissance optique de caractères). Vous pourrez aussi sous-traiter cette saisie sous forme de texte au kilomètre plutôt que de considérer la saisie individuelle sous forme de requête SQL.

Avec phpMyAdmin, vous pouvez lire des données à partir d'un gros fichier texte (ou même un petit). Par conséquent, si vos données sont déjà disponibles sous la forme d'un fichier informatique, vous pouvez utiliser ce fichier ; vous n'avez pas besoin de saisir de nouveau les données. Même si les données sont stockées sous une autre forme qu'un fichier texte (par exemple, un fichier Excel, Access ou Oracle), vous pouvez généralement convertir ce fichier en un gros fichier texte que vous pouvez ensuite charger dans votre base de données MySQL. Si les données ne sont pas encore sous forme informatique et qu'elles sont très nombreuses, il est sans doute plus rapide de saisir les données dans un fichier texte puis de les charger dans MySQL lors d'une seconde étape.

La plupart des fichiers peuvent être chargés dans MySQL, mais quelques formats sont plus faciles à utiliser que d'autres. Si vous songez à saisir les données dans un gros fichier texte, lisez la section «Ajouter une grande quantité de données» plus loin pour choisir le bon format pour ces dernières. Bien entendu, si les données existent déjà sous forme informatique, vous devrez faire avec le format dans lequel elles se trouvent.

Ajout d'une ligne à la fois avec une requête SQL

Très souvent, vous voudrez que votre script PHP stocke des données dans la base de données. Par exemple, lorsque vous vendez un produit, le client peut avoir à saisir son nom, son adresse, le produit qu'il désire et d'autres informations dans un formulaire figurant dans une page Web. Votre script PHP doit pouvoir ajouter ces données à la base de données. Pour cela, vous utilisez une requête SQL dans le script.

C'est la requête INSERT qui va s'en charger. Elle indique à MySQL dans quelle table doit être ajoutée la ligne et quelles sont les valeurs à ajouter dans la ligne. Sa forme générale est la suivante :

```
INSERT INTO kljQ^_ib (klj@li.)□klj@li/+++□klj@liu)
VALUES (val1, val2..., valx)
```

Voici quelles sont les règles qui s'appliquent à la requête INSERT :

- » **Les valeurs doivent apparaître dans le même ordre que les noms des colonnes correspondantes**. La première valeur sera placée dans la première des colonnes énumérées, et ainsi de suite.
- » **Une liste partielle des noms de colonnes dans la ligne est possible**. Il n'est pas indispensable que toutes les colonnes de la ligne reçoivent un contenu. Elles prendront alors la valeur définie par défaut, ou sinon resteront vides.
- » **Une liste des noms de colonnes n'est pas obligatoire**. Lorsque toutes les colonnes d'une ligne doivent recevoir des valeurs, il n'est pas nécessaire que vous indiquiez les noms de toutes ces colonnes dans la requête. L'absence de noms de colonnes est interprétée par MySQL comme l'énumération implicite de l'intégralité des colonnes. Il faudra alors autant de valeurs qu'il existe de colonnes dans la table.
- » **La liste de valeurs et la liste de noms de colonnes doivent être de même longueur**. Faute de quoi, vous recevrez un message de ce genre :

```
Column count doesn't match value count
```

La requête INSERT ci-après ajoute une ligne dans la table Membre :

```
INSERT INTO Membre (login,initial,mPasse,nom,
                    rue,ville,département,codePostal,
                    email,tph,fax)
```

```
VALUES ("PetitMalin", "2002-Jan-30","a234wyz","Dupondt",
        "23 rue de la Poupée-qui-Tousse", "Richeville",
        "45", "45100", "dupondt@monserveur.com", "0233445566","")
```

Notez que le prénom ne figure pas dans la liste des noms de colonnes. Aucune valeur ne sera entrée dans ce champ. S'il avait l'attribut NOT NULL, un message d'erreur serait envoyé par MySQL. Si une valeur par défaut (attribut DEFAULT) existait pour ce champ, c'est elle qui serait retenue. Notez aussi que le numéro de fax est une chaîne de caractères vide : «», ce que MySQL considère comme parfaitement valable.

Ajouter une ligne à la fois avec phpMyAdmin

De nombreuses applications de base de données utilisent une base de données d'informations que vous affichez dans une page Web. Par exemple, un catalogue de produits contiendra des informations sur les produits qui seront affichées lorsque le client voudra les visualiser. Dans ce type d'application, vous ajoutez de l'information à la base de données en dehors de l'application. Vous pouvez alors créer le catalogue avec phpMyAdmin.

Pour ajouter des données à une table avec phpMyAdmin, suivez ces étapes :

1. **Accédez à la page d'accueil de phpMyAdmin.**

   La Figure 4.1, présentée plus tôt dans le chapitre, représente cette page d'accueil.

2. **Cliquez sur le nom de la base de données.**

3. **Cliquez sur l'icône d'insertion.**

   L'icône d'insertion correspond à la quatrième icône dans la colonne Action de la ligne relative à votre table.

   La page affichée sur la Figure 4.7 apparaît lorsque vous souhaitez saisir des données pour une ligne.

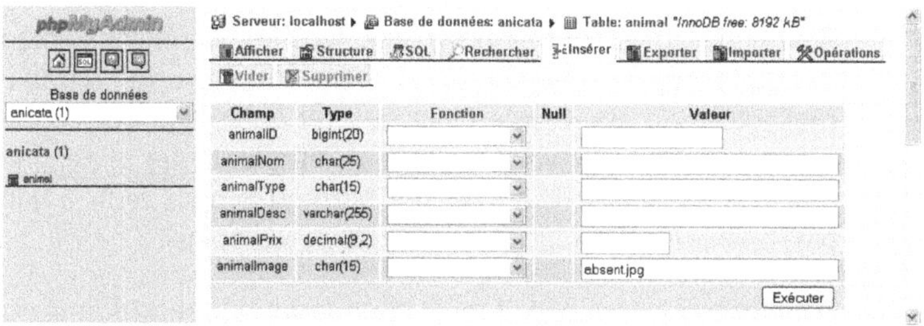

FIGURE 4.7 : La page de phpMyAdmin pour ajouter une ligne.

4. **Ajoutez vos données à chaque ligne.**

Vous saisissez les valeurs dans la colonne `Valeur`. Notez qu'il existe aussi une colonne `Fonction`, qui contient une liste déroulante de fonctions MySQL que vous pouvez utiliser pour saisir des données. Par exemple, la fonction `NOW` peut être utilisée pour rentrer la date courante.

5. **Cliquez sur Exécuter.**

Une nouvelle page apparaît, qui reprend les données insérées et qui affiche la requête SQL utilisée.

Ajouter une grande quantité de données

Lorsque vous avez de nombreuses données à saisir dans une table, et qu'elles existent déjà sous forme lisible par un ordinateur, vous pouvez transférer les donnés depuis un fichier informatique vers votre base de données MySQL à l'aide de phpMyAdmin.

Du fait de la façon dont sont organisées les tables de MySQL, le fichier texte source doit indiquer où commence et où finit chaque suite de valeurs à entrer dans la base. Pour cela, on utilise un caractère séparateur qui ne doit pas se trouver dans les données elles-mêmes. Par défaut, c'est une tabulation, mais vous pouvez choisir un autre caractère à condition de l'indiquer à MySQL. Toujours par défaut, la fin d'une ligne du texte est considérée comme la fin de la ligne correspondante de la base de données. Ici encore, vous pouvez spécifier un autre caractère. Un fichier texte destiné à décrire des animaux pour la base de données AniCata pourrait se présenter ainsi :

```
Licorne  cheval   corne spiralée   5000   /images/licorne.jpg
Pégase   cheval   animal ailé      8000   /images/pegas.jpg
Lion     chat     grande taille    2000   /images/lion.jpg
```

Un tel fichier est appelé *fichier délimité par des tabulations* (*tab delimited file*). Il en existe une variante : le fichier délimité par des virgules dans lequel les tabulations sont remplacées par des virgules. Si votre fichier est dans un autre format, vous devez commencer par le convertir dans un format «délimité».

Pour convertir un fichier d'un type dans un autre, consultez le manuel du logiciel qui a créé ce fichier ou posez la question à votre gourou informatique habituel. Excel, Access, Oracle, pour ne citer qu'eux, ont des options qui permettent d'effectuer cette conversion. Pour un simple fichier texte, une opération du type *recherche et remplacement* devrait permettre d'en venir à bout. Si cela ne suffit pas, appelez à l'aide un expert ou un développeur.

Pour insérer les données dans la table de votre base de données avec phpMyAdmin, suivez ces étapes :

1. **Accédez à la page d'accueil de phpMyAdmin.**

La Figure 4.1, présentée plus tôt dans le chapitre, représente cette page d'accueil.

2. **Cliquez sur le nom de la base de données.**

3. **Cliquez sur le nom de la table.**

   Les noms des tables sont listés dans le panneau de gauche de la page.

4. **Cliquez sur l'onglet Importer en haut de la page.**

   La page d'importation de phpMyAdmin apparaît, comme sur la Figure 4.8.

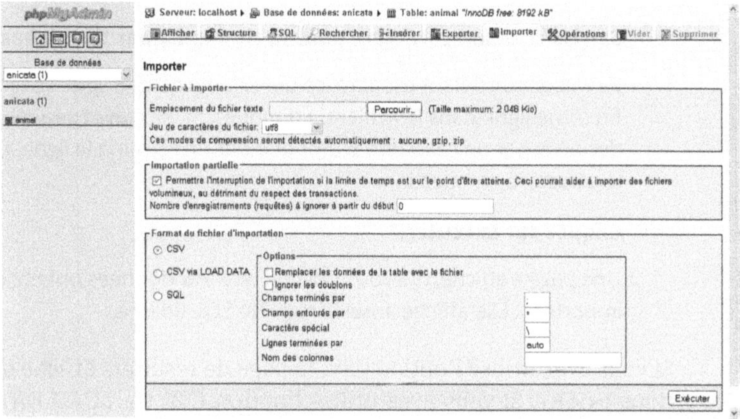

FIGURE 4.8 : La page d'importation de phpMyAdmin où vous pouvez importer des données depuis un fichier.

5. **Cliquez sur le bouton Parcourir.**

6. **Naviguez jusqu'au fichier qui contient les données à importer.**

7. **Sélectionnez l'option CSV via LOAD DATA dans la section Format du fichier d'importation.**

   L'option CSV importe chaque ligne en utilisant une instruction `INSERT` distincte pour chaque ligne. L'option CSV via LOAD DATA utilise une requête `LOAD DATA`. Cette dernière requête est plus rapide lorsque vous devez importer un très gros fichier de données, mais vous devez respecter certaines contraintes pour qu'elle fonctionne. CSV fonctionnera toujours. Je vous recommande d'essayer CSV via LOAD DATA pour les gros fichiers. S'il s'avère que les contraintes ne sont pas respectées, l'importation échouera, mais vous pourrez toujours utiliser l'option CSV.

   Lorsque vous cliquez sur l'une ou l'autre des options, un ensemble d'options apparaît. Vous devez les régler pour les accorder avec le format de votre fichier des données.

8. **Saisissez le bon caractère pour le champ Champs terminés par.**

Par défaut, ce caractère est un point virgule (;). Vous pouvez adopter n'importe quel caractère. Par exemple, vous utiliserez une virgule si vos champs sont séparés par des virgules. S'ils sont séparés par une tabulation, saisissez \t dans le champ.

9. **Saisissez le bon caractère pour le champ Champs entourés par.**

   Par défaut, ce caractère est le guillemet. Si vos valeurs sont délimitées par des simples guillemets, vous changerez donc ce champ par un simple guillemet. Si vos valeurs ne sont délimitées par rien, simplement séparées par une virgule ou un autre caractère, vous pouvez supprimer le caractère qui figure dans ce champ.

10. **Saisissez le bon caractère pour le champ Lignes terminées par.**

    La valeur par défaut est auto, ce qui signifie qu'une ligne se termine à la fin d'une ligne dans le fichier de données. Si vous avez séparé les lignes de données par un caractère plutôt que par un retour à la ligne, vous saisirez ici le caractère en question.

11. **Cliquez sur Exécuter.**

    Une page s'affiche, qui vous indique que vos données ont été correctement importées. Elle affiche aussi la requête SQL utilisée.

Si vous avez utilisé l'option CSV, la page de résultats affiche une liste d'instructions INSERT. Si vous avez utilisé l'option CSV via LOAD DATA, la requête SQL ressemblera à quelque chose comme :

```
LOAD DATA LOCAL INFILE '/tmp/phpPqqfOm' INTO TABLE `test1`
FIELDS TERMINATED BY ',' ESCAPED BY '\\' LINES
TERMINATED BY '\r\n'
```

Pour utiliser la requête LOAD DATA INFILE, le compte MySQL doit disposer du droit FILE sur le serveur. Je présente les droits d'un compte MySQL au Chapitre 5.

Visualisation d'informations

Vous pouvez consulter les données dans une base de données à tout instant. Vous voudrez vous assurer que les données que vous avez saisies sont correctes. Ou alors, vous voudrez voir le type de données que vos clients ont saisies dans les formulaires de votre application.

Pour consulter les informations dans une table, vous pouvez procéder ainsi :

1. **Accédez à la page d'accueil de phpMyAdmin.**

   Référez-vous à la Figure 4.1 pour la visualiser.

2. **Cliquez sur le nom de la base de données.**

Une page s'affiche, qui contient la liste de toutes les tables de la base de données.

3. **Cliquez sur l'icône afficher.**

   Il s'agit de la première icône dans la colonne Action de la ligne correspondant à la table.

Recherche d'informations

Le seul intérêt de stocker des informations dans une base de données est de pouvoir les récupérer plus tard. Une base de données n'existe que pour répondre à des questions. Quels sont les animaux en vente ? Qui sont les membres ? Combien y a-t-il de membres dans le Lot-et-Garonne ? Avez-vous un alligator à vendre ? Quel est le prix d'un dragon ? etc. C'est la requête SELECT qui permet de rechercher la réponse à toutes ces questions.

Sa forme générale est la suivante :

```
SELECT * FROM kljQ^_ib
```

Cette requête récupère toutes les informations contenues dans la table. L'astérisque est un caractère joker qui signifie *toutes les colonnes*.

On peut accroître la sélectivité de la requête SELECT en y ajoutant des mots du vocabulaire SQL permettant de situer exactement l'emplacement de l'information recherchée ou les critères à laquelle elle doit répondre. Vous pouvez spécifier quelles informations vous souhaitez, comment elles doivent être présentées et quelle en est leur source :

» **Vous pouvez limiter la recherche aux colonnes qui répondent exactement à votre question**. Par exemple, vous pouvez demander les seuls noms et prénoms d'une liste de membres.

» **Vous pouvez spécifier dans quel ordre les informations doivent vous être présentées**. Par exemple, vous pouvez demander qu'elles soient triées en ordre alphabétique inverse.

» **Vous pouvez spécifier les objets (les lignes) dans lesquels doivent être recherchées les informations**. Par exemple, vous pouvez demander le nom et le prénom des seuls membres qui résident dans les Bouches-du-Rhône.

La version 4.1 de MySQL a ajouté la possibilité d'imbriquer une requête SELECT dans une autre pour constituer des sous-requêtes. De telles sous-requêtes sont utilisables avec SELECT, INSERT, UPDATE, DELETE et dans les clauses SET. Les données renvoyées par la sous-requête (une valeur, un enregistrement complet ou toute une table) sont injectées en entrée de la requête de niveau supérieur. Toutes les options de SELECT sont utilisables dans les sous-requêtes. Voyez la documentation de référence de MySQL (http://dev.mysql.com/doc/refman/5.0/fr/subqueries.html, par exemple) pour d'autres détails.

Recherche d'informations spécifiques

Pour rechercher des informations spécifiques, listez les colonnes dans lesquelles doivent se trouver ces informations :

```
SELECT col1,col2,colx... FROM kljQ^_ib
```

Cette requête vous fournira les valeurs de toutes les lignes pour les seules colonnes dont les noms sont énumérés dans la requête. Par exemple, la requête suivante retrouve tous les noms et prénoms contenus dans la table Membre :

```
SELECT nom,prénom FROM Membre
```

Il est parfaitement possible d'effectuer des opérations mathématiques sur les colonnes sélectionnées. Ainsi, la requête SELECT suivante va ajouter les valeurs provenant de deux colonnes :

```
SELECT col1+col2 FROM kljQ^_ib
```

Autre exemple :

```
SELECT animalPrix,animalPrix*1.196 FROM Animal
```

N'oubliez pas le point-virgule final dans vos requêtes lorsque vous les émettez dans le moniteur MySQL.

Le résultat obtenu est un prix hors taxes et un prix TTC. Vous pouvez aussi changer le nom d'une colonne lorsque vous la sélectionnez, comme dans :

```
SELECT animalPrix,animalPrix*1.196 AS PrixTTC FROM Animal
```

La clause AS demande à MySQL de donner comme nom PrixTTC à la seconde colonne retrouvée. La requête renvoie donc deux colonnes : animalPrix et PrixTTC.

Dans certains cas, ce ne sont pas les valeurs elles-mêmes qui vous intéressent, mais quelque chose qui est en rapport avec la ou les colonnes retrouvées. Par exemple, vous pouvez vous intéresser à la plus petite ou à la plus grande valeur située dans une certaine colonne d'une table. Le Tableau 4.2 donne la liste de quelques-unes des informations que vous pouvez connaître sur le contenu des colonnes.

Tableau 4.2 : Type d'informations pouvant être obtenues par une requête SELECT.	
Forme SQL	**Description de l'information**
`AVG(klj@li)`	Valeur moyenne de toutes les colonnes de nom *nomCol.*
`COUNT(klj@li)`	Nombre de lignes dans lequel le champ *nomCol* n'est pas vide.
`MAX(klj@li)`	Plus grande valeur située dans la colonne *nomCol.*
`MIN(klj@li)`	Plus petite valeur située dans la colonne *nomCol.*
`SUM(klj@li)`	Somme des valeurs situées dans la colonne *nomCol.*

La requête ci-dessous permettra de savoir quel est l'animal qui coûte le plus cher :

```
SELECT MAX(animalPrix) FROM Animal
```

Les mots du vocabulaire SQL tels que MAX() ou MIN() sont appelés *fonctions*. Il en existe beaucoup d'autres (une bonne centaine). Certaines, comme celles du Tableau 4.2, donnent des informations au sujet d'une certaine colonne. D'autres modifient chaque valeur sélectionnée. Par exemple, SQRT() renvoie la racine carrée de chacune des valeurs d'une colonne. DAYNAME() renvoie (malheureusement en anglais) le nom du jour de la semaine de chaque champ d'une colonne au format date. Vous trouverez la description de ces fonctions dans la page Web située à l'URL http://dev.mysql.com/doc/refman/5.0/fr/functions.html.

Présentation d'informations dans un certain ordre

La recherche d'informations peut être automatiquement suivie d'un tri. Par exemple, dans la table Membre, vous pouvez demander que les noms des membres extraits de la table soient présentés en ordre alphabétique croissant (ou décroissant). Dans la table Animal, vous pouvez demander que la liste des animaux soit triée sur le nom de l'animal, son type ou sa couleur.

Dans une requête SELECT, ce sont les mots clés ORDER BY ou GROUP BY qui effectuent ce tri :

`ORDER BY`

L'information trouvée est triée dans un certain ordre. Par défaut, c'est l'ordre alphabétique ascendant :

`ORDER BY klj@li`

Pour spécifier l'ordre descendant (inverse), ajoutez le mot `DESC` avant le nom de la colonne :

```
SELECT * FROM Membre□ORDER BY DESC nom
```

```
GROUP BY
```

Les lignes dans lesquelles les valeurs de la colonne *nomCol* sont identiques sont regroupées. Exemple :

```
SELECT * FROM Animal GROUP BY type
```

Vous pouvez utiliser ORDER BY et GROUP BY dans la même requête.

Limiter une recherche à une source particulière

Très souvent, vous ne vous intéresserez pas à toutes les informations contenues dans une table, mais seulement à celles de certaines *lignes* répondant à un critère particulier. Pour cela, il existe trois mots dans le vocabulaire SQL :

- `WHERE` Permet de spécifier une condition d'existence. Par exemple, vous pouvez limiter une recherche aux seuls membres qui résident dans le Calvados (département 14) en écrivant :

```
SELECT * FROM Membre WHERE département="14"
```

- `LIMIT` Vous pouvez limiter la recherche aux seules *n* premières lignes spécifiées par la clause `LIMIT`.
- `DISTINCT` Lorsque les colonnes de plusieurs lignes contiennent la même information, vous limitez ainsi la recherche à la première ligne dont la colonne contient cette valeur, ce qui permet d'éliminer les doublons. De cette façon, vous pourriez répondre à la question : «Le membre Untel a-t-il déjà consulté la section à accès réservé ?», au lieu de demander : «Combien de fois ce membre s'est-il connecté ?»

La clause WHERE permet d'effectuer des recherches obéissant à des critères complexes. Supposez que vous souhaitiez obtenir la liste de tous les membres dont les noms commencent par un «B», qui habitent à Rochefort et dont le numéro de téléphone ou de fax contient au moins un «8». (Il est certain qu'une telle question présente un très grand intérêt !) Vous utiliseriez pour cela une condition de sélection de la forme :

```
WHERE bumobppflk.□AND|OR□bumobppflk/ AND|OR bumobppflku...
```

expression spécifie une comparaison entre deux valeurs dont l'une, au moins, est celle d'un champ de la base. De cette façon, seules les lignes de la table qui répondent à cette association de conditions seront sélectionnées. Vous pouvez ainsi grouper autant d'expressions de sélection que vous le souhaitez, en les reliant par les conditions AND (ET) ou OR (OU). Avec AND, les deux expressions doivent être vraies, alors qu'avec OR il suffit qu'une seule le soit.

Le Tableau 4.3 présente quelques conditions fréquemment utilisées.

Tableau 4.3 : Exemple d'expressions utilisables dans une clause WHERE.

Expression	Exemple	Résultat
`` `lilkkb = s^ibro ``	`codePostal = "78000"`	Sélectionne les lignes où le champ **codePostal** a pour valeur 78000.
`` `lilkkb > s^ibro ``	`codePostal > "78000"`	Sélectionne les lignes où le champ **codePostal** a une valeur supérieure à 78000.
`` `lilkkb >= s^ibro ``	`codePostal >= "78000"`	Sélectionne les lignes où le champ **codePostal** a une valeur supérieure ou égale à 78000.
`` `lilkkb < s^ibro ``	`codePostal < "78000"`	Sélectionne les lignes où le champ **codePostal** a une valeur inférieure à 78000.
`` `lilkkb <= s^ibro ``	`codePostal <= "78000"`	Sélectionne les lignes où le champ **codePostal** a une valeur inférieure ou égale à 78000.
`` `lilkkb BETWEEN s^ibro. AND s^ibro/ ``	`codePostal BETWEEN "75000" AND "78000"`	Sélectionne les lignes où le champ **codePostal** a une valeur supérieure à 74999 et inférieure à 78001.
`` `lilkkb IN (s^ibro.,s^ibro/...) ``	`codePostal IN ("78541","87260")`	Sélectionne les lignes où le champ **codePostal** a une valeur égale à 78541 ou à 87260.
`` `lilkkb NOT IN (s^ibro.,s^ibro/...) ``	`codePostal NOT IN ("78541", "87260")`	Sélectionne les lignes où le champ **codePostal** a une valeur différente de 78541 et de 87260.
`` `lilkkb LIKE s^ibro ``	`codePostal LIKE "7%"`	Sélectionne les lignes dont le champ **codePostal** commence par un 7. Les caractères de substitution possibles sont % (qui remplace une chaîne quelconque) et _ (qui figure un caractère quelconque).
`` `lilkkb NOT LIKE s^ibro ``	`codePostal NOT LIKE "7%"`	Sélectionne les lignes dont le champ **codePostal** *ne* commence *pas* par un 7.

Remarquez que, pour les deux dernières expressions, ce qui figure à droite du mot clé LIKE peut contenir des caractères jokers. «%» signifie «n'importe quelle chaîne de caractères» et «_» veut dire «n'importe quel caractère».

Vous pouvez combiner n'importe laquelle des expressions du Tableau 4.3 avec AND et/ou OR. Lorsque ces associations deviennent trop complexes, regroupez les conditions dans des paires de parenthèses pour être certain que les comparaisons et associations se feront bien dans l'ordre que vous souhaitez. Par exemple, pour rechercher dans la table Membre les gens dont les noms commencent par un «B», qui habitent à Rochefort et dont le numéro de téléphone *ou* de fax contient au moins un «8», vous écrirez :

```
SELECT nom,prénom FROM Membre
       WHERE nom LIKE "B%"
       AND ville="Rochefort"
       AND (tph LIKE "8%" OR fax LIKE "8%")
```

En l'absence de parenthèses, les expressions et associations s'effectuent de gauche à droite (ou encore du début vers la fin). Si vous supprimiez les parenthèses de la dernière ligne, vous obtiendriez la liste des gens dont les noms commencent par un «B», qui habitent à Rochefort et dont le numéro de téléphone **et** de tous les membres dont le numéro de fax contient au moins un «8», quelle que soit l'initiale de leur nom et leur lieu de résidence. Lorsque le OR final est évalué, les membres retenus sont ceux dont les caractéristiques vérifient la condition précédant cet opérateur, *ou* qui vérifient l'expression qui le suit. En d'autres termes, tous les AND ont déjà été traités à ce stade et forment donc un résultat global. Par contre, la dernière expression est évaluée à part.

LIMIT (comme on s'en douterait) limite le nombre de réponses fournies. Cette clause s'écrit :

```
LIMIT a«_rq)k_O«mlkpbp
```

début représente la première ligne à explorer (1, par défaut) et *nbRéponses* le nombre maximal de réponses à fournir. Pour obtenir la liste des trois premiers membres de la table Membre qui résident dans les Yvelines, vous pouvez écrire :

```
SELECT * FROM Membre WHERE département="78" LIMIT 3
```

Certaines requêtes SELECT peuvent renvoyer des enregistrements identiques, mais lorsque vous ne voulez en voir qu'un seul, vous devez ajouter la clause DISTINCT pour n'obtenir que le premier. Exemple :

```
SELECT DISTINCT * FROM Membre WHERE département="78"
```

Combinaison de tables

Dans les premières sections du Chapitre 1, j'ai supposé que toutes les informations sur lesquelles vous travailliez étaient situées dans une seule table. Cependant, vous pouvez avoir besoin d'associer des informations provenant de différentes tables. Cela peut se faire de façon simple dans une seule requête.

Deux mots servent à combiner des informations provenant de diverses tables dans une requête SELECT :

- **UNION :** Les lignes sont extraites d'une ou plusieurs tables, et sont renvoyées ensemble, l'une après l'autre, dans un même résultat. Si votre requête sélectionne 6 lignes dans une table et 5 dans une autre, la réponse en contiendra 11.
- **JOIN :** Les tables sont combinées côte à côte et les informations récupérées dans les deux tables.

UNION

UNION sert à combiner les résultats produits par deux requêtes SELECT (ou davantage). Les réponses fournies par chaque requête sont ajoutées à celles de la précédente pour former le résultat final. La syntaxe de UNION se présente ainsi :

```
SELECT obnrðqb UNION ALL SELECT obnrðqb ...
```

Il est possible de combiner un nombre quelconque de requêtes SELECT. Chacune est susceptible de posséder son propre format, et d'inclure des clauses WHERE, LIMIT, etc. Les règles à respecter sont les suivantes :

- Toutes les requêtes SELECT doivent fournir le même nombre de colonnes.
- Les colonnes sélectionnées dans les requêtes doivent posséder le même type de donnée.

Les *jeux* résultant contiendront toutes les lignes de la première requête, suivies de toutes les lignes de la seconde requête, et ainsi de suite. Les noms de colonnes utilisés dans ces jeux sont ceux qui sont fournis par la première requête SELECT.

Les requêtes SELECT successives peuvent sélectionner différentes colonnes d'une même table. Cependant, il est rare de trouver une situation dans laquelle vous avez besoin d'une certaine colonne d'une table, suivie d'une autre colonne de cette table. Le but est généralement de combiner des colonnes provenant de différentes tables. Supposons par exemple que votre base de données contienne d'un côté la liste des personnes qui ont quitté le club, et de l'autre celle des membres actuels de celui-ci. Vous pouvez facilement obtenir la liste des anciens comme des modernes à l'aide d'une instruction comme celle-ci :

```
SELECT nom,prénom FROM Membre UNION ALL
     SELECT nom,prénom FROM AncienMembre
```

Le résultat produit par cette requête donne la liste des noms et prénoms de tous les membres actuels, suivie des noms et prénoms de tous les anciens membres.

Selon la manière dont vos données sont organisées, il se peut que des noms soient dupliqués. Rien n'interdit par exemple qu'une personne après avoir démissionné du club (elle peut alors figurer dans la table *AncienMembre*) reprenne son adhésion (et voie donc son nom ajouté à nouveau dans la table Membre). Pour éviter une telle situation, n'employez pas le mot ALL. En son absence, les lignes dupliquées n'apparaîtront pas dans le résultat.

La clause ORDER BY décrite dans la section précédente peut être utilisée dans chacune des requêtes SELECT, mais aussi dans la requête UNION elle-même afin de trier toutes les lignes du jeu résultant. Dans ce cas, utilisez des parenthèses de regroupement comme dans l'exemple qui suit :

```
(SELECT nom FROM Membre UNION ALL
     SELECT nom FROM AncienMembre) ORDER BY nom
```

L'instruction UNION a été introduite dans la version 4.0 de MySQL. Elle n'est pas disponible dans MySQL 3.

JOIN

Associer (combiner) deux tables est appelé une *jointure*. Les tables sont combinées en associant les données correspondantes d'une colonne (celle qui est commune aux deux). Les résultats obtenus à partir d'une jointure contiennent les données provenant des colonnes des deux tables. Par exemple, si une table a deux colonnes, ID et hauteur, et que la seconde table a deux colonnes, ID et poids, la jointure résultera en une table à quatre colonnes : ID de la première table, hauteur, ID de la seconde table et poids.

Il existe deux types de jointures : les jointures *internes* (*inner*) et *externes* (*outer*). La différence entre ces deux types réside dans le nombre de lignes incluses dans la table qui en résulte. Dans le cas d'une jointure interne, on n'obtiendra que les lignes qui existaient dans les deux tables. Avec une jointure externe, en revanche, on trouve toutes les lignes d'une table et des vides dans les colonnes pour les lignes qui n'existent pas dans la seconde table. Par exemple, si table1 contient une ligne pour Joseph et une pour Suzanne, et que table2 ne contient qu'une ligne pour Suzanne, une jointure interne ne produira que la ligne de Suzanne, alors qu'une jointure externe donnera deux lignes : une pour Joseph et une pour Suzanne. Mais la colonne poids (pour reprendre le modèle du paragraphe précédent) de la ligne de Joseph sera vide.

Le jeu produit par une jointure externe contient toutes les lignes d'une table. Si une des lignes de cette table n'existe pas dans la seconde, les colonnes de cette dernière sont vides. En d'autres termes, le contenu renvoyé par la requête est déterminé par la table dont toutes les lignes contribuent au résultat, et la seconde table doit se conformer à cette exigence. Comment définir le maître et le valet dans une jointure externe ? En spécifiant la source principale à l'aide des mots LEFT JOIN et RIGHT JOIN.

C'est dans la requête SELECT qu'on spécifie la jointure. Pour une jointure interne, ce sera quelque chose comme :

```
SELECT ifpqb@li FROM q^_ib.,q^_ib/
                WHERE q^_ib.+`li/ = q^_ib/+`li/
```

alors que, pour une jointure externe, on écrirait au choix :

```
SELECT ifpqb@li FROM q^_ib. LEFT JOIN q^_ib/
                ON q^_ib.+`li. = q^_ib/+`li/

SELECT ifpqb@li FROM q^_ib. RIGHT JOIN q^_ib/
                ON q^_ib.+`li. = q^_ib/+`li/
```

Dans ces trois requêtes, *table1* et *table2* sont les tables composant la jointure. (Il est possible de joindre plus de deux tables.) *col1* et *col2* sont les noms des colonnes à faire correspondre pour joindre les tables. Cette correspondance s'établit d'après les données présentes dans ces deux colonnes. Elles peuvent ou non avoir le même nom. Mais elles doivent contenir le même type de données.

Pour donner un exemple de jointure, nous allons prendre un court extrait de notre catalogue d'animaux. L'une des tables est Animal, dans laquelle nous retiendrons les colonnes animalNom et animalType contenant les informations suivantes :

nom	type
Licorne	Cheval
Pégase	Cheval
Lion	Chat

L'autre table est Couleur, avec deux colonnes, animalNom et animalCouleur, qui contiennent les données suivantes :

nom	couleur
Licorne	blanc
Licorne	argent
Poisson	Doré

Vous voulez trouver la réponse à une question nécessitant la jointure de ces deux tables. Si vous faites une jointure interne avec la requête suivante :

```
SELECT * FROM Animal,Couleur WHERE Animal.animalNom = Couleur.animalNom
```

vous allez obtenir la table de résultats suivante contenant quatre colonnes : nom (provenant de Animal), type, nom (provenant de Couleur) et couleur :

nom	type	nom	couleur
Licorne	Cheval	Licorne	blanc
Licorne	Cheval	Licorne	argent

Remarquez que Licorne apparaît dans la table de résultat, parce que seule Licorne se trouvait dans les deux tables originales, avant la jointure.

D'un autre côté, supposons que vous fassiez une jointure externe à l'aide de la requête suivante :

```
SELECT * FROM Animal LEFT JOIN Couleur
        ON Animal.animalNom = Couleur.animalNom
```

Vous obtiendrez alors les résultats suivants avec les quatre mêmes colonnes : nom (provenant de Animal), type, nom (provenant de Couleur) et couleur :

nom	type	nom	couleur
Licorne	Cheval	Licorne	blanc
Licorne	Cheval	Licorne	argent
Pégase	Cheval	<NULL>	<NULL>
Lion	Chat	<NULL>	<NULL>

Cette table a quatre lignes. Les deux premières sont identiques à celles que nous avons obtenues avec une jointure interne. Dans les deux suivantes, les champs nom (provenant de Couleur) et couleur restent vides.

Essayons maintenant de voir ce que donnerait une jointure externe droite. La requête doit être légèrement modifiée :

```
SELECT * FROM Animal RIGHT JOIN Couleur
        ON Animal.animalNom = Couleur.animalNom
```

Vous obtenez alors une table qui affiche les mêmes colonnes, mais avec des lignes différentes :

nom	type	nom	couleur
Licorne	Cheval	Licorne	blanc
Licorne	Cheval	Licorne	argent
<NULL>	<NULL>	Poisson	Doré

Vous remarquerez que l'on trouve toutes les lignes de la table Couleur (celle de droite dans la requête), mais pas de la table Animal. Cette dernière ne possédant pas de ligne *Poisson*, les colonnes correspondantes sont vides.

Le type de jointure à utiliser dépend de la question à laquelle vous voulez répondre. Si vous voulez obtenir une liste des animaux qui sont de couleurs différentes, utilisez une jointure interne. Si vous voulez une liste de tous les animaux, utilisez une jointure externe.

Les jointures abordées ci-dessus servent à rechercher des entrées qui se correspondent dans des tables. Mais on peut tout aussi bien se poser la question inverse. Supposons que vous vouliez savoir qui ne s'est *jamais* connecté dans votre liste de membres privés. Vous disposez d'une table pour les noms des utilisateurs, et d'une autre pour les dates et heures de connexion. Réaliser une jointure pour afficher toutes les correspondances et retrouver les absents serait extrêmement fastidieux, si ce n'est impossible avec une base de données importante. Mais une simple astuce vous aidera à contourner la difficulté. Il suffit en effet de sélectionner uniquement les noms *vides* dans la jointure, comme ceci :

```
SELECT login from Membre LEFT JOIN Login
       ON Membre.login=Login.login
       WHERE Login.login IS NULL
```

Cette requête vous donne une liste de tous les noms d'utilisateurs de la table Membre qui ne figurent pas dans la table Login.

Mise à jour des informations

Mettre à jour des informations consiste à modifier les données contenues dans une ligne. Par exemple, vous pouvez souhaiter modifier l'adresse d'un membre parce qu'il a déménagé, ou ajouter un numéro de fax pour un membre qui n'était pas équipé de cet appareil auparavant.

Pour effectuer une mise à jour, on utilise une requête UPDATE dont la forme générale est :

```
UPDATE kljQ^_ib SET klj@li.:s^ibro.)klj@li/:s^i/... WHERE `i^rpb
```

Dans la clause SET, on fait figurer des couples de la forme *nom=valeur* pour les colonnes dont on veut modifier la valeur. Sans clause WHERE, toutes les lignes de la table seront modifiées. Cette clause permet de limiter la portée de la mise à jour aux seules lignes à modifier. Considérez, par exemple, la mise à jour d'une adresse de la table Membre :

```
UPDATE Membre SET rue="45 rue de la Cloche",
                  téléphone="0456789012"
              WHERE login="monToto"
```

Vous pouvez aussi mettre à jour vos données en utilisant phpMyAdmin, par exemple lorsque vous souhaitez modifier le prix d'un produit dans votre catalogue. Pour cela, procédez comme suit :

1. **Accédez à la page d'accueil de phpMyAdmin.**
2. **Cliquez sur le nom de la base de données.**
3. **Clique sur l'icône Consulter.**

   Il s'agit de la première icône dans la colonne Action de la ligne qui correspond à votre table.

   Une page apparaît, qui contient les données de la table. Au début de chaque ligne, vous trouvez des icônes représentant un crayon (modifier) et un X rouge (supprimer).

4. **Cliquez sur l'icône de modification (le crayon).**

   Une page apparaît, qui vous permet de modifier les valeurs des données de la ligne. La Figure 4.7, représentée plus tôt, reprend cette page.

5. **Modifiez les données que vous souhaitez dans la colonne Valeur.**
6. **Cliquez sur Exécuter.**

   Une page apparaît, qui affiche la requête `UPDATE` utilisée.

Suppression d'informations

Les informations périmées doivent être supprimées si vous voulez que votre base de données soit le reflet de l'existant. Pour effectuer une suppression, vous pouvez utiliser la requête DELETE :

```
DELETE FROM kljQ^_ib WHERE `i^rpb
```

N'usez de cette requête qu'avec la plus grande prudence, car les informations ainsi supprimées sont irrécupérables. Pis, si vous omettez la clause WHERE, vous allez supprimer définitivement **toutes** les informations contenues dans la table. Aucune récupération n'est possible. C'est le genre de commande qui se trouve au premier rang de la liste à-ne-jamais-essayer-juste-pour-voir-avant-de-filer-au-lit.

Vous pouvez supprimer une colonne dans une table au moyen de la requête ALTER :

```
ALTER TABLE kljQ^_ib DROP klj@li
```

Pour supprimer la totalité des éléments d'une table, vous devez utiliser la requête DROP :

```
DROP TABLE kljQ^_ib
```

ou, plus globalement :

```
DROP DATABASE nomBase
```

Vous pouvez aussi supprimer des données d'une base de données en utilisant phpMyAdmin :

1. **Accédez à la page d'accueil de phpMyAdmin.**
2. **Cliquez sur le nom de la base de données.**
3. **Cliquez sur l'icône Consulter pour la table que vous souhaitez supprimer.**

   Il s'agit de la première icône dans la colonne Action de la ligne qui correspond à votre table.

   Une page apparaît, qui contient les données de la table. Au début de chaque ligne, vous trouvez des icônes représentant un crayon (modifier) et un X rouge (supprimer).

4. **Cliquez sur l'icône Supprimer (le X rouge).**

   La page s'affiche de nouveau. Elle contient les données réactualisées maintenant que la ligne est supprimée.

Vous pouvez supprimer une colonne en modifiant la structure de la table comme cela a été expliqué plus tôt dans ce chapitre.

Vous pouvez supprimer toute une table en cliquant sur le bouton Supprimer tout en haut de la page quand la page de cette table est ouverte, ou supprimer toute une base de données en cliquant sur le bouton Supprimer qui figure en haut de la page lorsque la page de la base de données en question est ouverte.

Chapitre 5

Protection de vos données

DANS CE CHAPITRE :

- » **Comment fonctionne la sécurité avec MySQL.**
- » **Ajout de nouveaux comptes MySQL.**
- » **Modification des comptes existants.**
- » **Modification des mots de passe.**
- » **L'art de la sauvegarde.**
- » **Réparation des données.**
- » **Restauration des données.**

Vos données sont essentielles au bon fonctionnement de votre application de base de données sur le Web. Vous avez passé beaucoup de temps à développer votre base de données, et maintenant elle contient d'importantes informations que vous ou vos utilisateurs y avez placées. Il est temps d'assurer leur protection. Dans ce chapitre, vous allez apprendre comment procéder.

Contrôle des accès à vos données

Il est nécessaire de contrôler les accès aux informations de votre base de données. Vous devez déterminer la liste de ceux qui sont autorisés à les voir, et celle de ceux autorisés à les modifier. Imaginez ce qui arriverait si vos concurrents pouvaient changer les informations contenues dans votre catalogue en ligne ou recopier la liste de vos clients. Vous seriez probablement contraint de fermer boutique à brève échéance. Il est donc clair que vous devez protéger vos données.

MySQL propose un système de sécurisation pour protéger vos données. Personne ne peut y accéder sans être titulaire d'un compte. Chaque compte MySQL a les attributs suivants :

» Un nom.

» Un nom d'hôte (celui de la machine à partir de laquelle le compte permet d'accéder à vos données sur le serveur MySQL).

» Un mot de passe.

» Un jeu de droits d'accès (permissions ou privilèges).

Celui ou celle qui veut accéder à vos données doit montrer patte blanche, c'est-à-dire utiliser un compte MySQL associé à un mot de passe, tous deux en état de validité. En outre, cette personne doit se connecter à partir d'un ordinateur ayant également la permission de se connecter à votre base de données avec ce compte et ce mot de passe.

Une fois qu'un utilisateur s'est vu accorder l'accès à la base de données, ce qu'il va être autorisé à faire dépend des droits d'accès qui ont été définis pour ce compte. Chaque compte a ou non la permission d'exécuter sur votre base de données des opérations telles que SELECT, DELETE, INSERT, CREATE, DROP, etc. Vous pouvez accorder tous les droits (également appelés *privilèges* ou *permissions*) à n'importe quel compte, ne lui en accorder aucun ou seulement quelques-uns. Par exemple, pour protéger votre catalogue en ligne, s'il est normal qu'un utilisateur puisse le consulter, il vaut mieux qu'il ne soit pas autorisé à le modifier.

Lorsque quelqu'un tente de se connecter à MySQL et d'exécuter une requête, MySQL contrôle son accès à deux niveaux :

» **Vérification de la connexion**. MySQL teste la validité du compte et du mot de passe associé, et vérifie que la connexion provient bien d'une machine autorisée à se connecter avec ce couple d'identificateurs. Si ces vérifications sont concluantes, la connexion est autorisée.

» **Vérification de la requête**. Une fois la connexion acceptée, MySQL contrôle les droits d'accès du compte avant d'exécuter une quelconque requête.

Toute requête soumise à MySQL peut échouer pour peu que l'une des deux vérifications ci-dessus échoue. Un message est alors affiché pour expliquer la cause de cet échec..

Les sections qui suivent décrivent plus en détail les comptes et les droits d'accès.

Comptes et noms d'hôtes

Le couple «*nom de compte/nom d'hôte*» (le nom de l'ordinateur autorisé à se connecter à la base de données) identifie un compte unique. Deux comptes de même nom peuvent coexister pour peu que leurs noms d'hôtes soient différents. Ils peuvent, dans ce cas, avoir des mots de passe et des droits d'accès différents. En revanche, il est impossible d'avoir deux comptes ayant le même nom et le même hôte.

Lorsque vous exécutez une requête GRANT ou REVOKE (voir plus loin dans ce chapitre), vous devez être identifié par le couple compte/nom d'hôte sous la forme suivante : *compte@nom_d'hôte* (par exemple : *root@localhost*).

Un compte MySQL n'a absolument aucun lien avec le compte utilisateur Linux/UNIX ou Windows, parfois appelé *nom de login*. Si votre compte MySQL est *root*, il n'a aucun rapport avec le nom de login Linux/UNIX *root*. Modifier un nom de compte MySQL n'affecte en rien le nom de login et réciproquement.

Les noms de comptes MySQL sont ainsi définis :

» **Un nom de compte peut comporter 16 caractères au plus.** Vous pouvez utiliser des caractères spéciaux tels qu'un tiret (-) ou un blanc souligné (_). Vous ne pouvez pas utiliser de caractère joker.

» **Un nom de compte peut être vide.** Dans ce cas, tout nom de compte non vide sera reconnu comme valable ; ainsi, n'importe qui pourra se connecter sous son propre nom, pour peu que son nom d'hôte et son mot de passe (si nécessaire) soient reconnus comme valides. Un nom de compte vide permet à des utilisateurs anonymes de se connecter à votre base de données.

» **Le nom d'hôte peut être soit un nom, soit une adresse IP.** Par exemple : `thor.monserveur.com` ou `192.163.2.33`. La machine sur laquelle est installé MySQL a pour nom `localhost`, ce qui correspond à l'adresse IP `127.0.0.1`.

» **Des caractères jokers peuvent être utilisés dans le nom d'hôte.** Le caractère pour-cent (`%`) correspond à n'importe quel nom d'hôte. Si le nom de compte `georges@%` existe, le nom `georges` sera reconnu comme valide, quel que soit l'ordinateur à partir duquel la connexion est établie.

» **Le nom d'hôte peut être vide.** Un nom d'hôte vide est l'équivalent de `%`.

Un compte dont le nom d'utilisateur et le nom d'hôte associé sont tous deux vides peut exister. N'importe qui peut alors se connecter à la base de données, sous n'importe quel nom et à partir de n'importe quel ordinateur. C'est la même chose si le nom d'hôte est %. En dehors de l'utilisation **locale** d'un serveur personnel pour la mise au point d'une base de données et de scripts PHP (comme c'est le cas avec EasyPHP), cette situation est extrêmement dangereuse. Un tel compte est parfois installé automatiquement avec MySQL, mais il ne possède aucun droit d'accès et ne peut donc rien faire.

Lorsque MySQL est installé, il installe automatiquement un compte ayant tous les droits d'accès : root@localhost. Ce compte ne possède pas de mot de passe. Toute personne connectée sur l'ordinateur où se trouve MySQL peut alors y accéder et faire ce qu'elle veut sous le nom de compte root (appellation si répandue qu'elle ne peut tromper pratiquement personne). Si vous êtes l'administrateur de MySQL, il est indispensable que vous associiez un mot de passe à ce nom.

Avec certains systèmes d'exploitation, d'autres comptes, de la famille de root, sont automatiquement installés. Par exemple, sous Windows, le compte root@% peut avoir été installé sans protection par mot de passe. Le compte root ayant tous les droits d'accès peut être utilisé par n'importe qui depuis n'importe quelle machine. Il est donc prudent de supprimer immédiatement ce compte ou, à tout le moins, de le compléter par un mot de passe.

Quelques mots sur les mots de passe

Tout compte est normalement complété par un *mot de passe*. Dans le cas contraire (mot de passe vide), le compte ne dispose d'aucune protection. En ce qui concerne MySQL, un mot de passe peut comporter un nombre quelconque de caractères. Toutefois, certains systèmes d'exploitation introduisent une limite de 8 caractères. Dans ce cas, les caractères excédentaires sont ignorés.

Pour augmenter la sécurité, les mots de passe sont conservés sous forme cryptée. Malheureusement, des petits malins parviennent à les reconstituer. Pour cela, ils utilisent des moyens plus ou moins évolués dont le plus simple consiste à utiliser un logiciel qui essaie à grande vitesse une multitude d'expressions. On les appelle *hackers* ou *crackers*. Pour déjouer (dans la limite du possible) leurs tentatives, voici quelques recommandations à suivre dans le choix d'un mot de passe :

- Adoptez un mot de passe de 6 à 8 caractères.
- Utilisez un mélange de caractères : majuscules, minuscules, chiffres, caractères spéciaux...
- N'utilisez ni votre nom de login, ni votre nom de compte MySQL ni aucune variante de ces noms.
- Ne prenez pas un mot qui se trouve dans le dictionnaire.
- Ne choisissez pas un nom propre (celui de l'élu(e) de votre cœur ou de votre animal favori, par exemple).
- N'utilisez ni numéro de téléphone ni date.

Un bon mot de passe est un mot de passe difficile à deviner. Il ne doit contenir aucun mot se trouvant dans un dictionnaire quelconque (national ou étranger), mais rester cependant facile à mémoriser. Mission impossible ? Peut-être ! Si votre mot de passe est difficile à retenir, vous allez éprouver le besoin de l'écrire quelque part, ce qui risquera de le rendre visible par un malveillant. Un moyen souvent employé consiste à prendre les initiales des premiers mots d'une phrase ou d'un vers connu (de préférence pas *trop* connu). Par exemple : «L'œil était dans la tombe et regardait Caïn» (Dernier vers de *La Conscience* de Victor Hugo) donnera : LédlterC (le caractère «e dans l'o» ne figurant pas sur les claviers, on le supprime franchement).

Ce mot de passe ne contient aucun chiffre. Toutefois, rien ne vous empêche de remplacer une des lettres par un chiffre quelconque. Mais alors peut-être allez-vous avoir du mal à vous souvenir de la substitution ? Vous pouvez aussi décider de remplacer la lettre «i» par «1» et la lettre «o» par «0» (zéro). Mais ce «truc» est trop évident pour assurer une réelle protection supplémentaire.

N.d.T. : Dites-vous bien que, de toute façon, aucune protection par mot de passe n'est inviolable. Son seul effet est de *retarder* les accès illicites, pas de les *empêcher.*

Les droits d'accès

MySQL utilise un système de droits pour contrôler les accès aux bases de données. Ces *permissions* restreignent les actions nuisibles que peut tenter un utilisateur sur une base de données. Ils sont définis de manière spécifique pour tel ou tel compte.

À chaque base de données, table ou même colonne est attaché un jeu de droits d'accès particulier. Par exemple, un compte MySQL peut être défini de façon que son titulaire puisse lire des données à partir des tables de la base, mais n'être autorisé à modifier qu'une seule colonne d'une certaine table, nommément désignée, et à insérer des données dans une autre, également spécifiée.

Les droits d'accès sont accordés par la requête GRANT (*accorder*) et supprimés par la requête REVOKE (*révoquer*). Ces requêtes ne peuvent être lancées qu'à partir d'un compte ayant le droit de les utiliser. Toute tentative non autorisée entraînera l'affichage d'un message d'erreur. Par exemple, si vous essayez de vous accorder le droit d'utiliser une requête qui vous est normalement «interdite» à partir d'un compte qui n'est pas autorisé à utiliser ces commandes, vous obtiendrez comme seul résultat le message :

```
grant command denied
```

Les droits d'accès peuvent être accordés ou révoqués un par un ou globalement. Le Tableau 5.1 donne une vue des principaux droits que vous pouvez accorder ou révoquer.

Tableau 5.1 : Droits d'accès attachés aux comptes MySQL.	
Droit d'accès	**Description**
`ALL`	Tous les droits.
`ALTER`	Modifier la structure des tables.
`CREATE`	Créer de nouvelles bases et/ou de nouvelles tables.
`DELETE`	Supprimer des lignes dans une table.
`DROP`	Supprimer des bases et/ou des tables.
`FILE`	Lire et écrire des fichiers sur le serveur.
`GRANT`	Modifier les droits d'accès d'un compte MySQL.
`INSERT`	Insérer de nouvelles lignes dans une table.
`SELECT`	Lire les données d'une table.
`SHUTDOWN`	Fermer le serveur MySQL.
`UPDATE`	Modifier les données d'une table.
`USAGE`	Aucun droit d'accès.

Il n'est pas recommandé d'accorder le droit d'accès ALL qui est bien trop permissif. En particulier, cela autorise l'utilisateur à fermer le serveur MySQL. Un tel privilège ne doit échoir qu'à vous-même, divin administrateur de la base de données.

Création de comptes MySQL

Un *compte* est identifié par un nom de compte et le nom de l'ordinateur autorisé à accéder à MySQL via ce compte. Vous disposez d'un compte que vous pouvez utiliser pour administrer vos bases de données MySQL. Ce compte apparaît sur la page d'accueil de phpMyAdmin. Sur votre ordinateur local, il s'agit probablement de root@localhost. C'est le seul compte dont vous avez besoin pour votre site de développement, car personne d'autre n'a besoin d'accéder à MySQL depuis l'extérieur.

Le compte créé par votre hébergeur peut ressembler à domaine@localhost ou quelque chose d'autre. Les hébergeurs utilisent des conventions différentes. Cependant, vous n'avez pas à vous soucier du nom d'hôte. Vous pouvez visualiser le compte et le nom d'hôte dans la page d'accueil de phpMyAdmin. Si vous utilisez un site Web d'une entreprise, le département informatique doit vous fournir un compte et le nom d'hôte.

Dans ce livre, vous allez apprendre à écrire des scripts PHP qui interagissent avec votre base de données. Le script peut récupérer des données dans la base de données pour les afficher dans une page Web ou stocker des données issues d'un formulaire dans une base de données, voire les deux. Le script utilise un compte MySQL dans une instruction pour accéder à la base de données. Pour des questions de sécurité, vous souhaiterez que le compte utilisé par le script ne dispose que du droit SELECT. De la sorte, vous n'aurez pas à vous inquiéter que quelqu'un utilise le script pour supprimer ou modifier les données de manière mal intentionnée.

Vous devez créer au moins un compte disposant de droits d'accès limités à la base de données, compte que vous utiliserez dans vos scripts PHP pour toutes vos opérations sur la base de données en question. Lors de la création de ce compte, vous pouvez spécifier un mot de passe tout de suite ou choisir de le spécifier ultérieurement. De même, vous pouvez configurer les droits d'accès à la base de données de ce compte lors de sa création ou lui ajouter/supprimer des droits ultérieurement.

Vous n'avez pas besoin de créer ce type de compte sur votre ordinateur local, car personne ne peut accéder à vos scripts PHP de l'extérieur. Vous n'avez besoin d'en créer que sur votre site Web dont les scripts sont par principe accessibles à tout le monde.

Dans le reste de cette section, nous verrons comment ajouter et supprimer des comptes, et modifier les mots de passe et les droits d'accès qui y sont attachés. Si votre site Web est hébergé par une entreprise, vous devez prendre contact avec le département informatique de cette dernière pour convenir de la création de comptes.

Ajout de nouveaux comptes

La meilleure façon d'accéder à MySQL à partir de PHP est de définir un compte créé spécifiquement dans ce but et pourvu du minimum de droits d'accès nécessaires. Quelques hébergeurs ne vous permettent pas de créer un nouveau compte. Si vous êtes confronté à cette difficulté, adressez-vous à votre hébergeur pour lui demander de le créer à votre place, avec des droits limités.

Une solution pour créer des comptes consiste à envoyer des requêtes SQL, telles que INSERT ou UPDATE, directement dans la base de données mysql qui contient les informations sur les comptes. Il s'agit d'une base de données créée lorsque MySQL est installé. Toutefois, la plupart des hébergeurs ne vous donneront pas accès à cette base de données, que ce soit pour y envoyer directement des requêtes SQL ou via l'interface de phpMyAdmin. Les efforts que vous déploierez pour accéder à la base de données mysql produiront généralement un message d'erreur tel que :

```
Access denied for user 'me'@'localhost' to database 'mysql'
```

Plutôt que de vous permettre d'accéder à la base de données mysql directement, la plupart des hébergeurs vous donneront accès à une page qui permet de créer et de gérer vos comptes. Vous devez rechercher dans les icônes de votre panneau de contrôle une icône qui permet de créer des comptes MySQL. Comme il s'agit de comptes MySQL, l'icône se trouvera très probablement dans la section relative aux bases de données de votre panneau de contrôle. C'est peut-être la même icône que celle que vous avez utilisée pour créer une nouvelle base de données MySQL. Si vous ne parvenez pas à la localiser, lisez la documentation fournie par votre hébergeur ou posez la question à son support technique.

Les étapes suivantes vous montrent comment créer un nouveau compte avec cPanel, un panneau de contrôle utilisé par de nombreux hébergeurs :

1. **Ouvez cPanel sur votre compte sur le site de votre hébergeur.**
2. **Trouvez l'icône pour les bases de données MySQL.**

   Dans cPanel, cette icône se trouve dans la section Bases de données. L'icône est intitulée Bases de données MySQL.

   Une page pour les bases de données MySQL apparaît. Notez que la page recense toutes les bases de données, en mentionnant les noms des comptes et les comptes autorisés à accéder à la base de données.

3. **Cliquez sur l'option Voir les utilisateurs MySQL dans l'angle supérieur droit ou faites défiler la fenêtre jusqu'à atteindre la section Utilisateurs MySQL.**

   Cette section recense tous les comptes d'utilisateurs.

4. **Saisissez le nouveau nom du compte dans le champ Nom d'utilisateur.**
5. **Saisissez le mot de passe dans le champ Mot de passe.**

   Notez la barre de progression qui se trouve sous le mot de passe, intitulée Qualité du mot de passe. Cette barre indique si le mot de passe est plus ou moins sécurisé. Les facteurs qui jouent sur la qualité d'un mot de passe sont sa longueur ; le fait qu'il ne puisse pas être trouvé dans un dictionnaire ; qu'il utilise des caractères, des chiffres et des signes de ponctuation.

6. **Saisissez le même mot de passe dans le champ Mot de passe (encore).**

   Cette répétition vous permet de vous assurer que vous avez saisi correctement le mot de passe que vous avez choisi.

7. **Cliquez sur le bouton Créer un utilisateur.**

   Une page s'affiche, qui vous montre le nouveau compte et son mot de passe.

8. **Cliquez sur Retour pour revenir à la page de la base de données MySQL.**

   Le nouveau compte que vous venez de créer apparaît maintenant dans la page comme l'un des utilisateurs disponibles. Toutefois, si vous faites défiler la liste des bases de données, vous noterez que le nouveau compte n'est associé à aucune des bases de données. Vous devez spécifiquement l'autoriser à accéder à une ou plusieurs bases de données, comme cela est expliqué dans la section suivante.

Autorisation d'accès à une base de données

Si vous utilisez la procédure décrite dans la section précédente, aucun compte ne disposera d'accès à une quelconque base de données. Vous devez spécifiquement associer un compte à chaque base de données. Vous pouvez donner à un compte accès à autant de bases de données que vous souhaitez.

Pour autoriser l'accès à une base de données, suivez ces étapes :

1. **Rendez-vous dans la section Utilisateurs MySQL dans la page des bases de données MySQL.**

   La liste des utilisateurs devrait contenir tous vos comptes, dont celui que vous venez de créer.

2. **Dans la section Ajouter un utilisateur de la base de données, sélectionnez un utilisateur dans la liste déroulante Utilisateurs.**

   La liste déroulante contient la liste des comptes disponibles.

3. **Sélectionnez une base de données dans la liste déroulante Bases de données.**

   Toutes les bases de données dont vous disposez figurent dans cette liste.

4. **Cliquez sur le bouton Ajouter.**

   L'utilisateur gagne l'accès à la base de données sélectionnée.

   La page de gestion des droits de l'utilisateur apparaît, qui affiche les droits (privilèges) du compte sur la base de données sélectionnées. Comme vous donnez à ce compte accès à la base de données pour la première fois, le compte ne dispose pour l'heure d'aucun droit. Vous voudrez lui attribuer certains droits, ne serait-ce que celui de sélectionner des données.

5. **Cochez les cases qui se trouvent en face des droits que vous souhaitez attribuer à ce compte sur la base de données.**

   Vous pouvez modifier les droits à n'importe quel moment, comme cela est expliqué dans la section suivante.

6. **Cliquez sur le bouton pour passer à l'étape suivante.**

   Une page apparaît pour vous informer que les modifications ont été appliquées avec succès.

7. **Retournez à la page de la base de données.**

   Le compte apparaît maintenant dans la liste de ceux de la base de données, ce qui signifie qu'il a dorénavant accès à cette dernière.

Modification des droits

Les droits que vous pouvez accorder à un compte sur une base de données sont recensés et expliqués plus tôt dans ce chapitre. Les comptes ne devraient se voir attribuer que les droits qui leur sont nécessaires. La section précédente explique comment attribuer des droits lors de la création d'un compte. Dans cette section, nous allons voir comment modifier les droits d'un compte existant.

Pour modifier les droits d'un compte, suivez ces étapes :

1. **Ouvez cPanel sur votre compte sur le site de votre hébergeur.**

2. **Trouvez l'icône pour les bases de données MySQL.**

   La page des bases de données MySQL apparaît.

3. **Faites défiler la page jusqu'à atteindre la section recensant les bases de données disponibles.**

   Dans cette liste, chaque base de données correspond à une ligne. La troisième colonne recense les comptes qui ont accès à la base de données. Il est possible que plusieurs comptes aient accès à une même base.

4. **Trouvez la ligne correspondant à la base de données sur laquelle vous souhaitez modifier les droits d'un compte.**

   Si le compte que vous souhaitez modifier n'apparaît pas dans la liste de ceux qui ont accès à la base de données, vous devrez tout d'abord l'ajouter à la liste des comptes qui y ont accès. Pour ajouter un compte, suivez les instructions prodiguées dans la section précédente.

5. **Cliquez sur le nom du compte dont vous souhaitez modifier les droits sur la base de données de votre choix.**

La page de gestion des droits du compte apparaît. Cette page recense les droits de ce compte sur la base de données.

6. **Cochez ou décochez les cases correspondant aux droits que vous souhaitez accorder ou supprimer.**

7. **Cliquez sur le bouton pour appliquer les modifications.**

   Si vous ne cliquez pas sur le bouton, les modifications ne seront pas appliquées.

   Une page de résultats s'affiche, qui vous informe des droits qui ont été modifiés.

Ajout et modification des mots de passe

Vous pouvez spécifier ou non un mot de passe lorsque vous créez un compte. Vous pouvez modifier un mot de passe ou en ajouter un à un compte existant ; vous n'avez pas besoin d'ajouter le mot de passe après sa création.

Pour modifier un mot de passe, ajoutez de nouveau le compte. Suivez donc les étapes déjà suivies pour créer un compte. Dans la section permettant d'ajouter un nouvel utilisateur, saisissez le nom du compte dont vous souhaitez modifier le mot de passe et saisissez le nouveau mot de passe dans les champs Mot de passe et Mot de passe (encore). Cliquez sur le bouton Ajouter. Le compte est de nouveau ajouté avec son nouveau mot de passe. Tous les droits accordés sur des bases de données demeurent.

Par ailleurs, MySQL permet d'utiliser une requête SQL spécifique pour créer un mot de passe. Elle ressemble à ceci :

```
SET PASSWORD rqfifp^qbro=kljaelqb = PASSWORD('jlq□ab□m^ppb$)
```

Cependant, la plupart des hébergeurs ne permettent pas d'utiliser cette requête. Vous obtiendrez alors le message d'erreur suivant :

```
Access denied for user 'me'@'localhost' to database 'mysql'
```

Suppression de comptes

Lorsque vous jetez un œil sur la liste des comptes sur la page de la base de données, vous noterez une colonne Supprimer et une croix rouge figurant à côté de chaque nom d'utilisateur. Pour supprimer un compte, il suffit de cliquer sur la croix rouge correspondante.

Si vous contemplez la liste de toutes les bases de données, vous verrez qu'une croix rouge figure à côté de chaque nom d'utilisateur dans la colonne Nom d'utilisateur. Vous pouvez supprimer l'accès de n'importe quel utilisateur à une base de données en cliquant sur la croix rouge correspondante. La base de données n'est pas affectée, mais l'utilisateur ne peut plus du tout accéder à cette dernière. Toutefois, l'utilisateur peut toujours accéder aux autres bases de données auxquelles vous lui avez donné accès.

Sauvegarde de données

Pour des raisons de sécurité évidentes, vous devez posséder au moins une copie de sauvegarde de vos données. Les désastres sont rares mais pas inexistants. L'ordinateur sur lequel se trouve votre base de données peut tomber en panne et perdre vos données, les fichiers peuvent s'abîmer, l'immeuble prendre feu, etc. Une bonne copie de sauvegarde vous prémunira contre ces désastres.

Si votre site Web est hébergé par un hébergeur ou sur l'ordinateur d'une entreprise, d'autres personnes sont responsables de la sauvegarde de ses données, dont sa base de données. Les administrateurs des ordinateurs auront mis en place des procédures spécifiques. Du moins, vous pouvez supposer qu'ils l'auront fait. Toutefois, mieux vaut s'en assurer. Parlez de ses procédures de sauvegarde à l'équipe de votre hébergeur ou à votre département informatique. Assurez-vous qu'ils effectuent des sauvegardes qui vous garantiront contre la perte de données et qui permettront de les restaurer rapidement si votre base de données devait être endommagée.

Même si vous êtes satisfait des procédures de sauvegarde mises en place par votre hébergeur ou votre entreprise, vous voudrez probablement sauvegarder votre base de données sur votre ordinateur personnel. Ce faisant, vous vous assurerez doublement que vous disposez d'une sauvegarde et vous pourrez accélérer le processus de restauration d'une base de données endommagée. Vous pouvez sauvegarder votre base de données aussi souvent que vous le jugez utile.

De plus, si votre site Web collecte des données auprès d'utilisateurs, vous pouvez installer la sauvegarde faite de votre site Web sur votre ordinateur personnel. De la sorte, vous pourrez développer et tester sur votre site de développement en utilisant les données actuelles de la base, ce qui fiabilisera vos tests.

En général, vous devez disposer de deux copies de sauvegarde de vos données : une copie qui se trouve à portée de main pour procéder à un remplacement rapide, et une copie qui se trouve physiquement éloignée du site Web pour le cas peu probable où l'immeuble prendrait feu. L'hébergeur stocke probablement les sauvegardes sur un ordinateur différent que celui sur lequel votre site Web et/ou votre base de données se trouvent. L'hébergeur peut aussi conserver une copie de ses sauvegardes sur un autre site. Si vous sauvegardez régulièrement une base de données sur votre ordinateur, votre sauvegarde sera donc à la fois à portée de main et physiquement distante de votre site Web.

Vous ne devriez pas copier les fichiers de données d'un ordinateur, tel que celui de votre hébergeur, sur un autre ordinateur, tel que votre ordinateur personnel, tels qu'ils sont. Cependant, vous pouvez déplacer les données en utilisant les fonctionnalités de phpMyAdmin. Dans les sections suivantes, je montre comment il est possible de sauvegarder (déplacer) les données de l'ordinateur de votre hébergeur vers le vôtre. Vous pouvez mettre en œuvre la même procédure pour déplacer des données de n'importe quelle base de données MySQL vers n'importe quelle autre.

Tout d'abord, vous exportez la base de données depuis l'ordinateur de votre hébergeur. La procédure d'exportation génère un fichier texte sur votre ordinateur local qui contient toutes les requêtes SQL dont vous avez besoin pour recréer votre base de données. Ensuite, vous utilisez la fonctionnalité d'importation de phpMyAdmin sur votre ordinateur personnel pour exécuter les requêtes SQL du fichier texte, ce qui génère une copie de votre base de données.

Exportation des données avec phpMyAdmin

Suivez ces étapes pour créer une copie de sauvegarde de votre base de données sur l'ordinateur de votre hébergeur en utilisant phpMyAdmin.

1. **Ouvrez la page d'accueil de phpMyAdmin.**
2. **Sélectionnez la base de données dans la liste qui figure sur la section gauche de la page.**

   La page de la base de données apparaît à l'écran, comme sur la Figure 5.1.

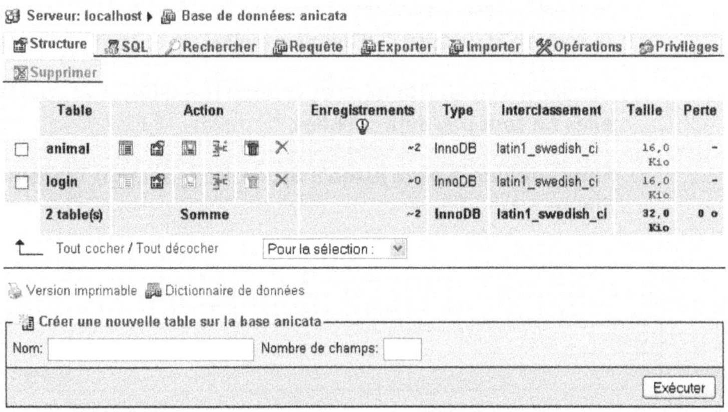

FIGURE 5.1 : La page de la base de données dans phpMyAdmin.

La page de la base de données recense les tables que celle-ci contient. Dans ce cas, la base de données contient deux tables : `Animal` et `Login`.

3. **Cliquez sur l'onglet Exporter en haut de la page.**

   La page d'exportation apparaît, comme sur la Figure 5.2.

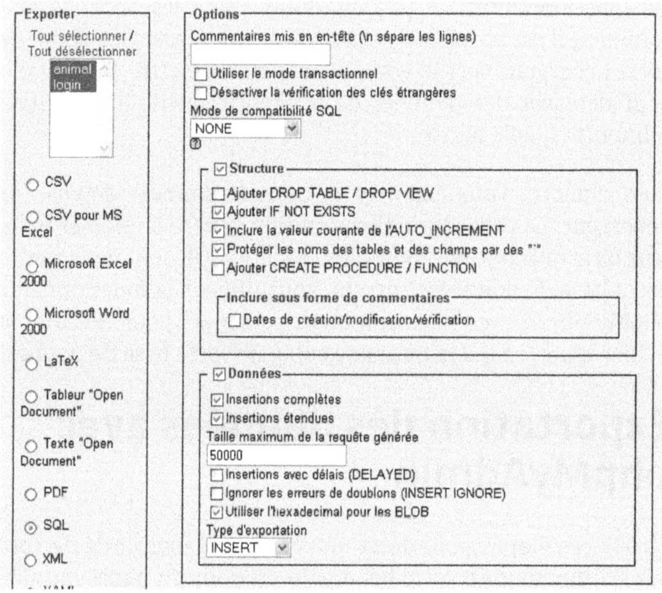

FIGURE 5.2 : la page d'exportation de phpMyAdmin.

4. **Sélectionnez les tables que vous souhaitez exporter dans la section Exporter du panneau de gauche du panneau principal, en haut de la boîte.**

5. **Dans la section Exporter, sélectionnez le bouton radio SQL.**

6. **Cochez la case Structure et les quatre cases qui se trouvent en haut de la section Structure si d'aventure elles ne le sont pas encore.**

7. **Cochez les cases Données et Utiliser l'hexadécimal pour les BLOG si elles ne sont pas déjà cochées.**

8. **Faites défiler la page jusqu'à atteindre la section Transmettre (voir Figure 5.3).**

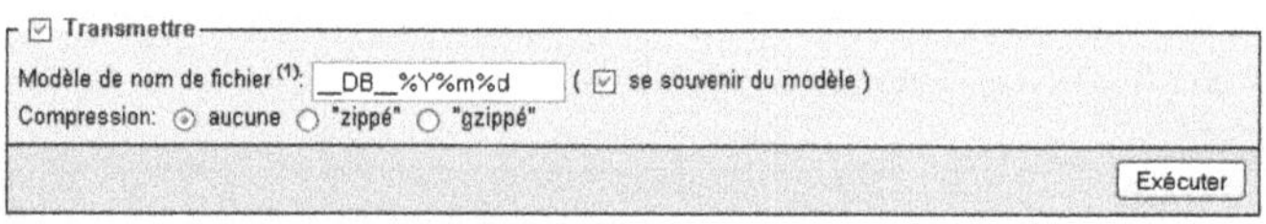

FIGURE 5.3 : La section Transmettre de la page d'exportation de phpMyAdmin.

9. **Cochez la case Transmettre.**

10. **Spécifiez le nom de fichier.**

    Le champ Modèle de nom de fichier contient `__DB__`, ce qui permet de générer un fichier dont le nom correspond à celui de la base de données. Vous pouvez ajouter du texte ou des caractères spéciaux au nom de fichier pour le rendre plus explicite. Dans notre cas, j'ai ajouté `%Y%m%d`, ce qui permet de faire figurer la date présente dans le nom du fichier exporté.

11. **Cochez la case Se souvenir du modèle.**

12. **À côté de compression, sélectionnez Aucune.**

13. **Cliquez sur Exécuter.**

    La fenêtre de téléchargement d'un fichier de votre navigateur apparaît. Vous visualisez le nom du fichier à sauvegarder.

14. **Cliquez OK.**

    Le fichier est sauvegardé là où votre navigateur sauvegarde habituellement les fichiers téléchargés. Si votre navigateur est configuré pour vous demander où sauvegarder les fichiers téléchargés, une fenêtre apparaît et vous pouvez naviguer jusqu'au répertoire que vous souhaitez.

    Dans cet exemple, j'ai récupéré un fichier nommé `anicata20100317.sql`.

Vous disposez maintenant d'une copie de sauvegarde de votre base de données. Vous pouvez sauvegarder le fichier texte sur votre ordinateur personnel ou sur un ordinateur voisin, ou sur autant d'ordinateurs que vous souhaitez pour mettre vos données en sécurité. Vous pouvez alors recréer facilement votre base de données à partir du fichier sur n'importe quel ordinateur où MySQL est installé.

Visualisation du fichier exporté

Le fichier exporté par la fonctionnalité d'exportation de phpMyAdmin est un fichier texte qui contient des requêtes SQL requises pour recréer la base de données telle qu'elle était quand vous l'avez exportée. Il contient une requête CREATE pour chaque table. Il contient une requête INSERT pour chaque ligne de données dans les tables.

Ce qui suit correspond au contenu du fichier texte qui permet de recréer deux tables : Animal et Login.

```
-- phpMyAdmin SQL Dump
-- version 2.11.1
-- http://www.phpmyadmin.net
--
```

```
-- Serveur: localhost
-- Généré le : Mer 17 Mars 2010 à 19:12
-- Version du serveur: 5.0.45
-- Version de PHP: 5.2.5

SET SQL_MODE="NO_AUTO_VALUE_ON_ZERO";

--
-- Base de données: `anicata`
--

-- --------------------------------------------------------

--
-- Structure de la table `animal`
--

CREATE TABLE IF NOT EXISTS `animal` (
  `animalID` bigint(20) NOT NULL auto_increment,
  `animalNom` char(25) NOT NULL,
  `animalType` char(15) NOT NULL,
  `animalDesc` varchar(255) NOT NULL,
  `animalPrix` decimal(9,2) NOT NULL,
  `animalImage` char(15) NOT NULL default 'absent.jpg',
  PRIMARY KEY  (`animalID`)
) ENGINE=InnoDB  DEFAULT CHARSET=latin1 AUTO_INCREMENT=3 ;

--
-- Contenu de la table `animal`
--

INSERT INTO `animal` (`animalID`, `animalNom`, `animalType`, `animalDesc`,
`animalPrix`, `animalImage`) VALUES
(1, 'Licorne', 'Mythologique', 'Cheval avec une corne', 1000.00, 'licorne.
jpg'),
(2, 'Griffon', 'Mythologique', 'Lion à tête et ailes d''aigle', 2000.00,
'griffon.jpg');

-- --------------------------------------------------------

--
-- Structure de la table `login`
--

CREATE TABLE IF NOT EXISTS `login` (
```

```
  `identifiant` char(25) NOT NULL,
  `motdepasse` char(25) NOT NULL,
  `dateheure` datetime NOT NULL,
  PRIMARY KEY  (`identifiant`,`motdepasse`)
) ENGINE=InnoDB DEFAULT CHARSET=latin1;

--
-- Contenu de la table `login`
--
```

Notez que la section finale de chaque table est Contenu de la table 'animal'. En ce qui concerne la table Login, cette section est vide car la table est vide. En ce qui concerne la table Animal, la section contient une requête INSERT qui insère deux lignes.

Si pour une raison quelconque vous ne pouvez pas utiliser phpMyAdmin pour sauvegarder votre base de données, vous pouvez créer le même fichier texte en utilisant le programme mysqldump. Ce programme est installé automatiquement avec MySQL. Vous trouvez des instructions pour utiliser le programme mysqldump dans la documentation en ligne de MySQL sur http://dev.mysql.com/doc/refman/5.0/fr/mysqldump.html pour la version 5.0.

Restauration de vos données

Dans les sections précédentes, vous avez appris à créer une copie de sauvegarde de votre base de données. Vous avez sauvegardé des requêtes SQL nécessaires pour recréer votre base de données dans un fichier texte. Grâce à ce fichier, vous pouvez recréer votre base de données sur n'importe quel ordinateur sur lequel MySQL est installé. Vous pouvez remplacer votre base de données ou la déplacer sur un ordinateur où elle n'existe pas.

Vous pouvez avoir besoin de remplacer une base de données car une table a été endommagée et est devenue inutilisable. C'est inhabituel, mais cela peut arriver. Par exemple, un problème matériel ou un arrêt inattendu de l'ordinateur peut générer ce problème. Ou alors, une anomalie figurant dans les données qui induit MySQL en erreur. Et si une table est corrompue, il peut arriver que le serveur SQL se bloque.

Voici le genre de message qui indique qu'une table est corrompue :

```
Incorrect key file for table: "UUUUU'
```

Vous devez restaurer la ou les tables corrompues à partir de votre copie de sauvegarde. Dans certains cas, la base de données peut être perdue intégralement. Par exemple, si l'ordinateur où votre base de données réside tombe en panne et ne peut être réparé, votre base de données est perdue, mais vos données ne disparaissent pas pour toujours. Vous pouvez remplacer l'ordinateur avec un nouveau et restaurer vos données à partir de votre copie de sauvegarde.

Vous pouvez aussi souhaiter recréer la base de données sur un autre ordinateur où elle n'existe pas encore. Par exemple, vous pouvez souhaiter copier la base de données de l'ordinateur d'un hébergeur vers celui d'un autre si vous changez d'hébergeur. Ou alors, vous pouvez souhaiter remplacer la base de données qui se trouve sur votre environnement de développement par une version plus récente provenant de votre hébergeur, si bien que vous pourrez tester vos scripts avec les dernières données fournies par les utilisateurs.

Vous pouvez utiliser le fichier texte que vous avez créé dans la section précédente pour recréer la base de données. Toutefois, comme cela a été expliqué plus tôt, vous construisez une base de données en créant la base de données puis en y ajoutant des tables. Le fichier de sauvegarde contient toutes les instructions SQL requises pour recréer les tables, mais il ne contient pas celles requises pour créer la base. Votre base de données doit exister avant que vous ne puissiez recréer les tables à partir du fichier de sauvegarde.

Vous pouvez recréer une base de données à partir d'un fichier de sauvegarde à l'aide de la fonctionnalité Importer de phpMyAdmin en suivant les étapes suivantes :

1. **Ouvrez la page principale de phpMyAdmin.**

2. **Cliquez sur le nom de la base de données que vous souhaitez recréer.**

   Si la base de données n'existe pas, vous devez la créer avant de pouvoir continuer. Le chapitre précédent vous explique comment créer une base de données vierge.

   La page de la base de données apparaît, comme sur la Figure 5.1 présentée plus tôt.

3. **Cliquez sur l'onglet Importer en haut de la page.**

   La page d'importation apparaît, comme sur la Figure 5.4.

4. **Cliquez sur le bouton Parcourir pour vous rendre à l'emplacement où le fichier que vous avez exporté se trouve.**

5. **Dans la section Format, cochez SQL si ce n'est pas déjà le cas.**

6. **Cliquez sur le bouton Exécuter.**

   Une nouvelle page apparaît, qui contient un message vous informant que votre importation s'est bien déroulée.

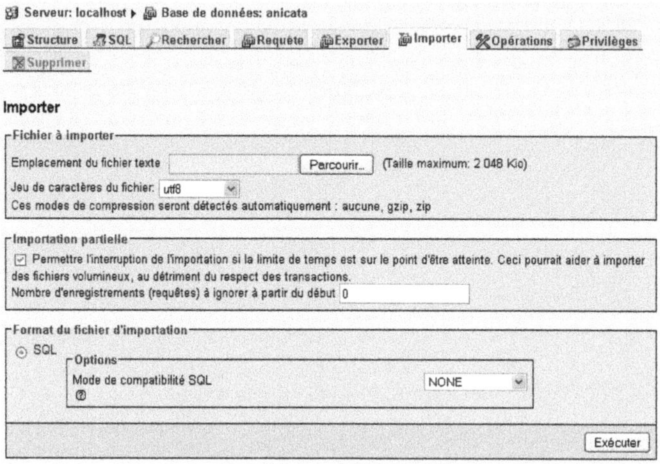

FIGURE 5.4 : La page d'importation de phpMyAdmin.

Parfois, vous voudrez remplacer seulement une partie de la base de données. Par exemple, le fichier de sauvegarde créé dans la section précédente contient deux tables : Animal et Login. Si seule la table Login est endommagée, vous ne voudrez remplacer que celle-là.

Votre base de données est maintenant restaurée avec toutes ses données, telles qu'elles étaient au moment de la sauvegarde. Si les données ont été modifiées depuis la sauvegarde, ces modifications sont perdues. Par exemple, si la plupart des données ont été ajoutées après la sauvegarde, les nouvelles données ne seront pas restaurées. Si vous savez quelles modifications ont été apportées, vous pouvez toujours essayer de les appliquer manuellement à la base de données restaurée.

Vous pouvez contrôler les données qui sont remplacées en modifiant le contenu du fichier de sauvegarde. Comme ce fichier est au format texte, vous pouvez le modifier à l'aide de n'importe quel éditeur de texte. Supprimez les requêtes SQL que vous ne souhaitez pas exécuter. Par exemple, si vous ne souhaitez pas restaurer la table Animal, mais seulement la table Login, supprimez toutes les requêtes SQL CREATE ou INSERT du fichier qui concernent la table Animal.

3 PHP

DANS CETTE PARTIE...

Dans cette partie, vous allez apprendre comment utiliser PHP pour réaliser votre application de base de données sur le Web. Voici quelques-uns des sujets qui seront abordés :

- **Comment incorporer du PHP dans un document HTML.**
- **Quelles sont les fonctionnalités de PHP qui peuvent servir à construire une application de base de données sur le Web ?**
- **Comment tirer le meilleur parti des spécificités de PHP.**
- **Comment utiliser des formulaires pour collecter des informations provenant des utilisateurs.**
- **Comment afficher des informations provenant de bases de données dans une page Web.**
- **Comment enregistrer des informations dans une base de données.**
- **Comment passer des informations d'une page Web à une autre.**

Vous allez trouver ici tout ce que vous devez savoir pour écrire les programmes PHP dont vous avez besoin.

Chapitre 6

A la découverte de PHP

DANS CE CHAPITRE :

- **Comment ajouter des sections écrites en PHP dans un document HTML.**
- **Ecriture des instructions PHP.**
- **Utiliser des variables PHP.**
- **Comparaison de valeurs contenues dans des variables PHP.**
- **Mettez des commentaires dans vos programmes.**

Les programmes constituent la partie proprement «application» de votre application de base de données sur le Web. Un programme effectue un certain travail. Il crée et affiche une page Web, reçoit et traite des informations provenant de l'utilisateur, range ces informations dans une base de données, extrait des informations d'une base de données et, finalement, accomplit toute tâche qui s'avère nécessaire.

PHP est le langage que vous allez utiliser pour écrire vos programmes. C'est un langage de script conçu spécialement pour être utilisé sur le Web. C'est l'outil logiciel qui va vous servir à créer des pages Web dynamiques. Il possède des spécificités conçues pour faciliter la programmation des tâches qu'on rencontre dans les applications Web dynamiques.

Dans ce chapitre, nous verrons les règles générales qui s'appliquent à la rédaction des instructions PHP. Comme pour l'écriture des phrases du langage, il existe des règles de grammaire et de ponctuation pour les instructions. Dans les chapitres suivants, je vous parlerai des instructions PHP proprement dites et vous montrerai comment les utiliser pour accomplir des tâches spécifiques.

Comment ajouter des sections écrites en PHP dans un document HTML

PHP est un partenaire de HTML (*Hypertext Markup Language*) dont il accroît les possibilités. Il permet à une page Web de faire plus de choses qu'avec le seul recours à HTML. Par exemple, les programmes HTML sont capables d'afficher des pages Web formatées. Ces pages peuvent contenir des images, et même jouer de la musique. Mais ils ne vous servent à rien pour interagir avec les personnes qui visualisent ces pages.

L'interactivité de HTML est donc faible. Les formulaires permettent bien aux utilisateurs de taper des informations qui seront collectées par la page Web. Cependant, vous ne pouvez pas accéder à ces informations sans recourir à un autre langage que HTML. De son côté, PHP est capable de traiter les informations contenues dans un formulaire sans avoir besoin du secours d'un autre programme.

Certaines balises HTML servent à séparer ce qui est PHP de ce qui est HTML. Le fichier qui contient l'ensemble possède une extension spécifique, généralement .php (du moins, normalement). Les instructions PHP sont encadrées par deux balises particulières : <?php (balise initiale ou ouvrante) et ?> (balise terminale ou fermante).

Il existe plusieurs variantes de ces balises, certaines plus longues, d'autres plus courtes. Parmi ces dernières, citons <? et ?>. Pour qu'elles soient reconnues, l'option SHORT_TAGS doit être active, mais ceci n'est pas du tout recommandé du fait de la confusion que cela peut créer avec certaines instructions XML.

C'est l'interpréteur PHP qui va traiter tout ce qui se trouve entre ces deux balises, puis la section PHP disparaît, remplacée par le résultat de ce traitement. Lorsque ce traitement produit des sorties destinées à être affichées, ce sont elles qui remplacent le code PHP initial. De la sorte, le navigateur ne voit jamais la section PHP, mais seulement le résultat obtenu par son traitement.

À titre d'exemple, considérons le petit document HTML du Listing 6.1 qui, traditionnellement, affiche «Hello World!» sur l'écran du navigateur.

LISTING 6.1 : Document HTML affichant Hello World!.

```
<html>
<head>
<title>Affichons Hello World</title>
</head>
<body>
```

```
<p>Hello World!
</body>
</html>
```

Si vous chargez ce document HTML dans votre navigateur, vous affichez dans sa fenêtre les deux mots :

```
Hello World!
```

Le Listing 6.2 vous présente un programme PHP qui fait exactement la même chose.

LISTING 6.2 : Document HTML affichant Hello World! avec l'aide de PHP.

```
<html>
<head>
<title>Affichons Hello World</title>
</head>
<body>
<?php
  echo "<p>Hello World!";
?>
</body>
</html>
```

COMMENT LE SERVEUR WEB TRAITE LE CODE PHP

Lorsqu'un navigateur demande un fichier HTML dont l'extension est `.htm` ou `.html`, le serveur Web lui envoie le fichier tel quel. Le navigateur traite le fichier et affiche la page Web qu'il décrit sur son écran. Lorsqu'il demande un fichier PHP dont l'extension est `.php`, au lieu d'envoyer directement le fichier au navigateur, le serveur Web commence par rechercher les sections PHP parmi le code HTML. Voyons comment il procède :

1. **Il explore le fichier et envoie toutes les lignes contenant du HTML pur au navigateur.**
2. **Lorsqu'il rencontre une balise PHP initiale (`<?php`), il passe en « mode PHP » et envoie toutes les lignes qu'il rencontre à partir de ce moment à l'interpréteur PHP.**
3. **Celui-ci lui renvoie éventuellement des sorties que le serveur va alors faire parvenir au navigateur.**
4. **Lorsqu'il rencontre une balise PHP terminale (`?>`), le serveur Web cesse d'envoyer les lignes du fichier HTML à l'interpréteur PHP. Il repasse alors en « mode HTML ».**
5. **Les étapes 1 à 4 sont alors réexécutées, car il peut y avoir plusieurs sections PHP dans un même fichier HTML.**

Ne chargez pas directement ce fichier dans votre navigateur à l'aide de la commande Ouvrir du menu Fichier. Vous devez entrer son nom et son emplacement exacts dans la barre d'adresses, comme dans http://localhost/hello.php. Si la fenêtre affiche du code PHP, vous avez choisi la mauvaise méthode !

La section PHP de ce document HTML est constituée par :

```
<?php
  echo "<p>Hello World!"
?>
```

Les balises PHP encadrent une seule instruction PHP : echo. Celle-ci demande à PHP d'afficher ce qui suit le mot «echo» dans la fenêtre du navigateur. Ici, il s'agit de ce qui se trouve entre les guillemets.

Il n'existe aucune règle vous obligeant à écrire les balises PHP sur une ligne séparée. Vous pouvez fort bien réécrire les trois lignes ci-dessus de la façon suivante :

```
<?php  echo "<p>Hello World!"?>
```

L'interpréteur PHP remplace l'instruction echo par le texte placé entre guillemets et renvoie ce texte (privé de ses guillemets) au serveur Web, lequel, à son tour, l'envoie au navigateur. Pour vous en convaincre, regardez le code du document HTML renvoyé au navigateur en cliquant sur la commande Source dans le menu Affichage.

Ecriture des instructions PHP

Dans un fichier HTML, une section PHP contient une série d'instructions écrites dans le langage de PHP. À chaque instruction correspond une certaine action. C'est ce que nous venons de voir sur un exemple très simple.

Toute instruction PHP doit être terminée par un point-virgule (;). En dehors des chaînes de caractères (placées entre guillemets ou entre apostrophes, comme nous le verrons un peu plus loin), PHP ignore tout ce qui est «espace blanc», c'est-à-dire les espaces vrais, les tabulations, les alinéas et les retours chariot. Il continue à lire ce qui lui est envoyé jusqu'à ce qu'il rencontre un point-virgule ou la balise PHP terminale. L'oubli du point-virgule à la fin d'une instruction est une erreur très fréquente chez les débutants. Il en résulte un message du genre de celui-ci :

```
Parse error: parse error in c:\program files\easyphp\www\hello.php on line 7
```

Remarquez le numéro de ligne indiqué dans le message pour vous aider à localiser l'erreur. En général, il désigne la ligne qui suit l'instruction à laquelle manque son point-virgule final.

Pour profiter de ce type d'indication, il est bon d'utiliser, pour l'écriture des instructions PHP, un éditeur qui numérote automatiquement les lignes en séquence. Faute de quoi, vous devrez compter chaque ligne manuellement. Vous pouvez rechercher un tel éditeur à partir du site http://phpeditors.linuxbackup.co.uk.

Des instructions peuvent être regroupées pour former un *bloc*. Elles sont alors placées entre une paire d'accolades ({ }). Un bloc d'instructions est une sorte de «superinstruction» qu'on doit considérer comme un tout. L'un des usages fréquents d'un bloc est le *bloc conditionnel* dont les instructions ne sont exécutées que si une certaine condition est satisfaite. En voici un exemple symbolique :

```
si (le ciel est bleu)
{ passez la laisse au dragon;
  emmenez le dragon en promenade dans le parc;
}
```

Si «le ciel est bleu», la condition est vérifiée et le bloc qui suit est alors exécuté. Ce bloc comprend les deux «instructions» : «passez sa laisse au dragon;» et «emmenez le dragon en promenade dans le parc;» qui sont toutes deux exécutées, l'une après l'autre. Si le ciel était gris, la condition ne serait pas vérifiée et le dragon resterait dans sa niche.

Les instructions PHP qui font appel à des blocs sont dites *complexes* (nous en verrons d'autres dans le Chapitre 7). PHP lit le bloc en entier, sans s'arrêter au premier point-virgule qu'il rencontre. Il sait reconnaître la présence d'un bloc (ou de plusieurs blocs imbriqués), et il recherche donc l'accolade terminale. Remarquez aussi la présence d'un point-virgule juste avant cette accolade. Elle est indispensable. Par contre, le symbole de fin de bloc n'a pas à être suivi de ce caractère.

Il n'est pas impossible d'écrire la totalité d'une section PHP sous la forme d'une seule longue ligne dans laquelle chaque instruction est séparée de la suivante par un point-virgule. Mais il faut être réaliste : un tel programme serait quasiment impossible à relire. C'est la raison pour laquelle on prend en général la sage habitude de n'écrire qu'une instruction par ligne. Toutefois, des «dérogations peuvent être accordées» lorsqu'il s'agit de très courtes instructions.

Prenez l'habitude d'*indenter* vos lignes d'instructions. C'est-à-dire d'aligner les blocs logiques en ajoutant des espaces en début de ligne. Cette méthode n'influe pas sur le comportement de PHP. Uniquement sur la lecture des listings par des êtres humains. Qui en ont bien besoin pour comprendre de quoi il s'agit.

MESSAGES D'ERREUR ET AVERTISSEMENTS

Afin de vous faciliter la mise au point des programmes, PHP distingue plusieurs classes d'erreurs qu'on peut diviser en plusieurs groupes parmi lesquels on distingue les messages d'erreur et les avertissements.

- **Erreurs d'analyse** (parse errors). Ce sont des erreurs de syntaxe qui empêchent PHP de générer le code exécutable. Ce sont donc des erreurs fatales. Voici le message correspondant :

  ```
  Parse error: erreur, in c:\test\test.
  php on line 6
  ```

  En général, ce genre d'erreur est le résultat de l'oubli d'un délimiteur signifiant (point-virgule, parenthèse, accolade, etc.). Le message d'erreur tente d'en donner une explication. Par exemple, la mention `error might be unexpected T_ECHO, expecting ',' or ';'` signifie que PHP a détecté une instruction echo sans virgule ou point-virgule en fin de ligne.

- **Messages d'erreur.** Ce message annonce la découverte d'une erreur suffisamment grave pour empêcher la poursuite de l'exécution du programme. Il contient des éléments permettant de localiser la source de l'erreur.

- **Avertissement.** C'est un message qui est affiché lorsque l'interpréteur PHP détecte une erreur « bénigne » qui ne risque pas, en principe, d'empêcher l'exécution du programme. Il signifie qu'il y a quelque chose d'anormal dans l'écriture d'une instruction, et que vous devriez y regarder de plus près pour vous assurer qu'il s'agit là de bien ce que vous vouliez écrire.

- **Remarque.** Avertissement bénin qui ne bloque pas le script, et qui indique que PHP est incapable de savoir si l'instruction est correcte ou non. Cela signifie simplement que vous avez dû faire quelque chose d'inhabituel et que vous devriez vérifier.

  C'est ce qui se passe, par exemple, lorsque vous tentez d'afficher le contenu d'une variable qui n'existe pas. Vous verrez alors s'afficher le message reproduit sur la Figure 6.1.

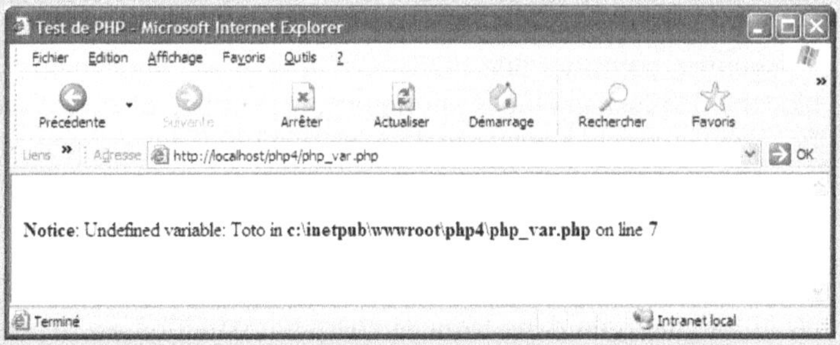

FIGURE 6.1 : Exemple de message d'avertissement.

- **Strict.** Cette nouvelle catégorie de messages est apparue dans PHP 5 pour avertir d'une formulation malhabile ou dépassée dans le code source.

Quel que soit le type de l'erreur, le message contient toujours le nom du fichier et le numéro de la ligne qui a provoqué l'erreur.

Il existe plusieurs niveaux de gravité dans les erreurs. On peut spécifier à l'interpréteur qu'il ne doit afficher que les messages dont la gravité se situe à partir d'un certain niveau (par exemple, les remarques sont utiles en phase de développement, mais elles peuvent devenir gênantes lorsque le site est mis en ligne).

Pour cela, il faut disposer de privilèges d'administration sur PHP et éditer le fichier `php.ini` (qui est un fichier texte). Dans une de ses sections (`error_reporting`), vous trouverez une explication des niveaux d'erreur et apprendrez comment modifier le degré de signalisation. La Figure 6.2 montre comment se présente le début de cette section.

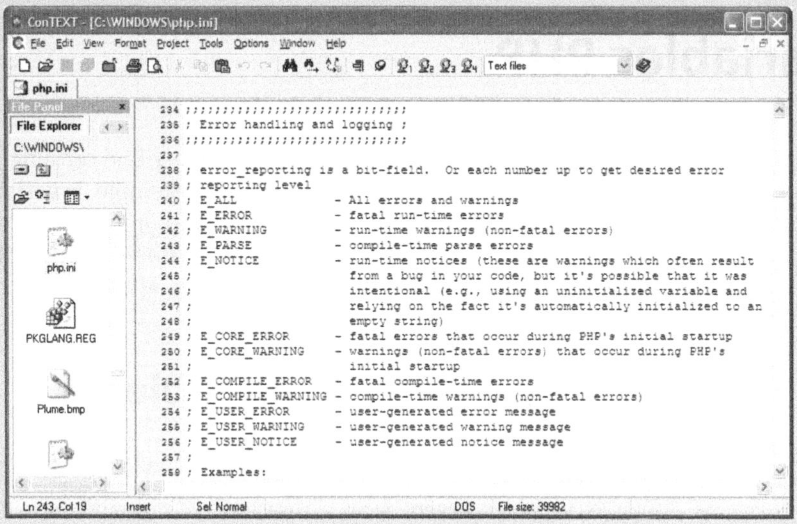

FIGURE 6.2 : Début de la section de php.ini concernant les messages d'erreur.

Voici trois exemples de définition de niveaux d'erreur :

```
error_reporting = E_ALL | E_STRICT
error_reporting = 0
error_reporting = E_ALL & ~ E_NOTICE
```

La première ligne fait s'afficher toutes les erreurs sauf les strictes par E_ALL, puis également ces dernières par E_STRICT. La deuxième ligne supprime tout affichage de messages. La dernière n'affiche que les erreurs et avertissements, mais pas les remarques ni les messages d'écriture stricte.

Effectuez la modification que vous souhaitez et sauvegardez le fichier. En général, il faudra relancer le serveur Web pour que cette modification soit prise en compte. Autrement dit, il n'y a que dans le cas d'un serveur personnel que vous pourrez effectuer cette modification.

Si vous n'êtes pas administrateur PHP pour votre système et que vous n'avez pas accès à `php.ini`, vous pouvez ajouter une instruction particulière afin de définir le niveau des rapports d'erreur dans le programme où elle est insérée. Placez simplement la ligne suivante au début de votre fichier source :

```
error_reporting(lmqflkp)
```

options désigne un code définissant le niveau de signalisation des erreurs. Les valeurs possibles sont celles qui apparaissent sur la Figure 6.2. Pour voir toutes les erreurs sauf celles de la catégorie Strict, utilisez le format ci-dessous :

```
error_reporting(E_ALL);
```

En général, PHP ne se soucie pas de la différence de casse (majuscules/minuscules) des instructions : echo, Echo, ECHO, ecHo... sont pour lui identiques. Cela est vrai pour les instructions et les noms de fonctions, mais pas pour les variables : $Toto et $toto représentent deux variables distinctes, comme vous allez le voir dans la section suivante.

Les variables PHP

Une variable est un conteneur utilisé pour renfermer une certaine information, pas nécessairement numérique. Elle a un nom. Par exemple, la variable $age peut contenir le nombre 12. Une fois placée à l'intérieur d'une variable, une information peut être utilisée dans tout le programme. L'une des utilisations les plus fréquentes d'une variable est de recevoir les informations saisies par l'utilisateur.

Ecriture des noms de variables

Pour donner un nom à une variable, vous devez respecter les règles suivantes :

- Toutes les variables doivent avoir un caractère dollar ($) comme initiale.
- Un nom de variable peut comporter n'importe quel nombre de caractères.
- Un nom de variable peut comporter des lettres, des chiffres ou des traits de soulignement (_).
- À la suite du $ initial, on ne peut trouver qu'une lettre ou un soulignement. Jamais un chiffre.
- Dans un nom de variable, PHP tient compte de la casse. `$Toto` et `$toto` représentent deux variables distinctes.

Pour appeler une variable, essayez de trouver un nom évocateur qui vous donne des indications sur ce qu'elle contient. À ce titre, évitez des noms comme $var1, $var2, $A, $b. La relecture et la maintenance de vos programmes en seront grandement facilitées. Préférez donc des noms comme $age, $prix, $totalHT...

Affectation d'une valeur à une variable

Une variable peut contenir un nombre ou une chaîne de caractères. On range de l'information dans une variable au moyen de l'*opérateur d'affectation* : le signe égal (=). En voici quelques exemples :

```
$age = 12;
```

```
$prix = 2.55;
$nombre=-2;
$nom ="Goliath Smith"
```

Remarquez que les chaînes sont écrites entre guillemets. Pas les nombres. Nous y reviendrons dans la suite de ce chapitre.

Ces variables peuvent figurer dans le corps d'une instruction `echo` si on veut en afficher le contenu. Ainsi, l'instruction suivante :

```
echo $age;
```

affiche le nombre 12. Si vous la placez dans un document HTML en écrivant :

```
<p>Vous avez <?php echo $age ?> ans.
```

vous affichez :

```
Vous avez 12 ans.
```

Lorsque vous placez de l'information dans une variable qui n'existait pas encore, cette variable est créée. Considérons l'instruction suivante :

```
$nom = "Dupont";
```

Si c'est la première fois que la variable `$nom` apparaît dans le programme, l'exécution de cette instruction va créer cette variable et lui affecter la chaîne de caractères «Dupont». Si, précédemment, il existait une instruction :

```
$nom = "Marie";
```

l'ancienne valeur, «Marie», de la variable va être écrasée par la nouvelle valeur, «Dupont».

Vous pouvez supprimer le contenu dans une variable en le remplaçant par une autre valeur, éventuellement d'un autre type, car PHP n'est pas sectaire. Si, par exemple, vous écrivez :

```
$age = "";
```

vous ne faites qu'affecter à la variable `$age` une chaîne de caractères vide. Ce n'est pas l'équivalent de zéro (qui est une valeur). Cela signifie simplement que `$age` ne contient plus rien du tout.

Pour vous débarrasser définitivement d'une variable, il faut utiliser une fonction spécialisée de PHP et écrire, par exemple :

```
unset($age);
```

Une fois cette instruction exécutée, la variable $age n'existe plus.

Une variable conserve sa valeur pour tout un programme et pas seulement pour l'une des sections PHP d'un document HTML. Si, au début d'un fichier, une variable prend la valeur «oui», à la fin du fichier, elle aura toujours cette valeur. Supposons que, dans un document HTML, vous ayez les instructions suivantes :

```
<p>Hello World!
<?php
    $age = 15;
    $nom = "Jules";
?>
<br>Encore une fois : Hello World!<br>
<?php
    echo $nom;
?>
```

Voici ce qui va être affiché :

```
Hello World!
Encore une fois : Hello World!
Jules
```

Comment maîtriser les avertissements

Si vous tentez d'exécuter une instruction dans laquelle figure une variable qui n'existe pas, vous obtiendrez ou non un avertissement selon le niveau de signalisation des erreurs fixé dans php.ini, ce qui n'empêchera pas votre programme de tourner (voir plus haut l'encadré «Messages d'erreur et avertissements»).

Si, par exemple, vous écrivez :

```
unset($age);
echo $age;
$age2 = $age;
```

les deux messages d'avertissement reproduits sur la Figure 6.3 s'affichent.

Supposons maintenant que vous vouliez malgré tout continuer à utiliser ces instructions parce que le programme fait exactement ce que vous souhaitez. Il existe un moyen de vous débarrasser de ces ennuyeux affichages : préfixer le nom de la variable fautive par un arobase (@), ce qui donne :

```
unset($age);
echo @$age;
$age2 = @$age;
```

Si vous avez les droits d'accès d'administrateur PHP, vous pouvez modifier le niveau de signalisation des erreurs dans php.ini de la façon indiquée dans l'encadré «Messages d'erreur et avertissements», plus haut dans ce chapitre.

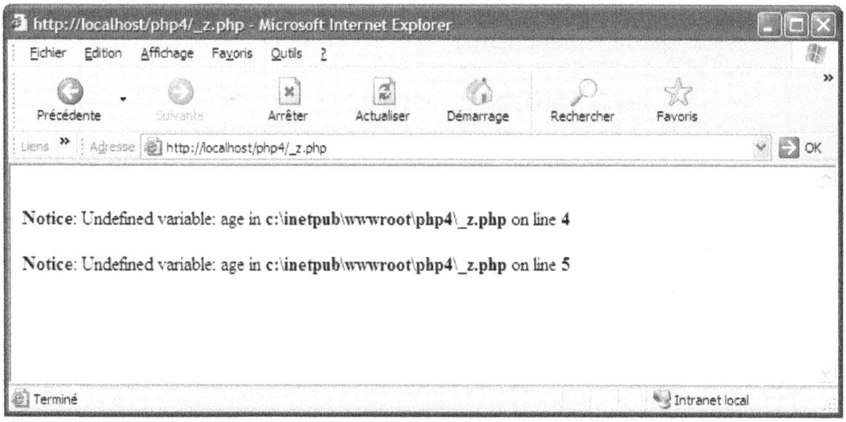

FIGURE 6.3 : Une variable non définie produit un avertissement.

Les constantes PHP

Une *constante* est assez semblable à une variable. Elle possède un nom, mais se contente d'avoir une valeur fixée. Mais il est évident que cette valeur ne peut être modifiée : la valeur d'une constante est... *constante* ! Une fois définie, elle ne peut donc plus être modifiée par le programme. Vous n'avez jamais rêvé d'avoir 20 ans toute votre vie ?

On utilise les constantes lorsque la valeur qu'elles représentent ne risque pas de changer. Si, par exemple, dans une page Web, vous parlez de la date de la bataille de Marignan, vous pouvez coder directement 1515. Mais, comme nous allons le voir, on peut aussi donner un nom à une constante. De cette façon, on identifiera plus facilement ce qu'elle représente. En outre, la définition de cette constante sera généralement placée en tête du programme et on pourra s'y référer sous ce nom symbolique dans tout le programme. En cas de besoin, vous pourrez la retrouver très facilement pour modifier son affectation dans le code source.

Supposons que vous ayez deux constantes pour votre société : son nom et son adresse. Si vous déménagez, il suffira d'ajuster la seconde constante au début du programme. Facile, non ?

Pour définir une constante, on utilise l'instruction define sous la forme suivante :

```
define ("kljï)□ás^ibroï);
```

Pour prendre un exemple simple, on pourrait écrire :

```
define ("MARIGNAN", "1515");
```

Mais si vous souhaitez effectuer des calculs de dates, la variante suivante est parfaitement licite :

```
define ("MARIGNAN", 1515);
```

Si, maintenant, on entre :

```
echo MARIGNAN;
```

on affichera bien 1515.

Pour afficher le contenu d'une constante, ne la placez pas entre des guillemets. Sinon, vous ne verrez que son *nom* (MARIGNAN) et pas sa *valeur* (1515).

L'usage veut qu'on écrive les noms de constantes en lettres capitales (ce qui permet de les identifier plus facilement dans le programme), mais ce n'est pas une obligation.

Une constante peut prendre n'importe quel nom, comme une variable, à cet important détail près que ce nom **ne doit pas** commencer par un caractère dollar ($).

Les nombres

Avec PHP, vous pouvez *aussi* faire des calculs, grâce aux opérateurs arithmétiques usuels auxquels vient se joindre un petit nouveau : l'opérateur *modulo* qui se note %. Les opérations arithmétiques associent deux valeurs numériques au moyen d'un opérateur, comme dans :

```
1 + 2
```

Ces opérations peuvent être réalisées à partir de variables contenant des valeurs numériques. Par exemple :

```
$n1 = 1;
$n2 = 2;
$somme = $n1 + $n2;
```

Le Tableau 6.1 vous présente les cinq opérateurs reconnus par PHP.

Tableau 6.1 : Les cinq opérateurs arithmétiques reconnus par PHP.

Opérateur	Description
+	Addition
-	Soustraction
*	Multiplication
*	Division
%	Modulo : reste de la division entière du premier terme par le second. 13 % 5 a pour valeur 3.

Vous pouvez enchaîner plusieurs opérations arithmétiques. Ainsi, l'instruction suivante effectue trois opérations :

```
$resultat = 1 + 2 * 4 + 3;
```

Les opérations s'effectuent dans un ordre précis qui dépend de leur ordre d'écriture (par défaut : de gauche à droite) et de leurs priorités respectives. Multiplication et division ont la même priorité et celle-ci est supérieure à celle de l'addition et de la soustraction, toutes deux de même priorité. Dans notre exemple, voici comment vont être exécutées les opérations :

```
2 * 4                           multiplication (8)
1 + résultat partiel précédent  addition       (9)
3 + résultat partiel précédent  addition      (12)
```

A la fin de ces opérations, $resultat contient donc la valeur 12.

Vous pouvez modifier l'ordre d'exécution des opérations au moyen de parenthèses. Les opérations placées entre parenthèses ont une plus forte priorité que celles qui sont à l'extérieur. Transformons notre précédente instruction en :

```
$resultat = (1 + 2) * 4 + 3;
```

Les opérations vont maintenant s'effectuer dans cet ordre :

```
1 + 2                           addition        (3)
4 * résultat partiel précédent  multiplication (12)
3 + résultat partiel précédent  addition       (15)
```

En cas de doute, n'hésitez pas ! Mettez des parenthèses : abondance de bien ne nuit pas ! (Mais ça peut alourdir la relecture du programme.)

Lorsque vous manipulez des valeurs réelles, des prix, par exemple, les nombres ont une partie entière et une partie fractionnaire. Pour que l'utilisateur puisse plus facilement comprendre ce que représente un prix, il faut l'afficher avec deux décimales. Sans précaution spéciale, vous risqueriez d'en afficher beaucoup trop. Ce serait le cas, par exemple, si ce prix résultait d'un calcul. D'un autre côté, si le prix était un nombre dépourvu de partie fractionnaire, il serait affiché sous forme d'un entier. Pour unifier ces affichages, on peut utiliser la *fonction* sprintf() qui transforme un nombre en une chaîne de caractères toute prête pour l'affichage. En voici un exemple :

```
$prixHT = 27;
$prixTTC = $prixHT * 1.196;
$affichage = sprintf ("%01.2f", $prixTTC);
echo "$affichage<br>";
```

Vous verrez alors s'afficher :

```
32.39
```

Comme vous l'apprendrez au Chapitre 18, la fonction sprintf() a d'autres possibilités de formatage, plus évoluées celles-ci.

Vous pouvez aussi séparer les grands nombres en tranches de trois chiffres, Pour cela, les Anglo-Saxons utilisent le point (.) et nous l'espace. La fonction qui fait ce travail s'appelle number_format() et demande quatre arguments. En voici un exemple d'application :

```
$prix = 7123450.67891;
$affichage = number_format($prix, 2, ",", " ");
echo "$affichage<p>";
```

1. **Le premier argument représente le nombre à traiter.**
2. **Le deuxième argument indique le nombre de chiffres à conserver pour la partie fractionnaire. Un arrondi est effectué sur la première décimale perdue.**
3. **Le troisième argument représente le séparateur à insérer entre la partie entière et la partie fractionnaire.**
4. **Le quatrième argument représente le séparateur à insérer entre chaque tranche de trois chiffres de la partie entière.**

Dans l'exemple précédent, on affichera :

```
7 123 450,68
```

Les chaînes de caractères

Une *chaîne de caractères* est constituée d'une suite de caractères : lettres (accentuées ou non), chiffres, ponctuation, caractères spéciaux. Lorsqu'un nombre est conservé sous forme de chaîne de caractères, il ne peut pas être utilisé pour faire des calculs. Si on a l'habitude de conserver les numéros de téléphone sous forme de chaîne de caractères, c'est précisément parce qu'on ne fait jamais de calcul avec.

Une chaîne de caractères est encadrée par deux caractères particuliers, appairés : guillemets ou apostrophes. Si l'un de ces caractères se trouve déjà dans la chaîne, on choisit l'autre comme délimiteur. Exemples :

```
"Il m'a dit qu'il m'aimait."
'"Le Misanthrope" est une pièce de Molière.'
```

Lorsque la chaîne comporte une apostrophe **et** des guillemets, on choisit l'un d'eux comme délimiteur et on *l'échappe* avec un antislash à l'intérieur de la chaîne. Exemples :

```
"Il m'a dit : \"Je t'aime.\""
'Il m\'a dit : "Je t\'aime"'
```

Une chaîne de caractères peut être affectée à une variable, tout comme un nombre. Exemple :

```
$message = "Caïn, ne dormant pas, songeait au pied des monts.";
echo "$message<br>";
```

affichera :

```
Caïn, ne dormant pas, songeait au pied des monts.
```

Guillemets et apostrophes

Bien qu'en tant que délimiteurs de chaîne de caractères guillemets et apostrophes semblent se comporter de façon identique, dans certains cas, ils sont interprétés différemment. Voici quelques cas à retenir :

» **Manipulation de variables.** Si vous placez le nom d'une variable entre guillemets, c'est sa valeur qui va être utilisée par PHP. Si vous la placez entre apostrophes, c'est son nom. Les quatre instructions suivantes :

```
$age = 12;
```

```
$result1 = "$age";
$result2 = '$age';
echo $result1;
echo "<br>";
echo $result2;
```

vont afficher ces deux lignes :

```
12
$age
```

- **Retour à la ligne.** L'association des deux caractères `\n` est appelée *caractère d'alinéa*, parce que c'est un *caractère de contrôle* indiquant à PHP de commencer ce qui suit sur une nouvelle ligne. Si une chaîne de caractères délimitée par une paire de guillemets comporte ce doublet, PHP l'affichera sur deux lignes. Si elle est délimitée par un couple d'apostrophes, une seule ligne sera affichée, car le doublet `\n` ne sera pas interprété comme un caractère d'alinéa mais conservé tel quel. Considérez, par exemple, les deux chaînes suivantes :

```
$chaîne1 = "Chaîne entre \nguillemets";
$chaîne2 = 'Chaîne entre \napostrophes';
```

Pour PHP, la première ligne se présentera ainsi :

```
Chaîne entre
guillemets
```

et la seconde ainsi :

```
Chaîne entre \napostrophes
```

- **Insertion d'une tabulation.** Le caractère spécial `\t` dit à PHP d'insérer une tabulation. Quand vous utilisez des guillemets, PHP insère réellement une tabulation à cet endroit, alors qu'avec des apostrophes il considérera `\n` comme un littéral de type chaîne de caractères. Par exemple, avec les instructions suivantes :

```
$chaine1 = "Chaîne entre \tguillemets;
$chaine2 = 'Chaîne entre \tapostrophes';
```

`$chaine1` est affichée sous la forme :

```
Chaine entre     guillemets
```

et `^chaine2` sous la forme :

```
Chaîne entre \tapostrophes
```

La délimitation des chaînes détermine également le traitement des variables et des caractères spéciaux, y compris si un autre jeu de délimiteurs est présent. Regardons par exemple les instructions suivantes :

```
$nombre = 10;
$chainel = "Il y a '$nombre ' personnes en ligne.";
$ chaine2 = 'Il  y a "$nombre " personnes  en attente.';
echo $chaînel;
echo "<br>";
echo $chaîne2;
```

Vous allez obtenir l'affichage suivant :

```
Il y a '10' personnes en ligne.
Il y a "$nombre" personnes en attente.
```

Concaténation de chaînes de caractères

On peut former une chaîne à partir d'autres chaînes en les plaçant bout à bout, les unes à la suite des autres. Il faut spécifier ce «chaînage» au moyen de l'opérateur de concaténation qui est le point (.). Exemple :

```
$s1 = "Hello";
$s2 = "World!";
$s = $s1.$s2;
```

affichera :

```
HelloWorld!
```

Aucune des deux chaînes ne comporte d'espace, ni à son début ni à sa fin. Elles seront donc collées l'une derrière l'autre. Il est facile d'insérer un espace entre les deux mots en écrivant :

```
$s = $s1." ".$s2;
```

On réalise ainsi la concaténation de trois chaînes : deux sont représentées par une variable et celle du milieu par une constante.

Vous pouvez utiliser les caractères .= pour compléter une chaîne existante. La séquence précédente pourrait donc être remplacée par celle-ci :

```
$s1 = "Hello";
$s1 .= " World!";
echo $s1;
```

Bien d'autres manipulations de chaînes sont possibles : les partager, chercher une sous-chaîne, etc. Nous en étudierons quelques-unes au Chapitre 7.

Dates et heures

Les dates et les heures constituent un élément important dans une application de base de données sur le Web. Comme nous l'avons vu à propos de MySQL, ces entités forment une classe de variables à part. Un groupe date/heure est désigné par PHP au moyen d'un terme emprunté au vocabulaire UNIX : *timestamp*. Sous cette forme, nous ne pouvons pas l'interpréter, mais PHP sait le reconnaître et le convertir sous diverses formes, et le rendre ainsi aisément compréhensible.

Un *timestamp* représente le nombre de secondes écoulées depuis le 1er janvier 1970 à 0 h GMT, an zéro de l'ère UNIX. Pas pratique pour représenter la date de la bataille de Marignan ou celle de la mort de Louis XVI ! En revanche, pour manipuler des temps ou des différences de temps ne faisant pas intervenir des événements de plus d'une trentaine d'années, c'est tout à fait utilisable.

Définition de l'heure locale (local time)

Dans sa version 5.1, PHP ajoute dans php.ini un paramètre pour le fuseau horaire local. Si vous ne définissez aucun fuseau horaire (time zone) par défaut, PHP va essayer de le deviner, en optant au pire pour l'heure GMT. PHP affiche d'ailleurs un message pour vous rappeler de définir votre fuseau horaire.

Voici comment définir un fuseau horaire local :

1. **Ouvrez le fichier php.ini dans votre éditeur de texte.**
2. **Descendez jusqu'à la section intitulée [Date].**
3. **Trouvez le paramètre date.timezone =.**
4. **Si la ligne commence par un signe point-virgule (;), supprimez-le.**
5. **Indiquez le nom réservé d'un fuseau horaire après le signe égal.**

La liste des codes de fuseaux (*time zone codes*) se trouve dans l'Annexe H du manuel de référence en ligne de PHP (www.php.net/manual/en/timezones.php). Voici comment régler l'heure locale pour la France métropolitaine :

```
date.timezone = ('Europe/Paris');
```

Si vous n'êtes pas en mesure de modifier le fichier php.ini, vous pouvez définir le fuseau dans chaque programme source comme ceci :

```
date_default_timezone_set("timezonecode");
```

Pour savoir quel est le fuseau en vigueur, écrivez ceci :

```
$fuseau = date_default_timezone_get()
echo $fuseau;
```

Mise en forme d'une date

La fonction la plus utilisée pour mettre en forme une date est... date(). Elle convertit un timestamp selon les directives que vous lui communiquez. Sa forme générale est :

```
$unedate = date ("cloj^q", $qfjbpq^jm);
```

«format» est une chaîne de caractères spécifiant quelles sont les conversions à effectuer et $timestamp une date sous forme de timestamp. Si ce second argument est omis, c'est la date de l'instant où cette instruction est exécutée qui sera prise par défaut (plus exactement, celle de l'horloge de l'ordinateur). Avant d'être à même de donner un exemple, nous devons voir quels sont les principaux caractères de conversion qui peuvent intervenir dans le format. Le Tableau 6.2 vous en donne un aperçu. Pour en avoir la liste complète, consultez la documentation officielle de PHP à l'URL http://www.php.net.

Tableau 6.2 : Symboles des formats de date.

Symbole	Signification
a	*am* ou *pm*
A	*AM* ou *PM*
d	Jour du mois sur deux chiffres (01 à 31)
D	Jour de la semaine sur trois lettres (abréviations anglaises)
F	Mois en toutes lettres (noms de mois anglais)
g	Heure au format 12 heures sans zéro en tête
G	Heure au format 24 heures sans zéro en tête
h	Heure au format 12 heures avec zéro en tête
H	Heure au format 24 heures avec zéro en tête
i	Minutes (00 à 59)
j	Jour du mois (1 à 31)
m	Numéro du mois (01 à 12)

M	Nom du mois sur trois lettres (noms de mois anglais)
n	Numéro du mois (1 à 12)
s	Secondes (00 à 59)
y	Année sur deux chiffres (70 à 99)
Y	Année sur quatre chiffres (1970 à 9999)
w	Jour de la semaine (0 à 6 en partant du dimanche)

Tous les autres caractères seront conservés tels quels, sans être interprétés. Pour que certains caractères du format spécifié ne soient pas interprétés comme un format de date, il suffit de les «échapper» avec un antislash, ce qui donnera quelque chose de cette forme :

```
$auj = date("j m Y \e\\t \i\l \e\s\\t H \h i \m\\n.");
echo "Nous sommes le $auj<br>";
```

On affichera ainsi, par exemple :

```
Nous sommes le 24 02 2004 et il est 12 h 04 mn.
```

Et pour prendre une formule beaucoup plus simple, l'instruction :

```
echo date("d/m/Y");
```

renverra la date du jour selon les spécifications françaises, par exemple :

```
24/02/2004
```

Rangement d'un timestamp dans une variable

Rien n'empêche de ranger la valeur d'un timestamp dans une variable comme le fait l'instruction suivante :

```
$aujourdhui = time();
```

Une autre façon de spécifier un timestamp fait appel à la fonction strtotime. Celle-ci peut prendre comme paramètres divers mots clés et abréviations anglo-saxonnes. Pour mémoriser par exemple la date du 24 février 2004, vous pourriez par exemple écrire :

```
$DateImportante = strtotime("February 24 2004");
```

La fonction strtotime reconnaît les formats suivants :

- **Noms des mois :** Il peut s'agir des noms entiers ou abrégés (en anglais).
- **Jours de la semaine :** Les sept jours (toujours en anglais) et certaines abréviations.
- **Unités de temps :** Un certain nombre de termes classiques dans ce domaine : year, month, fortnight, week, date, hour, minute, second, am, pm.
- **Certains mots utiles :** ago, now, last next, this, tomorrow, yesterday.
- **Les signes plus et moins.**
- **Tous les nombres.**
- **Des fuseaux horaires.** Exemple type : gmt (Greenwich Mean Time).

Voilà de quoi réviser son anglais ! Ces mots et abréviations peuvent être combinés de différentes manières. Toutes les instructions qui suivent sont licites :

```
$DateImportante = strtotime("tomorrow");        #dans 24 heures
$DateImportante = strtotime("now + 24 hours");  #idem
$DateImportante = strtotime("last saturday");   #samedi dernier
$DateImportante = strtotime("8pm + 3 days");    #A 8h du matin
                                                #dans 3 jours
$DateImportante = strtotime("2 weeks ago");     #il y a 2 semaines
$DateImportante = strtotime("next year gmt");   #dans 1 an exactement
$DateImportante = strtotime("this 4am");        #à 4h de l'après midi
```

Toutes ces dates peuvent ensuite être affichées ou manipulées à l'aide d'opérateurs arithmétiques. Si vous voulez savoir combien de secondes se sont écoulées depuis $bonnedate jusqu'à aujourd'hui, écrivez :

```
$nb_secondes = $bonnedate - $aujourdhui;
```

Si vous préférez avoir cette valeur en heures et fractions d'heure, ajoutez une division par 3600 (nombre de secondes dans une heure) :

```
$nb_heures = ($bonnedate - $aujourdhui)/3600;
```

Attention ! La date est représentée «à l'américaine», les mois précédant les jours.

Les dates et MySQL

Vous aurez souvent besoin de ranger une date dans votre base de données MySQL. Ce sera, par exemple, celle où un client aura passé une commande ou bien le moment où un membre d'une association s'est enregistré. Comme nous l'avons vu dans la deuxième partie (Chapitre 4), MySQL, de même que PHP, considère les dates comme étant des entités particulières. Cependant, ils les manipulent différemment. Vous devez donc savoir comment sont manipulées les dates et heures dans PHP (nous venons de le voir) et dans MySQL.

Nous avons présenté les types de données DATE et DATETIME de MySQL dans le Chapitre 3. Voyons rapidement comment se manifestent ces différences.

- » `DATE` : Sous MySQL, l'ordre des éléments d'une date est le suivant : année, mois, jour. L'année peut être exprimée par `aaaa` ou `aa`, le mois par `mm` ou `m` et le jour par `jj` ou `j`. Chaque partie peut être séparée de la suivante par un tiret (-), un slash (/), un point (.) ou un espace.
- » `DATETIME` : Les champs ainsi définis dans MySQL doivent contenir la date et l'heure. La date est formatée comme dans le paragraphe ci-dessus et suivie par l'heure sous la forme `hh:mm:ss`.

Pour pouvoir être placés dans une base de données MySQL, ces éléments doivent avoir le format correct. Pour effectuer la transformation nécessaire, on peut faire usage des fonctions PHP. En voici un premier exemple :

```
$ojourdui = date("Y-m-d");
```

La date est bien ici dans l'ordre année, mois, jour. Autre exemple :

```
$DateImportante = date("Y-m-d", strtotime("March 04 2004));
```

A la suite de la date, on ajoute l'heure. Il ne reste plus qu'à ranger cette valeur dans la base de données au moyen d'une requête de ce genre :

```
UPDATE Membre SET date="$ojourdui"
```

Il est parfois plus efficace d'effectuer des traitements sur les dates et heures avec les fonctions MySQL et non celles de PHP. Ainsi, MySQL propose la fonction DATEDIFF pour calculer le nombre de jours entre deux dates :

```
DATEDIFF(date1,date2)
```

La fonction renvoie un nombre de jours. Voici comment savoir le nombre de jours entre une date lue dans une table et la date courante :

```
SELECT DATEDIFF(NOW(),dnaissance) FROM Clients
```

NOW() est une fonction MySQL qui renvoie la date courante et dnaissance est le nom d'une colonne de données de la table Clients table.

La même fonction permet de récupérer le nombre de jours écoulés entre deux dates spécifiées :

```
SELECT DATEDIFF('2008-1-15','1997-06-23')
```

MySQL comporte de nombreuses fonctions très utiles au niveau des dates et des heures. Voyez cette page du manuel de référence de MySQL :

```
http://dev.mysql.com/doc/refman/5.0/fr/date-and-time-functions.html
```

Comparaison de valeurs

Dans un programme, on trouve de nombreuses *instructions conditionnelles* qui permettent de choisir, à la suite d'une comparaison, entre deux instructions ou entre deux blocs d'instructions. Selon que la comparaison donne comme résultat VRAI ou FAUX, on exécutera l'un ou l'autre des blocs. Voici deux exemples d'instructions conditionnelles :

```
si l'utilisateur est un enfant
   afficher le catalogue des jouets
si l'utilisateur n'est pas un enfant
   afficher le catalogue des produits électroniques
```

Pour choisir la voie à suivre, le programme doit (se) poser des questions en fonction des éléments dont il dispose ou qui lui ont été fournis. Voici quelques questions possibles :

- » L'utilisateur est-il un enfant ? Si oui, afficher le catalogue des jouets.
- » Quels sont les produits les plus vendus ? Afficher les résultats, le plus vendu en tête.
- » Est-ce que l'utilisateur a donné un bon mot de passe ? Si oui, afficher la page dont l'accès est réservé aux membres de l'association.
- » Est-ce que le client réside dans le Doubs ? Si c'est le cas, affichez la liste des vendeurs de ce département.

Pour poser une question dans un programme, vous devez écrire une instruction qui compare deux valeurs. Le programme teste le résultat pour voir s'il est vrai ou faux. En reprenant la première question, on pourrait la détailler ainsi :

- » Le client a moins de 13 ans. Vrai ou faux ? Si c'est vrai, afficher le catalogue des jouets.

- Les ventes du produit 1 sont supérieures à celles du produit 2. Vrai ou faux ? Si c'est vrai, afficher le produit 1 avant le produit 2. Si c'est faux, afficher le produit 2 avant le produit 1.
- Le client a donné comme mot de passe : *secret*. Vrai ou faux ? Si c'est vrai, afficher la page réservée aux membres de l'association.
- Le client réside dans le Doubs. Vrai ou faux ? Si c'est vrai, afficher la liste des vendeurs situés dans ce département.

Une comparaison peut être très simple, comme vous venez de le voir. Plus grand ? Plus petit ? Egal ? Rien de sorcier là-dedans. Mais elle peut aussi être plus élaborée. Par exemple, on peut avoir à rechercher dans une chaîne de caractères si certain(s) caractère(s) s'y trouve(nt) plutôt que de regarder une valeur globale. Est-ce que le nom du client commence par un «S» ? Est-ce que le préfixe téléphonique est celui de la région parisienne ?

Comparaisons simples

Une comparaison simple évalue une valeur par rapport à une autre. PHP propose plusieurs moyens pour effectuer ce genre de comparaisons. Le Tableau 6.3 vous en présente le catalogue.

Tableau 6.3 : Comparaison de deux valeurs.

Comparaison	Signification
==	Les deux valeurs sont-elles égales ?
>	La première valeur est-elle supérieure à la seconde ?
>=	La première valeur est-elle supérieure ou égale à la seconde ?
<	La première valeur est-elle inférieure à la seconde ?
<=	La première valeur est-elle inférieure ou égale à la seconde ?
!=	Les deux valeurs sont-elles différentes ?
<>	Les deux valeurs sont-elles différentes ?

On peut comparer des nombres ou des chaînes de caractères. Ces dernières sont comparées alphabétiquement, les majuscules étant supérieures aux minuscules : la chaîne «SUzanne» est supérieure à la chaîne «Suzanne». Les caractères de ponctuation ont, eux aussi, une place dans l'ordre «alphabétique». Cependant, il faut bien reconnaître que comparer un point à une virgule n'a guère d'intérêt.

Les chaînes de caractères sont comparées selon leur code ASCII. Dans cette codification, tous les caractères standard ont une valeur numérique comprise entre

0 et 127. Les codes allant de 128 à 255 représentent des caractères spéciaux, dont notamment les lettres accentuées. Lors de la comparaison de deux chaînes de caractères, ce sont ces valeurs qui déterminent le résultat de la comparaison. Par exemple, le code qui représente la virgule a pour valeur décimale 44, alors que celui qui représente le point vaut 46. On pourrait en déduire (si cela avait un sens) que le point est supérieur à la virgule !

En règle générale, les comparaisons servent à exécuter des instructions (ou des blocs d'instructions) sous certaines conditions Voyons un petit exemple (sachant qu'en anglais, *si* se dit *if*) :

```
if ( $meteo == "pluie" )
{
    prendre le prarapluie;
    annuler le pique-nique;
}
```

PHP compare la valeur contenue dans la variable $meteo à la valeur *pluie*. Il pleut ? Il va exécuter les deux instructions du bloc qui suit. Le soleil brille ? Ces deux lignes ne seront pas traitées.

Attention au comparateur d'égalité ! Il s'écrit avec deux signes «égal» rigoureusement consécutifs (==), et il ne faut surtout pas le confondre avec l'opérateur d'affectation qui, lui, ne s'écrit qu'avec un seul (=). Si vous écrivez if ($meteo = «pluie»), vous donnez à $meteo la valeur «pluie» au lieu de la comparer à cette valeur.

Revenons à l'exemple donné en tête de cette section. Il se présente ainsi :

```
si l'utilisateur est un enfant
   afficher le catalogue des jouets
si l'utilisateur n'est pas un enfant
   afficher le catalogue des produits électroniques
```

Pour déterminer si l'utilisateur est un adulte, vous devez choisir l'âge à compter duquel un enfant est supposé ne plus s'intéresser aux jouets et préférer les catalogues de produits électroniques grand public. Prenons 13 ans comme âge de référence. Dans ce cas, notre comparaison peut se formaliser ainsi :

```
$age < 13       (est-ce que la personne a moins de 13 ans ?)
$age >= 13      (est-ce que la personne a au moins 13 ans ?)
```

Une façon de programmer ces conditions consiste à utiliser les instructions ci-dessous :

```
if ($age < 13)
```

```
     $etat = "enfant";
if ($age >= 13)
     $etat = "adulte";
```

PHP compare alors le contenu de la variable $age à la constante *13* au moyen du comparateur «<». Si la réponse est VRAI, la proposition est vérifiée, l'utilisateur est un enfant et on enregistre la valeur *enfant* dans la variable $etat. La seconde condition réalise un travail semblable avec l'opérateur de comparaison «>=». Si la réponse est VRAI, l'utilisateur est un adulte, ce que l'on enregistre également dans la variable $etat. Il ne reste plus qu'à repartir de cette variable pour prendre la bonne décision. Certes, ces instructions pourraient être écrites plus efficacement, mais cela marche. Nous reviendrons plus en détail sur cette question dans le Chapitre 7.

Chaînes de caractères et motifs de recherche

Il peut arriver que vous ayez besoin de rechercher dans une chaîne de caractères la présence de certaines caractéristiques et non de la comparer globalement à une autre. Par exemple, vous pouvez vouloir identifier toutes les chaînes commençant par un «S» ou toutes celles contenant des chiffres. Pour cela, on explore la chaîne avec un *motif de recherche appelé expression rationnelle ou encore profil de recherche (en anglais : regular expression)*.

Les *caractères de substitution* (ou *jokers*) comme * ou ? qu'on rencontre dans certains systèmes d'exploitation (MS-DOS ou UNIX, par exemple) constituent une forme élémentaire de motif de recherche. Par exemple, *.txt représente tous les fichiers, quel que soit leur nom, dont l'extension est .txt. Plus restrictif, c*.txt représente tous les fichiers dont l'extension est .txt et dont le nom commence par un «c», comme charles.txt ou copie.txt. Les véritables expressions rationnelles permettent de raffiner considérablement cette approximation.

Dans une page Web, l'usage le plus courant d'une expression rationnelle est la vérification des saisies effectuées par un utilisateur à l'aide d'un formulaire. Cela évite de ranger dans une base de données des informations dépourvues de sens. Dans le cas d'un nom propre, par exemple, vous pourrez ainsi déceler des anomalies telles que la présence de chiffres ou de caractères de ponctuation inhabituels. Un nom consiste, en effet, en une suite de lettres parmi lesquelles on peut trouver (sauf aux extrémités) un tiret, une apostrophe ou un espace comme c'est le cas dans «Goujon-Duval», «d'Hauteville» ou «De La Rue». Si une recherche par expression rationnelle décèle la présence de caractères autres que a à z, A à Z, lettres accentuées, -, ' ou espace, il y a sûrement une erreur.

Un motif de recherche se compose de caractères *littéraux* et de caractères *spéciaux*. Les premiers sont des caractères ordinaires n'ayant pas de signification particulière. Les caractères spéciaux sont des caractères ordinaires qui, dans une expression rationnelle, prennent une signification particulière. Le Tableau 6.4 vous présente un échantillon des principaux caractères spéciaux utilisés dans les motifs de recherche.

Tableau 6.4 : Caractères spéciaux les plus fréquemment utilisés dans un motif de recherche.

Caractère	Signification	Exemple	Correspond à	Ne correspond pas à
`^`	Début d'une ligne	`^c`	`chat`	`mon chat`
`$`	Fin d'une ligne	`t$`	`chat`	`chatte`
`.`	N'importe quel caractère	`f.ire`	`faire`, `foire`	`foirer`, `défaire`
`?`	Le précédent caractère est facultatif	`lapine?s`	`lapins`	`lapons`
`( )`	Groupement de littéraux dans une chaîne qui doit correspondre exactement	`lap(ine)s`	`lapines`	`lapins`
`[ ]`	Définit un ensemble de caractères facultatifs	`lapin[es]`	`lapin`, `lapine`, `lapines`	`lapons`
`-`	Tous les caractères entre deux caractères	`lap[i-u]n`	`lapin`, `lapon`	`lapen`
`+`	Un ou plusieurs exemplaires des caractères précédents	`beta[1-3]+`	`beta2`, `beta22`, `beta132`	`beta`, `beta45`
`*`	Aucun ou plusieurs exemplaires des caractères précédents	`beta[1-3]*`	`beta2`, `beta`, `beta132`	`betax`, `beta45`
`&{ , }`	Nombre de répétitions possibles	`[0-9]{2,5}`	`123`, `145`	`1`, `xx3`
`\`	Le caractère suivant est un littéral	`m\*n`	`m*n`	`mon`, `man`
`( | | )`	Plusieurs groupes possibles	`(Marcel|Michel)`	`Marcel`, `Michel`	`Manuel`

Littéraux et caractères spéciaux sont associés pour créer un motif de recherche dont la complexité peut parfois être déroutante. La chaîne de caractères examinée est alors explorée selon les spécifications de ce motif de recherche. Si la recherche est couronnée de succès, le résultat est VRAI. On peut dès lors choisir entre deux chemins dans la suite du programme. Voici quelques exemples simples de motifs de recherche :

» **[^A-Z].*·— Chaîne de caractères commençant par une majuscule**

- **[^A-Z] —** La chaîne doit commencer par une majuscule
- **.* —** Elle doit continuer par un nombre quelconque de caractères

Correspondance :

- Une fois encore
- A

Pas de correspondance :

- une fois encore
- a

» **Chère (Julie|Sandra) — Choix entre deux chaînes de caractères**

- **Chère —** Caractères littéraux
- **(Julie|Sandra)** — «Julie» ou «Sandra»

Correspondance :

- Chère Julie
- Chère Sandra

Pas de correspondance :

- Chère Madeleine
- Sandra

» **·^[0-9]{5,5}(\-[0-9]{4,4})?$ — N'importe quel code zip (code postal américain)**

- **^[0-9]{5,5} —** N'importe quelle chaîne de 5 chiffres
- **\- —** un littéral
- **[0-9]{4,4} —** Une chaîne composée de 4 chiffres
- ( )? — Regroupe les deux dernières parties du motif et le rend optionnel

Correspondance :

- 90001
- 90002-4232

Pas de correspondance :

- 9001
- 12-4321

» **^.+@.+\.com$ — Une chaîne de caractères se terminant par «.com» et contenant un arobase (@)**

- **^.+** — N'importe quelle suite de un ou plusieurs caractères
- **@** — Un arobase (@) littéral
- **.+** — N'importe quelle chaîne de un ou plusieurs caractères
- **\.** — Un point littéral (.)
- **com$** — La chaîne «.com» à la fin

Correspondance :

- marie@monserveur.com

Pas de correspondance :

- marie@monserveur.net
- marie@com
- @marie.com

Pour faire une recherche dans une chaîne de caractères au moyen d'un motif de recherche, vous pouvez utiliser la fonction ereg() dont la forme générale est :

```
ereg("jlqfc", `e^ kb□Ł□bumilobo);
```

Par exemple, pour vérifier le nom saisi par un utilisateur dans la boîte de saisie d'un formulaire, vous pouvez écrire :

```
ereg("^[A-Za-z' -]+$",$nom)
```

» La présence des caractères ^ et $ délimite le début et la fin de la chaîne. Cela signifie que tous les caractères de celle-ci doivent vérifier le motif.

» Les crochets délimitent les caractères autorisés dans la chaîne. Tous les autres sont refusés. Il s'agit donc ici des lettres minuscules et majuscules, de l'apostrophe, de l'espace et du tiret. Remarquez que ce dernier sert aussi à définir une plage, comme dans `A-Z`. Pour éviter toute confusion, le tiret ne doit pas être placé entre deux autres caractères. En l'insérant tout à la fin, il sera normalement intégré au motif.

» Enfin, le signe + indique que la chaîne doit contenir au moins un caractère pour pouvoir vérifier le motif. Une chaîne vide sera donc automatiquement rejetée.

Insistons un peu. Lorsque vous utilisez un tiret littéral (-) dans un groupe placé entre crochets, ce tiret doit être le premier ou le dernier caractère du groupe. Faute de quoi, s'il se trouve entre deux caractères, il sera interprété comme un caractère spécial spécifiant la suite de caractères se trouvant entre ces deux caractères.

Association de comparaisons

Souvent, une simple comparaison n'est pas suffisante pour vérifier une condition et il faut en associer plusieurs. Supposez, par exemple, que votre entreprise propose plusieurs catalogues pour différents produits et en différentes langues. Vous devez savoir quel produit intéresse l'utilisateur et dans quelle langue il veut qu'il soit affiché. Voici comment se présente une association de comparaisons :

```
comparaison1 and|or|xor comparaison2
             and|or|xor comparaison2
             and|or|xor ...
```

avec :

- » **and :** Les deux comparaisons doivent répondre VRAI.
- » **or :** L'une ou l'autre des deux comparaisons doit répondre VRAI.
- » **xor :** Une seule des deux comparaisons doit répondre VRAI (et donc l'autre FAUX).

La liste suivante vous montre quelques exemples d'associations de comparaisons :

- » `$client == "Dupont" or $client == "Dupond"` — Le nom du client doit être Dupont ou Dupond.
- » `$client == "Dupont" and $ville == "Blois"` — Le nom du client doit être Dupont et il doit habiter Blois.
- » `$client == "Dupont" or $ville == "Blois"` — Le nom du client doit être Dupont ou bien il doit habiter Blois.
- » `$client == "Dupont" xor $ville == "Blois"` — Le nom du client doit être Dupont ou bien il doit habiter Blois, mais pas les deux à la fois.
- » `$client == "Dupont" and $age < 13` — Le nom du client doit être Dupont et il doit avoir moins de 13 ans.

Vous pouvez ainsi associer autant de comparaisons que vous le souhaitez. Le groupe contenant and est testé en premier. Vient ensuite celui contenant xor, puis celui contenant or. Dans l'exemple qui suit, il y a trois comparaisons associées :

```
$age == 20 or $age == 30 and $nom == "Jules"
```

Si le nom du client est Jules et qu'il est âgé de 30 ans, le résultat est VRAI. Le résultat est également VRAI si, quel que soit son nom, le client a 20 ans. Le résultat est FAUX si le client a 30 ans et qu'il ne s'appelle pas Jules. Ces résultats découlent de l'ordre d'exploration que nous venons d'énoncer :

» **Association par and.** Le programme teste `$age` pour voir s'il contient la valeur 30, puis il teste `$nom` pour voir s'il est égal à «Jules». Si les deux conditions sont remplies, il est inutile de comparer `$age` à 20, puisqu'il suffit qu'une des deux conditions associées par un `or` soit vraie pour que la proposition soit vraie.

» **Association par or.** Lorsque la condition `and` a répondu FAUX, le programme teste `$age` pour voir s'il contient la valeur 20. Si c'est vrai, le résultat vaut VRAI. Dans le cas contraire, le résultat est FAUX.

Vous pouvez modifier l'ordre de l'évaluation par l'usage de parenthèses qui forcent l'évaluation prioritaire des comparaisons ainsi encadrées. Dans l'exemple précédent, si on écrit :

```
($age == 20 or $age == 30) and $nom == "Jules"
```

C'est la condition or qui va être testée en premier et la condition and en dernier. Voici ce que cela va donner :

» **Association par or.** Le programme compare la valeur de `$age` à 20 puis à 30. Si la réponse à l'une des questions ou aux deux est VRAI, le résultat est VRAI. Si le résultat vaut VRAI, il est nécessaire de faire le test suivant. Si ce n'est pas le cas, il n'est pas nécessaire de tester l'association par `and`.

» **Association par and.** Le programme teste `$age` pour voir s'il contient la valeur 20. Si c'est vrai, le résultat est VRAI.

N'hésitez pas à entourer vos comparaisons de parenthèses, même si vous pensez être certain de l'ordre dans lequel elles vont s'effectuer. Abondance de biens ne nuit pas.

Si vous connaissez déjà d'autres langages de programmation comme le C, par exemple, vous avez peut-être déjà utilisé || pour représenter *or* et && pour représenter *and*. Ces deux associations de caractères sont aussi utilisables en PHP. Les deux expressions suivantes donneront le même résultat :

```
$a < $b and $c
$a < $b && $c
```

Mettez des commentaires dans vos programmes

Les *commentaires* sont des notes incluses à l'intérieur d'un programme pour documenter telle ou telle section ou même telle ou telle instruction. Ils facilitent grandement la relecture et la maintenance des programmes, surtout si cette dernière doit être effectuée par quelqu'un qui n'est pas celui ou celle qui a écrit le programme.

Usez avec libéralité des commentaires. PHP les ignore car ils n'intéressent que les humains. Mais, bien entendu, vous devez dire à PHP que ce sont des commentaires. Pour cela, il y a deux façons de procéder selon l'endroit où vous allez les placer et le nombre de lignes qu'ils contiennent.

Commentaires longs

Au début du commentaire, vous devez placer le couple `/*` et à la fin le couple `*/` (dans les deux cas, sans espace entre les deux caractères). Tout ce qui se trouve entre ces deux délimiteurs sera considéré comme du commentaire par PHP. Exemples :

```
/* Le calcul suivant
   détermine le montant
   des frais de port */

$prixTTC = $prixHT * 1.196;  /* Calcul du prix TTC */
```

En tête d'un programme, il est bon de placer un assez long commentaire indiquant le nom et l'objet du programme, le nom de son auteur, la date de son écriture et les dates de ses modifications ultérieures, comme dans l'exemple ci-dessous :

```
/* nom :         catalogue.php
   description : Ce programme affiche les descriptions des produits.
                 Celles-ci sont conservées dans une base de données.
                 La description à afficher est choisie par le client
                 dans la base de données d'après la catégorie que
                 l'utilisateur a saisie dans un formulaire.
   écrit par :   Jules Martin
   créé le :     23 mars 2004
   modifié le : 15 avril 2004
                 4 juin 2004
*/
```

Ajoutez des commentaires partout où il est nécessaire de préciser ce que fait le programme. C'est un conseil gratuit et particulièrement important lorsque les séquences d'instructions sont compliquées. Par exemple :

```
/* Retrouve l'information dans la base de données */
/* Vérifie que le client a plus de 18 ans */
/* et ajoute les frais de port au montant de la commande */
```

Commentaires courts

Lorsque le commentaire a moins d'une ligne, par exemple à la suite d'une instruction, vous pouvez utiliser une forme particulière qui ne demande qu'un délimiteur de début (// ou # en l'occurrence). Dans ce cas, la remarque se termine en même temps que la ligne sur laquelle elle figure. Exemple :

```
// Nous allons calculer le prix TTC
$prixTTC = $prixHT * 1.196;  // Calcul du prix TTC
```

Pour mettre en valeur un commentaire (comme le titre donné à un bloc d'instructions ou une note particulièrement importante), vous pouvez l'encadrer en totalité, comme ceci :

```
###########################################
##  CETTE SECTION EST A VERIFIER DE PRES ##
###########################################
```

Cela ne vous empêche pas d'écrire de longs commentaires, à condition, bien sûr, que chacune des lignes qu'ils contiennent soit précédée du délimiteur spécial. Mais il faut reconnaître que c'est fastidieux et moins facile à relire. Voici comment pourrait se présenter alors l'exemple de description de programme que nous avons donné dans la section précédente :

```
// nom :         catalogue.php
// description : Ce programme affiche les descriptions des produits.
//               Celles-ci sont conservées dans une base de données.
//               La description à afficher est choisie par le client
//               dans la base de données d'après la catégorie que
//               l'utilisateur a saisie dans un formulaire.
// écrit par :   Jules Martin
// créé le :     23 mars 2004
// modifié le :  15 avril 2004
//               4 juin 2004
```

Bien entendu, les commentaires sont éliminés par PHP de ce qu'il envoie au navigateur de l'utilisateur. Ce dernier ne les voit donc jamais.

Chapitre 7

Briques de base pour l'écriture de programmes en PHP

DANS CE CHAPITRE :

» **Envoi de sorties vers une page Web.**

» **Affectation de valeurs aux variables.**

» **Incrémentation/décrémentation de variables.**

» **Arrêt et interruption d'un programme.**

» **Création et usage de tableaux.**

» **Emploi des instructions conditionnelles.**

» **Réalisation de boucles pour les traitements répétitifs.**

» **Les fonctions.**

Les programmes PHP consistent en une suite d'instructions placées dans un fichier ayant une extension particulière (généralement .php voire .phtml). Lorsqu'un navigateur demande au serveur Web de lui envoyer ce fichier, le serveur recherche les sections contenant du PHP et les passe à l'interpréteur PHP qui les traduit et les renvoie au serveur, lequel, à son tour, retourne ces résultats au navigateur.

Les briques de base constituant le programme PHP sont des blocs d'instructions où chacune est terminée par un point-virgule. Nous en avons eu un exemple au Chapitre 6 avec le programme qui affichait «Hello world!». Dans la réalité, les programmes qui réalisent une application de base de données sur le Web ne sont pas aussi simples. Ils doivent dialoguer des deux côtés : avec l'utilisateur, d'une part, et une base de données, d'autre part. En conséquence, leurs briques de base se compliquent notablement.

Voici quelques-unes des tâches de programmation habituelles demandant une certaine complexité :

» **Enregistrement de groupes de valeurs faisant partie d'un ensemble.** Les informations dont vous disposez sont souvent de cette nature : description, image et prix d'un produit en sont un exemple. En les enregistrant sous la forme d'un groupe, vous pouvez ensuite les retrouver plus facilement. Ce groupe est ce qu'on appelle (en PHP comme dans d'autres langages) un *tableau*.

» **Création de blocs d'instructions qui ne s'exécutent que lorsque certaines conditions sont remplies.** C'est ce qui vous permettra, par exemple, de proposer un catalogue de jouets à un enfant et un catalogue d'outils de jardinage à un adulte. C'est ce qu'on appelle des instructions ou des blocs *conditionnels*. L'instruction qui permet de réaliser cela est le *if*.

» **Création d'un bloc d'instructions destinées à être répétées.** Par exemple, pour afficher une liste de clients, vous devrez faire la même chose pour chacun d'eux : l'extraire de la base de données et l'envoyer sur l'écran du navigateur (ou le placer dans une liste qui recevra un certain traitement). C'est ce qu'on appelle une *boucle*. PHP propose trois types de boucles : *for*, *while* et *do ... while*.

» **Ecrire des blocs d'instructions réutilisables.** Beaucoup de tâches doivent être accomplies à plusieurs endroits d'une même application. Par exemple, extraire des informations d'une base de données sur un produit et les afficher plusieurs fois. Pour simple que cela paraisse, cela nécessite néanmoins plusieurs instructions. Il est préférable d'écrire ce bloc d'instructions sous une forme qui permette de l'*appeler* chaque fois qu'on en a besoin, sans qu'il soit nécessaire de le réécrire. C'est ce qu'on appelle une *fonction*.

Dans ce chapitre, vous allez apprendre à créer les briques de base des programmes PHP. Nous verrons les instructions et les structures les plus utilisées et la façon de les construire. Ensuite, au Chapitre 10, nous apprendrons à les employer pour manipuler les informations contenues dans les bases de données.

Instructions simples mais utiles

Une instruction se termine toujours par un point-virgule. (Je ne le dirai jamais assez tant cette ponctuation est souvent oubliée !) Voici quelques-unes des instructions simples mais fréquemment utilisées qu'on rencontre dans un programme PHP :

- » **Instruction** `echo` : Elle génère une sortie à destination du navigateur.
- » **Instruction d'affectation** : Elle affecte une valeur à une variable.
- » **Instruction d'incrémentation/décrémentation** : Elle augmente ou diminue le contenu d'une variable d'une valeur entière.
- » **Instruction** `exit` : Elle met fin à l'exécution du programme.
- » **Appel de fonction** : Elle permet de réutiliser des blocs d'instructions écrits spécialement pour effectuer une certaine tâche.

Nous allons voir de plus près ces instructions dans les sections qui suivent.

echo

Cette instruction génère une sortie à destination du navigateur. Ce dernier l'interprète comme s'il s'agissait de HTML.

Sa forme générale est :

```
echo «i«jbkq)«i«jbkq)«i«jbkq+++8
```

où *élément* est une constante (numérique ou chaîne de caractères) ou une variable. Leur liste n'est pas limitée en nombre, chacune étant séparée de la suivante par une virgule. Toute chaîne de caractères, quelle qu'elle soit (un espace, par exemple), doit être enclose entre guillemets ou entre apostrophes.

Un nom de variable encadré par des guillemets affiche le contenu de la variable, alors qu'encadré par des apostrophes il affiche le *nom* de la variable. Si $string contient « Hello » :

- » **echo "$string";** Affichera : `Hello`
- » **echo '$string';** Affichera : `$string`

En supposant que $string1 contienne «Hello» et $string2 «World!», voici quelques exemples d'utilisation de cette instruction :

- » **echo Hello;** Produit le diagnostic (avertissement) : "Use of undefined constant Hello in ...". Affiche : `Hello`.
- » **echo Hello,World!;** Produit le diagnostic (erreur) : "**Parse error**: parse error, expecting `','' or `';'' in ...". Rien n'est affiché, l'exécution du programme n'ayant pas lieu.
- » **echo Hello World!;** Produit le diagnostic (erreur) : "**Parse error**: parse error, expecting `','' or `';'' in ...". Rien n'est affiché, l'exécution du programme n'ayant pas lieu.

- **echo 'Hello World!';** Affiche : `Hello World!`
- **echo $string1;** Affiche : `Hello`.
- **echo $string1,$string2;** Affiche : `HelloWorld!`
- **echo "$string1 $string2";** Affiche : `Hello World!`
- **echo "Hello",$string2;** Affiche : `HelloWorld!`
- **echo "Hello", "$string2";** Affiche : `HelloWorld!`
- **echo '$string1',"$string2";** Affiche : `HelloWorld!`

Un nom de variable peut être composé à partir du nom d'une variable qui existe et d'un suffixe formé d'une simple chaîne de caractères, à condition de placer le nom de la variable entre accolades, comme dans l'exemple suivant :

```
$préfixe = "géo";
echo "La {$préfixe}graphie est enseignée ici";
```

L'exécution de ces deux instructions affiche :

```
La géographie est enseignée ici
```

Si vous omettez les parenthèses, PHP recherchera une variable du nom de $préfixegraphie, qu'il ne trouvera évidemment pas. Il enverra donc un message d'avertissement à ce sujet, puis affichera simplement le reste de la phrase :

```
La est enseignée ici
```

Lorsque vous voulez afficher une page Web (ou une partie de page Web), vous devez tenir compte des trois éléments suivants :

- **Le programme PHP.** Les instructions PHP `echo` que vous écrivez.
- **Le code source HTML.** C'est celui que vous pouvez voir lorsque vous cliquez sur le menu Affichage/Source de votre navigateur. Ce *code source* est celui qui est produit par les instructions `echo`.
- **La page Web.** C'est ce que vont voir vos utilisateurs. Elle est produite par le code source HTML.

L'instruction echo envoie exactement ce que vous y avez mis. Ni plus ni moins. S'il ne s'y trouve pas de balise HTML, le navigateur n'en recevra aucune.

Les caractères de contrôle (tabulation, retour chariot, alinéa...) présents dans une chaîne de caractères qui figure dans une instruction echo **ne sont pas** des balises HTML. En conséquence, ils n'ont aucune action sur les sorties affichées par le navigateur et ne font que modifier la façon dont se présente ce qu'il reçoit avant traitement. Si vous voulez par exemple provoquer un saut de ligne dans la sortie produite par PHP, vous devez inclure un caractère spécial (\n). Mais cette syntaxe n'envoie *pas* une balise HMTL de saut de ligne sur la page Web.

Les Figures 7.1 et 7.2 en montrent un exemple, obtenu à l'aide du Listing 7.1.

LISTING 7.1 : Exemple permettant de voir les différences entre ce que reçoit le navigateur et ce qu'il affiche.

```
<?php
echo "Hello World!";
echo "Hello World!";
echo "Here I am!";
echo "Hello World!\n";
echo "Here I am!";
echo "Hello World!<br>";
echo "Here I am!";
echo "Hello World!<br>\n";
echo "Here I am!";
?>
```

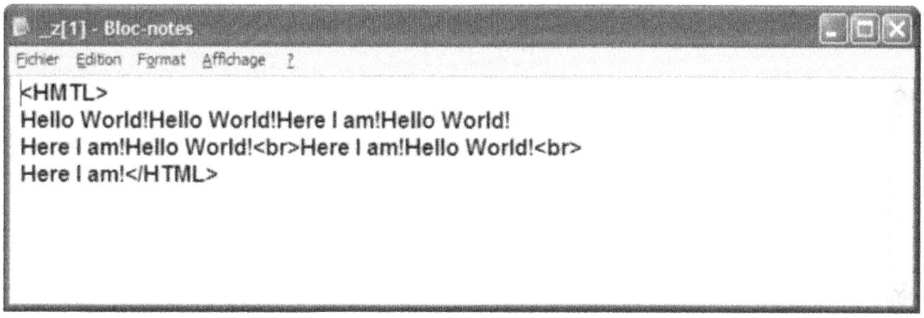

FIGURE 7.1 : Ce qui est reçu par le navigateur.

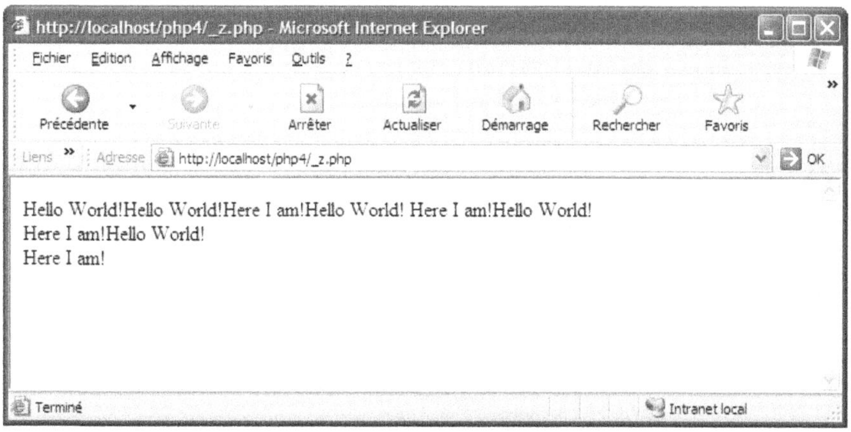

FIGURE 7.2 : Ce qui est affiché par le navigateur.

Vous pouvez constater que le code \n provoque bien un changement de ligne dans la sortie, c'est-à-dire dans le code source HTML. Ce qui se traduit dans la page Web par l'insertion d'un espace. Si vous voulez changer de ligne dans cette page elle-même, il vous faut envoyer une balise HTML adaptée, comme <br>. C'est ce que montre le listing précédent.

N'hésitez pas à insérer des \n un peu partout dans vos instructions echo. Faute de quoi, le code source HTML qui sera reçu par le navigateur se présentera comme une suite de longues lignes peu lisibles. Par exemple, si vous envoyez au navigateur un grand formulaire, même s'il se présente bien sur l'écran, ce que recevra le navigateur sera constitué par une seule longue ligne. Le temps que vous passerez à mettre en place ces caractères de saut sera payant lorsque vous voudrez comprendre pourquoi quelque chose ne marche pas comme vous le voulez dans le code HTML envoyé au navigateur.

Instructions d'affectation

C'est au moyen des instructions d'affectation qu'on peut donner des valeurs aux variables. L'opérateur d'affectation est le signe égal (=). Le nom de la variable s'écrit à sa gauche et la valeur à donner à cette variable à sa droite. Exemple :

```
$maVariable = 345.76;
```

Au lieu d'une simple constante, on peut utiliser une variable ou une *expression*, c'est-à-dire une combinaison de constantes et de variables au moyen d'opérateurs du même type. On ne peut pas, en effet, mélanger des éléments de nature différente (valeurs numériques et chaînes de caractères). Voici quelques exemples d'affectations correctement écrites :

```
$nombre = 2;
$nombre = 2+1;
$nombre = (2 - 1) * (4 * 5) -17;
$nombre2 = $nombre + 3;
chaîne = "Hello World";
chaîne2 = chaîne." encore !";
```

Il faut savoir que, si vous mélangez les deux types, vous n'obtiendrez pas de message d'erreur, mais le résultat ne sera presque jamais celui que vous attendiez. Voici des exemples d'instructions incorrectement écrites :

```
$nombre = 2;
$chaîne = "Hello";

$res1 = $nombre + $chaîne;
$res2 = $nombre.$chaîne;
```

```
echo $res1;
echo $res2;
```

Voici ce qui sera affiché :

```
2        ($chaîne est considérée comme valant 0)
2Hello   ($nombre est considérée comme un caractère)
```

Incrémentation et décrémentation

On utilise souvent une variable comme *compteur*. Par exemple, pour être sûr que le visiteur voit bien le logo de votre entreprise dans sa page Web, vous décidez de l'afficher trois fois. Vous mettez une variable à zéro puis, chaque fois que vous affichez le logo, vous ajoutez 1 à cette variable. Lorsque cette valeur atteint 3, vous savez qu'il est temps d'arrêter cet affichage. Voici ce que vous pourriez écrire :

```
$compteur = 0;
$compteur = $compteur + 1;
echo $compteur;
```

La première fois, vous afficherez 1, les fois suivantes 2, puis 3. Mais il y a moyen d'adopter une forme d'écriture plus concise :

```
$compteur = 0;
$compteur++;
echo $compteur;
```

La suite des deux signes «++» sans espace entre eux est appelée *opérateur d'incrémentation*. Cet opérateur a pour effet d'ajouter 1 à la variable sur laquelle il porte (qui est écrite à sa gauche).

Symétriquement, il existe un *opérateur de décrémentation* qui se note «--» et qui a pour effet de soustraire 1 à la variable écrite à sa gauche :

```
$compteur--;
```

Il existe une variante de ces deux opérations qui permet d'ajouter ou de soustraire une valeur quelconque à une variable. En voici quelques exemples :

- `$compteur=+2;` on ajoute 2 à `$compteur`.
- `$compteur=-3;` on soustrait 3 de `$compteur`.
- `$compteur=*2;` on multiplie la valeur de `$compteur` par 2.
- `$compteur=/3;` on divise la valeur de `$compteur` par 3.

exit

Cette instruction a pour effet d'arrêter l'exécution d'un programme à un endroit quelconque, par exemple à la suite d'une erreur ou d'une donnée invalide. Plus aucune instruction n'est exécutée ensuite. Sa forme générale est :

```
exit ("jbpp^db");
```

message est le message qui sera affiché sur l'écran au moment de l'arrêt. Par exemple :

```
exit ("Le calcul est terminé.");
```

Sa présence est facultative et on peut écrire tout simplement :

```
exit;
```

Il existe une autre instruction pour arrêter un programme, l'instruction die qui s'utilise absolument de la même façon que exit :

```
die("Ce programme se meurt");
```

Appels de fonctions

Les *fonctions* sont des blocs d'instructions destinés à accomplir telle ou telle tâche. Elles sont écrites de façon à pouvoir être *appelées* autant de fois que nécessaire, sans qu'il soit besoin de réécrire les instructions qu'elles contiennent. On parle quelquefois à ce propos de *sous-programmes*. Une fonction doit être *déclarée* et recevoir un *nom* (sans cela, comment feriez-vous pour l'appeler ?). Voici un exemple d'appel de fonction :

```
maFonction();
```

Supposons que vous ayez écrit une fonction qui affiche, en les extrayant d'une base de données, les noms et prénoms de tous les clients qui résident dans un certain département. Vous écrivez cette tâche sous forme de fonction et lui donnez le nom afficheClients(). Pour utiliser cette fonction en pratique, vous devrez lui indiquer le nom du département auquel vous vous intéressez. Vous écrirez par exemple :

```
afficheClients("Val de Marne");
```

Pour distinguer les noms de fonctions des noms de variables, il est d'usage de les faire suivre d'une paire de parenthèses.

Ce qui se trouve à l'intérieur des parenthèses est appelé *argument* de la fonction. Sa valeur est *passée* à la fonction. Il est possible de passer plusieurs arguments dans un appel de fonction, pourvu que cela ait été prévu lors de l'écriture de celle-ci.

Il existe un très grand nombre de fonctions natives dans PHP (environ 2 800 !). Nous en avons déjà rencontré quelques-unes : unset(), date(), strtotime(), etc. Nous ne décrirons évidemment pas toutes ces fonctions, mais nous aurons l'occasion d'en rencontrer bien d'autres dans les chapitres suivants.

Voici par exemple comment dé-définir une variable nommée $mavariable par un appel à unset() :

```
unset($mavariable);
```

Les tableaux

Les tableaux sont des structures de variables complexes. Dans un *tableau* (*array*, en anglais), on peut ranger un ensemble de variables ordinaires (dites *scalaires*) sous un nom unique. C'est un excellent moyen de conserver un groupe de variables de même nature ou concernant le même objet. Par exemple, vous pouvez conserver dans un tableau trois éléments concernant des chemises : leur taille, leur couleur et leur prix, et appeler le tableau qui les contiendra $chemisesInfo. Ce tableau, vous pourrez ensuite le manipuler de diverses façons. Le trier, par exemple. Pour cette dernière tâche, vous verrez plus loin que PHP propose plusieurs fonctions.

Création d'un tableau

La façon la plus simple de créer un tableau est d'ajouter une paire de crochets à la suite d'un nom de variable et de lui affecter une valeur. Pour créer un tableau contenant les différents types d'animaux du premier de nos deux exemples, on pourrait écrire :

```
$animaux[1] = "dragon";
```

Dès lors, il existe un tableau $dragon[] qui ne contient pour l'instant qu'une seule valeur.

De même qu'on écrit une paire de parenthèses à droite du nom d'une fonction pour indiquer qu'il s'agit d'un nom de fonction, on a l'habitude d'écrire une paire de crochets à droite d'un nom de tableau pour marquer qu'il s'agit d'un tableau et non d'une variable scalaire (ordinaire).

Pour ajouter d'autres valeurs dans ce tableau, on peut ensuite écrire :

```
$animaux[1] = "chat";
$animaux[2] = "licorne";
```

D'un autre côté, un tableau peut être considéré comme une liste de couples (ou *paires) de clés et de valeurs*. Dans l'exemple que nous venons de donner, les clés sont des nombres (1, 2, 3). Plus simplement, on peut écrire :

```
$animaux[] = "dragon";
$animaux[] = "chat";
$animaux[] = "licorne";
```

En l'absence d'*indice* (le nombre placé entre crochets), la première valeur adoptée est 0 et les valeurs suivantes sont les entiers 1, 2, 3... Si, ensuite, vous écrivez :

```
echo $animaux[1];
```

vous afficherez bien :

```
chat
```

Au lieu de donner des valeurs numériques aux indices, on peut leur attribuer des *noms* écrits sous forme de chaînes de caractères, comme dans l'exemple suivant qui concerne une liste des chefs-lieux de départements :

```
$cheflieu["Oise"] = "Beauvais";
$cheflieu["Yvelines"] = "Versailles";
$cheflieu["Val de Marne"] = "Créteil";
```

Yvelines est ici la clé du second élément du tableau $cheflieu[], et la valeur qui correspond à cette clé est Versailles.

Il existe un moyen encore plus simple de créer un tableau et de le garnir de quelques valeurs :

```
$cheflieu = array("Beauvais", "Versailles", "Créteil");
```

Si on utilisait des clés alphabétiques à la place des indices numériques, il faudrait écrire :

```
$cheflieu = array("Oise" => "Beauvais",
                  "Yvelines"] => "Versailles",
                  "Val de Marne"] => "Créteil");
```

S'il n'y a pas ambiguïté, on peut parfaitement utiliser comme délimiteur de chaîne l'apostrophe à la place des guillemets.

Afficher le contenu d'un tableau

Un élément de tableau peut être affiché à l'aide de la commande echo, comme ceci :

```
$cheflieu["Yvelines"];
```

Pour inclure cet élément dans une longue instruction echo comportant une chaîne placée entre guillemets, vous devrez le délimiter à l'aide d'accolades. Par exemple :

```
echo "La préfecture des Yvelines est {$cheflieu["Yvelines"]}<br>";
```

Vous pouvez visualiser la structure et les valeurs d'un tableau en faisant appel à l'instruction print_r. Voici comment afficher le tableau $cheflieu :

```
print_r($cheflieu);
```

La sortie va alors indiquer :

```
Array
(
    [Oise] => Beauvais
    [Yvelines] => Versailles
    [Val de Marne] => Créteil
)
```

Pour chaque élément, vous obtenez sa clé et sa valeur.

L'affichage dans la page Web se fait au format HTML. Le navigateur n'affichera donc qu'une seule longue ligne. La présentation ci-dessus est celle qui vous est proposée lorsque vous demandez à voir le code source. Pour obtenir une présentation plus lisible, vous devez envoyer des balises HTML qui demandent au navigateur d'afficher le texte exactement comme il arrive.

Suppression d'éléments dans un tableau

Pour supprimer un élément d'un tableau, il ne suffit pas de lui donner la valeur 0 (dans le cas d'un tableau de valeurs numériques) ou «» (dans le cas d'un tableau de chaînes de caractères), il faut utiliser la fonction native unset() que nous avons déjà rencontrée et écrire, par exemple :

```
unset($animaux[2]);
```

En procédant autrement, vous obtiendriez simplement un élément nul ou vide, mais le tableau contiendrait toujours le même nombre d'objets !

Tri de tableaux

Trier un tableau signifie réordonner son contenu selon un certain critère, par exemple, en ordre alphabétique ascendant. (Par défaut, les éléments sont présentés dans l'ordre où ils ont été créés.) Pour cela, PHP propose plusieurs fonctions. La plus simple est sort(). Exemple :

```
sort($animaux);
```

Cette fonction trie le tableau selon les valeurs qu'il contient et réassigne de nouvelles valeurs aux clés selon le résultat du tri. S'il s'agit d'un tableau de chaînes de caractères, celles dont l'initiale est un chiffre apparaîtront en tête, suivies par celles dont l'initiale est une majuscule, puis par celles dont l'initiale est une minuscule. Reprenons notre exemple du tableau des animaux créé par :

```
$animaux = array("dragon", "chat", "licorne");
```

Après avoir exécuté l'instruction :

```
sort($animaux);
```

le tableau contiendra :

```
$animaux[0] = "chat";
$animaux[1] = "dragon";
$animaux[2] = "licorne";
```

Prenons maintenant le cas d'un tableau doté de clés alphanumériques comme le tableau $cheflieu[]. Trions-le au moyen de l'instruction :

```
sort($cheflieu);
```

Nous allons obtenir :

```
$cheflieu[0] = "Beauvais";
$cheflieu[1] = "Créteil";
$cheflieu[2] = "Versailles";
```

Les clés ont donc été converties en pointeurs numériques, ce qui n'est sans doute pas ce que nous voulions obtenir. Pour effectuer correctement le tri, il faut utiliser la variante asort :

```
asort($cheflieu);
```

Le tableau devient alors :

```
$cheflieu("Oise") =  "Beauvais";
$cheflieu("Val de Marne") =  "Créteil";
$cheflieu("Yvelines") =  "Versailles";
```

Les valeurs sont classées dans l'ordre alphabétique croissant, et la correspondance avec les clés est parfaitement conservée. Par contre, la situation serait différente si les clés étaient numériques. Supposons que le tableau soit défini ainsi :

```
$cheflieu[0] = "Créteil";
$cheflieu[1] = "Versailles";
$cheflieu[2] = "Beauvais";
```

Exécutons alors l'instruction :

```
asort($cheflieu);
```

Nous allons obtenir le résultat suivant :

```
$cheflieu[2] = "Beauvais";
$cheflieu[0] = "Créteil";
$cheflieu[1] = "Versailles";
```

Les valeurs sont bien triées avec les clés, mais le tableau ainsi produit sera difficilement exploitable !

Le Tableau 7.1 donne une liste d'autres fonctions de tri proposées par PHP.

Tableau 7.1 : Fonctions de tri proposées par PHP.

Fonction de tri	Rôle
`sort($tableau)`	Tri par valeurs en assignant de nouvelles valeurs aux clés.
`asort($tableau)`	Tri par valeurs, les clés étant conservées.
`rsort($tableau)`	Tri par valeurs en ordre inverse, en assignant de nouvelles valeurs aux clés.
`arsort($tableau)`	Tri par valeurs en ordre inverse, les clés étant conservées.

Tableau 7.1 : Fonctions de tri proposées par PHP.

Fonction de tri	Rôle
`ksort($tableau)`	Tri sur les clés.
`krsort($tableau)`	Tri en ordre inverse sur les clés.
`usort($tableau, fonc)`	Tri au moyen de la fonction utilisateur **`fonc()`** (voir plus loin, dans ce même chapitre).

Extraction de valeurs à partir d'un tableau

Vous pouvez accéder directement à n'importe quelle valeur d'un tableau en écrivant, par exemple :

```
$cheflieu_Yvelines = $cheflieu["Yvelines"];
echo $cheflieuYvelines;
```

Ce qui affichera :

```
Versailles
```

Plus simplement, vous pouvez condenser ces deux instructions en une seule :

```
echo $cheflieu["Yvelines"];
```

Dans echo, si le nom du tableau se trouve à l'intérieur d'une autre chaîne de caractères, vous devez le placer entre une paire d'accolades, de cette façon :

```
echo "Le chef-lieu des Yvelines est {$cheflieu['Yvelines']}<br>";
```

Si vous placez dans une instruction un élément de tableau qui n'existe pas, un message d'avertissement sera émis (voir à ce sujet le Chapitre 6). Essayons ceci :

```
$Préfecture = $cheflieu["Ivelines"];
```

Le nom du tableau est valide, mais il y a une faute de frappe dans la clé. PHP va réagir en indiquant :

```
Notice: Undefined index: Ivelines in…
```

Cela ne bloque pas l'exécution du script. Les instructions qui suivent continueront à s'exécuter. Par contre, toute occurrence suivante de la variable `$Préfecture` n'affichera qu'un espace vide. Vous pouvez éviter l'apparition du message en plaçant le caractère @ devant le nom de la variable :

```
@$Préfecture = $cheflieu["Ivelines"];
```

Vous pouvez extraire en une seule fois plusieurs valeurs d'un tableau au moyen de l'instruction list qui permet de les ranger dans une suite de variables scalaires. Exemple :

```
$infoChemises = array ("XL", "bleu", 12.0);
sort ($infoChemises);
list($valeur1,$valeur2) = $infoChemises;
echo $valeur1,"<br>";
echo $valeur2,"<br>";
```

Bien que l'écriture de list ressemble à celle d'une fonction, syntaxiquement parlant, ce n'est pas une fonction. Ne serait-ce que parce qu'elle s'écrit à gauche du signe =. On appelle cette entité une *structure de contrôle*.

La première instruction crée le tableau $infoChemises[]. La deuxième trie le tableau. La troisième affecte les première et deuxième valeurs du tableau aux variables scalaires $valeur1 et $valeur2, de la même façon que si on avait écrit :

```
$valeur1 = $infoChemises[0];
$valeur2 = $infoChemises[1]
```

La troisième valeur du tableau, $infoChemises[2], n'est pas utilisée dans cet exemple, puisqu'il n'y a que deux variables dans l'appel de list. Ce qui sera affiché est :

```
XL
bleu
```

En effet, «XL» commence par une majuscule, laquelle a priorité sur l'initiale bas de casse de «bleu», à la suite du tri par la fonction sort().

Dans certains cas, vous vous intéressez aux clés, non aux valeurs, comme dans l'exemple suivant :

```
$infoChemises = array ("taille" => "XL",
                       "couleur" => "bleu",
                       "prix" => 12.0);
$valeur = $infoChemises['taille'];
$clé = key($infoChemises);
echo "$clé: $valeur<br>";
```

Vous verrez s'afficher :

```
taille: XL
```

Vous pouvez extraire toutes les valeurs d'un tableau au moyen de la fonction extract(). Chaque valeur est recopiée dans une variable ayant pour nom la valeur de la clé précédée du caractère $. Par exemple, les instructions qui suivent extraient toutes les informations du tableau infoChemises[] et les affichent :

```
$infoChemises = array ("taille" => "XL", "couleur" => "bleu", "prix" =>
12.0);
extract($infoChemises);
echo "taille : $taille<br>couleur : $couleur<br>prix : $prix<br>";
```

On obtient :

```
taille : XL
couleur : bleu
prix : 12
```

N'oubliez surtout pas de nommer les clés. Sinon, PHP sera incapable de construire les variables correspondantes lors de l'extraction.

Parcours des éléments d'un tableau

Vous aurez souvent à effectuer un certain traitement sur tous les éléments d'un tableau : afficher chaque valeur, la placer dans une base de données ou y ajouter une constante. C'est ce qu'on appelle une *itération*. On dit aussi quelquefois *parcourir* le tableau (en anglais : *traversing the array*). Pour exécuter cette tâche, PHP vous propose les deux moyens suivants :

» **Manuellement :** Déplacer un pointeur d'un élément à un autre.

» **Avec** `foreach` : Cette instruction est conçue pour faire automatiquement le travail, du début à la fin du tableau, valeur par valeur.

Procédure manuelle

Pour extraire un élément d'un tableau, vous pouvez utiliser un pointeur. Représentez-vous votre tableau sous la forme d'une liste et imaginez un pointeur désignant l'un des éléments de cette liste. Il reste immobile tant que vous ne le déplacez pas. Pour le déplacer, vous disposez des fonctions suivantes, qui portent sur le tableau dont le nom est placé à l'intérieur des parenthèses :

» `current()` : Désigne l'élément sur lequel est dirigé le pointeur. Celui-ci ne change pas de valeur.

» `next()` : Déplace le pointeur vers l'avant. Il désigne maintenant l'élément suivant son ancienne position.

» `previous()` : Déplace le pointeur vers l'arrière. Il désigne maintenant l'élément précédant son ancienne position.

» `end()` : Déplace le pointeur et le place sur le dernier élément du tableau.

» `reset()` : Déplace le pointeur et le place sur le premier élément du tableau.

Le Listing 7.2 vous présente quelques exemples d'utilisation de ces fonctions.

LISTING 7.2 : Exemples de déplacements manuels d'un pointeur dans un tableau.

```
<?PHP
$cheflieu["Oise"] = "Beauvais";
$cheflieu["Yvelines"] = "Versailles";
$cheflieu["Val de Marne"] = "Créteil";
$valeur = current ($cheflieu);
echo "$valeur<br>";
$valeur = next ($cheflieu);
echo "$valeur<br>";
$valeur = next ($cheflieu);
echo "$valeur<br>";
?>
```

Vous obtiendrez ainsi l'affichage suivant :

```
Beauvais
Versailles
Créteil
```

A moins d'avoir été déplacé auparavant, le pointeur désigne le premier élément du tableau lorsque vous commencez à parcourir celui-ci. Si vous n'êtes pas certain de l'emplacement courant, ou si la réponse obtenue n'est pas conforme à votre attente, réinitialisez le pointeur avant de parcourir le tableau, comme ceci :

```
reset($cheflieu);
```

Pour utiliser cette méthode sur l'ensemble d'un tableau, vous devez avoir une instruction d'affectation et une autre pour l'affichage, et ce pour chacun des éléments (en l'occurrence, les 96 départements de la France métropolitaine).

Cette méthode vous apporte une grande souplesse, puisque vous pouvez naviguer à votre guise dans le tableau, dans l'ordre souhaité. Vous avez la possibilité de revenir en arrière, de vous placer directement à la fin, d'éviter certaines valeurs, et ainsi de suite. Par contre, un parcours systématique du début vers la fin sera réalisé plus efficacement en faisant appel à la structure foreach.

Utilisation de foreach()

Cette instruction permet, à chaque exécution, d'accéder à l'élément suivant du tableau et de répéter, pour chacune de ces valeurs, le bloc d'instructions qui la suit. Sa forme générale est la suivante :

```
foreach (!kljQ^_ib^r as !klj@i« => !kljS^ibro)
{
 □□□□□□□_il`□aÖfkpqor`qflkp
}
```

avec :

- $nomTableau : Nom du tableau à explorer.
- $nomClé : Nom de la variable dans laquelle vous voulez placer la clé de l'élément. Cette valeur est facultative. Si vous l'omettez, la valeur sera rangée dans la variable $nomValeur.
- $nomValeur : Nom de la variable dans laquelle sera placée la valeur.

Par exemple, les instructions suivantes parcourent le tableau des chefs-lieux et en affichent chaque élément :

```
ksort($cheflieu);

foreach($cheflieu as $dept => $ville)
{ echo "$ville : $dept<br>";
}
```

ce qui affichera :

```
Beauvais : Oise
Créteil : Val de Marne
Versailles : Yvelines
```

Si vous aviez écrit :

```
foreach($cheflieu as $ville)
{ echo "$ville<br>";
}
```

vous auriez obtenu :

```
Beauvais
Créteil
Versailles
```

Initialement, foreach place le pointeur en tête du tableau. Il n'est donc pas nécessaire d'appeler la fonction reset().

Tableaux à plusieurs dimensions

Dans les sections précédentes, je vous ai parlé des tableaux à une seule dimension : ceux qui ne représentent qu'une seule liste d'éléments (paires clé/valeur). Cependant, il faut savoir qu'il est possible de construire et d'utiliser des tableaux à plusieurs dimensions. Par exemple, supposez que vous vouliez placer ces prix de produits dans une variable :

- chemise, 20.0
- pantalon, 22.5
- nappe, 25.6
- dessus de lit, 50.0
- lampe, 44.0
- carpette, 75.0

Vous pouvez procéder ainsi :

```
$prixProduit['chemise'] = 20.;
$prixProduit['pantalon'] = 22.5;
$prixProduit['nappe'] = 25.6;
$prixProduit['dessus de lit'] = 50.0;
$prixProduit['lampe'] = 44.;
$prixProduit['carpette'] = 75.;
```

Un programme pourra facilement parcourir cette liste pour savoir le prix de chaque article. Mais supposez que vous ayez 3 000 produits. Votre programme devra alors les passer en revue pour trouver celui dont *chemise* ou *carpette* est la clé.

Remarquez que cette liste comporte un mélange d'articles de nature différente : habillement, linge de maison, meubles. Si vous classiez ces produits par catégorie, le tableau à explorer serait de plus petite taille. Pour cela, vous pouvez écrire :

```
$prixProduit['habillement']['chemise'] = 20.;
$prixProduit['habillement']['pantalon'] = 22.5;
$prixProduit['linge de maison']['nappe'] = 25.6;
$prixProduit['linge de maison']['dessus de lit'] = 50.0;
$prixProduit['meubles']['lampe'] = 44.;
$prixProduit['meubles']['carpette'] = 75.;
```

Vous avez ainsi créé ce qu'on appelle un *tableau à plusieurs dimensions*, parce qu'il est en réalité un tableau de tableaux. La Figure 7.3 vous en montre la structure.

$prixProduits	**Clé**	**Valeur**	
		clé	*valeur*
	habillement	chemise	20.0
		pantalon	22.5
	linge de maison	nappe	30.0
		dessus de lit	50.0
	meubles	lampe	44.0
		carpette	75.0

FIGURE 7.3 : Structure d'un tableau à deux dimensions.

La valeur de chacun des éléments du premier rang du tableau $prixProduit (habillement, linge de maison, meubles) est un couple clé/valeur. On peut concevoir des tableaux avec 3, 4, 5... dimensions ou plus encore. Mais il est difficile de se représenter intellectuellement la signification de tableaux à plus de trois dimensions. Le risque de confusion s'accroît exponentiellement avec le nombre de dimensions !

On extrait les valeurs des tableaux à plusieurs dimensions de la même façon que celles de tableaux simples. Pour accéder directement à une valeur, vous écrirez, par exemple :

```
$prixChemise = $prixProduit['habillement']['chemise'];
```

ou :

```
echo $prixProduit['habillement']['chemise'];
```

Si vous associez une de ces valeurs à une chaîne de caractères entre guillemets dans une instruction echo, vous devez la placer entre accolades comme le montre l'exemple suivant :

```
echo "Le prix d'une chemise est
     {$prixProduit['habillement']['chemise']} &#8364;<br>";
```

Le signe $ qui signale le début d'un nom de variable doit être placé immédiatement derrière l'accolade, sans espace intermédiaire.

Vous pouvez parcourir les éléments d'un tableau à plusieurs dimensions au moyen de foreach(), de la même façon que pour un tableau simple. Mais, bien entendu, il faut un foreach() pour chacune des dimensions, ce qui conduit à les *imbriquer* comme dans cet exemple :

```
echo "<table border cellpadding=5>";
foreach ($prixProduit as $catégorie)
{ foreach ($catégorie as $produit => $prix)
  { $prix_f = sprintf ("%01.2f", $prix);
    echo "<tr><td>$produit</td><td>$prix_f &#8364</td></tr>";
  }
}
echo "</table>";
```

L'entité de caractère représentant le symbole de l'euro (€) est €.

Vous pouvez voir le résultat sur la Figure 7.4.

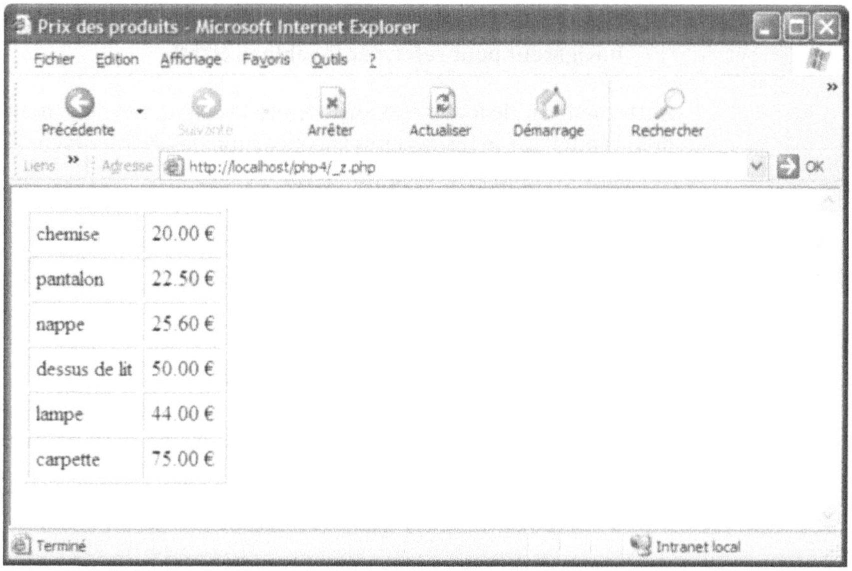

FIGURE 7.4 : Affichage d'éléments d'un tableau à deux dimensions.

Voici comment s'exécute ce court programme :

1. **La balise <table border cellpadding=5> est envoyée au navigateur pour créer un tableau HTML.**
2. **On extrait la première paire clé/valeur du tableau $prixProduit et on place la valeur dans la variable $catégorie.**
3. **On extrait la première paire clé/valeur du tableau $catégorie, on place la clé dans la variable $produit et la valeur dans la variable $prix.**
4. **Le prix est mis en forme par l'instruction sprintf().**
5. **On envoie au navigateur une ligne du tableau constituée par les balises appropriées et les deux variables précédentes.**

6. **On extrait la paire clé/valeur suivante du tableau $prixProduit.**

7. **Le prix est mis en forme et on envoie au navigateur une nouvelle ligne du tableau constituée par les balises appropriées et les deux variables extraites de $prixProduit.**

8. **Comme il n'y a plus rien dans le tableau $catégorie, la boucle interne se termine et on en sort.**

9. **On extrait la paire clé/valeur suivante du tableau $prixProduit et on place la valeur dans la variable $catégorie, qui est un tableau.**

10. **On répète les étapes 1 à 9 jusqu'à ce que la dernière paire clé/valeur du tableau** `$prixProduit` **soit utilisée.**

11. **On sort de la boucle la plus externe et on envoie la balise** `</table>` **au navigateur pour refermer le tableau HTML.**

Autrement dit, le foreach externe traite les éléments du premier rang de $prixProduit, tandis que le foreach interne s'occupe des éléments du second rang correspondant à chaque élément du premier rang.

Instructions conditionnelles usuelles

Une *instruction conditionnelle* est une instruction qui permet d'exécuter ou non l'instruction ou le bloc d'instructions qui la suit lorsque certaines conditions sont remplies. Voici deux types d'instructions conditionnelles courantes :

- **if :** Définit une condition et en teste le résultat. S'il vaut VRAI, le bloc qui suit est exécuté.
- **switch** : Définit une suite de conditions possibles et les teste une par une. Les instructions qui suivent celles qui répondent VRAI sont exécutées.

if

Une instruction if teste une certaine condition. Si sa valeur est VRAI, le bloc d'instructions qui la suit est exécuté. Sa forme générale est la suivante :

```
if (`lkafqflk)
{
    _il`[]aÖfkpqor`qflkp[]+++
}
elseif (`lkafqflk)
{
```

```
    _il`□aÖfkpqor`qflkp□+++
}
else
{
    _il`□aÖfkpqor`qflkp□+++
}
```

Cette instruction comprend trois sections :

» **if :** Cette section est obligatoire. Elle teste une certaine condition.

- **Si la condition vaut VRAI** : Le bloc d'instructions qui suit est exécuté. Le programme se déplace ensuite vers l'instruction qui suit cette instruction conditionnelle. Les sections `else` ou `elseif` éventuelles sont ignorées.
- **Si la condition ne vaut pas VRAI :** Le bloc d'instructions qui suit n'est pas exécuté. Le programme se déplace alors vers l'instruction qui suit. Il peut s'agir d'un `else` ou d'un `elseif`, ou encore de l'instruction qui suit le bloc conditionnel.

Quel que soit le résultat du test, le programme passe donc ensuite à l'instruction qui suit ce bloc.

» **elseif :** Cette section est facultative. Elle aussi teste une condition. Vous pouvez écrire autant de sections `elseif` que vous le souhaitez, mais au-delà de deux vous courez le danger de ne plus très bien savoir où vous en êtes de vos tests.

- **Si la condition vaut VRAI** : Le bloc d'instructions qui suit est exécuté.
- **Si la condition ne vaut pas VRAI :** Le bloc d'instructions qui suit n'est pas exécuté.

Le déroulement est identique au traitement de `if`.

» **else :** Cette section, elle aussi, est facultative. Si elle existe et que la condition du `if` ou du `elseif` qui la précède renvoie FAUX, elle est exécutée. Si elle vaut VRAI, cette section est ignorée.

Chacune des conditions peut consister en une simple comparaison ou en une association de comparaisons. Nous avons vu en quoi consistaient ces deux formes dans la section «Comparaisons» du Chapitre 6. Le Listing 7.3 vous propose un exemple d'emploi d'instructions conditionnelles. Supposons que vous ayez quatre versions de votre catalogue en français, anglais, allemand et italien. Vous voulez afficher la langue qui convient en fonction de la nationalité du client. Le listing qui suit définit un message adapté à la langue appropriée à partir d'une variable appelée $pays.

LISTING 7.3 : Exemple d'une cascade d'instructions if.

```
<?PHP
if ($pays == "Allemagne" )
{ $version = „allemande";
  $message = „ Sie sehen unseren Katalog auf Deutsch";
}
elseif ($pays == "France" )
{ $version = "française";
  $message = " Vous verrez notre catalogue en français";
}
elseif ($pays == "Italie" )
{ $version = "italienne";
  $message = " Vedrete il nostro catalogo in Italiano";
}
else
{ $version = "anglaise";
  $message = "You will see our catalog in English";
}
echo „Version $version : $message<br>";
?>
```

Voici comment fonctionne cette séquence :

1. **La variable $pays est comparée à «Allemagne». S'il y a égalité, $version prend la valeur «allemande» et $message reçoit un texte en allemand. S'il n'y a pas égalité, ce bloc est ignoré et on passe au test suivant.**

2. **La variable $pays est comparée à «France». S'il y a égalité, $version prend la valeur «française» et $message reçoit un texte en français. S'il n'y a pas égalité, ce bloc est ignoré et on passe au test suivant.**

3. **La variable $pays est comparée à «Italie». S'il y a égalité, $version prend la valeur «italienne» et $message reçoit un texte en français. S'il n'y a pas égalité, ce bloc est ignoré et on passe au test suivant.**

4. **Si aucune des conditions précédentes n'a été remplie, $version prend la valeur «anglaise» et $message reçoit un texte en anglais.**

Quel qu'ait été le résultat des tests précédents, l'instruction echo est alors exécutée pour afficher le type de version et le message dans cette langue.

Lorsque le bloc d'instructions «protégé» par une instruction conditionnelle ne contient qu'une seule instruction, on peut se dispenser des accolades, voire, si l'instruction est suffisamment courte, l'écrire sur la même ligne. Ainsi, au lieu de :

```
elseif ($pays == "France" )
{ $version = "française";
}
```

on pourrait écrire :

```
elseif ($pays == "France" ) $version = "française";
```

Bien que le programme ainsi écrit permette d'éviter quelques fautes de frappe, il est moins facile à relire lorsque plusieurs instructions conditionnelles se succèdent.

Vous pouvez imbriquer plusieurs if. Supposez, par exemple, que vous vouliez prendre contact avec vos clients de Lozère : par e-mail, pour ceux qui utilisent l'Internet ; par courrier postal, pour les autres. Voici comment vous pourriez procéder :

```
if (departClient == "Lozère")
{ if ($email != "")
   $méthodeContact = "lettre";
  else
   $méthodeContact = "e-mail";
}
else
  $méthodeContact = "aucune";
```

Si le client n'habite pas la Lozère, tout le bloc suivant le premier if est ignoré et on exécute la toute dernière instruction. S'il habite la Lozère, on regarde si son adresse e-mail existe. (S'il n'en a pas, c'est une chaîne de caractères vide.) Selon la réponse à ce test, on choisit la méthode de contact.

switch

Cette instruction permet de traiter le cas des choix multiples avec plus d'élégance qu'une cascade de if. Nous allons reprendre le précédent exemple et le traiter avec un switch. Le Listing 7.4 vous présente le programme résultant.

LISTING 7.4 : Exemple d'une succession de tests dans une instruction switch.

```
<?PHP
switch ($pays)
{ case "Allemagne" :
      $version = "allemande";
      $message = „ Sie sehen unseren Katalog auf Deutsch";
      break;

  case "France" :
```

```
        $version = "française";
        $message = " Vous verrez notre catalogue en français";
        break;

    case "Italie" :
        $version = "italienne";
        $message = " Vedrete il nostro catalogo in Italiano";
        break;

    default:
       $version = "anglaise";
       $message = "You will see our catalog in English";
}
echo „Version $version : $message<br>";
?>
```

Dans l'instruction switch, on commence par indiquer entre parenthèses le nom de la variable qui va être testée à la suite du switch proprement dit (ici : $pays). On trouve ensuite une succession de blocs case dont chacun indique avec quelle constante sera comparée la variable du switch. Cette comparaison s'effectue toujours par un test d'égalité. Vient alors le bloc d'instructions à exécuter si le résultat de la comparaison est VRAI.

Ce bloc doit nécessairement se terminer par une instruction break qui fait sortir du switch, sauf si c'est le dernier de ce bloc d'instruction. Le programme reprend à l'instruction suivant l'accolade refermant le switch. Si on omettait le break, on «tomberait» dans le bloc suivant qui serait systématiquement exécuté.

La clause default commande un bloc d'instructions qui sera exécuté lorsque aucune des comparaisons précédentes (les clauses case) n'aura été satisfaite. Elle est facultative et se place généralement à la fin du bloc. Le break suivant la dernière section case n'est pas non plus obligatoire, mais il est vivement conseillé pour des raisons de clarté et de prudence.

Les boucles

Les boucles sont fréquemment utilisées dans les programmes. Une *boucle* est la répétition d'un bloc d'instructions. Dans certains cas, la boucle se répète un nombre de fois fixé à l'avance. Par exemple, une boucle qui afficherait la liste des départements français métropolitains se répéterait 95 fois. Dans d'autres cas, une boucle est exécutée jusqu'à ce qu'une certaine condition soit remplie. Par exemple, une boucle qui afficherait la liste de produits commercialisés se répéterait jusqu'à ce que la liste soit épuisée, et ce quel que soit le nombre de ces produits. Il existe trois types de boucles :

- » **for :** Répétition d'un bloc d'instructions un nombre de fois fixé au moyen d'un compteur.
- » **while :** Répétition d'un bloc d'instructions tant qu'une certaine condition est vérifiée. Le test d'itération est effectué au début de la boucle.
- » **do ... while :** Répétition d'un bloc d'instructions tant qu'une certaine condition est vérifiée. Le test d'itération est effectué à la fin de la boucle.

for

La boucle for la plus élémentaire est basée sur un compteur. Vous définissez la valeur de départ du compteur, sa valeur finale et la façon dont il va être incrémenté à chaque tour. Sa forme générale est la suivante :

```
for (début; fin; incrément)
{
   ... bloc d'instructions ...
}
```

avec :

- » `début` : Expression définissant la variable qu'utilisera le compteur et sa valeur initiale. On trouve fréquemment ici : `$i = 0;`. La variable du compteur sera `$i` et elle aura 0 pour valeur initiale. Mais il peut aussi s'agir d'une variable ou d'une combinaison de nombres, comme dans `2+2`.
- » `fin` : Test d'arrêt de la boucle. Tant que sa valeur est égale à VRAI, la boucle continue à tourner. Lorsque l'incrément est positif, on trouve fréquemment ici : `$i < n;`, `n` étant la première valeur qui ne sera pas utilisée dans la boucle puisque celle-ci se sera arrêtée avant. Il n'est pas indispensable que la variable servant de compteur figure à cet endroit, mais c'est souvent le cas. La condition de fin peut également être définie à l'aide d'une variable.
- » `incrément` : Valeur dont sera incrémentée (ou décrémentée) la variable servant de compteur. On trouve fréquemment ici : `$i++;` qui incrémente `$i` d'une unité. Au lieu de `$i++;`, on peut trouver `$i--;` dans le cas d'une boucle où le compteur voit sa valeur décroître à chaque tour.

A titre d'exemple, les instructions qui suivent montrent comment écrire une boucle for qui affichera trois fois «Hello World!» :

```
for ($i=0; $i<3; $i++) // on compte de 0 à 2
{ echo "Hello World!<br>";
}
```

Comme on le voit, le compteur n'intervient pas nécessairement dans le bloc d'instructions répété. On aurait également pu écrire cette boucle sous les deux formes qui suivent :

```
for ($i=1; $i<=3; $i++) // on compte de 1 à 3
{ echo "Hello World!<br>";
}

for ($i=3; $i>0; $i--) // on compte de 3 à 1
{ echo "Hello World!<br>";
}
```

Comme vous devez vous en douter si vous vous souvenez de ce qui a été dit au début du Chapitre 6, les instructions du bloc qui suit le for n'ont nul besoin d'être indentées. Mais il est beaucoup plus facile ainsi de relire le programme.

Les boucles for sont particulièrement utiles pour balayer tout un tableau. Pour afficher toute la liste de vos clients contenue dans le tableau $clients, vous pouvez écrire :

```
for ($i=0; $i<sizeof($clients); $i++
{ echo "$clients[$i]<br>";
}
```

La fonction sizeof() qui apparaît dans le test d'arrêt renvoie le nombre d'éléments contenus dans un tableau, donc, ici, le nombre de clients à afficher. Le nombre d'itérations correspondra donc exactement à la quantité d'éléments contenus dans le tableau.

Normalement, le premier indice d'un tableau est 0 (sauf spécification délibérée de votre part). La dernière valeur du compteur à utiliser est le nombre d'éléments du tableau diminué de 1. Oublier cela est une erreur courante. C'est donc l'un des tout premiers points à vérifier si vous n'obtenez pas le résultat escompté.

while

La boucle while continue de répéter un bloc d'instructions tant que certaines conditions sont vérifiées. Elle est organisée comme suit :

1. **Vous définissez une condition.**
2. **La condition est testée avant d'entrer dans la boucle.**
3. **Si la condition est vérifiée, on exécute une fois la boucle.**
4. **On répète les étapes 2 et 3.**

PLUS SUR LA BOUCLE FOR

La structure de la boucle `for` est souple. Elle vous permet de construire des boucles pour de multiples applications et sa forme générale se présente ainsi :

```
for ( instructions de début;
      instructions conditionnelles;
      instructions de fin)
{
    bloc d'instructions;
}
```

Avec :

- Des instructions de début qui ne sont exécutées qu'une seule fois lorsque la boucle commence.
- Des instructions conditionnelles qui sont testées lors de chaque itération dans la boucle.
- Des instructions de fin qui sont exécutées une seule fois lorsque la boucle se termine.

Chacun des trois paramètres de l'instruction `for` est séparé du suivant par un point-virgule. Ils peuvent comporter plusieurs expressions, comme c'est le cas, par exemple, de la séquence suivante qui calcule et affiche la somme des éléments du tableau `$t` comportant 50 éléments :

```
for ($i=0, $s=0; $i<50; $i++)
{ $s = $s + $t[$i];
}
echo "La somme vaut $s<br>";
```

On pourrait aller encore plus loin, en écrivant, pour faire le même calcul :

```
for ($i=0, $s=0; $i<50; $s = $s +
$t[$i++])
{
}
echo "La somme vaut $s<br>";
```

Le bloc d'instructions est maintenant vide, le calcul de `$s` s'effectuant dans l'expression d'incrémentation. Dans celui-ci, on voit que `$i++` a disparu. L'incrémentation s'effectue, en effet, dans l'expression de l'indice elle-même : `[$i++]`.

Et, puisque le bloc est vide, il est inutile d'écrire une paire d'accolades après le `for`. Il suffit d'ajouter un point-virgule à sa suite. On aboutit alors à la forme très (trop) raccourcie suivante :

```
for ($i=0, $s=0; $i<50; $s = $s +
$t[$i++]);
echo "La somme vaut $s<br>";
```

Pourquoi «trop» raccourcie ? Parce qu'ainsi on ne voit plus très bien la logique du calcul. D'une façon générale, il faut éviter ce genre de fantaisies d'écriture qui relève plutôt d'un certain maniérisme que d'une réelle recherche d'efficacité.

La forme générale d'une boucle while est la suivante :

```
while (`lkafqflk)
{
    ... bloc d'instructions
}
```

condition est une expression conforme à toutes celles que nous avons vues jusqu'ici (reportez-vous si nécessaire au Chapitre 6). Elle fait intervenir une variable qui doit évoluer dans le bloc d'instructions, faute de quoi on ne pourrait jamais sortir de la boucle. Voici quelques exemples de conditions :

```
$test <= 10
$test1 == $test2
$a == "oui" and $b != "no"
$name != "Dupont"
```

Si la condition de la boucle while n'est pas remplie au départ, on ne passe jamais dans le bloc d'instructions qui suit.

Une erreur fréquente chez les débutants consiste à terminer la ligne sur laquelle est écrite le while par un point-virgule. Ce faisant, il est évident qu'on ne pourra jamais entrer dans la boucle. A plus forte raison, en sortir !

La séquence qui suit montre comment *il ne faut pas* écrire une boucle while regardant dans un tableau $clients s'il s'y trouve quelqu'un du nom de Dupont :

```
$clients = array ("Huang", "Dupont", "Martin");
$testvar = "non";
$k = 0;
while ( $testvar != "oui" )
{ if ($clients[$k] == "Dupont" )
  { $testvar = "oui";
    echo "Dupont est dans le tableau<br>";
  }
  $k++;
}
```

Si Dupont est dans le tableau, la variable de test $testvar, définie initialement comme valant «non», prend la valeur «oui» et on affiche :

```
Dupont est dans le tableau
```

La condition de la boucle n'étant plus remplie, on en sort. Si Dupont n'est pas dans le tableau, on tourne éternellement dans la boucle while puisque $testvar, la variable testée, ne change jamais de valeur.

Je vais maintenant vous donner un *bon* exemple de boucle while dont on est certain de sortir. Il suffit, pour cela, d'ajouter une condition exprimant qu'on est toujours dans le tableau. Cette condition va s'écrire :

```
$k < sizeof($clients)
```

Pendant que nous y sommes, nous allons ajouter un message indiquant que Dupont n'est pas dans le tableau. C'est le cas lorsqu'on est sorti de la boucle et que $testvar contient toujours «non». La séquence devient :

```
$clients = array ("Huang", "Dupont", "Martin");
$testvar = "non";
$k = 0;
while ($testvar != "oui" && $k < sizeof($clients))
{ if ($clients[$k] == "Dupont")
  { $testvar = "oui";
    echo "Dupont est dans le tableau<br>";
  }
  $k++;
}
if ($testvar == "non")
  echo "Dupont n'est pas dans le tableau<br>";
```

Détaillons le fonctionnement de cette boucle :

1. **Initialisations : les variables `$k` et `$testvar` prennent respectivement les valeurs 0 et «non».**
2. **On exécute le while. $testvar ne vaut pas «oui» et `$k` est égal à 0. La condition formée par l'association de ces deux tests est vérifiée et on entre dans la boucle.**
3. **Est-ce que `$clients[0]` contient «Dupont» ?**
   - Si c'est non, le bloc d'instructions qui suit est sauté.
   - Si c'est oui, le bloc d'instructions qui suit est exécuté. `$testvar` prend la valeur «oui» et le message «Dupont est dans le tableau» est affiché.
4. **Dans les deux cas, on fait progresser le compteur : `$k++`. A la fin du premier tour, `$k` vaut 1.**
5. **On répète les étapes 2 à 4 tant que les deux conditions du while ne sont pas satisfaites.**
6. **Lorsqu'on sort de la boucle, il faut voir de quelle façon.**
   - Si `$testvar` vaut «oui», c'est que Dupont était dans le tableau et il n'y a plus rien à faire.
   - Si `$testvar` ne vaut toujours pas «oui», c'est (implicitement) qu'on est sorti du tableau ; il faut alors afficher le message «Dupont n'est pas dans le tableau».

Remarquez que cet exemple aurait aussi bien pu être traité à l'aide d'une boucle for. C'est souvent le cas pour beaucoup de boucles, et le choix du type de boucles peut dépendre alors d'autres motivations comme la préférence du programmeur pour telle ou telle forme d'écriture de boucle. Après tout, l'essentiel n'est-il pas d'écrire un programme correct ?

do ... while

Ce type de boucle ressemble beaucoup à la boucle while, à ce détail près que le test de répétition est fait *à la fin* de la boucle et non à son début. On est alors certain d'exécuter au moins une fois le bloc d'instructions qui suit. La forme générale de cette boucle est la suivante :

```
do
{
     ... bloc d'instructions ...
] while (`lkafqflk);
```

Nous allons réécrire l'exemple précédent avec une boucle do ... while. Elle se présente maintenant ainsi :

```
$clients = array ("Huang", "Dupont", "Martin");
$testvar = "non";
$k = 0;
do
{ if ($clients[$k] == "Dupont")
  { $testvar = "oui";
    echo "Dupont est dans le tableau<br>";
  }
  $k++;
}
while ($testvar != "oui" && $k < sizeof($clients));
if ($testvar == "non")
  echo "Dupont n'est pas dans le tableau<br>";
```

Nous pouvons constater que les modifications sont minimes. Nous avons déplacé la ligne contenant le while à la fin du bloc d'instructions, et avons écrit do devant l'accolade ouvrante qui débute le bloc d'instructions.

Modifions un peu notre petit programme :

```
<?
$clients = array ("Huang", "Dupont", "Martin");
$testvar = "non";
$k = 0;
do
{ if ($clients[$k] == "Dupont")
```

```
  { $testvar = "oui";
    echo "Dupont est dans le tableau<br>";
  }
  else
  {
    echo "$clients[$k], pas Dupont<br>";
  }
  $k++;
}
while ($testvar != "oui" && $k < sizeof($clients));
?>
```

Il va afficher :

```
Huang, pas Dupont
Dupont est dans le tableau
```

Une fois Dupont trouvé, la variable $testvar prend la valeur oui, ce qui va provoquer la sortie de la boucle. Supposons maintenant que la condition initiale soit inversée :

```
$testvar = "oui";
```

Le test est donc faux dès le départ. Dans une boucle while, aucune sortie ne serait produite. Avec do..while, le bloc est nécessairement exécuté une fois avant que la condition ne soit évaluée. Dans ce cas, la première ligne continuera à être affichée :

```
Huang, pas Dupont
```

Contrairement à ce qui se passe avec la boucle while, dans une boucle do ... while, la ligne où se trouve le while doit être terminée par un point-virgule.

Boucles infinies

Lors de l'étude de ces trois boucles, nous avons rencontré des cas dans lesquels on allait tourner éternellement dans la boucle. Nous avons volontairement créé une telle situation en étudiant la boucle while (voir ci-dessus).

En réalité, l'éternité a une valeur finie, car une minuterie incorporée à PHP, et dont la durée est modifiable, arrête l'exécution d'un programme au bout d'un «certain» temps lorsque l'interpréteur PHP ne produit plus rien (on dit alors, dans le jargon de la programmation, qu'il *tourne en rond*). Pour arrêter une boucle dans un programme PHP, il vous suffit de cliquer sur le bouton Arrêt de la barre d'outils de votre navigateur.

Par défaut, la durée est configurée pour 30 secondes, mais cette valeur peut être modifiée par l'administrateur de PHP.

En dehors des causes provenant d'un point-virgule mal placé ou de l'impossibilité d'évolution de la variable testée dans la condition d'arrêt, il y a une autre cause de blocage : la confusion de l'opérateur de comparaison «==» avec l'opérateur d'affectation «=».

Le simple fait d'écrire $testvar = «oui» résulte en une condition ayant la valeur VRAI, puisque «oui» est différent de zéro. En outre, on modifie ainsi la valeur de $testvar. Alors que si l'on écrit $testvar == «oui», on ne modifie pas la valeur de $testvar et la condition dépendra de la valeur réelle de cette variable.

Il existe un moyen assez simple de contourner ce problème. Si vous écrivez «oui» == $testvar, aucune affectation ne sera possible. Certes, cette rédaction est moins logique, mais elle peut vous protéger contre ce type d'erreur. Si vous ne tapez qu'un seul signe d'égalité, une erreur fatale se produira et le programme se terminera tout de suite.

Une autre erreur classique est l'oubli de l'instruction qui incrémente le compteur. Celui-ci ne bouge pas, la condition initiale n'est donc jamais modifiée, et l'on rentre dans une boucle infinie.

Rupture d'une boucle

Dans certains cas, on peut avoir besoin de modifier le cours d'une boucle. Il y a, pour cela, deux motivations possibles :

» On veut sortir immédiatement de la boucle pour une cause différente de sa condition normale. On utilisera alors l'instruction `break`.

» On a exécuté une partie des instructions de la boucle. On veut sauter celles qui suivent, puis reprendre l'exécution normale de la boucle. On utilisera alors l'instruction `continue`.

En particulier, break est le plus souvent employé dans des instructions switch (voir plus haut).

Les instructions qui suivent illustrent les différences existant entre break et continue :

```
$compteur = 0;
while ($compteur < 5)
{ $compteur++;
  if ($compteur == 3 )
  { echo "break<br>";
    break;
```

```
  }
  echo "Fin de la boucle while : compteur=$compteur<br>";
}
echo "Sortie par le break<p>";

$compteur = 0;
while ($compteur < 5)
{ $compteur++;
  if ($compteur == 3)
  { echo "continue<br>";
    continue;
  }
  echo "Fin de la boucle while : compteur=$compteur<br>";
}
echo "Sortie après le continue<br>";
```

Ces deux groupes d'instructions réalisent deux boucles identiques, à ceci près que le premier met en œuvre un break alors que le second contient un continue. Voici ce qui est affiché :

```
Fin de la boucle while : compteur=1
Fin de la boucle while : compteur=2
break
Sortie par le break

Fin de la boucle while : compteur=1
Fin de la boucle while : compteur=2
continue
Fin de la boucle while : compteur=4
Fin de la boucle while : compteur=5
Sortie après le continue
```

La première boucle se termine par l'exécution du break, alors que la seconde continue après l'exécution du continue. Ce dernier ne fait que sauter l'affichage par l'instruction echo lorsque $compteur vaut 3, la remontée dans la boucle ayant lieu normalement.

Le break est une assurance contre les boucles infinies. Les instructions qui suivent peuvent arrêter une boucle à un point raisonnable :

```
$test_infini++;
if ($test_infini > 100 )
{ break;
}
```

Si vous êtes certain que votre boucle ne doit jamais être répétée plus de 100 fois, ces instructions l'arrêteront avant qu'elle ne devienne infinie. Adoptez n'importe quelle valeur qui vous semblera raisonnable pour la boucle que vous écrirez.

Les fonctions

Dans une application, on a souvent l'occasion d'exécuter la même tâche à plusieurs reprises. Par exemple, afficher le logo de l'entreprise à plusieurs endroits d'une même page Web ou dans différentes pages Web. Supposons qu'on utilise pour cela la séquence d'instructions suivantes :

```
echo ‘<hr width="50" align="left">',"\n";
echo ‘<img src="/images/logo.jpg" width="50" height="50"><br>',"\n";
echo ‘<hr width="50" align="left"><br>',"\n";
```

On peut alors créer une fonction utilisateur contenant ces trois instructions et l'appeler afficheLogo(). Lorsque le programme aura besoin d'afficher le logo, il suffira alors d'écrire :

```
afficheLogo();
```

Remarquez les parenthèses qui suivent le nom de la fonction. C'est ce qui permet à PHP de savoir qu'il s'agit d'une fonction et non d'une variable.

Contrairement à ce qui se passe pour les variables, le nom d'une fonction **ne doit pas** commencer par un caractère dollar ($).

Voici quelques-uns des avantages offerts par les fonctions :

- **Moins de frappe.** Vous n'avez pas à retaper toutes les instructions composant le corps de la fonction, mais seulement son nom.
- **Relecture plus facile.** On comprend plus facilement ce que signifie `afficheLogo()` que la suite des trois instructions qui composent cette fonction.
- **Moins d'erreurs.** Une fois que votre fonction est au point, vous ne risquerez plus de faire d'erreurs en la réécrivant chaque fois que vous en aurez besoin.
- **Plus grandes facilités de changement.** Si vous décidez de modifier la façon dont une tâche est accomplie, il vous suffit de faire ces modifications en un seul endroit sans avoir besoin de rechercher dans un ou plusieurs programmes chacune de ses utilisations. Si, par exemple, vous décidez de modifier le nom de l'image qui constitue le logo, il vous suffit de faire ce changement une seule fois, à l'intérieur de la fonction.

Pour créer une fonction, il faut la *déclarer*, ce qui se fait sous la forme générale suivante :

```
function kljClk`qflk()
{
   ... bloc d'instructions;
   return;
}
```

Attention ! L'instruction s'écrit bien *function* (à l'anglaise, avec un «u») et non *fonction*.

Reprenant notre exemple de l'affichage du logo de l'entreprise, voici de quelle façon vous pouvez en faire une fonction :

```
function afficheLogo()
{ echo '<hr width="50" align="left">',"\n";
  echo '<img src="/images/logo.jpg" width="50" height="50"><br>',"\n";
  echo '<hr width="50" align="left"><br>',"\n";
  return;
}
```

Une fois exécutée la dernière instruction du bloc qui constitue la fonction, le programme se poursuit à l'instruction du programme qui suit l'*appel* de la fonction.

On peut forcer un retour prématuré, par exemple à la suite de certaines conditions, au moyen de l'instruction return. Pour arrêter l'exécution lorsqu'une variable, $âge, par exemple, est inférieure à 13, on pourrait écrire :

```
if ($âge < 13) return;
```

Si le retour *normal* est suffisant, il est inutile de placer un return comme dernière instruction de la fonction.

L'instruction return peut être utilisée pour renvoyer **un** résultat (un seul) au programme qui l'a appelée. Pour cela, on fait suivre le mot return de la valeur à renvoyer exprimée par une constante, une variable ou une expression. Nous en verrons une application plus loin dans la section «Passage de valeurs entre une fonction et le programme environnant».

Vous pouvez placer la déclaration des fonctions à n'importe quel endroit du programme, mais il est d'usage de les regrouper en tête, de façon à pouvoir, si besoin, les corriger plus facilement. Il est aussi possible de regrouper dans un fichier séparé toutes les fonctions qu'utilisera votre programme (voire toutes vos applications). Nous reviendrons sur ce point au Chapitre 13.

Contrairement à ce qui se passe pour les noms de variables, les noms de fonctions sont insensibles à la casse. mafonction() est identique à MAFONCTION() et à maFonction().

L'exemple de fonction que nous venons de donner est simple (rudimentaire, même), car il n'utilise aucune variable et ne partage aucune information avec le programme proprement dit, se contentant d'accomplir exactement la même tâche à chaque appel. Nous allons voir qu'il est possible d'aller plus loin et d'échanger des informations entre une fonction et le programme qui l'utilise.

Les variables et les fonctions

Une fonction peut utiliser des variables *locales* auxquelles elle seule peut accéder et que le programme qui l'environne ne voit normalement pas. Considérons l'exemple suivant :

```
function maFonction()
{ $nom = "Dupont";
  $prénom = "Jules";
  $nomComplet = $prénom." ".$nom;
}

maFonction();
echo $nomComplet;
```

La seule chose qui s'affichera sera un avertissement signalant que la variable $nomComplet n'est pas définie. Etant créée à l'intérieur de la fonction, elle n'existe pas en dehors de celle-ci.

Si on veut que la communication puisse s'établir, les variables à partager doivent être déclarées dans la fonction au moyen de l'instruction global selon le modèle suivant :

```
function maFonction()
{ $nom = "Dupont";
  $prénom = "Jules";
  global $nomComplet;
  $nomComplet = $prénom." ".$nom;
}

maFonction();
echo $nomComplet;
```

Le programme affiche maintenant :

```
Jules Dupont
```

La déclaration global doit obligatoirement précéder l'initialisation de la variable concernée, faute de quoi elle n'aurait aucun effet. Dans l'exemple ci-dessus, si elle s'était trouvée après $nomComplet = $prénom.» «.$nom;, rien n'aurait été affiché.

C'est la même chose dans l'autre sens, à savoir que, dans une fonction, vous ne pouvez pas «voir» les variables définies et utilisées par le programme environnant. Il faut, pour cela, les déclarer comme globales dans la fonction. Exemple :

```
$nom = "Dupont";
$prénom = "Jules";

function maFonction()
{ global $nom, $prénom, $nomComplet;
  $nomComplet = $prénom." ".$nom;
}

maFonction();
echo $nomComplet;
```

On affichera bien ainsi :

```
Jules Dupont
```

Notez que cette particularité permet d'avoir dans une fonction des variables de même nom que les variables du programme environnant, mais utilisées à d'autres fins et ne contenant pas les mêmes valeurs. Tant qu'elles n'ont pas été déclarées à l'intérieur de la fonction par global, bien sûr.

Passage de valeurs entre une fonction et le programme environnant

On peut échanger de l'information dans les deux sens entre des fonctions et le programme dans lequel elles se trouvent appelées. Dans l'exemple précédent, les nom et prénom qui composent le nom complet auraient pu être passés à la fonction sans recourir à la déclaration global.

Passer des valeurs à une fonction

Pour transmettre des valeurs à une fonction, on utilise une technique consistant à placer des noms de variables à l'intérieur des parenthèses suivant le nom de la fonction dans sa déclaration. On dit que ce sont les *arguments* de la fonction. L'appel se fera alors sous la forme :

```
maFonction(s^ibro.)□s^ibro/+++&
```

Bien entendu, la fonction doit pouvoir récupérer ces valeurs dans des variables. Elle sera donc déclarée de la façon suivante :

```
function maFonction($variable1, $variable2...)
{
     instructions;
     return;
}
```

A titre d'exemple, la fonction présentée dans la séquence suivante détermine les frais de port d'un envoi selon son poids :

```
function FraisDePort($poids)
{ if ($poids < 100)
   return 0;
   elseif ($poids <500)
    return 2;
    else
     return 5;
}

$p = 350;
echo "Frais de port pour un envoi de $p grammes : ",
     FraisDePort($p)," &#8364;<br>";
```

On considère trois cas : si le poids est inférieur à 100 grammes, le port est gratuit. S'il est supérieur ou égal à 500 grammes, les frais de port s'élèvent à 5 €. Entre les deux, ils sont de 2 €.

La variable fictive $poids figurant dans les parenthèses de la déclaration de la fonction reçoit la valeur passée entre les parenthèses de l'*appel* de la fonction et l'utilise pour ses tests. Elle renvoie le montant des frais de port au moyen de l'instruction return.

Vous pouvez passer autant d'arguments que vous le souhaitez à une fonction. Pas plus, cependant, que vous n'en avez fait figurer dans la déclaration de la fonction. Ces arguments peuvent être des constantes, des variables ou des expressions. Exemples :

```
FraisDePort(350);
FraisDePort($colis);
FraisDePort($colis * $remise);
```

On peut passer des valeurs dans un tableau. En voici un exemple :

```
function ajouter($nombres)
{ for ($i=0, $s=0; $i<sizeof($nombres); $i++)
   $s = $s + $nombres[$i];
 return $s;
}

$tableau = array(1,3, 42, 67, 101);

echo ajouter($tableau);
```

La variable `$nombres` de la fonction reçoit l'*adresse* du tableau `$tableau`. Autrement dit, tout se passe comme si on avait substitué à l'étiquette `$nombres` l'étiquette `$tableau`. La fonction peut donc facilement faire la somme `$s` des nombres contenus dans ce tableau et la renvoyer au programme qui l'a appelée par l'instruction `return $s;`.

Les valeurs sont passées par position. Autrement dit, la première valeur de la liste est récupérée par le premier argument de la fonction, le seconde valeur par le second argument, et ainsi de suite. Si vos valeurs ne sont pas placées dans le bon ordre, la fonction ne pourra pas les traiter correctement. Modifions notre exemple d'envoi postal pour y ajouter comme second argument un nom de pays :

```
<?PHP
function FraisDePort($poids, $destination)
{ if ($destination == "France")
  { if ($poids < 100)
       return 0;
       elseif ($poids <500)
         return 2;
     else
       return 5;
  }
  else
  { if ($poids < 100)
       return 10;
       elseif ($poids <500)
         return 20;
     else
       return 50;
  }
}

$p = 350;
$destination="Pérou";
echo "Frais de port pour un envoi de $p grammes ($destination): ",
```

```
    FraisDePort($p, $destination)," &#8364;<br>";
?>
```

Vous allez obtenir l'affichage suivant :

```
Frais de port pour un envoi de 350 grammes (Pérou): 20 €
```

Imaginons alors que, pris d'étourderie, vous inversez les deux arguments :

```
FraisDePort($destination, $p)
```

Vous pourriez parfaitement obtenir un message d'erreur. Mais ici, la réponse sera :

```
Frais de port pour un envoi de 350 grammes (Pérou): 10 €
```

En effet, la fonction «pense» que la destination vaut *350*. Le premier test est donc FAUX. Elle compare alors le poids (qui vaut en réalité *Pérou*) avec le nombre 100. La chaîne est évaluée dans cette comparaison comme ayant une valeur numérique nulle, et le test est donc bien vérifié. La fonction retourne donc *10*.

Si le nombre d'arguments figurant dans l'appel est inférieur à celui qu'attend la fonction, les arguments manquants sont considérés par défaut comme égaux à NULL. Il s'agit là d'une constante PHP de nature particulière, différente de 0. En outre, un message d'erreur (avertissement) sera affiché. En supposant qu'il s'agisse de l'appel de la fonction maFonction() et qu'il manque le second argument, on verra s'afficher : «Missing argument 2 for maFonction() ...».

S'il y en a trop, les arguments superflus seront ignorés sans qu'aucun message d'erreur ne soit affiché.

Il est aussi possible de définir des valeurs par défaut pour les arguments qui ne sont pas passés. La déclaration se fait alors comme dans l'exemple suivant :

```
function ajoute_2_nombres($nombre1=1,$nombre2=1)
{
   $total = $nombre1 + $nombre2;
   return $total;
}
```

Si un argument est absent, la fonction se servira de la valeur par défaut. Sinon, elle effectuera le calcul avec la valeur qui lui a été transmise. Par exemple :

```
echo "Total : ";
echo ajoute_2_nombres(2,2);
echo "<br>";
echo "Total : ";
```

```
echo ajoute_2_nombres(2);
echo "<br>";
echo "Total : ";
echo ajoute_2_nombres();
```

affichera :

```
Total : 4
Total : 3
Total : 2
```

Renvoi de valeurs par une fonction

Nous avons vu plus haut que, pour renvoyer une seule valeur, il suffisait à une fonction de faire figurer cette valeur à la suite de l'instruction return. Exemple :

```
return $somme;
```

A la suite du return, on peut écrire une constante, une variable ou une expression. Reprenons l'exemple du calcul des frais de port et modifions-le ainsi :

```
function TotalAPayer($poids, $prix)
{ if ($poids < 100)
   $port = 0;
   elseif ($poids <500)
    $port = 2;
    else
     $port = 5;
  return $port +$prix;
}

$p = 350;
$q = 30;
echo "Montant à facturer : ", TotalAPayer($p, $q)," &#8364;<br>";
```

Comme on le voit, le programme principal peut incorporer directement l'appel de la fonction TotalAPayer() dans une instruction echo en même temps que des constantes.

On peut avoir plusieurs instructions return à l'intérieur d'une fonction, par exemple dans des instructions conditionnelles ou des boucles. Nous en avons un exemple plus haut.

Une instruction return ne peut renvoyer qu'une seule valeur. Mais il est possible de contourner cette restriction : il suffit que cette valeur soit un tableau !

Fonctions natives de PHP

PHP dispose d'une myriade de fonctions natives. C'est pourquoi il est si puissant et si utile pour la construction de pages Web. Nous en avons déjà rencontré plusieurs au cours du Chapitre 6 et de celui-ci. Nous en verrons d'autres au Chapitre 10, à propos du dialogue PHP-MySQL et dans la cinquième partie de ce livre. Toutes les fonctions natives de PHP sont documentées sur le site Web ayant pour URL http://www.php.net/docs.php.

Retenez cependant que les fonctions de PHP ne sont pas différentes dans le principe de celles que vous écrivez vous-même. Simplement, le travail a déjà été fait à votre place !

Chapitre 8

De PHP 4 à PHP 5

DANS CE CHAPITRE :

» **Les nouveautés de PHP 5.0.x.**

» **La nouvelle gestion du XML.**

» **Les bases de données.**

» **Nouveau modèle objet.**

» **Gestion des erreurs.**

Faites migrer vos applications de PHP4 vers PHP5

Le PHPGroup a annoncé l'année dernière la fin du support de PHP4 au profit de PHP5 et de ses évolutions ultérieures. Avec plus de quatre ans d'exploitation en production, PHP 5 a su montrer une fiabilité, une rapidité d'exécution et une simplicité de prise en main sans précédent. Il est donc temps que votre fournisseur d'accès opte pour PHP5 ou que vous tiriez parti des nouvelles fonctionnalités objets de cette dernière version de PHP. Vous trouverez dans ce chapitre une revue des points les plus importants à prendre en compte pour vous faciliter le passage de la version 4 à la version 5.

Le but de ce chapitre n'est pas de décrire de manière exhaustive les différences entres les versions 4 et 5 de PHP, mais plutôt de vous accompagner en vous conseillant durant votre migration. Vous trouverez cependant la liste exhaustive de ces différences sur le site PHP à l'adresse suivante : http://www.php.net/manual/fr/migration5.php.

Les nouveautés de PHP 5.0.x

La grande majorité des applications devraient pouvoir passer sans connaître de problèmes importants de PHP4 à PHP 5. En effet, c'est avec une attention constante concernant la rétrocompatibilité que la version 5 de PHP a été élaborée. Il demeure cependant certains changements que vous devrez prendre en compte pour réussir votre migration.

Les nouveautés de PHP 5

Comme nous l'avons évoqué précédemment, PHP 5 apporte avec lui son lot de nouveautés, voici les plus importantes d'entres elles :

- » Le moteur de PHP a été totalement réécrit afin d'obtenir de meilleures performances et un support plus complet de la programmation orientée objet «POO».
- » La prise en charge du XML a été également réécrite et étendue.
- » La gestion des bases de données bénéficie à présent d'une nouvelle interface PDO (PHP Data Objet) fournissant une couche d'abstraction pour l'accès aux bases de données.
- » La gestion des exceptions.
- » L'intégration de SQLite, base de données embarquée, et la fin de l'intégration des bibliothèques clientes MySQL.
- » La gestion de nouvelles extensions telles que JSON, Mysqli et la refonte complète de Tidy.
- » L'utilisation de la réflexion d'objet.
- » La création de SPL (Standard PHP Library) qui regroupe un ensemble d'outils sous forme de classe.

Les points ci-dessous peuvent être à l'origine de difficultés lors du passage à la version 5 de PHP :

- » Le passage par référence des objets.
- » Le retrait de la bibliothèque MySQL dans les packages d'installation.
- » Le nouveau support DOM n'incluant plus DomXML.
- » L'ajout du nouveau mode d'erreur E_STRICT?

Une nouvelle approche du modèle objet

Parmi toutes les évolutions de PHP5, c'est sans doute l'ajout d'un nouveau modèle objet qui est la plus marquante. Propulsant PHP dans la cour des langages orientés objet, cette refonte du moteur (devenu Zend2) est accompagnée par l'introduction d'un nombre important de nouvelles fonctionnalités : nouveaux constructeur et destructeur, visibilité, encapsulation, clonage, interfaces, classes abstraites, classe finale. Le Chapitre 9 est consacré exclusivement à la programmation orientée objet sous PHP. Reportez-vous-y pour obtenir plus d'informations sur ce point particulier.

Dans la version 5 de PHP, le traitement des objets a été totalement revu afin d'améliorer sensiblement les performances globales. Jusqu'à cette dernière version, les objets étaient considérés comme des types de base tels que des chaînes de caractères. Ainsi, lorsqu'un objet était assigné ou passé en paramètre à une fonction, il était intégralement copié, on parlait alors de *passage par valeur*. Avec PHP5 les objets sont référencés par pointeur, et c'est ce dernier qui est passé, on parle alors de *passage par référence*.

Vous pouvez penser à un pointeur d'objet comme à un identifiant attribué par PHP à un objet. Ainsi, lors du passage d'un objet, PHP ne perd plus de temps en recopie mais se contente de passer l'identifiant de ce dernier.

Les objets sont passés par référence et non plus par valeur. C'est-à-dire qu'une fois transmis à une fonction, les propriétés d'un objet PHP 5 pourront être modifiées. Ce n'était pas le cas avec PHP 4 où une copie était modifiée au sein de la fonction, l'objet originel restant inchangé.

Comme les objets ne sont plus copiés mais passés par référence, la méthode clone() a été ajoutée afin d'en permettre la copie.

Pour aller plus loin avec le nouveau modèle objet de PHP, nous vous conseillons vivement la lecture du Chapitre 9 qui lui est consacré.

Mysql

Pour des raisons de licence, PHP5 n'inclut plus les bibliothèques clientes MySQL. C'est-à-dire que l'extension MySQL n'est plus embarquée par défaut dans le package PHP 5. Du point de vue de l'utilisateur, cela implique d'installer soi-même l'extension et de l'activer. Pour les utilisateurs Linux, cela se traduira par la spécification --with-mysql=/usr lors de la configuration de PHP, et pour les utilisateurs de Windows par l'activation de l'extension php_mysql dans leur php.ini.

Cependant, les utilisateurs ayant installé PHP *via* des distributions telles que WAMP5, XAMP, LAMP ou EasyPHP ne sont pas concernés, car ces dernières embarquent toutes MySQL et le chargent par défaut. Pour plus de détails concernant l'installation et l'emploi de MySQL avec PHP, reportez-vous à la deuxième partie de cet ouvrage concernant les bases de données MySQL.

Nouvelle gestion de XML

Deux nouveautés visant à simplifier grandement la manipulation de flux XML ont été introduites avec la version 5 de PHP :

» L'intégration d'un nouveau gestionnaire XML : la bibliothèque libxml2 qui apporte une implémentation complète du DOM et permet de traiter tous les aspects de la manipulation XML.

» L'extension SimpleXML qui s'adresse aux traitements XML simples. Son utilisation est bien adaptée à la lecture et à l'écriture des fichiers XML simples. Cependant, elle doit passer la main dès que les fichiers deviennent assez complexes.

L'implémentation DOM complète que propose PHP5 n'est pas compatible avec celle de PHP4. En effet, à la différence de l'extension de PHP4 qui était assez procédurale, l'extension DOM de PHP5 est entièrement objet. Ces principales classes sont les suivantes :

» DomNode - objet nœud : documents, éléments, nœuds textuels...

» DomDocument - objet document (hérite de DomNode).

» DomElement - objet élément (hérite de DomNode).

» DomAttr - objet attribut (hérite de DomNode).

» DomNodeList - objet liste de DomNodes (ce n'est pas un tableau PHP !).

Il existe aussi des objets DomException, qui dérivent de la classe Exception de PHP5, mais la version actuelle de l'extension ne les utilise pas.

Des incompatibilités peuvent être liées aux changements d'implémentation DOM de PHP 5. Cette dernière est en effet incompatible avec celle utilisée par PHP 4. Bien que cette compatibilité ait été améliorée à partir de la version 4.3 de PHP, le code qui n'est pas objet n'est pas compatible avec la version 5.

Il vous faudra donc revoir entièrement votre code, si vous utilisez l'extension DomXML, pour parcourir les flux XML. Vous trouverez toutes les informations nécessaires au Chapitre 12, «XML et XSLT».

E_STRICT

En PHP 5, la nouvelle constante de rapport d'erreurs E_STRICT a été introduite avec comme valeur 2048. Cela permet à PHP, lors de l'exécution, de faire des suggestions sur la compatibilité et le suivi de votre code. Cela vous incite à toujours utiliser les meilleures méthodes de codage et les plus récentes : par exemple, les messages stricts vous avertiront sur l'utilisation de fonctions obsolètes et l'utilisation de variables non déclarées. Pour activer le mode de rapport d'erreurs E_STRICT, utilisez la commande suivante :

```
use error_reporting(E_ALL | E_STRICT);
```

Ou indiquez dans le fichier php.ini :

```
error_reporting  =  E_ALL | E_STRICT
```

PHP 5 apparaît donc comme une évolution normale et attendue de la version 4. En se voyant augmenter d'un réel modèle objet, PHP se rapproche sans en avoir encore atteint le niveau et la maturité d'autres langages tels que Java. Saluons au passage que ces évolutions ne se font pas au détriment du programmeur qui pourra avec un minimum de temps et d'efforts rendre les applications PHP4 compatibles PHP5.

Chapitre 9

La programmation orientée objet avec PHP

DANS CE CHAPITRE :

- **Appréhender le modèle objet avec PHP.**
- **Connaître la syntaxe de base.**
- **Travailler avec les interfaces et les classes abstraites.**
- **Comprendre la surcharge.**
- **Les mots clés Itération et Final.**
- **Le clonage des objets.**
- **Utiliser les exceptions.**

Introduction au modèle objet avec PHP

Il est d'usage de présenter la programmation orientée objet (POO) comme un paradigme de programmation qui permet d'assembler des éléments de base appelés *objets* auxquels on associe des propriétés et des actions. Ces objets peuvent avoir leurs pendants dans le monde réel, tel un livre ou un ballon, mais peuvent également correspondre à des abstractions liées à des idées ou à des concepts.

La programmation orientée objet est apparue avec la version 3 de PHP. Il s'agissait alors juste de permettre l'emploi d'une syntaxe rappelant la POO, il était cependant difficile de réaliser de véritables applications orientés objet ou OO avec cette dernière. PHP4 a introduit de nouveaux mots clés, mais il restait encore très éloigné de véritables langages de ce type tels que C++.

Or, s'il est tout à fait envisageable de réaliser une application basée sur des objets sans avoir recours à des environnements et des langages de programmation spécialisés, il est, dans les faits, indispensable de les employer pour des raisons de fiabilité, de maintenance, d'interopérabilité et de productivité.

Il faudra donc attendre la version 5 de PHP pour que ce dernier nous propose une véritable approche OO et nous permette enfin un emploi professionnel de cette approche. PHP5, en effet, introduit de véritables concepts de POO : constructeur, destructeur, références sur les objets, apparition des mots clés **«public»**, **«protected»** et **«private»**, ainsi que des interfaces et des classes abstraites.

La présentation de la POO sort du cadre de cet ouvrage, nous vous recommandons de vous familiariser avec les concepts proposés par cette dernière avant d'aller plus avant dans ce chapitre.

Les éléments liés à la POO apparus dans la version 4 de PHP sont bien entendus toujours disponibles :

- » Héritage, qui vous permet de spécialiser un objet (au niveau attribut ou méthode) tout en pouvant accéder aux attributs et méthodes de la superclasse ;
- » Polymorphisme, qui vous permet de surcharger une méthode pour l'utiliser avec des paramètres différents ;
- » Encapsulation, qui vous permet de masquer l'implémentation d'un objet.

Cependant, le moteur Zend a été réécrit pour la version 5 afin d'accroître et d'améliorer les fonctionnalités du langage. Devenu Zend2, il fournit les nouvelles possibilités suivantes :

- » L'ajout de constructeurs et destructeurs permettant de créer des instances de classe.
- » La sérialisation et la désérialisation.
- » L'emploi de méthodes publiques, privées et protégées afin de limiter la portée et l'utilisation de ces dernières.
- » La définition de constantes de classe et la réalisation de classes et de méthodes abstraites.
- » Les interfaces.
- » Le clonage et la comparaison d'objets pour manipuler les objets deux à deux.

Concepts de base de la POO avec PHP

Commençons par le rappel des termes et concepts introduits par la version 4 de PHP :

Les classes et les objets

Une *classe* décrit la structure de données commune à un ensemble d'objets. Elle regroupe les attributs qui correspondent à leurs états et les méthodes qui correspondent à leurs actions.

```
<?php

  class NomDeLaClasse
  {
    // Attributs

    // Méthodes
  }

?>
```

Vous pouvez imaginer une classe comme un modèle grâce auquel vous allez pouvoir créer autant d'objets de même **type** et de même structure que vous le souhaitez. Par exemple, pour modéliser n'importe quel véhicule, nous pourrions écrire une classe «Vehicule» dans laquelle nous définirions les attributs «consommation», «type_de_moteur», «modele» et la méthode «informations» communs à tous les véhicules.

L'héritage et le polymorphisme

Dans le modèle objet, les classes peuvent être hiérarchisées afin d'en faciliter la réutilisation. Ainsi, une classe donnée peut admettre une classe «fille» qui héritera des caractéristiques de sa classe «mère». Les attributs et les méthodes d'une classe donnée pourront donc être transmis aux classes filles découlant de cette dernière.

Les classes filles, recevant les attributs et les méthodes de la classe mère, se spécialiseront par l'ajout d'attributs et de méthodes et pourront à leur tour, si le langage le permet, devenir des classes mères.

```
 Classe Vehicule
|_______Attributs
```

```
    |    |_ +consommation
    |    |_ +type_de_moteur
    |    |_ +modele
    |
    |______Méthodes
       |
       |_ +informations ()

Classe Voiture
      |_______Attributs
    |    |_ +consommation
    |    |_ +type_de_moteur
    |    |_ +modele
    |    |_ +nb_portes
    |    |
    |______Méthodes
       |
       |_ +informations ()


Classe Moto
      |_______Attributs
    |    |_ +consommation
    |    |_ +type_de_moteur
    |    |_ +modele
    |    |_ +type_de_transmission
    |    |
    |______Méthodes
       |
       |_ +informations ()
```

Ici, les classes filles (Voiture et Moto) héritent des attributs «*consommation*», «*type_de_moteur*» et «*modele*» de leur classe mère (Vehicule) ainsi que de sa méthode. Elles sont ensuite enrichies d'attributs (et/ou de méthodes propres au type d'objet qu'elles décrivent).

L'héritage est un élément important pour les langages objet, car il permet une réutilisation du code efficace. Pour spécifier qu'une classe hérite d'une autre classe, nous utiliserons le mot réservé de PHP «extends».

Nous arrivons ici à une deuxième notion indissociable de la programmation orientée objet : le *polymorphisme*. Cette notion découle directement de l'héritage ; le polymorphisme en effet permet d'utiliser une même méthode sur des objets différents sans connaître nécessairement leur type. Par exemple, considérons les objets suivants :

```
class BaseDeDonnees {
var $hote;
var $base;
var $identifiant;
var $motDePasse;
...
}

class mysqldb extends BaseDeDonnees {
function connexion () { ... }
function requete() { ... }
function fermeture() { ... }
}

class pgdb extends db {
function connexion () { ... }
function requete() { ... }
function fermeture() { ... }
}
```

Ici, la classe mère décrit les attributs nécessaires à la connexion d'une base de données (le nom du serveur de base, l'identifiant et le mot de passe). Nous avons réalisé ensuite deux classes qui héritent de cette classe mère, les classes mysqldb et pgdb, qui permettent une connexion respectivement à des bases MySQL et PostgreSQL.

Comme les deux classes implémentent les mêmes méthodes, il est possible, par exemple, d'appeler indifféremment les méthodes connexion de la classe MySQL ou PostgreSQL, sans se soucier de savoir si l'on fait appel à l'une ou à l'autre.

Créer des objets avec PHP

Pour créer un objet à partir d'une classe, on réalise une *instance* de la classe. L'objet ainsi créé disposera des attributs et des méthodes de la classe instanciée :

```
class Vehicule {
   var $consommation;
   var $type_de_moteur;
   var $modele;

   function informations {
      System.out.println("Informations sur le véhicule:");
System.out.println("Marque:" + marque);
```

```
        System.out.println("Modèle:" + modele);

  }
  }
```

Comme les classes forment un type de variable, pour créer une variable du type désiré, vous devez utiliser l'opérateur *new* :

```
<?php
$maVoiture = new Vehicule;
?>
```

Pour accéder aux attributs ou méthodes d'un objet, il faut utiliser l'indirection -> :

```
echo $maVoiture ->$consommation;
echo $maVoiture ->informations();
```

Pour coder une méthode, il est souvent nécessaire de faire appel à d'autres méthodes de la classe ou à des attributs. On utilise pour cela la pseudo-variable $this qui est utilisée à l'intérieur d'une classe pour désigner l'objet courant :

```
class Vehicule {
var $consommation;

   function informations() {
      $this-> type_de_moteur ="diesel";
      /* etc. */
   }
}
```

La pseudo-variable $this est disponible lorsqu'une méthode est appelée depuis un contexte objet. Cette dernière fait référence à un objet appelé (l'objet auquel la méthode appartient ou un autre objet dans le cas où la méthode serait appelée de manière statique depuis le contexte d'un autre objet).

Il est également possible de définir des attributs statiques à l'intérieur d'une classe :

```
class Voiture {
   var $nb_roues = "4";
   ...
}
```

Constructeurs et destructeurs

Il existe deux méthodes particulières : les constructeurs et les destructeurs. Le *constructeur* est une méthode qui est appelée automatiquement par la classe lorsque vous en créez une nouvelle instance *via* l'opérateur «new». Il permet de définir des attributs ou d'effectuer des opérations particulières lors de l'instanciation de la classe. Depuis PHP5, la déclaration des constructeurs est faite en utilisant un nom de méthode particulier : __construct(). Cependant, si l'interpréteur PHP ne trouve pas cette méthode, il recherche une déclaration du constructeur conforme à celle de PHP4 (c'est-à-dire une méthode ayant le même nom que la classe). Si une classe ne possède pas de constructeur, c'est le constructeur de la classe de base qui, s'il existe, est appelé. De même, le *destructeur* est une méthode spéciale appelée juste avant la destruction de l'objet. Il vous permet de supprimer des variables ou de fermer des ressources. A partir de PHP5, le destructeur utilise la méthode __destruct().

PHP4 ne dispose pas à proprement parler de destructeur. Avec cette version, il est donc nécessaire de créer soi-même une méthode particulière chargée de libérer les ressources.

Pour des raisons de compatibilité avec PHP4, qui ne supporte ni __construct() ni __desctruct(), les constructeurs et destructeurs des classes mères ne sont pas automatiquement appelés. Pour les utiliser, il faut employer respectivement parent::__construct() et parent::__destruct().

Les méthodes réservées par PHP 5 sont préfixées par __ (double soulignement ou underscore).

Comme nous l'avons évoqué, avec PHP 5, l'emploi des constructeurs et destructeurs est simplifié par l'utilisation des méthodes __construct et __destruct. En voici un exemple d'utilisation :

```
<?php

class Utilisateur {
   private $nom = null;
   private $prenom = null;
   private $age = null;

   function Utilisateur($nom, $prenom, $age=null) {
      print("Appel de la méthode Utilisateur(\$nom, \$prenom,
\$age=null)\n");
   }

   function __construct($nom, $prenom, $age=null) {
```

```
        print("Appel de la méthode __construct(\$nom, \$prenom,
\$age=null)\n");
        $this->nom = $nom;
        $this->prenom = $prenom;
        $this->age = $age;
    }

    function __destruct() {
        print("Appel de la méthode __destruct()\n");
        unset($this->nom);
        unset($this->prenom);
        unset($this->dateNaissance);
    }
}

$utilisateur = new Utilisateur ("Chövosky", "Piotr",49);
unset($utilisateur);

?>
```

Ici l'appel du constructeur est fait implicitement par PHP.

La version 5 de PHP ne permet toujours pas de déclarer plusieurs constructeurs avec des paramètres différents, alors qu'elle offre de surcharger les méthodes (polymorphisme).

La visibilité

PHP5 apporte une notion de visibilité des attributs et des méthodes. Il existe trois niveaux de visibilité : public, protected, private.

- **public :** Les attributs et méthodes déclarés public peuvent être accédés depuis n'importe quelle partie du code.
- **protected :** Les attributs et méthodes déclarés protected ne peuvent être accédés que par les classes et parents hérités (les classes héritant de la classe qui a défini l'élément).
- **private :** Les attributs et méthodes déclarés private ne peuvent être accédés que dans la classe de définition.

La déclaration d'un attribut dans une classe ne nécessite plus l'utilisation du mot réservé var. Dorénavant, il suffit d'utiliser la déclaration de la visibilité suivie du nom de la variable.

Voici quelques exemples de visibilité :

```
<?
class Utilisateur {
   public $nom;
   private $prenom;
   private $age = null;

   protected function salutation() {
     print "Bonjour " . $this->prenom;
   }
}

class Visiteur extends Utilisateur {
   private $navigateur;
   public salutation () {
      developper::salutation();
      print "Votre navigateur est : ". $this->$navigateur;
      print "Nom : ". $this->nom;
      // Ici, on ne peut pas accéder aux attributs $prenom et $age qui sont
      // private
   }
}
$visiteur = new Visiteur();
$visiteur ->$nom = "Chövosky";
$visiteur ->$prenom = "Piotr"; // Erreur
$visiteur->$version = "5.0";// Erreur
?>
```

La résolution de portée

L'opérateur de résolution de portée deux fois deux-points «::» permet d'accéder aux membres statiques et constants ainsi qu'aux éléments redéfinis par la classe. Si vous référencez ces éléments en dehors de la définition de la classe, il est nécessaire d'utiliser le nom de cette dernière.

```
<?php // Accès en dehors de la définition de la classe

   class Cercle {
      const M_PI = '314';
   }

   $nomdeclasse = 'Cercle';
   echo $nomdeclasse::M_PI; // N'est possible que depuis PHP 5.3.0

   echo Cercle::M_PI;
```

```
?>
```

Pour accéder aux attributs et aux méthodes depuis la définition de la classe, deux mots clés réservés sont disponibles : **self** et **parent**.

```
<?php
class Disque extends Cercle
{
   public static $ma_variable_statique = 'variable statique';

   public static function deuxFoisDeuxPoint () {
      echo parent::CONST_VALUE . "\n";
      echo self::$my_static . "\n";
   }
}

$nomdeclasse = 'Disque';
echo $nomdeclasse::deuxFoisDeuxPoint ();// Depuis PHP 5.3.0

Disque::deuxFoisDeuxPoint ();
?>
```

Les statiques et les constantes

Avec la programmation OO, il pourra s'avérer utile de faire appel aux méthodes d'une classe sans pour autant avoir créé un objet correspondant à cette dernière. Depuis la version 4 de PHP, l'emploi de l'opérateur :: vous permet d'accéder à des éléments statiques ou des constantes à travers un nom de classe :

```
<?php

class Anniversaire {
var $jour;
var $mois;
var $annee;

   function dateDeNaissance($jour, $mois, $annee) {
      $this->jour = $jour;
      $this->mois = $mois;
      $this->annee = $annee;
   }

   function AfficheDateDuJour(){
      echo date("j/m/Y");
   }
```

```
}
Anniversaire::AfficheDateDuJour();

?>
```

Ici nous faisons appel à la méthode AfficheDateDuJour() de la classe Anniversaire sans avoir instancié d'objet de type Anniversaire. Une méthode de classe comme celle-ci ne doit pas évidemment faire référence aux attributs de l'objet qui ne seront renseignés que lors de la création effective de ce dernier.

Comme il n'est pas nécessaire d'avoir une instance de la classe pour appeler un attribut ou une méthode, on appelle aussi ces derniers *attributs de classe* et *méthodes de classe*.

Nous pouvons de plus faire appel aux méthodes de la classe mère d'un objet sans avoir à créer un objet de son type. Ce dernier point est très employé, lorsqu'il s'agit de surcharger une méthode sans avoir à reprendre tout son code.

Les fonctions serialize() et unserialize()

Avec PHP, la durée de vie d'un objet est contrainte par celle de l'exécution du script qui en est à l'origine. Il s'agit d'une limitation très sérieuse quant à l'intérêt réel de la programmation objet avec ce type de langage interprété côté serveur. Ce point est d'autant plus important que l'on ne peut pas passer des objets en paramètres grâce aux méthodes GET et POST. Pour s'affranchir de ces contraintes et limitations, il est possible de convertir un objet en chaîne de caractères, puis de stocker cette nouvelle représentation dans un fichier afin de recréer plus tard l'objet à l'identique. L'objet gagne ainsi une propriété de persistance indispensable à une véritable approche OO. Les techniques employées pour y parvenir sont connues sous le nom de *sérialisation* et *désérialisation*. Sous PHP, leur mise en œuvre se traduira par l'implémentation de deux méthodes nommées respectivement serialize() et unserialize() :

```
class MaClasse{
var $var1;
var $var2;

function serialize() { ... }
function unserialize() { ... }

}
```

PHP utilise la sérialisation automatiquement avec les sessions si bien qu'il vous est inutile de la gérer dans ce cas. Cependant, il est parfois indispensable de s'assurer de l'achèvement de certaines opérations avant de lancer la sérialisation de l'objet. C'est le rôle de la fonction ___sleep(), qui est appelée, lorsqu'elle est définie pour un objet donné, juste avant la sérialisation de ce dernier. Elle permet ainsi par exemple de fermer une connexion avant de faire appel à la sérialisation effective. La fonction ___sleep() retourne un tableau contenant la liste des attributs à sérialiser. De même, la fonction ___wakeup() est appelée, si elle est définie pour un objet donné, juste avant la désérialisation de ce dernier. Ce qui permet par exemple de remettre le contexte dans un état cohérent avant de recréer l'objet.

Vous trouverez ci-dessous un exemple de sérialisation d'un objet utilisant des attributs ayant des portées de type différent :

```
<?php
class Mammifere
{
   /* Race de l'animal
   * @var string
   */
   Protected $race;

   *Genre de l'animal
   *@var string
   */
   protected $genre;

   /**
   * Mode d'alimenation
   */
Public $modeAlimentation;
public $dummy;

   public function __sleep(){
      echo "C'est l'heure de dormir";
      return array('genre','race','modeAlimentation');
   }

   public function __wakeup(){
   echo 'Debout la dedant!';
   }

   public function __construct($race, $genre)
   {
   $this->race = $race;
   $this->genre = $genre;
   }
```

```
function alimentation(){

   switch($this->genre){
      case 'felin': $this->modeAlimentation='carnivore'; break;
      case 'bovin': $this->modeAlimentation='herbivore'; break;
      case default: $this->modeAlimentation='omnivore';
   }
   return $this->modeAlimentation;
   }

   public function  setRace($race)
   {
      $this->race = $race;
   }

   /**
   * Retourne la race de l'animal
   * @param void
   * @return string $race
   */
   public function getRace()
   {
      return $this->race;
   }

   * Retourne le genre de l'animal
   * @param void
   * @return string $genre
   */
   public function getGenre()
   {
      return $this->genre;
   }
}

$Chat = new Mammifere('chat','felin');

$sSerialized = serialize($Chat);
$oUnserialized = unserialize($sSerialized);

echo '<pre>';
var_dump($sSerialized,$oUnserialized);
echo '</pre>'
?>
```

Nous instancions ici la classe afin de créer un objet et de le renseigner. Puis nous allons le sérialiser et le désérialiser :

```
<?php
$Chat = new Mammifere('chat','felin');
$Chat->alimentation();

$sSerialized = serialize($Chat);
$oUnserialized = unserialize($sSerialized);

echo '<pre>';
var_dump($sSerialized,$oUnserialized);
echo '</pre>';
?>
```

Les résultats sont les suivants :

```
string(112)
"O:9:"Mammifere":3:{s:7:"*race";s:4:"chat";s:8:"*genre";s:5:"felin";s:16:"m
odeAlimentation";s:9:"carnivore";}"
object(Mammifere)#2 (3) {
  ["race:protected"]=>
  string(4) "chat"
  ["genre:protected"]=>
  string(5) "felin"
  ["modeAlimentation"]=>
  string(9) "carnivore"
}
```

Notez que seules les propriétés retournées par la méthode __sleep() ont été mémorisées et que la propriété «dummy» est égale à NULL, ce qui tombe plutôt bien.

Allez plus loin avec les classes de PHP

Les Interfaces

Une *interface* définit l'ensemble des méthodes qu'une classe d'un type donné se doit d'implémenter. Son propos est donc de décrire les méthodes disponibles et nécessaires pour un objet. Les interfaces sont définies à la manière des classes standard, mais elles n'implémentent aucun code de méthode. On réalise une interface en utilisant le mot clé «interface». Toutes les méthodes déclarées dans une interface doivent nécessairement être publiques.

Recourir aux interfaces présente des intérêts multiples. Cependant, on retiendra les points particuliers suivants :

- » Réaliser une architecture logicielle permettant une meilleure factorisation du code.
- » Faciliter le travail en groupe, grâce à la découpe du logiciel en briques ou composants basiques.
- » Offrir une meilleure maintenance du code et une plus grande évolutivité de ce dernier en permettant le remplacement d'un composant du code par un autre.

Pour implémenter une interface, utilisez l'opérateur «implements». Toutes les méthodes de l'interface doivent être implémentées dans une classe ; le cas contraire se soldera par une erreur fatale. Les classes peuvent implémenter plusieurs interfaces à condition de séparer chacune d'entre elles par un point-virgule. Voici un exemple d'interface :

```
<?php

   interface Bar_Interface{
      public function FaireQuelqueChose();
   }

   class Bar implements Bar_Interface {
      public function FaireQuelqueChose () {
      echo "Voici quelque chose de fait !";
   }
}

class Foo {
   public function FaireQuelqueChose(Bar_Interface $bar) {
   $bar->FaireQuelqueChose();
   }
}
?>
```

Lorsque Foo::FaireQuelqueChose () ci-dessus est exécuté, nous savons avec certitude que l'objet $bar dispose bien de la méthode FaireQuelqueChose, car il implémente l'interface Bar_Interface.

Les classes et les méthodes abstraites

PHP5 introduit les notions de classe et de méthode abstraite. Une *classe abstraite* est une classe dont les méthodes n'ont pas été implémentées. Elle est utilisée lorsque l'on souhaite créer un groupe d'objets qui possèdent du code en commun mais qui ont également leur propre particularité. Il est donc impossible de ce fait de créer une instance d'une classe abstraite. En effet, si une telle classe se comporte comme une classe concrète, elle ne peut cependant que déclarer des attributs et des méthodes accessibles dans les classes dérivées en fonction de la visibilité voulue pour chacun d'entre eux (*public*, *private* et *protected*).

De la même façon, la déclaration d'une *méthode abstraite* ne correspond qu'à la définition du prototype de cette dernière ; elle ne dispose en effet d'aucune implémentation.

L'implémentation de la méthode sera faite dans une sous-classe *via* la création d'une classe fille, comme ci-dessous :

```
abstract class ClasseAbstraite{

   abstract protected function version();

}

class TestCA extends ClasseAbstraite{
   protected function version(){
      return "Cette classe nécessite PHP version 5.0 ou ultérieure";
   }
}
```

Une méthode abstraite ne peut être définie que public ou protected, car elle ne pourrait pas être définie dans une classe fille si elle avait été au préalable déclarée private.

Les classes abstraites ne pouvant être instanciées, il n'est pas nécessaire de créer pour elles de constructeur ou de destructeur.

La classe héritant d'une classe abstraite doit implémenter l'ensemble des méthodes déclarées abstraites dans la classe mère. Cependant, il n'est pas requis d'implémenter les méthodes déjà implémentées dans la classe mère.

Avec l'abstraction, vous définissez les comportements que vous souhaitez retrouver dans toutes les classes héritières de la classe abstraite. Ainsi, sans en connaître les détails d'implémentation, vous serez en mesure d'employer les méthodes abstraites.

Voici un exemple complet utilisant le mécanisme des classes abstraites :

```
<?php
abstract class Mammifere
{
   *Race de l'animal
   *@var string
   */
protected $race;

/*
* Genre de l'animal
*@var string
*/
protected $genre;

/**
* Mode d'alimentation
* @abstract
*/
abstract function alimentation();

   /**
   *Type de vie sociale
   *@abstract
   */
   abstract function vieSociale();

   /**
   * Met à jour la race
   * @param string $race
   * @return void
   */
   public function  setRace($race)
   {
      $this->race = $race;
   }

/**
   * Retourne la race de l'animal
   * @param void
   * @return string $race
   */
   public function getRace()
   {
```

```
        return $this->race;
    }

/**
    * Retourne le genre de l'animal
    * @param void
    * @return string $genre
    */
    public function getGenre()
    {
    return $this->genre;
    }
}
?>
```

La classe déclarée ci-dessus dispose de deux méthodes abstraites, alimentation () et vieSociale(). Les corps de ces méthodes ne sont pas définis, ils doivent l'être dans des classes dérivées.

Toute classe qui définit une ou plusieurs méthodes abstraites doit obligatoirement être déclarée abstraite elle aussi.

Nous allons à présent déclarer deux classes : «*Chevre*» et «*Chien*», qui hériteront toutes deux des propriétés et méthodes de la classe abstraite Mammifere :

```
 <?php
    class Chevre extends Mammifere
{
    /**
    *Construit l'objet Chevre
    *@param string $race
*@return void
    */
    public function __construct($race)
    {
        $this->race = $race;
        $this->genre = "Bovidé";

    }

class Chien extends Mammifere
{
   /**
    * Construit l'objet Chien
    * @param string $race
    * @return void
```

```
    */
   public function __construct($race)
   {
     $this->race = $race
     $this->genre = 'Canin';
   }
 }
 ?>
```

Si nous exécutons ici le code, nous obtenons l'erreur PHP suivante :

```
Fatal error: Class Chat contains 2 abstract methods and must
therefore be declared abstract or implement the remaining methods
(Mammifere::alimentation, Mammifere::vieSociale)
```

En effet, les méthodes abstraites de la classe mère n'ont pas été redéfinies. Nous devons ici définir explicitement les méthodes abstraites de la superclasse ou bien rendre les classes Chien et Chevre abstraites. Ici nous voulons réaliser une instance des classes. Nous allons donc déclarer les méthodes dans les classes dérivées, comme ci-dessous :

```
<?php
class Chevre extends Mammifere
{
/**
* Construit l'objet Chevre
* @param string $race
* @return void
*/

public function __construct($race)
{
$this->race = $race;
$this->genre = 'Bovidé';
}

/**
* Affiche le mode d'alimentation
* @param void
* @return void
*/
public function alimentation()
{
echo $this->race .' est herbivore';
}
```

```
/**
* Affiche le mode de vie sociale de la chèvre
* @param void
* @return void
*/
public function vieSociale()
{
echo 'domestiquées, elles vivent en groupes';
}
}
////////////////////////////////////////////////
class Chien extends Mammifere
{
   /**
   * Construit l'objet Chien
   * @ param string $race
   * @return void
   */
   public function __construct($race)
   {
   $this->race = $race;
   $this->genre = 'Canin';
   }

   /**
   * Affiche le mode d'alimentation
   * @param void
   * @return void
   */
   public function alimentation()
   {
   echo $this->race .': est carnivore';

   }

   /**
   * Affiche le mode de vie sociale du chien  *
   * @param void
   * @return void
   */
   public function vieSociale()
   {
      echo $this->race . ': sauvages, vivent en petits groupes';
   }
}
```

```
////////////////////////////////////////////////
$Milou = new Chien('Fox-terrier');

echo $Milou->getRace();
echo '<BR>';
echo $Milou->alimentation();
echo '<BR>';
echo $Milou->vieSociale();
echo '<BR>';
echo '<BR>';

$Biquette= new Chevre('Chevre angora');
Echo $Biquette->getRace();
?>
```

À présent, nous allons instancier les classes :

```
<?php
$Milou = new Chien('Fox-terrier');

echo $Milou->getRace();
echo '<BR>';
echo $Milou->alimentation();
echo '<BR>';
echo $Milou->vieSociale();
echo '<BR>';
echo '<BR>';

$Biquette= new Chevre('Chevre angora');
Echo $Biquette->getRace();
?>
```

Vous devez alors obtenir les informations suivantes dans votre navigateur :

```
Fox-terrier
Fox-terrier: est carnivore
Fox-terrier: sauvages, vivent en petits groupes

Chevre angora
```

Les classes et les méthodes finales

Nous avons rencontré plus haut dans ce chapitre les classes et méthodes abstraites. PHP propose pour assurer une meilleure gestion du code le nouveau mot clé «*final*» qui peut être appliqué à une classe ou à une méthode.

Les classes finales

Lorsqu'une classe est déclarée «finale», cela signifie qu'elle ne pourra plus être dérivée par une classe fille, et ses attributs et méthodes ne pourront plus être redéfinis. Cependant, si l'on applique le mot clé «*final*» à une méthode d'une classe, c'est uniquement cette dernière qui ne pourra plus être redéfinie dans les classes dérivées.

Supposons que nous voulions interdire l'héritage des classes Chevre et Chien citées en exemple précédemment, nous déclarerions alors ces classes comme ci-dessous :

```
<?php

final class Chevre extends Mammifere
{
   // Suite du code de la classe
}

final class Chien extends Mammifere
{
   // Suite du code de la classe
}
?>
```

Il est alors impossible pour une classe d'hériter de la classe Chien ou de la classe Chevre.

Une classe abstraite ne peut pas être déclarée finale. Cela déclencherait une erreur de syntaxe, car la nature même d'une classe abstraite est d'être dérivée.

Les méthodes finales

À l'instar des classes finales, il est possible d'interdire à une classe fille de surcharger une méthode finale en préfixant cette dernière avec le mot clé «final»:

```
<?php
class MaClasse {
```

```
    final public function test() {
        echo "MaClasse::test() appelée\n";
    }
}
class FilledeMaClasse extends MaClasse {
    public function test() {
        echo "FilledeMaClasse::test() appelée\n";
    }
}
?>
//Fatal error: Cannot override final method FilledeMaClasse::test()
```

L'utilisation du mot clé «final» pour les classes et les méthodes permet au concepteur de s'assurer que l'architecture qu'il a mise en place sera mieux respectée tout au long des développements employant ces travaux.

Surcharge

Les membres d'une classe peuvent être surchargés afin d'exécuter un code spécial contenu dans vos méthodes __set() et __get(). De même, si vous souhaitez accéder à une méthode en lui fournissant plus ou moins de données, vous pouvez définir plusieurs constructeurs portant le même nom, mais ayant des paramètres différents. Ce mécanisme est appelé *surcharge de méthodes.*

Toutes les méthodes surchargées doivent être définies en tant que public.

La surcharge des propriétés

La méthode magique __set() et son complément __get() permettent de surcharger les propriétés d'une classe. Ainsi, lorsqu'une propriété de classe non définie est renseignée, la fonction __set() est implicitement appelée par PHP. En voici un exemple :

```
<?php
class Employe {
    private $age;
    private $nom;
    private $prenom;

    public function __set($property,$value) {
        if('nom' === $property && ctype_alpha($value)){ //vérification du type
            $this->nom = $value;
        }
        else if('prenom' === $property && ctype_alpha($value)){
            $this->prenom = $value;
```

```
        }else if('age' === $property && ctype_digit($value)){
            $this->age = (int) $value;
        }else {
            throw new Exception ('Erreur!');
        }
    }

    public function __get($property) {
        if('nom' === $property){
            return $this->nom;
        }else if('prenom' === $property){
            return $this->prenom;
        }else if('age' === $property){
            return $this->age;
        }else {
            throw new Exception('Erreur!');
        }
    }
}

$newbie = new Employe ();
$newbie ->__set('nom','Chovosky');
$newbie ->__set('prenom', 'Piotr');
$newbie ->__set('age', '49');

echo 'NOM: ' . $newbie ->__get('nom') . ', PRENOM: ' . $newbie ->__
get('prenom') . ', AGE: ' . $newbie ->__get('age');
?>
```

En redéfinissant explicitement cette méthode dans le corps de la classe, le développeur s'assure que seules les propriétés qu'il aura choisies pourront être mises à jour.

Depuis PHP 5.1.0, il est également possible de surcharger les fonctions __isset et __unset *via*, respectivement, les méthodes __isset et __unset.

La surcharge de méthode

La notion de *surcharge de méthode* est très différente en PHP de celle des autres langages orientés objet. En fait, si elle est définie dans votre classe, la méthode __call sera automatiquement appelée lors d'un appel à une fonction inexistante. Le paramètre $name utilisé est le nom de la fonction que l'on souhaite utiliser. Les arguments qui étaient passés à la fonction sont récupérés dans un tableau contenu dans le paramètre $arguments. La valeur retournée par la méthode __call sera celle retournée au point d'appel de la méthode d'origine.

Exemple de surcharge avec ___call :

```
<?php
Class MaClasse{
   Function __call($name,$arguments){
   Echo 'Vous tentez d'appeler la méthode',$name;
   }
}
//Affichera: Vous tentez d'appeler la méthode foo
MaClasse::foo();
?>
```

Lorsque vous définissez une méthode qui ne surcharge qu'une méthode de la classe mère, PHP n'appelle que la méthode de la classe fille. Si vous voulez tout de même appeler la méthode de la classe mère, vous devrez utiliser parent::method_name().

L'interface Iterator

Il existe une interface Iterator qui force la surcharge de certaines méthodes. Avec ces méthodes, il devient très simple d'itérer les attributs de l'objet avec l'instruction foreach. Cette interface expose les fonctions suivantes :

```
<?php
Interface Iterator{
   public function rewind();
   public function key();
   public function current();
   public function next();
   public function valid();
}
?>
```

Supposons à présent que vous souhaitez parcourir un couple clé-valeur associé à votre classe comme suit :

```
<?php

class MaClasse {
   $a1 = ‘val1' ;
   $a2 = ‘val2';
}
$instance = new MaClasse();

foreach($instance as $key=>$value){
```

```
    echo $key, ' : ', $value, '<br/>';
}
?>
```

Nous obtenons ainsi les valeurs a1:val1 et a2:val2.

L'interface Iterator va nous permettre ici de déterminer avec finesse le comportement de l'instruction foreach. Pour cela nous devons redéfinir les cinq fonctions exposées dans cette interface :

```
<?php
class MaClasse implements Iterator {

    protected $c;
    const MX = 15;

    public function rewind(){// appel lors de la première itération
        $this->c = 0;
    }

    public function next(){// passé à l'itération suivante
        $this->c+=2;
    }

    public function key(){   //retourne la clé de l'itération
        return $this->c+2;
    }

    public function current(){ // retourne la valeur de l'itération
        return $this->c;
    }

    public function valid() { // s'assure que nous ne sommes pas à la fin
        return $this->c<=self::MX;
    }
}

$c = new MaClasse();

foreach($c as $key => $val) {
    echo $key,' : ',$val, '<br/>';
}
?>
```

Avec l'exemple ci-dessus nous obtenons la sortie suivante :

```
2 : 0
4 : 2
6 : 4
8 : 6
10 : 8
12 : 10
14 : 12
16 : 14
```

Le clonage et la comparaison d'objets

Le *clonage d'objet* consiste à dupliquer un objet. Les attributs de l'objet original seront également recopiés dans l'objet de destination.

Depuis PHP 5, les objets sont passés par référence et non plus par valeur. C'est-à-dire qu'une fois transmises à une fonction les propriétés d'un objet PHP 5 pourront être modifiées. Ce n'était pas le cas avec PHP 4 où une copie était modifiée au sein de la fonction, l'objet original restant inchangé. Il est donc fréquemment nécessaire de créer des copies des objets originaux avant par exemple de les passer en arguments à une fonction. Voici un exemple simple d'utilisation de clone() avec PHP 5 :

```
<?php
class Employe{

   private $lunettes;
   private $nom;
   private $prenom;

   public function __set($property,$value) {
      if('nom' === $property && ctype_alpha($value)){//vérification du type
         $this->nom = $value;
      }else if('prenom' === $property && ctype_alpha($value)){
         $this->prenom = $value;
      }else if('lunettes' === $property && ctype_alpha($value)){
         $this->lunettes = (int) $value;
      }else{
         throw new Exception ('Erreur!');
      }
   }

   public function __get($property) {
      if('nom' === $property){
         return $this->nom;
      }else if('prenom' === $property){
```

```
            return $this->prenom;
        }else if('lunettes' === $property){
            return $this->lunettes;
        }else {
            throw new Exception('Erreur!');
        }
    }
}
//Instanciation de l'objet original
$newbie = new Employe ();
$newbie ->__set('nom','Chovosky');
$newbie ->__set('prenom', 'Piotr');
$newbie ->__set('lunettes', 'Non');
// Clonage de l'objet

$cloneNewbie= clone $newbie;

$cloneNewbie->__set('prenom','Jean'); //nous modifions le prénom
$cloneNewbie->__set('lunettes','Oui'); // ajoutons-lui des lunettes

print_r($newbie);
print_r($cloneNewbie);

?>
```

Il produit le résultat suivant :

```
Employe Object(
[lunettes:private] => Oui
[nom:private] => Chovosky
[prenom:private] => Piotr
)

Employe Object(
[lunettes:private] => Non
[nom:private] => Chovosky
[prenom:private] => Jean
)
```

Comme vous pouvez le constater, les deux objets sont bien distincts, cependant Jean est le clone de Piotr les lunettes en moins !

De même, vous devez préciser de quelle manière vous souhaitez comparer deux objets. En effet, l'emploi de l'opérateur de comparaison «==» signifie que les deux objets sont égaux si :

» Ils ont les mêmes attributs.

» Les attributs ont tous la même valeur.

» Les deux objets sont de la même classe.

Alors que l'emploi de l'opérateur «===» signifie que les deux objets sont égaux si, et seulement si, ils référencent la même instance de classe.

Chapitre 10

Mouvements de données

DANS CE CHAPITRE :

» **Connexion à la base de données.**

» **Extraction d'informations de la base de données.**

» **Mise en œuvre de formulaires HTML avec PHP.**

» **Traitement des informations saisies par les utilisateurs dans un formulaire.**

» **Stockage de données dans une base de données.**

» **Fonctions de transfert de données avec une base de données.**

» **Transfert d'informations par fichier.**

PHP et MySQL travaillent fort bien ensemble. Ce partenariat dynamique est ce qui rend ce couple de logiciels si précieux pour les applications de bases de données sur le Web. Que vous souhaitiez mettre une base de données (un catalogue, par exemple) à la disposition d'utilisateurs ou recueillir des informations de leur part (pour constituer une base de données des membres d'une association, par exemple), PHP et MySQL sont les outils de choix.

Une des fonctionnalités les plus précieuses de PHP est sa possibilité de dialoguer avec des bases de données au moyen de fonctions spécialisées qui rendent cette communication très simple. Les requêtes sont envoyées à la base de données par un simple appel de fonction. Vous n'avez pas besoin de connaître les détails de ces communications, PHP s'en charge. Il vous suffit de savoir quelles requêtes adresser à MySQL et comment appeler les fonctions PHP.

Dans les précédents chapitres de ce livre, j'ai décrit les outils dont vous aurez besoin pour construire une application de base de données sur le Web. Au Chapitre 4 : comment écrire une requête MySQL ; aux Chapitres 6 et 7 : comment utiliser les briques de base de PHP pour construire votre application. Dans le présent chapitre, je vais vous montrer comment utiliser ces outils pour accomplir les tâches spécifiques que toute application de base de données sur le Web doit effectuer.

Fonctions PHP/MySQL

Pour interagir avec MySQL, vous allez utiliser des fonctions spécifiques de PHP. Ces fonctions servent à se connecter au serveur MySQL, à se connecter à la base de données voulue, à envoyer des requêtes SQL, et ainsi de suite. Vous n'avez pas besoin de connaître les détails de cette interaction, puisque c'est PHP qui gère tout cela. Il vous suffit de savoir utiliser les bonnes fonctions.

À partir de PHP 5, PHP propose deux jeux de fonctions pour communiquer avec MySQL : un jeu de fonctions (les fonctions mysqli) pour MySQL 4.1 ou versions ultérieures, et un autre jeu de fonctions (les fonctions mysql) pour MySQL 4.0 ou versions antérieures. La plupart des hébergeurs de sites Web proposent MySQL 5.0 ou MySQL 5.1. S'ils ne proposent que des versions antérieures de MySQL, vous devriez prendre contact avec les gars du support technique pour voir s'ils ne peuvent pas vous proposer d'accéder à une version plus récente de MySQL.

Si vous utilisez PHP 5 sur votre site hébergé, les fonctions mysqli devraient donc être accessibles. Si seulement les fonctions mysql le sont, contactez le support technique et demandez à quelqu'un d'activer les fonctions mysqli. Il n'y a aucune raison valable pour continuer d'utiliser les fonctions mysql lorsque vous utilisez PHP 5 ou versions ultérieures.

Si vous avez installé vos logiciels avec XAMPP comme cela est suggéré dans l'annexe A de ce livre, vous disposez d'une version pleinement fonctionnelle de PHP 5 et vous pouvez utiliser les fonctions mysql et mysqli indifféremment. Vous pouvez opter pour PHP 4 en utilisant la page d'acceuil de XAMPP, mais vous n'avez aucune raison de le faire. À moins que vous ne deviez travailler sur un site Web écrit en PHP 4, vous ne devriez pas utiliser PHP 4, qui est maintenant obsolète, n'étant plus maintenu par les développeurs de PHP. Pour apprendre PHP et développer un nouveau site, vous devriez utiliser PHP 5 ou PHP 6, lorsque cette dernière version sera disponible.

Si vous utilisez PHP 4 pour une quelconque raison, la famille **mysqli** n'est pas utilisable. Vous devez vous rabattre sur la famille **mysql**, même avec une version récente de MySQL. Certaines fonctions récentes de MySQL ne sont dans ce cas pas exploitables. La famille mysql est activée d'office dans PHP 4, ce qui est logique.

Dans ce livre, s'agissant d'une mise à jour, nous avons adopté MySQL 5.1 et la famille **mysqli**. Voici le format générique des fonctions PHP d'accès à MySQL 5.1 :

```
mysqli_nomfonction(valeur,valeur,...);
```

La lettre **i** ajoutée en fin de radical signifie *improved* (amélioré). Le second membre du nom de la fonction est spécifique. C'est en général un verbe d'action. La fonction attend un ou plusieurs paramètres. Ce nombre de paramètres a changé entre les deux générations de fonctions. Voici la syntaxe de deux fonctions utilisées sans cesse dans les exemples de ce chapitre :

```
mysqli_connect(informations de connexion);
mysqli_query($cxn,"Instruction SQL");
```

Avec PHP 4 ou pour un SGBD MySQL 4.0 ou antérieur, les fonctions sont celles-ci :

```
mysql_connect(informations de connexion);
mysql_query("Instruction SQL");
```

Si vous désirez évoluer vers la nouvelle famille de fonctions, vous devrez retoucher les appels de fonction en vous basant sur les comparaisons que propose le Tableau 10.1.

Tableau 10.1 : Syntaxe comparée des fonctions mysql et mysqli.

Fonction mysqli	Ancienne fonction mysql
mysqli_connect($host,$user ,$passwd,$nombase)	mysql_connect($host,$user,$passwd) puis mysql_select_ db($nombase)
mysqli_errno($cxn)	mysql_errno() ou mysql_errno($cxn)
mysqli_error($cxn)	mysql_error() ou mysql_error($cxn)
mysqli_fetch_array($result)	mysql_fetch_array($result)
mysqli_fetch_assoc($result)	mysql_fetch_assoc($result)
mysqli_fetch_row($result)	mysql_fetch_row($result)
mysqli_insert_id($cxn)	mysql_insert_id($cxn)
mysqli_num_rows($result)	mysql_num_rows($result)
mysqli_query($cxn,$sql)	mysql_query($sql) ou mysql_query($sql,$cxn)
mysqli_select_ db($cxn,$dbname)	mysql_select_db($dbname)
mysqli_real_escape_ string($cxn,$data)	mysql_real_escape_string($data)

Remarque : Dans la plupart des exemples, nous en avons profité pour remplacer les appels à mysql_fetch_array() par des appels à mysqli_fetch_assoc().

Etablissement de la connexion

La première chose à faire avant tout transfert de données, est de se connecter à la base de données qu'on veut utiliser. Celle-ci peut se trouver sur le même ordinateur que le programme PHP ou sur une machine différente. Vous n'avez pas besoin de connaître les détails de cette connexion, PHP se charge de tout. Tout ce que vous devez savoir est le nom et l'adresse de la base de données. Représentez-vous la connexion avec une base de données comme s'il s'agissait d'un téléphone : les mots vont d'un interlocuteur à l'autre, mais peu vous importe comment. Il suffit que vous connaissiez le numéro de téléphone de votre interlocuteur.

Une fois que vous êtes connecté à la base de données, vous envoyez une série de requêtes au moyen des fonctions PHP prévues à cet effet. Vous pouvez en envoyer autant que vous le voulez. La connexion reste établie tant que vous ne la refermez pas explicitement ou que le programme se termine. Avec le téléphone, la connexion perdure jusqu'au moment où vous raccrochez votre combiné. C'est pareil.

Connexion au serveur MySQL

Pour communiquer avec une base de données, vous devez tout d'abord vous connecter au serveur MySQL. Pour cela, vous avez besoin de connaître le nom de l'ordinateur où se trouve la base de données, le nom de votre compte MySQL ainsi que le mot de passe correspondant à ce compte. Vous appelez alors la fonction PHP mysqli_connect() de la façon suivante :

```
$connexion = mysqli_connect(^aobppb)□`ljmqb)□jm^ppb)□klj_^pb)
             or die („jbpp^db");
```

avec :

- » `adresse` : Le nom de l'ordinateur sur lequel se trouve la base de données. Par exemple : `base.monserveur.com`. Sur un serveur personnel (et donc avec EasyPHP), ce serait tout simplement `localhost`. Dans ce cas, vous pouvez même laisser ce champ vide («»).
- » `compte` : Le nom de votre compte MySQL. Revoyez à ce sujet le Chapitre 5. Si ce champ est vide («»), cela signifie que n'importe quel compte sera considéré comme valide. Pour des raisons évidentes de sécurité, ce n'est pas une bonne idée !

» `mpasse` : Le mot de passe attaché à ce compte. Si le compte utilisé n'exige pas de mot de passe, laissez ce champ vide («»).

» `nombase` : Le nom de la base de données avec laquelle vous avez besoin de communiquer (paramètre facultatif). Vous pouvez sélectionner la base plus tard avec une autre commande et changer de base active à tout moment.

Avec l'ancienne famille de fonctions mysql, vous ne pouviez pas choisir la base lors de la connexion et deviez appeler mysql_select_db dans un deuxième temps.

» `message` : Le message à afficher si la connexion ne peut pas être établie (soit parce que vous n'avez pas fourni les bonnes informations, soit tout bêtement parce que le serveur n'est pas accessible). Pendant la phase de mise au point, vous avez intérêt à prévoir pour ce message un texte explicite du genre : «Connexion au serveur impossible.» Plus tard, au moment de l'exploitation de la base de données par vos clients, il faudra être moins technique et dire, par exemple : «Le catalogue de l'animalerie n'est pas accessible pour le moment. Pouvez-vous réessayer plus tard ?»

Le paramètre adresse peut, dans certains cas, être complété par un numéro de port. Presque toujours, ce numéro sera 3306. C'est lui qui sera pris par défaut. Mais, à de rares occasions, l'administrateur de MySQL peut attribuer un numéro différent. Dans ce cas, il est nécessaire de spécifier ce numéro non standard sous la forme, par exemple, de localhost:8808.

Lorsque vous appelez la fonction mysqli_connect(), celle-ci tente d'établir la connexion avec la base de données en utilisant les paramètres que vous lui avez indiqués. Si cette tentative échoue, le message d'erreur est affiché et le programme s'arrête.

L'exemple qui suit montre comment se connecter à une base de données située sur un serveur personnel :

```
$connexion = mysqli_connect("localhost", "catalogue","", "AniCata")
             or die ("Connexion au serveur impossible.");
```

Pour des raisons de sécurité (et de maintenance), il est préférable de placer les paramètres de connexion dans des variables et de faire figurer celles-ci dans l'appel à mysqli_connect() de la façon suivante :

```
$hôte = "localhost";
$utilisateur = "catalogue";
$mPasse = "";
$nombase = "AniCata";

$connexion = mysqli_connect($hôte, $utilisateur, $mPasse, $nombase)
             or die ("Connexion au serveur impossible.");
```

En fait, si vous voulez accroître la sécurité de cette connexion, vous pouvez placer les trois informations dans un fichier séparé de façon qu'elles n'apparaissent pas en clair dans le programme. Vous en saurez plus sur ce sujet au Chapitre 13.

La variable $connexion identifie la connexion établie. Vous pouvez ouvrir plusieurs connexions en même temps, en conservant les informations relatives à chacune dans une variable de nom différent. Une connexion reste ouverte tant que vous ne la refermez pas explicitement ou que l'exécution du programme se poursuit. Pour fermer une connexion, vous appelez la fonction mysqli_close() en lui passant en argument le nom reçu au moment de la connexion initiale. Par exemple :

```
mysqli_close($connexion);
```

TRAITEMENT DES ERREURS MYSQL

Lorsqu'une des fonctions servant à dialoguer avec MySQL ne se termine pas normalement, MySQL crée un message d'erreur contenant des informations sur l'erreur qui s'est produite. Cependant, ce message n'est pas envoyé directement au navigateur (à moins que le programme ne le fasse de façon délibérée). Il y a trois façons habituelles d'appeler une fonction MySQL :

- **Appel de la fonction sans traitement d'erreur.** La fonction est appelée toute seule, sans que son nom soit suivi de l'appel à `die()`. Exemple :

```
$connexion = mysqli_connect($hôte,
$utilisateur, $mPasse, $nombase);
```

Si son exécution échoue (par exemple, le mot de passe est incorrect), la connexion n'est pas établie, mais les instructions qui suivent cet appel dans le programme s'exécutent normalement (enfin, tant qu'elles ne font pas appel à une base de données). Dans la plupart des cas, cette poursuite des opérations est inutile, car on peut se douter que, sans accès à la base de données, le programme ne pourra pas donner de résultats corrects.

- **Appel de la fonction suivi d'un appel à `die()`.** L'appel à `die()` indique le texte du message à afficher en cas d'erreur. Exemple :

```
$connexion = mysqli_connect($hôte,
$utilisateur, $mpasse, $nombase)
            or die ("Connexion au
serveur impossible.");
```

Non seulement `die()` affiche le message, mais il met fin à l'exécution du programme, ce qui est une solution de sagesse. C'est à vous de définir les termes du message.

- **Appel de la fonction à l'intérieur d'une structure `if`.** Ce `if` va exploiter la valeur renvoyée par la fonction. En cas d'erreur, c'est FALSE (FAUX) qui est renvoyé. En cas de réussite, c'est une valeur positive, donc l'équivalent de TRUE (VRAI). Exemple :

```
if (! $connexion = mysqli_connect($hôte,
$utilisateur, $mpasse, $nombase))
{
  $message = mysqli_error($connexion);
  echo "$message<br>";
  exit;
}
```

En cas d'erreur, ! `$connexion` vaut TRUE, aussi le bloc d'instructions qui suit est-il exécuté. Il commence par récupérer le texte du message d'erreur créé par MySQL, en appelant la fonction `mysqli_error()`, puis il affiche ce message. Il ne reste plus qu'à mettre fin au programme, ce qu'on peut faire, au choix, par un appel à `die()` ou à `exit`. Remarquez en passant le point d'exclamation devant la condition. Il s'agit d'une *négation* : le bloc est exécuté uniquement si la fonction mysqli_connect *ne* réussit *pas* à établir la connexion.

Le niveau du traitement d'erreur que vous devez prévoir dans votre programme dépend de ce que vous craignez de voir arriver au cours de son exécution. Lorsque vous développez une application, vous savez que vous rencontrerez bien plus de problèmes que lorsque vous l'exploiterez. Aussi est-il prudent d'afficher le plus de détails possible sur l'erreur qui est survenue. Nous avons déjà évoqué ce problème au début de la section «Connexion au serveur MySQL», à propos du paramètre `message`. En particulier, pensez à rendre le message aussi explicite que possible afin de localiser rapidement la ligne incriminée. Supposons par exemple que vous utilisiez le compte `root` pour accéder à la base de données et que vous fassiez une petite faute de frappe :

```
$hôte = "localhost";
$utilisateur = "rot";
$mpasse = "";
$nombase = "truc";
if (!$connexion = mysqli_connect($hôte,$u
tilisateur,$mpasse, $nombase))
    {
        $message = mysqli_
error($connexion);
        echo "$message<br>";
        die();
    }
```

Puisque vous avez oublié un *o* dans `root`, vous allez voir un message d'erreur comme celui-ci :

```
Access denied for user: 'rot@localhost'
(Using password: NO)
```

Voilà qui devrait vous aider à trouver l'instruction fautive : il suffit de détecter l'erreur dans le nom de l'utilisateur. Bien entendu, une fois votre programme en service, vos utilisateurs n'ont pas à recevoir un message d'erreur comme celui-ci (votre réputation serait ruinée). Vous modifierez alors le code pour appliquer la seconde méthode afin d'afficher un message personnalisé, comme «Le catalogue en ligne n'est pas disponible actuellement. Veuillez réessayer un peu plus tard.».

Sélection de la base de données

Si vous n'avez pas sélectionné la base de données au moment de la connexion avec le serveur MySQL, une fois cette connexion établie, il reste à sélectionner la base à utiliser. Pour cela, il faut appeler la fonction mysqli_select_db() de la façon suivante :

```
$db = mysqli_select_db(klj@lkkbuflk[])[]klj?^pb)
      or die (jbpp^db);
```

avec :

» `nomConnexion` : La variable qui contient le nom de la connexion à MySQL. Si cet argument n'est pas spécifié, PHP utilise la dernière connexion ouverte.

» `nomBase` : Nom de la base de données.

» `message` : Message qui sera affiché si la sélection de la base de données est impossible.

Notez que l'ordre des deux paramètres de cette fonction a été inversé par rapport à mysql_select_db, le nom de la connexion devant maintenant être fourni en premier.

Par exemple, vous pouvez sélectionner la base de données des animaux de compagnie, AniCata, au moyen de l'instruction suivante :

```
$db = mysqli_select_db($connexion, áAniCataï)
      or die ("La base de données ne peut pas être sélectionnée");
```

En cas d'échec, le message est affiché et le programme s'arrête.

Pour des raisons de sécurité, il est préférable de placer le nom de la base de données dans une variable et de faire figurer celle-ci dans l'appel à mysqli_connect() de la façon suivante :

```
$base = "AniCata";
$db = mysqli_select_db($connexion, $base)
      or die ("La base de données ne peut pas être sélectionnée");
```

En fait, si vous voulez accroître la sécurité de cette connexion, vous pouvez placer cette information dans un fichier séparé (et dans un emplacement caché), de façon qu'elle n'apparaisse pas en clair dans le programme. Vous trouverez des informations sur ce sujet au Chapitre 13.

La base de données reste sélectionnée tant que vous n'en choisissez pas explicitement une autre par un appel à mysqli_select_db().

Envoi de requêtes MySQL

Une fois que vous vous êtes connecté au serveur MySQL et que vous avez sélectionné votre base de données, vous êtes prêt à envoyer des requêtes MySQL afin de ranger, retrouver ou mettre à jour des données. (Ce qui concerne le langage SQL a été traité au Chapitre 4.)

Pour envoyer une requête SQL à un serveur, placez-la dans une variable et utilisez la fonction mysqli_query() de la façon indiquée dans l'exemple suivant :

```
$req = "SELECT * FROM Animal";
```

```
$resultat = mysqli_query($connexion, $req)
            or die ("La requête ne peut pas être exécutée");
```

La requête est exécutée sur la base de données couramment sélectionnée pour la connexion ouverte en dernier.

La variable $resultat contient les informations renvoyées par le serveur MySQL à la suite de l'exécution de la requête. La nature de cette information dépend du type de la requête envoyée :

» **Pour les requêtes qui ne renvoient pas d'informations** : `$resultat` vaut 1 (c'est-à-dire TRUE) si la requête a été exécutée avec succès. Sinon, il vaut FALSE, ce qui permet d'exécuter l'instruction `die()` qui suit éventuellement l'appel. Certaines requêtes, comme `INSERT` ou `UPDATE`, ne renvoient pas de données.

» **Pour les requêtes qui renvoient des informations :** `$resultat` contient un pointeur vers les informations renvoyées et non pas vers les données elles-mêmes. Parmi les requêtes qui renvoient quelque chose, on peut citer `SELECT` et `SHOW`.

A partir de la version MySQL 4.1, si vous utilisez PHP 5 et la famille **mysqli**, vous pouvez émettre plusieurs requêtes en parallèle vers le serveur en les séparant par des signes point-virgule. Cela est possible grâce à la fonction mysqli_multiple_query. Le danger est que votre programme perd en sécurité. N'abusez pas de cette possibilité.

Le choix entre guillemets et apostrophes dans l'écriture d'une requête sous la forme $variable = chaîne de caractères est délicat. En effet, il faut prendre en compte deux niveaux : l'encadrement de la chaîne de caractères représentant la requête et les délimiteurs des paramètres de la requête en langage SQL. Pour être sûr de ne pas vous tromper, tenez compte des règles suivantes :

» Employez des guillemets au début et à la fin de la chaîne de caractères définissant la requête.

» Employez des apostrophes pour encadrer les noms de variables.

» Employez des apostrophes pour encadrer les valeurs de littéraux.

L'exemple qui suit devrait contribuer à clarifier ces explications :

```
$req = "SELECT prénom from Membre";
$req = "SELECT prénom from Membre WHERE NOM = 'Dupont'";
$req = "UPDATE Membre SET nom = '$nomClient'";
```

Une requête ne doit pas se terminer par un point-virgule. Le seul qu'on puisse trouver dans l'affectation de la requête à la variable $req est celui qui termine la chaîne de caractères, autrement dit celui qui termine l'instruction d'affectation de PHP. (Voir les exemples ci-dessus.)

Extraction d'informations d'une base de données

L'extraction d'informations d'une base de données est une opération très courante dans une application de base de données sur le Web. Voici deux de ses principales utilisations :

- **Se servir de ces informations dans une instruction conditionnelle.** Par exemple, selon le département où réside un client, vous allez lui envoyer tel ou tel message.
- **Afficher ces informations dans une page Web.** Par exemple, afficher la description d'un produit du catalogue.

Pour effectuer ces manipulations, vous devez commencer par ranger l'information à traiter à l'intérieur d'une ou de plusieurs variables. Pour cela, deux étapes sont nécessaires :

1. **Construire une requête SELECT et l'envoyer à la base de données. Quand la requête est exécutée, les données sont rangées dans un emplacement provisoire.**
2. **Transférer les données depuis cet emplacement jusque dans les variables de votre programme.**

Envoi d'une requête SELECT

Les requêtes SELECT ont été décrites au Chapitre 4. Construisez la requête en fonction de ce que vous voulez extraire et placez la chaîne de caractères qui la représente dans une variable. A titre d'exemple, les deux instructions qui suivent vous montrent comment sélectionner des informations dans la table Animal de la base AniCata :

```
$rq = "SELECT *FROM Animal";
$res = mysqli_query($connexion, $req)
       or die ("Exécution de la requête impossible ");
```

La fonction renvoie dans la variable $res un pointeur vers l'emplacement où se trouvent les informations sélectionnées. On peut se représenter celles-ci comme un tableau formé de lignes de données et de colonnes de champs.

La fonction renvoie un identifiant contenant les informations qui permettront d'accéder à l'emplacement temporaire des données. Dans les instructions précédentes, cet identifiant était placé dans la variable $result. En cas d'échec de la fonction (si par exemple la requête est erronée), $result contiendra FALSE.

Reste maintenant à transférer ces informations dans des variables accessibles au programme.

Transfert et utilisation des informations

La lecture de données d'un endroit temporaire se base sur l'une des fonctions mysqli_fetch_assoc ou mysqli_fetch_row. La première est la plus usitée ; elle renvoie les données dans un tableau associatif. L'autre, mysqli_fetch_row, les renvoie dans un tableau numérique. Dans certains cas, vous aurez besoin de rapatrier dans un tableau associatif et un tableau numérique, auquel cas vous utiliserez mysqli_fetch_array.

Toutes ces fonctions lisent une ligne (d'un enregistrement) de données à la fois. Le tableau contenant les données temporaires peut contenir plusieurs lignes de données. Si votre requête SELECT sélectionne plusieurs lignes, vous les récupérez une par une dans une boucle appelant mysqli_fetch_assoc ou mysqli_fetch_row.

Lire une ligne de données

Voici la syntaxe générique de la fonction PHP mysqli_fetch_assoc :

```
$ligne = mysqli_fetch_assoc(!obpmqo);
```

L'instruction lit une ligne de données depuis la table de la base de données vers l'emplacement temporaire, puis copie les données dans la variable de type tableau nommée $ligne. $resptr est un pointeur qui désigne l'emplacement temporaire des données résultantes.

N.d.T. : La fonction mysql_fetch_array() a été presque systématiquement remplacée par mysqli_fetch_assoc() dans cette nouvelle édition du livre. La principale différence est que la nouvelle fonction ne demande qu'un paramètre. L'ancien second paramètre type_de_tableau de mysql_fetch_array() ne sert plus. Rappelons qu'il était destiné à préciser le type de tableau et contenait l'un des trois identifiants MYSQL_NUM, MYSQL_ASSOC ou MYSQL_BOTH.

Dans certains cas, le résultat de la requête à la base de données ne procure qu'une seule ligne ; dans d'autres, il peut y en avoir plusieurs. Par exemple, pour contrôler le mot de passe fourni par un utilisateur, il vous suffira d'extraire une seule variable de la base au moyen des instructions suivantes :

```
$passe = "secret";    // mot de passe saisi par
                      // l'utilisateur dans un formulaire
$req  = "SELECT mPasse FROM Membre WHERE nom='jDupont'";
$res = mysqli_query($connexion, $req)
     or die ("Exécution de la requête impossible");
```

```
$ligne = mysqli_fetch_assoc($res);
if ($passe == $ligne['mPasse'] )
{ echo "Login correct<br>";
□□+++□fkpqor`qflkp□^cā□e^kq□ibp□m^dbp□Ł□^``žp□o«pbos«□+++
}
else
{ echo "Mot de passe incorrect<br>";
□□□+++□fkpqor`qflkp□fksfq^kq□i$rqfifp^qbro□Ł□bpp^vbo
□□□□□□□rk□^rqob□jlq□ab□m^ppb□+++
}
```

Dans ces instructions, notez les points suivants :

- » La requête `SELECT` demande d'extraire un seul champ (`mPasse`) à partir d'une ligne de la base de données, celle repérée par `jDupont`.
- » La fonction `mysqli_fetch_assoc()` renvoie un tableau dont le nom est `$ligne` et dont les intitulés de colonnes sont les clés.
- » L'instruction `if` compare le mot de passe fourni par l'utilisateur (`$passe`) à celui qui vient d'être extrait de la base (`$ligne['mPasse']`). L'opérateur utilisé (==) contrôle l'identité des deux renseignements.
- » Si le résultat de cette comparaison est VRAI, les pages Web à accès réservé sont affichées (celles de MembresSeuls).
- » Si le résultat de cette comparaison n'est pas VRAI, les pages à accès réservé ne sont pas affichées. A leur place, un message demande à l'utilisateur d'essayer un autre mot de passe.

Il existe un raccourci pratique pour utiliser les variables renvoyées par la fonction mysqli_fetch_assoc(). C'est la fonction extract() qui décompose le tableau en variables ayant le même nom que la champ. Nous allons réécrire la séquence précédente en utilisant cette fonction (les deux lignes modifiées sont imprimées en gras) :

```
$passe = "secret";   // mot de passe saisi par
                     // l'utilisateur dans un formulaire
$rq  = "SELECT mPasse FROM Membre WHERE nom='jDupont'";
$res = mysqli_query($connexion, $rq)
     or die ("Exécution de la requête impossible");
$ligne = mysqli_fetch_assoc($res);
extract($ligne);
if ($passe == $mPasse )
{ echo "Login correct<br>";
□□+++□fkpqor`qflkp□^cā□e^kq□ibp□m^dbp□Ł□^``žp□o«pbos«□+++
}
else
```

```
{ echo "Mot de passe incorrect<br>";
□□□+++□fkpqor`qflkp□fksfq^kq□i$rqfifp^qbro□Ł□bpp^vbo
□□□□□□□rk□^rqob□jlq□ab□m^ppb□+++
}
```

Lecture d'une série de lignes dans une boucle

Si l'exécution de votre requête vous a renvoyé plusieurs lignes de données, une boucle vous permettra de les extraire l'une après l'autre afin de les traiter. Cette boucle peut être de type for ou while, à votre choix (reportez-vous au Chapitre 7 pour plus d'informations). En voici des exemples :

```
while ($ligne = mysqli_fetch_assoc($res))
{
   +++□_il`□a$fkpqor`qflkp
}
```

A chaque appel, la fonction renvoie une ligne de résultat. La boucle se termine lorsqu'il n'y a plus rien à renvoyer. Si vous vous contentez d'afficher un par un les résultats obtenus, vous pouvez écrire :

```
while ($ligne = mysqli_fetch_assoc($res))
{
    extract($ligne);
    echo "$type : $animal<br>";
}
```

Pour bien comprendre le fonctionnement de cette séquence, regardons comment se présentent les informations dans le catalogue des animaux. Supposons qu'il s'y trouve une table appelée Animal qui possède quatre colonnes : animal, type, description et prix selon le schéma du Tableau 10.2.

Tableau 10.2 : Exemple des données présentes dans la table Animal.

animal	type	description	prix
Licorne	Cheval	Corne en spirale sur le front	10 000
Pégase	Cheval	Cheval ailé	15 000
Poney	Cheval	Très petit cheval	500
Dragon d'Asie	Dragon	Corps de serpent	30 000
Dragon médiéval	Dragon	Corps de lézard	30 000
Lion	Chat	Grande taille, crinière	2 000
Griffon	Chat	Corps de lion, tête d'oiseau, ailes	25 000

Le programme affAnimal.php que présente le Listing 10.1 sélectionne tous les animaux ayant le type «cheval» et affiche les informations correspondantes dans un tableau HTML. La variable $typeAnimal contient le type qui a été saisir par le visiteur dans un formulaire (non montré ici). La Figure 10.1 montre ce qu'on voit sur l'écran du navigateur.

LISTING 10.1 : **Affichage d'articles du catalogue des animaux.**

```
<?php
/* Program: affAnimal.php (petDisplay.php)
 * Desc:    Affiche tous les animaux d'une catégorie.
 */
?>
<html>
<head>
<title>Catalogue des animaux</title>
</head>
<body>
<?php
  $user="catalog";
  $host="localhost";
  $password="";
  $database = "AniCata";

  $connexion = mysqli_connect($host,$user,$password)
       or die ("Connexion au serveur impossible");
  $db = mysqli_select_db($connexion, $database)
       or die ("Sélection de la base impossible");

  $typeAnimal = "cheval";  // ce mot a été saisi par
                           // l'utilisateur dans un formulaire
  $rq = "SELECT * FROM Animal WHERE animalType ='$typeAnimal'";
  $result = mysqli_query($connexion, $rq)
       or die ("Exécution de la requête impossible");

  /* Afficher les résultats dans un tableau */
  $typeAnimal = ucfirst($typeAnimal);
  echo "<h1>$typeAnimal</h1>";
  echo "<table cellspacing='15'>";
  echo "<tr><td colspan='3'><hr></td></tr>";
  while ($ligne = mysqli_fetch_assoc($result))
  { extract($ligne);
    $prix_f = number_format($animalPrix, 2);
    echo "<tr>\n
          <td>$animalNom</td>\n
          <td>$animalDesc</td>\n
```

```
            <td align='right'>$prix_f &#8364;</td>\n
            </tr>\n";
        echo "<tr><td colspan='3'><hr></td></tr>\n";
    }
    echo "</table>\n";
?>
</body>
</html>
```

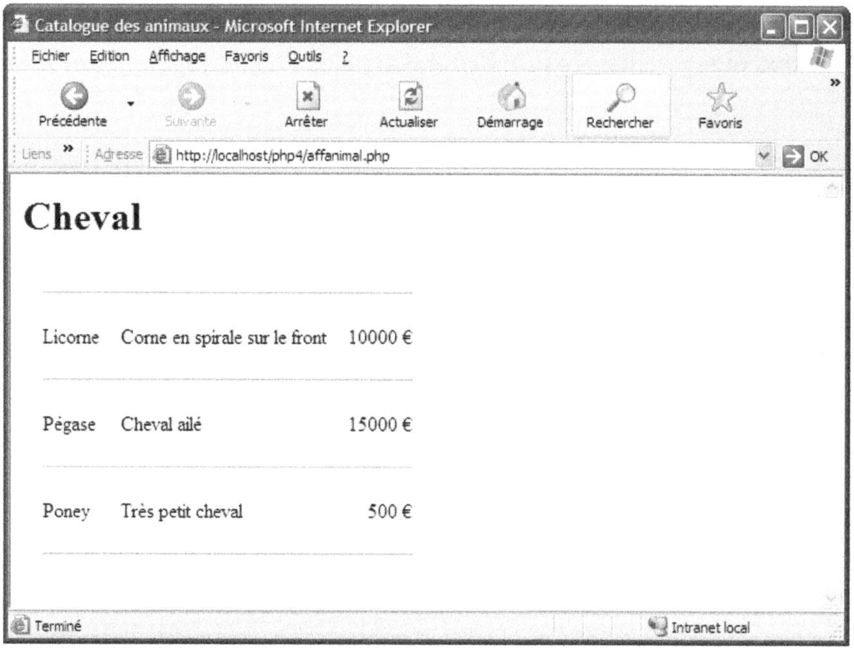

FIGURE 10.1 : Extraction des animaux ayant le type «cheval» de la base de données AniCata.

La fonction ucfirst() sert à convertir si nécessaire le premier caractère du type de l'animal en majuscules.

La boucle while balaie toutes les lignes des résultats obtenus pour en extraire les informations à afficher dans le tableau HTML. Dans certains cas, il sera plus pratique d'utiliser une boucle for à la place d'une boucle while. Par exemple, si vous devez utiliser une variable numérique dans la boucle, for sera plus indiqué.

Dans ce but, vous devez savoir combien de lignes de données ont été extraites de la base de données à la suite de la requête SELECT. Vous obtiendrez cette information par un appel à la fonction mysqli_num_rows() :

```
$nbLignes = mysqli_num_rows($résultat);
```

La variable $nbLignes contient le nombre de lignes à récupérer. Vous pouvez alors écrire :

```
for ($i=0; $i<$nbLignes; $i++)
{ $ligne = mysqli_fetch_assoc($resultat);
□□□□□+++□_il`□a$fkpqor`qflkp□+++
}
```

Nous allons reprendre le programme du Listing 10.1 en le modifiant pour qu'il affiche, en tête de chaque ligne, le numéro de l'article. Le Listing 10.2 vous présente cette version modifiée, illustrée par la copie d'écran de la Figure 10.2.

LISTING 10.2 : Affichage numéroté d'articles du catalogue des animaux.

```
<?php
/* Program: affAnimalFor.php (petDescripFor.php)
 * Desc:    Affiche la liste numérotée de tous les animaux d'une catégorie.
 */
?>
<html>
<head>
<title>Catalogue des animaux</title>
</head>
<body>
<?php
  $user="catalog";
  $host="localhost";
  $password="";
  $database = "AniCata";

  $connexion = mysqli_connect($host,$user,$password, $database)
       or die ("Connexion au serveur impossible");

  $typeAnimal = "cheval";  // mot saisi dans un formulaire
  $rq = "SELECT * FROM Animal WHERE animalType ='$typeAnimal'";
  $result = mysqli_query($connexion, $rq)
       or die ("Exécution de la requête impossible");
  $nbLignes = mysqli_num_rows($result);

  /* Afficher les résultats dans un tableau */
  $typeAnimal = ucfirst($typeAnimal);
  echo "<h1>$typeAnimal</h1>";
  echo "<table cellspacing='15'>";
  echo "<tr><td colspan='4'><hr></td></tr>";
  for ($i=0; $i<$nbLignes; $i++)
  { $n = $i + 1; // pour commencer la numérotation à 1
```

```
        $ligne = mysqli_fetch_assoc($result);
        extract($ligne);
        $prix_f = number_format($animalPrix, 2);
        echo "<tr>\n
              <td>$n.</td>\n
              <td>$animalNom</td>\n
              <td>$animalDesc</td>\n
              <td align='right'>$prix_f &#8364;</td>\n
              </tr>\n";
        echo "<tr><td colspan='4'><hr></td></tr>\n";
   }
   echo "</table>\n";
?>
</body>
</html>
```

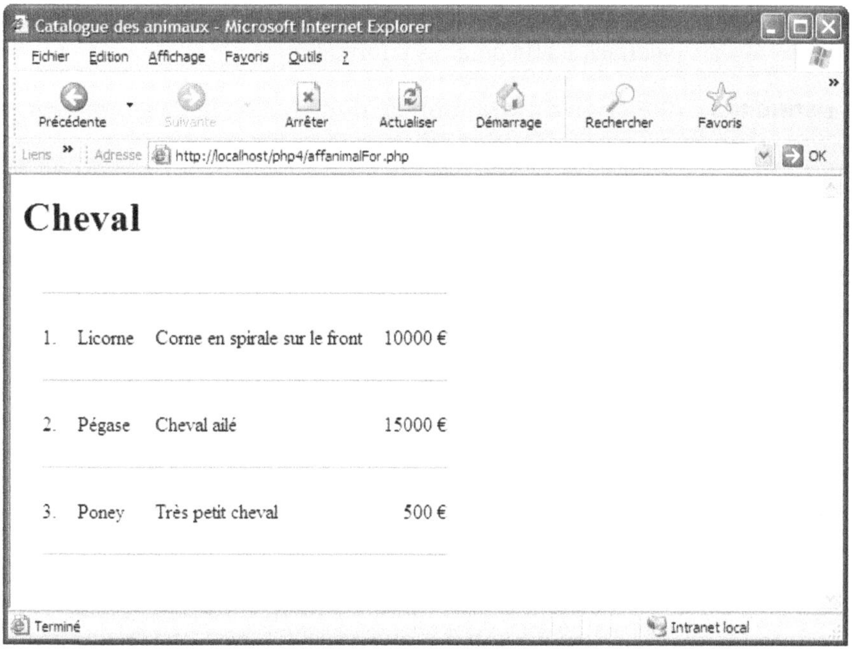

FIGURE 10.2 : Extraction des animaux ayant le type «cheval» de la base de données AniCata. Les lignes sont numérotées.

Extraction d'informations à l'aide de fonctions

Dans une application de base de données sur le Web, vous avez besoin d'extraire à plusieurs reprises des données dans un programme, ou dans divers programmes de l'application. Il est donc commode d'écrire une fonction à cet usage.

Reportez-vous au Chapitre 7 si vous avez besoin de réviser les fonctions.

Chaque fois que le programme a besoin de récupérer des données, il vous suffit d'appeler la bonne fonction. Non seulement vous gagnerez du temps lors de la saisie, mais de surcroît le déroulement du code sera bien plus facile à suivre.

Considérez, par exemple, un catalogue comme celui des animaux AniCata. Le Listing 10.3 vous présente un programme dans lequel on appelle une fonction nommée extraireInfos() chaque fois qu'on veut extraire des informations du catalogue pour un animal particulier. Ces informations sont placées dans un tableau, lequel est renvoyé au programme appelant. Celui-ci peut alors en faire ce qu'il veut. Ici, il affichera ces informations.

LISTING 10.3 : Fonction d'extraction de données de la base AniCata.

```
<?php
/* Programme : lireLicorne.php (getdata.php)
 * Desc :      Lit des données depuis une base via une fonction
 */
?>
<html>
<head><title>Catalogue des animaux</title></head>
<body>
<?php

  $infosAnimal = extraireInfos("Licorne");    // Appel de fonction

  $prix_f = number_format($infosAnimal['animalPrix'],2);
  echo "<p><b>{$infosAnimal['animalNom']}</b><br>\n
        Description : {$infosAnimal['animalDesc']}<br>\n
        Prix : $prix_f &#8364;\n"
?>
</body></html>

<?php
function extraireInfos($animal)
{
  $user="catalog";
```

```
  $host="localhost";
  $password="";
  $database="AniCata";
  $cxn = mysqli_connect($host,$user,$password, $database)
       or die ("Connexion au serveur impossible");
  $query = "SELECT * FROM Animal WHERE animalType='$animal'";
  $result = mysqli_query($cxn,$query)
            or die ("Exécution de la requête impossible");
  return mysqli_fetch_assoc($result);
}
?>
```

La page Web montrera par exemple ceci :

```
Licorne
Description : Corne en spirale sur le front
Prix : 10000 €
```

Notez les points suivants dans le programme du Listing 10.3 :

- Le programme est maintenant plus facile à relire par rapport à la version où tous les détails de l'extraction étaient conservés tels quels.
- L'appel de la fonction utilise l'argument «Licorne» codé sous forme de littéral. Dans la réalité, on le remplacerait plutôt par une variable.
- Le programme crée la variable `$infosAnimal` pour recueillir les informations extraites de la base. Cette variable est implicitement un tableau parce que les informations qui vont y être placées existent sous cette forme.

La précédente fonction était très simple : elle se contentait de renvoyer une ligne de résultat sous forme de tableau. Mais une fonction peut être bien plus complexe. Dans le programme du Listing 10.4, la fonction extraireType() renvoie un tableau à deux dimensions contenant les données concernant tous les animaux du type spécifié.

LISTING 10.4 : Affichage d'une liste numérotée des types d'animaux.

```
<?php
/* Programme : lireTypes.php (getPets.php)
 * Desc :      Affiche une liste numérotée extraite d'une base.
 */
?>
<html>
<head><title>Catalogue d'animaux</title></head>
<body>
```

```
<?php

  $montype = "Cheval";
  $animInfo = extraireType($montype);    // Appel de fonction

  // Afficher les résultats dans un tableau
  echo "<h1>{$montype}</h1>";
  echo "<table cellspacing='15'>";
  echo "<tr><td colspan='4'><hr /></td></tr>";
  for($i=1;$i<=sizeof($animInfo);$i++)
  {
      $f_prix = number_format($animInfo[$i]['animalPrix'],2);
      echo "<tr>\n
           <td>$i.</td>\n
           <td>{$animInfo[$i]['animalNom']}</td>\n
           <td>{$animInfo[$i]['animalDesc']}</td>\n
           <td style='text-align: right'>$f_prix</td>\n
           </tr>\n";
     echo "<tr><td colspan='4'><hr /></td></tr>\n";
  }
  echo "</table>\n";
?>
</body></html>

<?php
function extraireType($aniType)
{
  $user="catalog";
  $host="localhost";
  $passwd="";
  $cxn = mysqli_connect($host, $user, $passwd, "AniCata")
       or die ("Connexion au serveur impossible");
  $req = "SELECT * FROM Pet WHERE animalType='$aniType'";
  $result = mysqli_query($cxn,$req)
       or die ("Exécution requête impossible");

  $j = 1;
  while ($ligne = mysqli_fetch_assoc($result))
  {
    foreach ($ligne as $nomColonne => $valeur)
    {
       $tableau[$j][$nomColonne] = $valeur;
    }
    $j++;
  }
```

```
  return $tableau;
}
?>
```

Dans l'instruction return, le caractère @ placé juste devant le tableau permet d'éviter l'envoi d'un message d'avertissement dans le cas où la base ne contiendrait aucun animal correspondant au type demandé. Dans ce cas en effet, la boucle foreach ne serait pas parcourue, et la variable ne serait donc pas créée.

Voici comment opère ce programme :

1. **Il appelle la fonction extraireType() à laquelle il passe l'argument «cheval». Le résultat de cet appel sera placé dans la variable $animInfo.**
2. **La fonction se connecte à la base et sélectionne la base de données AniCata.**
3. **La fonction envoie une requête demandant toutes les lignes dans lesquelles la colonne type contient cheval. Ces informations seront placées dans une zone temporaire vers laquelle pointera la variable $result.**
4. **Initialisation à 1 d'un compteur : $j.**
5. **Début d'une boucle while. La fonction demande à extraire une ligne de la zone temporaire. En cas de réussite, cette ligne est placée dans le tableau $ligne. S'il n'y a plus rien, la boucle while se termine.**
6. **Début d'une boucle foreach. La boucle explore chaque champ de la ligne.**
7. **Rangement des valeurs dans $tableau[] qui est un tableau à deux dimensions. Sa première champ est un nombre défini par le compteur $j qui, la première fois, vaut 1. Tous les champs de la ligne sont rangés avec, en guise de champ, le nom de la colonne où ils se trouvent.**
8. **Le compteur $j est incrémenté d'une unité.**
9. **Fin de la boucle while.**
10. **Retour au début de la boucle** `while`**.**
11. **Répétition des étapes 6 à 11 pour chaque ligne de résultats.**
12. **Le tableau** `$tableau[]` **est renvoyé au programme appelant. Il contient toutes les informations relatives aux lignes sélectionnées.**
13. `animInfo[]` **reçoit ces résultats. La Figure 10.3 montre comment sont structurées ces informations.**

14. Ces informations sont envoyées au navigateur après avoir été mises en forme comme un tableau HTML.

infosType	[1]	[animal]	=	Licorne
		[description]	=	Corne en spirale sur le front
		[prix]	=	10000
infosType	[2]	[animal]	=	Pégase
		[description]	=	Cheval ailé
		[prix]	=	15000
infosType	[3]	[animal]	=	Poney
		[description]	=	Très petit cheval
		[prix]	=	500

FIGURE 10.3 : Structure des informations contenues dans le tableau à deux dimensions infosType[].

La page Web résultante est identique à celle de la Figure 10.2 obtenue sans faire appel à une fonction utilisateur. Les deux méthodes de travail sont toujours possibles. Simplement, l'usage de fonctions simplifie la programmation, de même que la compréhension et la maintenance du code que vous écrivez.

Recueil d'informations auprès de l'utilisateur

De nombreuses applications sont conçues pour poser des questions auxquelles l'utilisateur répond en saisissant ses réponses dans un formulaire. Parfois, ces informations sont rangées dans une base de données ; à d'autres moments, elles sont utilisées dans des instructions conditionnelles pour afficher une nouvelle page. Voici quelques exemples de ces tâches :

- » **Commandes en ligne.** Les clients choisissent un produit et donnent leurs coordonnées et les informations concernant leur mode de règlement.
- » **Enregistrement.** Certains sites demandent à leurs visiteurs de fournir des informations particulières pour pouvoir bénéficier d'avantages réservés : accès à des informations confidentielles, téléchargement de logiciels…

» **Identification.** L'accès à certains sites est réservé aux membres d'une association qui doivent s'enregistrer pour pouvoir en afficher les pages.

» **Affichage d'informations sélectionnées.** De nombreux sites proposent aux utilisateurs de spécifier les informations qu'ils veulent consulter. Il peut s'agir par exemple d'une certaine catégorie de produits dans un catalogue en ligne.

Les questions sont posées dans un formulaire ; l'utilisateur y répond dans les boîtes de saisie (ou à l'aide des listes) de ce même formulaire, puis clique sur un bouton pour envoyer ses réponses au serveur Web. C'est alors un autre programme qui prend la main pour traiter ces informations.

Dans ce qui suit, je supposerais que vous savez afficher un formulaire en HTML. Mon propos est de vous montrer comment effectuer ce travail avec PHP, et comment traiter les informations saisies par l'utilisateur dans un formulaire.

PHP et les formulaires HTML

Si vous ne connaissez pas très bien les formulaires HTML, je vous recommande de consulter les pages qui traitent de ce sujet dans un livre consacré à ce sujet si important pour l'interactivité des sites Web. Pour afficher un formulaire avec PHP, vous pouvez choisir entre ces deux façons d'opérer :

» **Envoyer des commandes HTML au navigateur au moyen d'instructions** `echo`**.** Par exemple :

```
echo "<form action='traitement.php' method='POST'>\n
      <input type='text' name='nomcomplet'>\n
      <input type='submit' value='Envoyez'>\n
      </form>\n";
```

» **Ecrire du code HTML pur en dehors des sections PHP.** Lorsqu'il s'agit d'un formulaire statique, il n'y a pas de raison de l'inclure dans une section PHP. Par exemple :

```
<?php
   ... fkpqor`qflkp□ab□i^□pb`qflk□MEM□+++
?>

<form action="traitement.php" method="POST">
<input type="text" name="nom">
<input type="submit" value ="Envoyer">
</form>

<?php
```

```
... fkpqor`qflkp□ab□i^□pb`qflk□MEM□+++
?>
```

Ces deux méthodes afficheront ce qui est reproduit sur la Figure 10.4.

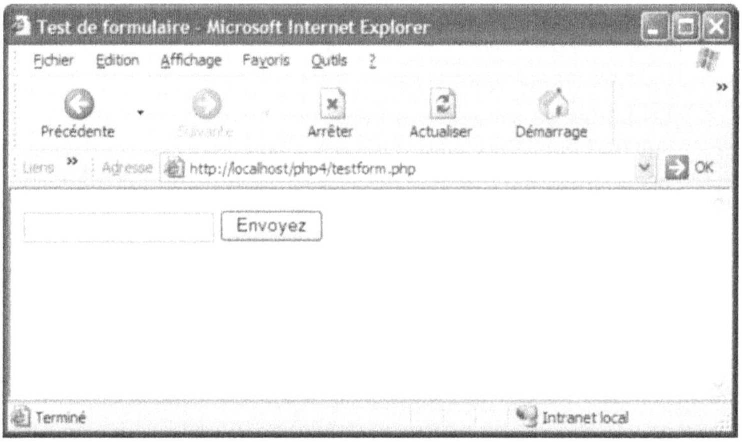

FIGURE 10.4 : Exemple de formulaire HTML.

Lorsque l'utilisateur clique sur le bouton de validation (légendé par exemple «Envoyer» ou «Soumettre»), les informations contenues dans la boîte de saisie sont placées dans une variable appelée nom et envoyées au programme traitement.php (celui dont le nom est indiqué comme valeur de l'attribut action du formulaire). Ce programme PHP sera alors à même d'accéder au contenu de la variable sous le nom $nom. Pour savoir comment traiter les informations provenant du formulaire, consultez la section «Traitement des informations provenant d'un formulaire», plus loin dans ce même chapitre. Mais en attendant, voyons cela d'un peu plus près.

L'information saisie dans le formulaire est récupérée en exécutant un programme qui reçoit ces renseignements. Quel est ce programme ? Celui qui est défini par le paramètre action du formulaire. Dans l'exemple précédent, il s'agira donc de traitement.php. Celui-ci peut alors afficher, enregistrer ou effectuer toute action utile à partir des données retournées par l'utilisateur lorsqu'il clique sur le bouton Envoyez.

Lorsque le visiteur clique sur le bouton de validation, le programme spécifié dans l'attribut action est lancé. Ses instructions ont accès aux données du formulaire via des tableaux intégrés de PHP appelés $_POST, $_GET et $_REQUEST. Ce sont des tableaux dits superglobaux. Si vous utilisez la méthode POST, les données sont stockées dans le tableau $_POST. Le tableau $_GET contient les données transmises via l'adresse URL, y compris donc les champs provenant d'un formulaire via la méthode GET. Enfin, le tableau $_REQUEST contient tous les éléments des tableaux $_POST, $_GET et $_COOKIES. Nous parlons des cookies dans le Chapitre 11.

Une fois le formulaire envoyé, le programme qui est exécuté peut récupérer les informations voulues à partir d'un tableau prédéfini adapté. Dans ces tableaux, chaque indice est le nom d'un champ de saisie du formulaire. Supposons que, sur la Figure 10.4, l'utilisateur tape Jean Dupont dans le champ de saisie puis clique sur le bouton Envoyer. Le programme traitement.php se lance et peut alors se servir d'une variable de tableau de la façon suivante :

```
$_POST['nomcomplet']
```

Le nom entré dans le formulaire est mis à la disposition du tableau $_POST car la balise du formulaire précise method=»POST». De plus, le nom donné au champ dans le formulaire HTML est bien celui qui est repris comme indice du tableau :

```
<input type='text' name='nomcomplet'>
```

Les tableaux superglobaux $_POST et $_GET ont été introduits dans PHP 4.1. Auparavant, les données devaient être transmises via des tableaux appelés $HTTP_POST_VARS et $HTTP_GET_VARS. Si vous utilisez PHP 4.0 ou une version encore plus ancienne, vous êtes forcé d'utiliser ces tableaux longs. Les deux formats de tableaux coexistent jusqu'à PHP 5, mais les tableaux longs ont disparu dans PHP 6. Si vous exploitez de vieux scripts, il faudra donc modifier les références aux tableaux longs du style $HTTP_POST_VARS pour qu'elles désignent les tableaux superglobaux du style $_POST. Un recherche/remplacement soigné devrait suffire pour chaque tableau.

Pour tester un formulaire, il est utile de disposer d'un programme qui affiche tous ses champs. Vous pouvez alors analyser les valeurs transmises par le formulaire afin de contrôler sa mise en forme, les noms des champs et leur contenu. Le Listing 10.5 propose un programme, appelé traitement.php, qui se lance automatiquement lorsque l'utilisateur clique sur le bouton de validation du formulaire précédent.

LISTING 10.5 : Script affichant tous les champs d'un formulaire.

```
<?php
/*  Nom du script :  traitement.php (processform.php)
 *  Description :    Affiche les données transmises depuis
 *                   un formulaire.
 */
  echo "<html>
        <head><title>Adresse du client</title></head>
        <body>";
  foreach ($_POST as $champ => $valeur)
```

```
  {
     echo "$champ = $valeur<br>";
  }
?>
</body></html>
```

Si le visiteur saisit le nom Jean Dupont dans le formulaire de la Figure 10.4, le résultat affiché est :

```
nom complet = Jean Dupont
```

Il n'y a qu'une ligne, car il n'y a qu'un champ dans le formulaire de la Figure 10.4.

Le listing précédent convient à tout formulaire utilisant la méthode POST. Prenons maintenant un cas un peu plus compliqué. Le Listing 10.6 affiche un formulaire contenant plusieurs champs.

LISTING 10.6 : Programme affichant un formulaire d'adresse.

```
<?php
/*  Nom du programme : afficheForm.php (displayForm.php)
 *  Description:  Ce script affiche un formulaire qui demande
 *                l'adresse du client.
 */
  echo "<html>
        <head><title>Adresse Client</title></head>
        <body>";
  $infos = array( "prénom"=>"Prénom :",
                   "nom"=>"Nom :",
                   "rue"=>"Adresse :",
                   "ville"=>"Ville :",
                   "département"=>"Département :",
                   "codepostal"=>"Code postal :");
  echo "<p align='center'>
        <b>Entrez votre adresse dans le formulaire qui suit.</b><hr>";
  echo "<form action='traitement.php' method='POST'>
        <table width='95%' border='0' cellspacing='0'
               cellpadding='2'>\n";
  foreach($infos as $champ=>$info)
  {
    echo "<tr>
          <td style='text-align: right;
                     font-weight: bold'>
      $info</td>
          <td><input type='text' name='$champ' size='65'
```

```
                maxlength='65' ></td>
          </tr>";
  }
  echo "<tr>
       <td colspan='2' style='text-align: center'>
            <input type='submit'
                   value='Envoi'>";
  echo "</td></tr></table>
        </form>";
?>
</body></html>
```

Remarquez dans ce listing les principaux points suivants :

- **Un tableau reçoit les intitulés des champs utilisés dans le formulaire.** Les clés sont donc les noms des champs.
- **Le script** `traitement.php` **est celui qui est exécuté lorsque le formulaire est validé.** Il reçoit les informations provenant du formulaire afin de les traiter.
- **Le formulaire est affiché dans un tableau HTML.** Il est important de savoir construire des tableaux HTML afin de mettre correctement en forme vos pages WEB.
- **Le tableau** `$infos` **est parcouru dans une boucle** `foreach`**.** Le code HTML créant chaque ligne de l'affichage est construit lors des différents passages dans la boucle à l'aide des valeurs successives renvoyées par le tableau.

Pour des raisons de sécurité, incluez toujours une balise maxlength afin d'indiquer le nombre maximum de caractères que l'utilisateur peut saisir dans chaque champ du formulaire. Vous éviterez ainsi que des personnes mal intentionnées saisissent du code exécutable dans un champ ! Si les informations sont destinées à être enregistrées dans une base de données, affectez comme valeur à maxlength la largeur de la colonne correspondante dans la table de destination.

Lorsque Jean Dupont remplit le formulaire produit par le Listing 10.6, et qui est illustré sur la Figure 10.5, le programme traitement.php est exécuté et il produit une sortie comme celle-ci :

```
prénom = Jean
nom = Dupont
rue = 123 Rue des Champs
ville = Paris
département = Seine
codepostal = 75999
```

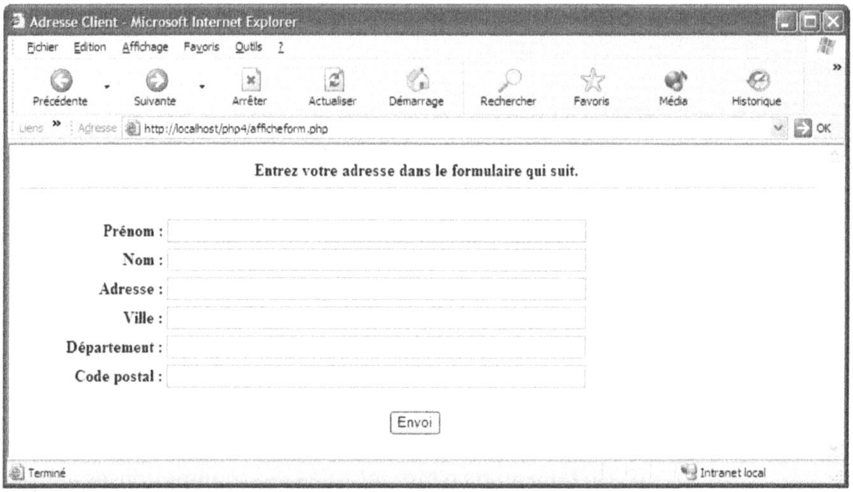

FIGURE 10.5 : Formulaire pour la saisie d'une adresse client.

Dans traitement.php, tous les éléments du tableau prédéfini $_POST sont affichés sur une ligne, la méthode employée étant ici POST, ce qui est le cas de la majorité des formulaires.

ENREGISTRER DES TABLEAUX LONGS

Revenons un peu sur le cas de PHP 5. En rappelant tout d'abord que cette version est encore en phase de projet à la date où ce livre est écrit. La version 5 de PHP introduit dans `php.ini` un nouveau paramètre servant à éviter la création automatique de tableaux longs, ancienne formule. Il est en effet peu probable que vous en ayez l'utilité à moins de vouloir conserver de vieux scripts contenant des variables longues. Ce paramètre est contrôlé par la ligne suivante dans `php.ini` :

```
register_long_arrays = On
```

Dans PHP 5, ce réglage possède par défaut la valeur On. Si la compatibilité avec d'anciens scripts n'est pas un impératif, vous devriez lui affecter la valeur `Off` afin d'éviter à PHP un travail inutile.

Dans PHP 6, le réglage `register_long_arrays` disparaît de php.ini et il n'y a plus de tableaux longs. Si vous utilisez des scripts anciens, vous devez modifier les noms des tableaux longs, comme $HTTP_POST_VARS, pour adopter les nouveaux noms de tableaux globaux dans le style $_POST.

Créer des formulaires dynamiques

PHP apporte de nouvelles possibilités aux formulaires HTML en les dynamisant, notamment grâce à l'emploi de variables. Cela concerne en particulier les points suivants :

- Affichage dynamique d'informations dans les champs de formulaire.
- Construction dynamique de listes de sélection.
- Construction dynamique de boutons radio.
- Construction dynamique de cases à cocher.

Affichage dynamique d'informations dans les champs de formulaire

Lorsque vous affichez un formulaire dans une page Web, vous pouvez placer des informations à l'intérieur des boîtes de saisie au lieu de vous contenter d'afficher des champs vides. Si, par exemple, la plus grande partie de vos clients réside en France, vous pouvez placer initialement la chaîne de caractères «France» dans la boîte de saisie «Pays de résidence», ce qui évitera au client français d'avoir à saisir ce nom (et de risquer du même coup des erreurs de frappe). Si le client est un étranger, il lui suffira d'écraser cette mention avec le nom du pays où il réside. De plus, le texte saisi automatiquement ne comportera pas d'erreurs de frappe.

Pour initialiser le champ d'une boîte de saisie, vous devez utiliser son attribut value de la façon suivante :

```
<input type = "text" name="pays" value="France">
```

Avec PHP, vous pouvez utiliser le contenu d'une variable pour initialiser ce champ au moyen de l'une des deux instructions suivantes :

```
<input type="text" name="pays" value="<?php echo $pays ?>">

echo "<input type='text' name='pays' value='$pays'>";
```

Le premier exemple crée un champ d'entrée dans lequel seule la valeur de l'attribut value sera initialisée dynamiquement au moyen de echo $pays. L»instruction est placée entre deux balises PHP, créant ainsi une mini-section PHP dans le document HTML. Le second exemple génère au moyen d'une instruction echo la totalité du champ <input ...> du document HTML.

Si vous avez des informations concernant l'utilisateur dans une base de données, vous pouvez vouloir les afficher dans certains champs du formulaire. Cette technique permettra à l'utilisateur de vérifier ces renseignements, et éventuellement de les corriger. Ou bien vous pourriez proposer comme adresse d'expédition de la commande celle qui était utilisée pour le dernier envoi, afin que le client n'ait pas à ressaisir son adresse complète. Le Listing 10.7 présente le détail d'un programme affichant un formulaire contenant des informations extraites d'une base de données. Ce formulaire ressemble à celui de la Figure 10.5, sauf qu'il contient des informations récupérées dans la base et que les champs du formulaire en Figure 10.5 sont vides.

LISTING 10.7 : **Programme affichant un formulaire HTML.**

```
<?php
  /*  Nom du programme : afficheAdresse (displayAddress.php)
   *  Description :  Le script affiche un formulaire contenant
   *                les adresses lues dans la base de données.
   */
    echo "<html>
          <head><title>Adresse du client</title></head>
          <body>";
    $infos = array( "prénom"=>"Prénom :",
                    "nom"=>"Nom :",
                    "rue"=>"Adresse :",
                    "ville"=>"Ville :",
                    "département"=>"Département :",
                    "codepostal"=>"Code postal :");
    $user="admin";
    $host="localhost";
    $password="";
    $database = "MembresSeuls";
    $nomLogin = "jDupont";     // login de l'utilisateur

    $connexion= mysqli_connect($host,$user,$password, $database)
         or die ("Connexion au serveur impossible");

    $query = "SELECT * FROM Membre
                      WHERE login='$nomLogin'";
    $result = mysqli_query($connexion, $query)
         or die ("Exécution requête impossible");
    $ligne = mysqli_fetch_assoc($result);

    echo "<p align='center'>
          <h1 align='center'>Adresse de $nomLogin</h1>\n";
    echo "<br><p align='center'>
          <font size='+1'><b>Merci de vérifier l'adresse ci-dessous et
       de rectifier ce qui est inexact.</b></font>
          <hr>";
    echo "<form action='traitement.php' method='POST'>
          <table width='95%' border='0' cellspacing='0'
                 cellpadding='2'>\n";
    foreach($infos as $champ=>$info)
    {
      echo "<tr>
```

```
            <td align='right'> <B>{$infos[$champ]} </br></td>
            <td><input type='text' name='$champ'
                 value='$ligne[$champ]' size='65' maxlength='65'>
            </td>
            </tr>";
    }
    echo "</table>
          <div align='center'><p><input type='submit' value='Envoyer'> </p></
  div>
          </form>";
  ?>
</body></html>
```

Dans ce programme, vous pouvez remarquer les points suivants :

- **Le formulaire passe le contrôle au programme** `traitement.php`. C'est ce programme qui traitera les informations contenues dans le formulaire et mettra à jour les éléments correspondants de la base de données, modifiés éventuellement par l'utilisateur. C'est à vous d'écrire ce programme. Nous reviendrons plus loin dans ce chapitre sur le contrôle des informations saisies dans le formulaire et leur enregistrement dans la base de données.
- **Les champs du formulaire sont mis en forme dans un tableau HTML.** Le but est de réaliser une présentation plus harmonieuse, donc de faciliter le contrôle demandé à l'utilisateur.
- **Chacun des champs du formulaire a un nom.** Celui-ci correspond à la variable PHP ayant le même nom (au «$» initial près). C'est ce qui permettra d'établir la communication avec le programme PHP.
- **Les noms des champs du formulaire sont les mêmes que ceux des colonnes de la base de données.** On simplifie ainsi les transferts d'informations entre la base de données et le formulaire.
- **Les valeurs provenant de la base de données sont affichées dans les champs du formulaire grâce au paramètre** `value`. Celui-ci fournit l'information adéquate provenant du tableau $ligne, qui contient les données provenant de la base.

Pour des raisons de sécurité, pensez à inclure systématiquement un attribut maxlength dans vos champs d'entrée de formulaire. Cette valeur limite le nombre de caractères que l'utilisateur est autorisé à saisir dans le champ. Il est recommandé d'affecter à cet attribut la même largeur que la colonne correspondante dans la base de données.

La Figure 10.6 montre ce que ce programme affiche dans la fenêtre du navigateur à partir des éléments contenus dans la base de données.

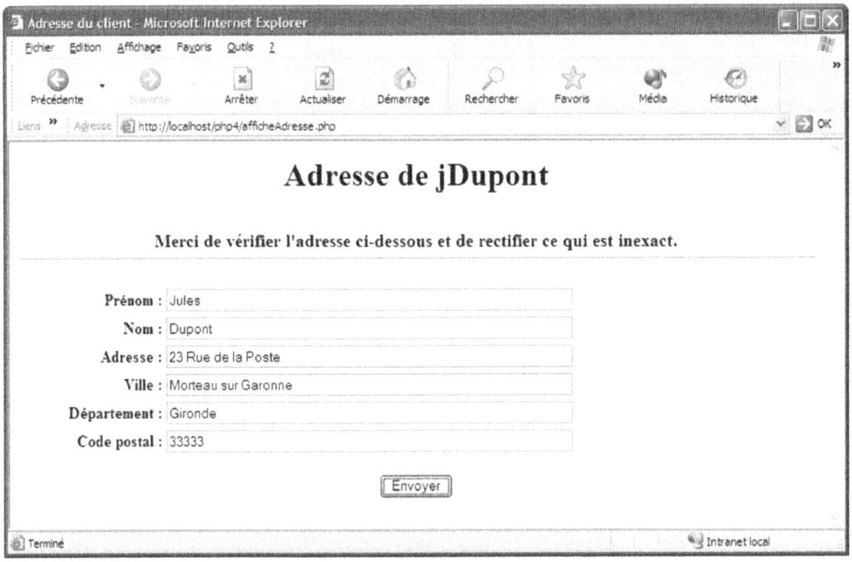

FIGURE 10.6 : Formulaire affichant l'adresse de l'utilisateur.

Construction dynamique de listes de sélection

Parmi les champs de formulaire très utilisés figure la *liste de sélection*. Au lieu de saisir librement une certaine information dans une boîte de saisie, l'utilisateur se voit proposer une liste de valeurs possibles dans une boîte à liste déroulante. Par exemple, dans un catalogue de produits, on peut proposer à l'utilisateur une liste déroulante des produits existants pour qu'il choisisse la catégorie qui l'intéresse. De la même façon, la rubrique «Pays» pourrait proposer une liste de pays à destination desquels il est possible d'expédier une commande. Enfin, pour donner une date, trois listes de sélection (jour, mois, année) éviteront toute saisie «hasardeuse».

Utilisez le plus souvent possible les listes de sélection. Vous éviterez ainsi les fautes de frappe et/ou d'orthographe toujours possibles dans une boîte de saisie en forme libre.

Voici comment pourrait se présenter une liste HTML de types d'animaux pour la base de données AniCata :

```
<form action="traitement.php" method="POST">
<select name="type">
  <option value="cheval">cheval
  <option value="chat" selected>chat
  <option value="dragon">dragon
</select>    
<input type="submit" value="Choisissez un type d'animal">
</form>
```

La Figure 10.7 montre comment se présente cette liste de sélection. Remarquez que «chat» est la valeur proposée par défaut, en raison de la présence de l'attribut selected dans le champ correspondant.

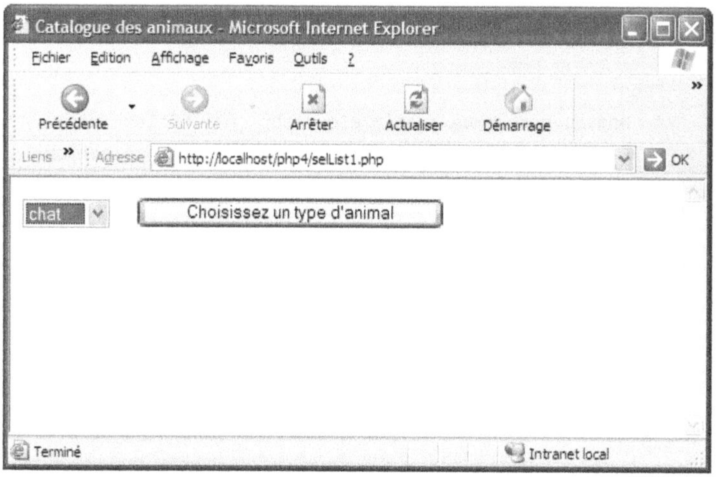

FIGURE 10.7 : Boîte à liste déroulante.

Lorsque le visiteur clique sur la petite flèche de la boîte de sélection, la liste se déroule, comme on le voit sur la Figure 10.8. Il peut alors sélectionner un autre champ parmi les trois qui lui sont proposés. Vous remarquez que la valeur chat est sélectionnée tant que le visiteur ne choisit pas autre chose.

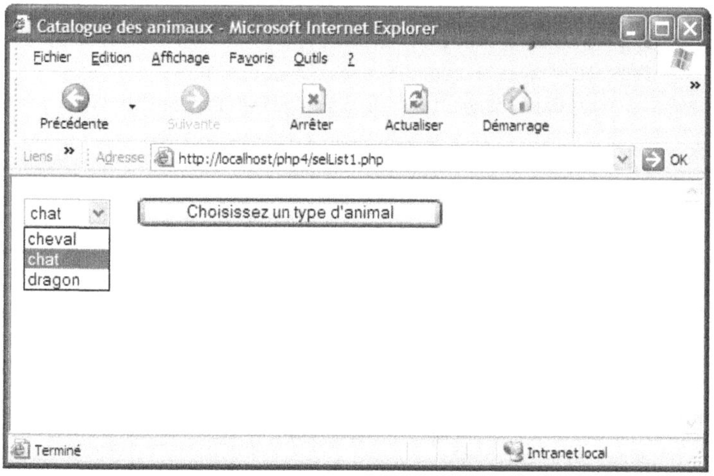

FIGURE 10.8 : Les valeurs possibles figurent toutes dans la boîte à liste déroulante.

A l'aide de PHP, vous pouvez employer des variables pour afficher des listes de sélection dynamiques. Avec une liste statique, si votre magasin d'animaux décide d'ajouter un nouveau type d'animal à ceux qu'il commercialise déjà, vous devrez modifier à la main cette boîte de sélection. Alors que si la liste est construite dynamiquement à partir de la base de données, elle reflétera toujours l'état des lieux. Le Listing 10.8 montre comment réaliser dynamiquement cette même liste de sélection.

LISTING 10.8 : Construction dynamique d'une liste de sélection.

```
<?php
/*  Nom du programme : animSelect.php (buildSelect.php)
 *  Description :  Construction d'une liste de sélection
 *                 à partir de la base de données.
 */
?>
<html>
<head>
<title>Types d'animaux</title>
</head>
<body>
<?php
  $user="catalog";
  $host="localhost";
  $password="";
  $database = "AniCata";

  $connexion = mysqli_connect($host, $user, $password, $database)
       or die ("Connexion au serveur impossible");

  $rq = "SELECT DISTINCT animalType FROM Animal ORDER BY animalType";
  $result = mysqli_query($connexion, $req)
       or die ("Exécution de la requête impossible");

  // Création d'un formulaire contenant une liste de sélection
  echo "<form action='traitement.php' method='POST'>
        <select name='animalType'>\n";

  while ($ligne = mysqli_fetch_assoc($result))
  {
    extract($ligne);
    echo "<option value='$animalType'>$animalType\n";
  }
  echo "</select>\n";
  echo "<input type='submit' value='Choisissez un type d'animal'>
        </form>\n";
?>
</body>
</html>
```

Notez les points suivants concernant ce programme :

- **Utilisation de** `DISTINCT` **dans la requête.** Cette clause oblige MySQL à ne fournir qu'une seule fois chaque type. Si on l'omettait, on recevrait *tous* les types présents, ce qui causerait des doublons.
- **La clause** `ORDER BY` **renvoie les résultats triés par ordre alphabétique.**
- **Des instructions** `echo` **encadrent la boucle** `while`**.** Ce sont elles qui créent les balises `<form>` et `<select>`.
- **L'instruction** `echo` **à l'intérieur de la boucle** `while`**.** C'est elle qui crée les balises `<option>` pour chaque type d'animal. Aucune de ces entrées n'est marquée `selected`. Il n'y a donc pas de type sélectionné par défaut. Plus exactement, c'est le premier élément par ordre d'apparition qui est présélectionné.
- **La dernière instruction** `echo`**.** C'est elle qui crée les balmises fermantes `</form>` et `</select>` et le bouton `submit` sur lequel cliquera le visiteur pour valider son choix et l'envoyer au programme `traitement.php`.

La liste de sélection est identique dans son principe à celle qui avait été créée par le précédent programme (celui du Listing 10.7) et que montrait les Figures 8.7 et 8.8. Mais son contenu est différent, car il est l'exact reflet du catalogue, comme on peut le voir sur la copie d'écran de la Figure 10.9. En particulier, les noms sont triés en ordre alphabétique.

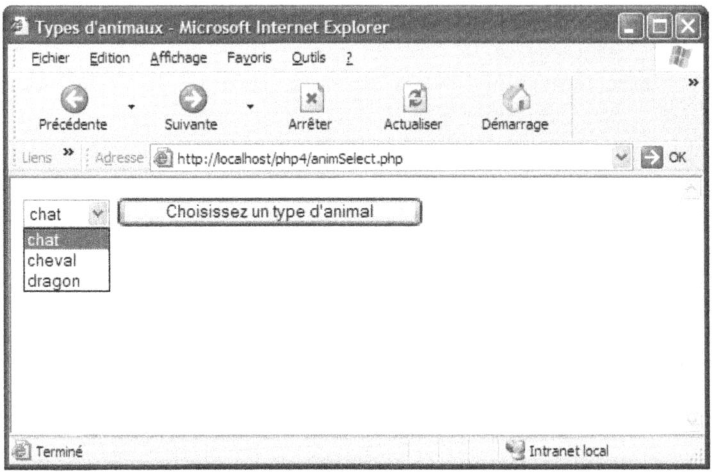

FIGURE 10.9 : Liste de sélection construite dynamiquement.

Vous pouvez également utiliser des variables PHP pour marquer un choix par défaut dans ce type de liste. Supposons, par exemple, que vous demandiez à l'utilisateur de choisir une date (jour, mois, année) dans trois listes. La plupart des gens vont choisir la date du jour. Vous souhaitez donc que ce soit elle qui soit «présélectionnée». Le programme du Listing 10.9 construit cette liste :

LISTING 10.9 : **Création de trois listes avec présélection de la date du jour.**

```
<?php
/*  Nom du programme : dateSelect.php
 *  Description : Le programme affiche une liste de sélection
 *                dans laquelle le client choisit une date.
 */
?>
<html>
<head>
<title>Choix d'une date</title>
</head>
<body>
<?php

  // Tableau des mois
  $Mois = array(1=> "Janvier", "Février", "Mars", "Avril",
                    "Mai", "Juin", "Juillet", "Août",
                    "Septembre", "Octobre", "Novembre",
                    "Décembre");

  $aujourdhui = time();                 // date du jour
  $f_aujourdhui = date("d/n/Y",$aujourdhui); // mise en forme

  echo "<div style = 'text-align: center'>\n";

  // Affichage de la date du jour
  echo "<p> <h3>Nous sommes aujourd'hui le $f_aujourdhui
        </h3><hr>\n";

  // Création d'un formulaire approprié
  echo "<form action='traitement.php' method='POST'>\n";

  // Construction de la liste pour les jours
  $aujourdhui_jours= date("d",$aujourdhui);  // $aujourdhui -> jour
  echo "<select name='jour'>\n";
  for ($n=1; $n<=31; $n++)
  { echo " <option value=$n";
    if ($aujourdhui_jours == $n)
    { echo " selected";
    }
    echo "> $n\n";
  }
  echo "</select>\n";

  // Construction de la liste pour les mois
```

```
  $aujourdhui_mois = date("m",$aujourdhui); // $aujourdhui -> mois
  echo "<select name='mois'>\n";
  for ($n=1; $n<=12; $n++)
  { echo "<option value=$n\n";
    if ($aujourdhui_mois == $n)
    { echo " selected";
    }
    echo "> $Mois[$n]\n";
  }
  echo "</select>";

  // Construction de la liste pour les années
  $anDébut = date("Y", $aujourdhui);  // $aujourdhui -> année
  echo "<select name='année'>\n";
  for ($n=$anDébut; $n<=$anDébut+3; $n++)
  { echo " <option value=$n";
    if ($anDébut == $n )
    { echo " selected";
    }
    echo "> $n\n";
  }
  echo "</select>\n";
  echo "</form>\n";
?>
</body>
</html>
```

La page Web créée par ce programme est affichée Figure 10.10. La date apparaît en titre au-dessus des trois boîtes de sélection afin que vous puissiez contrôler l'exactitude des présélections. La liste des années est limitée à quatre valeurs, alors que celle des jours en comprend toujours 31 et celle des mois, 12.

Dans la réalité, ce programme devrait être modifié pour n'afficher que le nombre exact de jours existant dans le mois sélectionné. Attention aux années bissextiles pour février !

Voici les tâches accomplies par ce programme :

1. **Création d'un tableau des mois dont les clés sont des numéros commençant à 1 de façon à correspondre à nos habitudes de numérotation des dates.**
2. **Création des variables $aujourdhui (contenant la date du jour) et $f_aujourdhui (contenant la date du jour mise en forme pour l'affichage dans la page Web).**

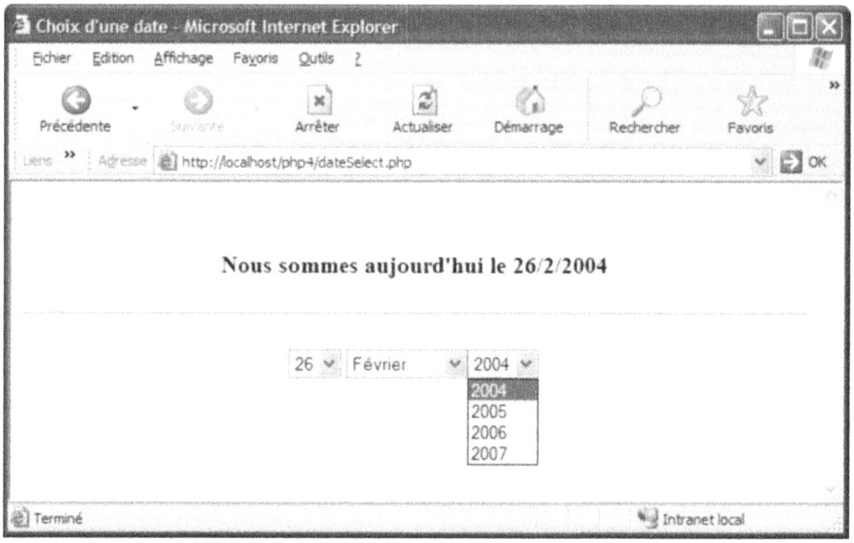

FIGURE 10.10 : Formulaire proposant par défaut la date du jour.

3. **Affichage de la date du jour dans un titre HTML de niveau 3 centré dans la page.**
4. **Construction de la liste de sélection des jours :**
   a. Création de la variable `$aujourdhui_jours` contenant la date du jour extraite de `$aujourdhui`.
   b. Envoi de la balise initiale `<select>` par une instruction `echo`.
   c. Initialisation d'une boucle `for` dont le compteur variera de 1 à 31.
   d. Affichage du numéro du jour par une instruction `echo`.
   e. Si le numéro du jour est égal au jour provenant de `$aujourdhui`, ajout de la clause `selected`.
   f. La boucle est répétée jusqu'à la fin (de 1 à 31).
   g. Envoi de la balise terminale `</select>` par une instruction `echo`.
5. **Construction semblable à la précédente de la liste de sélection des mois. Elle va de 1 à 12 et le nom du mois provient du tableau $Mois.**
6. **Construction identique à la précédente de la liste de sélection des années. Elle part de l'année courante et comprend 4 valeurs.**
7. **Création par une instruction echo de la balise terminale </select>.**

Construction dynamique de boutons radio

De la même façon, il est facile de construire dynamiquement une liste de boutons radio. Par exemple, vous pouvez afficher une liste de boutons radio pour le catalogue des animaux et demander aux utilisateurs de cliquer sur celui qui correspond au type d'animal qui les intéresse.

Le format HTML d'un bouton radio est le suivant :

```
<input type="radio" name="uuu" value ="vvv">
```

Nous allons construire cette liste pour tous les types d'animaux présents dans le catalogue. Le Listing 10.10 présente le programme qui va accomplir cette tâche.

LISTING 10.10 : Construction dynamique d'une liste de boutons radio.

```
<?php
/*  Nom du programme : dynamBoutonRadio.php (buildRadio.php)
 *  Description :  Affiche une liste de boutons radio à partir
 *                 des informations de la base de données.
 */
?>
<head><title>Types d'animaux</title></head>
<body>
<?php
  $user="catalog";
  $host="localhost";
  $password="";
  $database = "AniCata";

  $connexion = mysqli_connect($host, $user, $password, $database)
       or die ("Connexion au serveur impossible");

  $rq = "SELECT DISTINCT animalType FROM Animal ORDER BY animalType";
  $result = mysqli_query($connexion, $rq)
       or die ("Exécution de la requête impossible");

  // Création d'une liste de boutons radio
  echo "<div style='margin-left: .5in; margin-top: .5in'>
  <p> 
  <p><b>Quel est le type d'animal qui vous intéresse ?</b>
  <p>Choisissez-le dans la liste ci-dessous :\n";

  // Création d'un formulaire contenant les boutons radio
  echo "<form action='traitement.php' method='post'>\n";
```

```
  while ($ligne = mysqli_fetch_assoc($result))
  {
    extract($ligne);
    echo "<input type='radio' name='choix' value='$animalType'>$animalType
\n";
    echo "<br>\n";
  }
  echo "<p><input type='submit' value='Validez votre choix'>
        </form>\n";
?>
</div>
</body>
</html>
```

La copie d'écran de la Figure 10.11 vous présente le résultat obtenu.

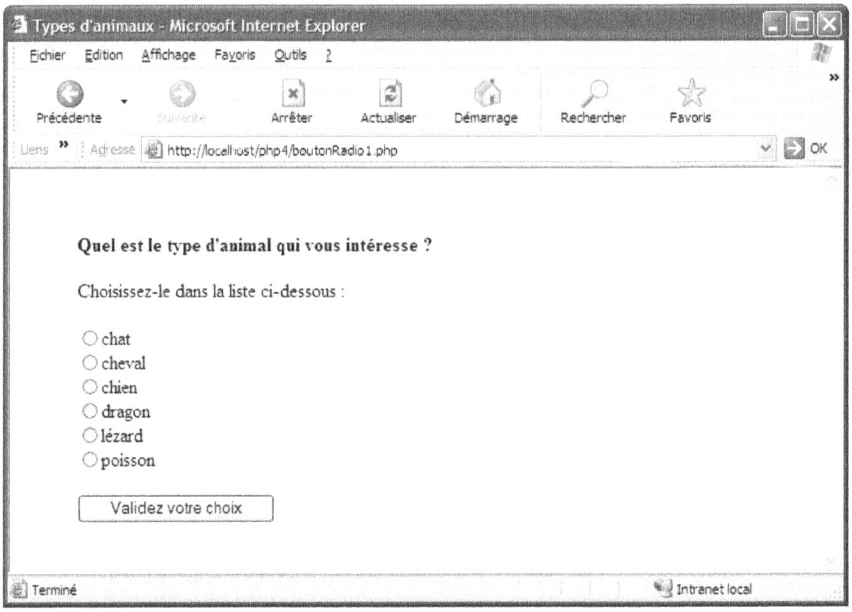

FIGURE 10.11 : Liste de boutons radio construite dynamiquement.

Construction dynamique de cases à cocher

Vous pouvez préférer les cases à cocher aux boutons radio. Alors que ceux-ci ne permettent qu'un seul et unique choix, les cases à cocher autorisent un choix multiple. Par exemple, dans une liste de types d'animaux, vous pouvez en choisir deux ou trois. Le programme du Listing 10.11 crée autant de cases à cocher dans une page Web qu'il y a de types d'animaux dans le catalogue.

LISTING 10.11 : Construction dynamique de cases à cocher.

```
<?php
/*  Nom du programme : dynamCaseCocher.php (buildCheckBox.php)
 *  Description :  Affiche une liste de cases à cocher à partir
 *                 des informations de la base de données.
 */
?>
<html>
<head><title>Types d'animaux</title></head>
<body>
<?php
  $user="catalog";
  $host="localhost";
  $password="";
  $database = "AniCata";

  $connexion = mysqli_connect($host, $user, $password, $database)
       or die ("Connexion au serveur impossible");

  $rq = "SELECT DISTINCT animalType FROM Animal ORDER BY animalType";
  $result = mysqli_query($connexion, $rq)
       or die ("Exécution de la requête impossible");

  // Création d'une liste de cases à cocher
  echo "<div style='margin-left: .5in; margin-top: .5in'>
  <p> 
  <p><b>Quel est le type d'animal qui vous intéresse ?</b>
  <p>Choisissez-le dans la liste ci-dessous :\n";

  // Création d'un formulaire contenant les cases à cocher
  echo "<form action='traitement.php' method='POST'>\n";

  while ($ligne = mysqli_fetch_assoc($result))
  {
    extract($ligne);
    echo "<input type='checkbox' name='choix[$animalType]'
        value='$animalType'>$animalType\n";
    echo "<br>\n";
  }
?>
<p>
<input type='submit' value='Validez votre choix'>
</form>
</div>
</body>
</html>
```

Ce programme ressemble beaucoup au précédent. Cependant, on utilise ici une variable dimensionnée (à une seule dimension), $choix, pour représenter *les* choix effectués par l'utilisateur. Dans ce tableau, il y aura une paire champ/valeur pour chacun des choix opérés par l'utilisateur. Si ce dernier a coché les cases «Chat», «Chien» et «Poisson», le tableau $choix[] contiendra :

```
$choix[Chat] = Chat
$choix[Chien] = Chien
$choix[Poisson] = Poisson
```

Le programme qui traite le formulaire aura à sa disposition les sélections réalisées dans le tableau $_POST :

```
$_POST['choix']['chat']
$_POST['choix']['chien']
$_POST['choix']['poisson']
```

La copie d'écran de la Figure 10.12 montre ce qui est affiché dans la fenêtre du navigateur.

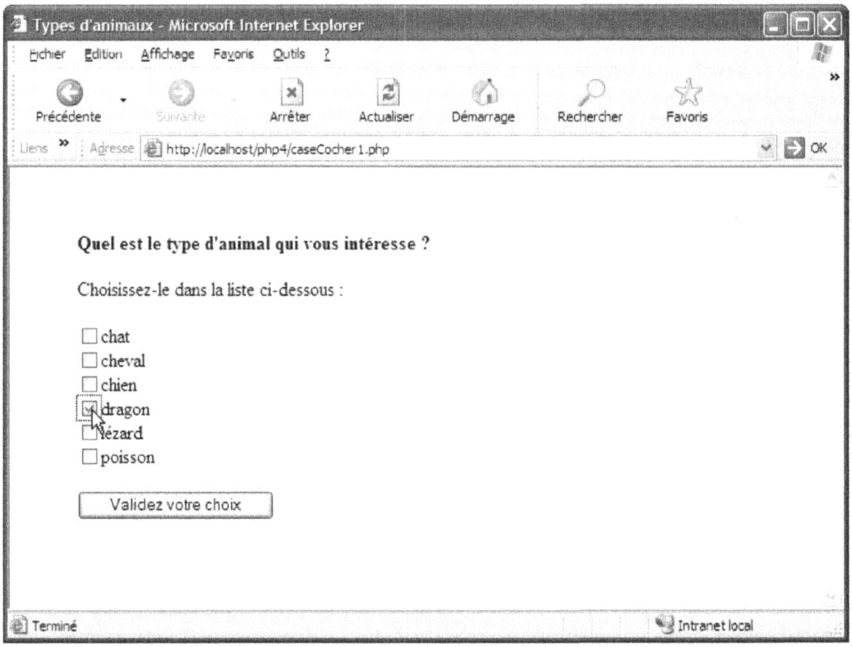

FIGURE 10.12 : Liste de cases à cocher construite dynamiquement.

Traitement des informations provenant d'un formulaire

Lorsqu'un client remplit les boîtes de saisie et coche les cases d'un formulaire puis clique sur le bouton de type *submit*, il vous envoie des informations. Comment allez-vous les récupérer ?

Dans l'attribut action du formulaire, vous indiquez le nom du programme qui va être appelé pour traiter ces informations. Dans les exemples précédents, cet attribut avait pour valeur traitement.php. Ce programme doit donc récupérer les informations provenant du formulaire, travail pour lequel PHP est particulièrement bien adapté. Il vous suffit en effet de récupérer le contenu voulu en vous servant des tableaux prédéfinis puis de l'utiliser.

Les valeurs du formulaire sont transmises sous forme de tableaux dont le nom des clés est identique à celui du champ name de la balise correspondante du formulaire. Si, par exemple, vous avez envoyé le champ suivant dans votre formulaire :

```
echo "<input type="text" name"=prenom">"
```

la valeur saisie par l'utilisateur sera placée dans la variable PHP $_POST[prenom]. L'information sélectionnée par l'utilisateur dans une liste déroulante ou un bouton radio est traitée selon le même principe. Prenons le cas d'un groupe de boutons radio comme celui-ci :

```
echo "<input type='radio' name='choix' value='chien'>chien\n";
echo "<input type='radio' name='choix' value='chat'>chat\n";
```

La variable $_POST[choix] aura pour valeur la chaîne de caractères «chien» ou «chat» selon le bouton sur lequel aura cliqué l'utilisateur.

Les cases à cocher doivent être traitées d'une façon particulière en raison des possibilités de choix multiples qu'elles offrent. Comme nous l'avons vu dans le programme du Listing 10.11, c'est un tableau qui va contenir les valeurs correspondant aux choix de l'utilisateur et non plus une variable scalaire. Supposons que votre formulaire propose par exemple les boutons suivants :

```
echo "<input type='checkbox' name='choix[chien]'
          value='chien'>chien\n";
echo "<input type='checkbox' name='choix[chat]'
          value='chat'>chat\n";
```

Vous pouvez alors accéder aux données en utilisant la variable à plusieurs dimensions $_POST[choix], qui va contenir ceci :

```
$_POST[choix][chien] = chien
$_POST[choix][chat] = chat
```

Dans certains cas, vous avez besoin d'accéder à tous les champs du formulaire (par exemple pour vérifier que l'utilisateur a bien rempli l'ensemble des zones obligatoires). Comme nous l'avons vu pour le programme traitement.php du Listing 10.5, une boucle foreach vous permettra de parcourir le tableau prédéfini $_POST (ou $_GET). La plupart des exemples de programmes et d'instructions proposés dans ce livre font appel à la méthode POST. Les clés sont les noms des champs. Reportez-vous à l'encadré «POST ou get ?» pour plus de détails sur ces deux méthodes.

POST OU GET ?

Vous avez le choix entre ces deux valeurs pour l'attribut `method` de la balise `<form>`. Elles passent les données du formulaire de façon différente, et chacune a ses propres avantages et ses inconvénients :

- **get.** Les informations sont ajoutées au bout de l'URL qui appelle le programme de traitement spécifié comme valeur de l'attribut `action`. Exemple :

```
traitement.php?nom=Dupont&prénom=Jules
```

Cette méthode a pour elle l'avantage de la simplicité et de la rapidité. En revanche, les informations ainsi transmises sont visibles dans la fenêtre du navigateur (ce qui peut constituer un problème du point de vue de la sécurité) et leur nombre est réduit.

- **POST.** Les informations sont transmises séparément au programme de traitement. Avantage : leur longueur n'est plus limitée. Inconvénient : une légère surcharge du serveur et une rapidité très légèrement dégradée.

Si ces informations ne sont pas traitées en PHP mais par un script CGI, le programme qui va s'en charger doit d'abord les récupérer et les placer dans des variables. La méthode `get` est alors plus facile à implémenter ; c'est pourquoi beaucoup de programmeurs préfèrent cette solution. Mais, comme PHP fait tout ce travail automatiquement, les deux méthodes sont aussi faciles à utiliser l'une que l'autre. Il est donc conseillé de préférer `POST` dont les avantages surpassent les inconvénients, ne serait-ce que du point de vue de la sécurité et du volume théoriquement illimité de données.

Supposez qu'un programme contienne les instructions suivantes pour afficher un formulaire :

```
echo "<form action='traitement.php' method='POST'>\n";
echo "<input type='text' name='nom' value='Dupont'>\n";
echo "<input type='radio' name='choix' value='chien'>chien\n";
echo "<input type='radio' name='choix' value='chat'>chat\n";
echo "<input type='hidden' name='varcach' value='3'>\n";
echo "<input type='submit' value='Faites votre choix'>\n
```

```
    </form>\n";
```

et que traitement.php contienne :

```
foreach ($_POST as $cle => $valeur)
{
  echo "$cle, $valeur<br>";
}
```

L'affichage par la boucle foreach pourrait se présenter ainsi :

```
nom, Dupont
choix, chien
varcach, 3
```

L'affichage de ces valeurs s'explique de cette façon :

» **L'utilisateur n'a pas modifié le texte présent dans le champ de texte.** Aussi la valeur «Dupont» est-elle restée inchangée.

» **L'utilisateur a cliqué sur le bouton radio devant «chien».** Un seul bouton radio d'un groupe peut être choisi.

» **Une variable cachée,** `varcach`**, a été transmise.** L'utilisateur ne peut pas modifier sa valeur.

Contrôle des informations

Des erreurs peuvent se glisser dans ce qu'a saisi un utilisateur : erreurs de frappe ou erreurs de logique, voire fautes intentionnelles dans le but de «planter» le programme de dépouillement. Aussi est-il prudent de contrôler les informations reçues avant de les utiliser ou de les enregistrer dans la base de données. C'est ce qu'on appelle *valider* les données. Pour cela, il faut :

» **Contrôler les champs restés vides.** Certaines informations peuvent être indispensables. Il faut alors afficher un message signalant l'obligation de fournir l'information manquante et réafficher le formulaire.

» **Contrôler la forme sous laquelle une information a été saisie.** La présence de caractères alphabétiques dans un code postal ou celle de chiffres dans un nom est, à l'évidence, une erreur.

Test des champs vides

Dans un formulaire, il peut se trouver des champs dont le remplissage n'est pas obligatoire et d'autres qui sont indispensables. Vous ne devez donc vérifier que ces derniers et signaler éventuellement l'erreur.

Voici la syntaxe générique de ce genre de test :

```
if ($nom == "")
{ echo "Vous devez indiquer votre nom<br>\n";
  o«^cå ebo ib clojri^fob
  exit();
}
echo "Bienvenue dans notre Association<br>"\n;
  ^cå ebo ib jbkr
     ... bq` ...
```

Dans l'exemple précédent, vous aurez noté la présence d'une instruction exit mettant fin au programme. Sans sa présence, l'exécution du programme se poursuivrait inutilement après avoir réaffiché le formulaire en produisant tout de même le message de bienvenue et le menu..

Pour tester l'ensemble des champs d'un formulaire, vous pouvez écrire une boucle explorant toutes les variables du tableau $ _POST. Par exemple :

```
foreach ($_POST as $valeur)
{ if ($valeur == "")
 { echo "Vous n'avez pas renseigné tous les champs<br>\n";
   o«^cå ebo ib clojri^fob
   exit;
  }
}
echo "Bienvenue ...";
```

Lorsque vous réaffichez le formulaire, prenez soin d'y replacer les valeurs déjà saisies par l'utilisateur, car il serait sans doute mécontent d'avoir à les taper à nouveau et il risquerait alors de quitter votre site Web pour ne plus jamais y revenir.

Lorsque la saisie de tous les champs n'est pas obligatoire, la séquence précédente doit être modifiée pour ne pas tester les zones facultatives. Admettons que vous n'ayez pas réellement besoin du prénom de la personne, et moins encore de son numéro de fax. Vous devrez alors faire une exception pour ces champs. On pourrait alors aboutir à ceci :

```
foreach ($_POST as $champ => $valeur)
{ if ($champ != "fax" and $champ != "prénom")
  { if ($valeur == "")
    { echo "Vous n'avez pas renseigné tous les champs<br>\n";
     o«^cå ebo ib clojri^fob
     exit;
    }
```

```
    }
  }
  echo "Bienvenue ...";
```

Le if le plus extérieur empêche l'exécution du test (le if intérieur) pour les champs relatifs au fax et au prénom, dans lesquels il est toléré de ne rien indiquer.

En général, le programme devra définir deux tableaux : un pour les noms des champs qui sont vides par erreur et un autre pour ceux dont le contenu est correct, afin de pouvoir afficher les erreurs. Vous verrez plus loin à quoi sert le second tableau.

Dans certains cas, vous pouvez souhaiter dire à l'utilisateur quels sont les champs qui doivent obligatoirement être renseignés. Le programme testblanc.php (voir le Listing 10.12) traite un formulaire contenant quatre champs : prénom, nom, code_postal et téléphone, parmi lesquels seul le code postal peut être laissé vide. Il exploite des données saisies dans le script du Listing 10.6.

Avant de lancer le programme du Listing 10.12, vous devez retoucher le programme afficheForm pour qu'il l'appelle :

```
echo "<form action='testBlanc.php' method='POST'>
```

Chargez ensuite afficheForm.php, saisissez les données et validez pour tester test-Blanc.php.

LISTING 10.12 : **Programme testant et signalant les champs vides.**

```
<?php
/*  Nom du programme : testBlanc.php (checkBlank.php)
 *  Description :  Ce programme contrôle les champs du formulaire
 *                 pour rechercher les zones vides.
 */
?>
<html>
<head>
<title>Test de champs vides</title>
</head>
<body>
<?php
  // Définir les champs à tester
  $labels = array ( "prenom" => "Prénom",
                    "nom" => "Nom",
                    "code_postal" => "Code postal",
                    "telephone" => "Téléphone");

  //Contrôler tous les champs sauf celui du code postal
```

```
  foreach ($_POST as $champ => $valeur)
  {
    if($champ != "code_postal")
    {
      if( $valeur == "" )
      {
         $tablovide[] = $champ;
      }
    }
  }   // Fin de la boucle foreach pour $_POST

  // Si l'un des champs est vide, afficher un message
  if(@sizeof($tablovide) > 0) // en cas de champ vide
  {
    echo "<b>Un des champs obligatoires n'a pas été renseigné.
          Vous devez saisir :</b><br>";
    // affichage du nom des informations requises
    foreach($tablovide as $valeur)
    {
      echo "   {$labels[$valeur]}<br>";
    }
    // réafficher le formulaire
    echo "<p>";
   echo "<form action='$_SERVER[PHP_SELF]' method='POST'>
          <table>";
    foreach($labels as $champ => $label)
    {
      $dataOk[$champ]=strip_tags(trim($_POST[$champ]));
      echo "<tr>
             <td style='text-align: right; font-weight: bold'>
                 {$labels[$champ]}</td>
             <td><input type='text' name='$champ' size='65'
                 maxlength='65' value='$dataOk[$champ]'></td>
            </tr>";
    }
    echo "<tr>
           <td colspan='2' style='text-align: center'>
             <input type='submit' value='Valider la saisie'>";
    echo "</td></tr></table>
          </form>";
    exit();
  }
  echo "Tous les champs à saisie obligatoire sont renseignés.";
?>
</body></html>
```

Voici comment ce programme est organisé :

1. **Définition d'un tableau d'étiquettes de champs du formulaire. Ces étiquettes seront utilisées pour afficher les noms des champs qui n'ont pas été remplis.**

2. **Bouclage sur les variables passées par le formulaire et vérification des champs vides. Les variables sont dans le tableau $ _POST. Le champ de code postal n'est pas testé car il n'est pas à saisie obligatoire. Le nom de tout champ non renseigné est placé dans le tableau $champVide.**

3. **Recherche de champ vides. xamen du contenu du tableau $champVide et comptage du nombre de valeurs qu'il contient.**

4. **Si ce nombre est nul, sauter tout ce qui suit pour aller afficher le message comme quoi tout va bien.**

5. **Si ce nombre n'est pas nul :**

   a. Afficher un message d'erreur expliquant la cause générale de l'erreur.

   b. Afficher la liste des informations manquantes. Ce sont les noms contenus dans le tableau `$champVide`.

   c. Créer un tableau de données corrects (`dataOk`). Nettoyer ces données pour affichage correct dans le formulaire.

   d. Afficher le formulaire. Il contient les noms des variables dans l'attribut `value` de chaque balise `<input>`. Les informations déjà saisies sont donc réaffichées.

   e. Exécution de l'instruction `exit;`. L'utilisateur doit cliquer sur le bouton `submit` pour continuer.

N'oubliez surtout pas l'instruction finale exit;. Faute de quoi, le programme se poursuivrait et afficherait le message de bienvenue. Pour cela, il suffirait de placer le message de bienvenue (et éventuellement du traitement qui le suit) à l'intérieur d'une clause else. (*N.d.T.*)

N'oubliez pas que les programmes qui traitent les formulaires utilisent les informations produites par celui-ci. Si vous les exécutez seuls, ils ne disposent pas des bons renseignements (via par exemple le tableau $_POST) et ne produiront pas le résultat attendu. Leur intervention suit un clic sur le bouton submit du formulaire principal.

La Figure 10.13 montre ce qui sera affiché si l'utilisateur n'a pas renseigné le champ obligatoire «Prénom» et le champ facultatif «Code Postal». Vous noterez que ce dernier n'est pas inclus dans la liste des oublis, puisque sa saisie est facultative et que les informations saisies au départ restent affichées dans les champs du formulaire.

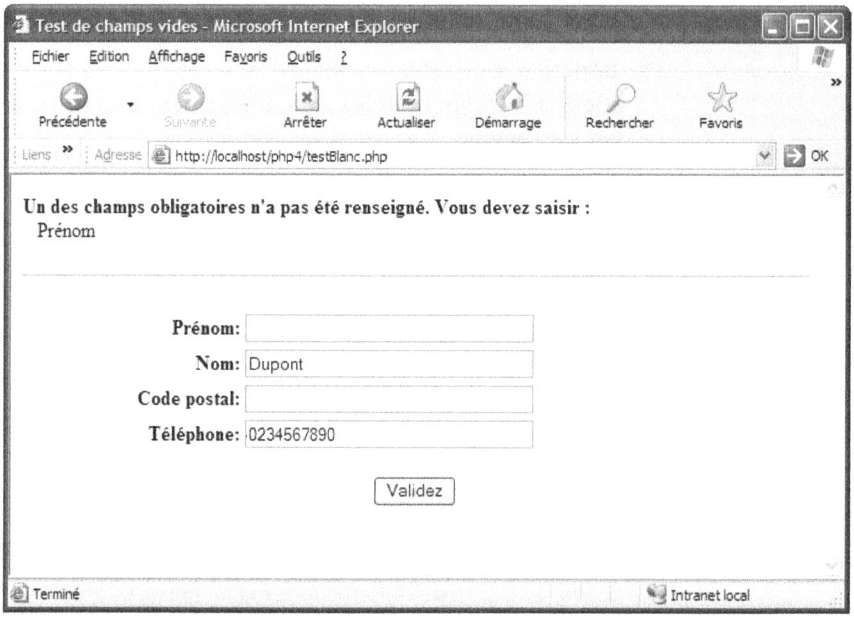

FIGURE 10.13 : Résultat du processus lorsqu'il manque des informations.

Contrôle du format des informations

Lorsque l'utilisateur saisit des informations dans un formulaire, vous pouvez craindre un certain nombre de fautes de frappe. Vous pouvez détecter quelques-unes de ces erreurs et les signaler en lui demandant de ressaisir les informations concernées. Ainsi, si l'utilisateur a tapé 7612 pour un code postal, le nombre de caractères (4) vous indique déjà que cette entrée est incorrecte.

Vous devez aussi penser à vous protéger contre des utilisateurs malveillants, quelle que soit leur intention réelle. Par exemple, la saisie de balises HTML dans un champ de formulaire risquerait de conduire à un affichage erroné. Pis : la saisie d'un script dans une zone de texte équivaut à entrer un programme dans un champ de formulaire, ce qui est potentiellement dangereux.

Tester le format des saisies n'est pas une besogne simple. Vous souhaitez tout naturellement déceler le plus d'erreurs possible, mais vous devez aussi éviter de faux diagnostics. Par exemple, dans un numéro de téléphone français, vous ne devriez trouver que des chiffres. Mais beaucoup de gens risquent de les séparer en tranches de deux chiffres au moyen d'un espace, d'un point, d'un tiret ou encore d'une barre oblique. Et limiter le nombre de caractères saisis à celui qui est valable pour les numéros de France empêcherait la saisie de numéros comportant un préfixe de nationalité. Vous devez donc réfléchir soigneusement à la nature et au format des informations que vous voulez accepter ou refuser, et ce pour chaque champ.

L'un des moyens les plus puissants pour tester la validité d'une saisie est probablement l'utilisation d'*expressions rationnelles* (étudiées au Chapitre 6). Vous comparez le contenu d'un certain champ avec un motif. Si le test est concluant, la valeur peut être acceptée. Sinon, la donnée n'est pas valide et l'utilisateur doit la ressaisir.

En général, le test du format d'une saisie se présente sous la forme suivante :

```
if (! ereg("jlqfc", $`e^jm))
{ echo jbpp^db□a$boobro8
□□+++□o«^cã□`e^db□ar□clojri^fob□+++
  exit;
}
echo "Bienvenue...";
```

Vous aurez remarqué la présence du point d'exclamation renversant le sens du test conditionnel. De cette façon, les instructions placées dans le bloc qui suit ne seront exécutées que si le test (d'erreur) est positif.

Supposons que vous souhaitiez vérifier la validité d'un nom propre. Vous allez supposer qu'il ne peut pas contenir de chiffres, mais vous devez accepter certains caractères comme le tiret (Saint-Just), l'apostrophe (d'Hauteville) ou l'espace (du Deffand). Une limite de 50 caractères est également plausible. Vous pouvez alors écrire :

```
if (! ereg("[A-Za-z' -]{1,50}",$nom)
{ echo jbpp^db□a$boobro;
+++□o«^cã□`e^db□ar□clojri^fob□+++
  exit;
}
echo "Bienvenue !";
```

Si vous voulez inclure le tiret (-) dans le groupe des caractères admis (celui qui est placé entre crochets dans le motif), vous devez le placer en tête ou en queue du groupe pour qu'il ne soit pas interprété comme un indicateur d'ensemble (A-Z, par exemple).

Il faut savoir gérer les champs multichoix, car ils constituent une porte d'entrée dérobée pour des visiteurs malveillants. Voici comment tester ce genre de champ avec regex :

```
if( !ereg("(homme|femme)",$sexe)
```

Si le champ contient autre chose que les deux valeurs testées, vous passez au bloc conditionnel if.

Dans la section précédente, nous avons vu comment tester chacun des champs d'un formulaire pour s'assurer qu'il a été renseigné (voir le Listing 10.12). Si vous voulez en outre vérifier qu'il a été saisi sous une forme acceptable, vous devez modifier le programme sous la forme que montre le Listing 10.13.

Le programme du Listing 10.13 (comme celui du Listing 10.12) traite des données saisies dans le formulaire du programme afficheForm (Listing 10.6). Avant de l'essayer, vous devez modifier afficheForm pour appeler testChamps.php dans l'attribut action de la balise form :

```
echo "<form action='testChamps.php' method='POST'>
```

Chargez ensuite la page afficheForm.php, saisissez les données et validez pour déclencher le nouveau programme testChamps.php.

LISTING 10.13 : **Test de champs vides et de formats de données incorrects.**

```
<?php
/*  Nom du programme : testChamps.php (checkAll.php)
 *  Description :  Ce programme contrôle les champs du formulaire
 *                 (zones vides, format incorrect).
 */
?>
<html>
<head>
<title>Test de champs</title>
</head>
<body>
<?php
  /* Définir les champs à tester*/
  $labels = array ( "prenom" => "Prénom",
                    "nom" => "Nom",
                    "code_postal" => "Code postal",
                    "telephone" => "Téléphone");

  foreach ($_POST as $champ => $valeur)
  {
    /* Contrôler tous les champs sauf celui du code postal */
    if ( $valeur == "" )
    {
      if ($champ != "code_postal")
      {
        $tabloVide[$champ] = "blanc";
      }
    }
    elseif ($champ == "prénom" or $champ == "nom" )
```

```
  { if (!ereg("^[A-Za-z' -]{1,50}$",$_POST[$champ]) )
    {
      $mauvaisFormat[$champ] = "mauvais";
    }
  }
  elseif ($champ == "téléphone")
  {
     if (!ereg("^[0-9)( -]{7,20}(([xX]|(ext)|(ex))?[ -]?[0-9]{1,7})?$",
             $valeur) )
     {
       $mauvaisFormat[$champ] = "mauvais";
     }
   }
}   // Fin de la boucle foreach pour $_POST

/* Si l'un des champs est incorrect, afficher un message */
if (@sizeof($tabloVide) > 0 or @sizeof($mauvaisFormat) > 0)
{
  if (@sizeof($tabloVide) > 0)
  {
    /* Message pour information manquante */
     echo "<b>Un des champs obligatoires n'a pas été renseigné.
      Vous devez saisir :</b><br>";
    /* Affichage du nom des informations requises */
    foreach($tabloVide as $champ => $valeur)
    {
       echo "   {$labels[$champ]}<br>";
    } // Fin de la boucle foreach pour les champs vierges
  }
  if (@sizeof($mauvaisFormat) > 0)
  {
    /* Message pour information invalide */
      echo "<b>Un ou plusieurs champs contiennent des informations
             qui semblent incorrectes. Corrigez le format de :</b><br>";
      /* Affiche ule liste des informations incorrectes */
      foreach($mauvaisFormat as $champ => $valeur)
      {
         echo "   {$labels[$champ]}<br>";
      }
  }

  // Réafficher le formulaire
  echo "<p>";
  echo "<form action='$_SERVER[PHP_SELF]' method='POST'>
        <table>";
```

```
    foreach($labels as $champ => $label)
    {
      $dataOk[$champ]=strip_tags(trim($_POST[$champ]));
      echo "<tr>
             <td style='text-align: right; font-weight: bold'>
                   {$labels[$champ]}</td>
             <td><input type='text' name='$champ' size='65'
                 maxlength='65' value='$dataOk[$champ]'></td>
            </tr>";
    }
    echo "<tr>
           <td colspan='2' style='text-align: center'>
             <input type='submit' value='Submit Name and Phone Number'>";
    echo "</td></tr></table>
          </form>";
    exit();
  }
  /* Test réussi */
  echo "Toutes les données sont correctes.";
?>
</body></html>
```

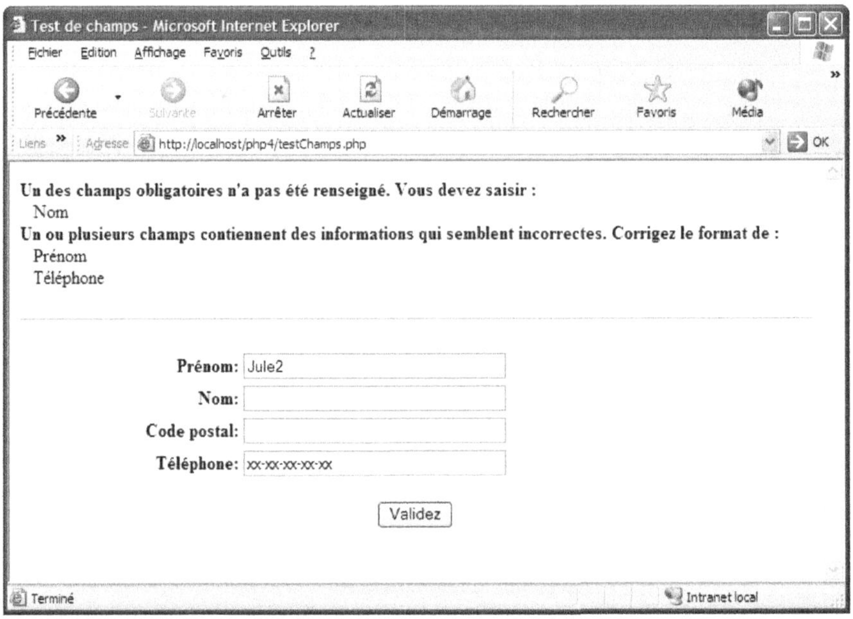

FIGURE 10.14 : Autre exemple de validation des données transmises par un formulaire.

Voici les différences entre ce programme et celui du Listing 10.12 :

» **Il existe deux tableaux : un pour les champs vides ; l'autre pour les champs incorrects.** Pour le premier, il s'agit de `$tabloVide[]` ; pour le second, `$mauvaisFormat[]`.

» **Le programme exécute une boucle sur `$mauvaisFormat[]` pour créer une liste séparée de formats incorrects.** Si un des champs est vide, il affiche un message d'erreur et une liste de ces champs. S'il y a un format incorrect, il crée un second message d'erreur pourvu, lui aussi, de sa propre liste.

La Figure 10.14 vous montre un exemple dans lequel le nom est absent, tandis que le prénom et le numéro de téléphone sont incorrects.

Plusieurs boutons submit

Dans un formulaire, vous n'êtes pas limité à un seul bouton de type Submit. Ainsi, pour un bon de commande, vous pouvez très bien prévoir deux boutons : «Envoyer la commande» et «Annuler la commande». Mais, comme vous ne pouvez avoir qu'un seul attribut action dans la balise <form>, il faut utiliser un autre moyen pour savoir sur quel bouton l'utilisateur a cliqué afin que PHP puisse traiter correctement cette situation. Le programme suivant va appeler le programme du Listing 10.15 :

```
<?php
/*  Programme  : deuxBoutonsAffiche.php (displayTwoButtons.php)
 *  Description: Affiche un formulaire avec deux boutons
 *               de validation.
 */
?>
<html>
<head><title>Deux boutons (deuxBoutonsAffiche.php)</title></head>
<body>
<?php
echo "<form action='deuxBoutonsTraite.php' method='POST'>
      Nom : <input type='text' name='nom' maxlength='50'><br>
      <input type='submit' name='envoi' value='Afficher Adresse'>
      <input type='submit' name='envoi' value='Afficher Téléphone'>
      </form>";
?>
</body></html>
```

Si les deux boutons Submit ont bien le même nom, leur valeur (ce qu'ils affichent) est différente. Le programme de traitement pourra les distinguer d'après la valeur de cette variable $envoi.

Dans le programme du Listing 10.15, le choix est offert à l'utilisateur d'afficher l'adresse d'un membre de l'association (dont il vient de saisir le nom) ou son numéro de téléphone.

LISTING 10.15 : Traitement de deux boutons Submit.

```
<?php
/*  Nom du programme : deux BoutonsTraite.php (processTwoButtons.php)
 *  Description :  Affiche des informations différentes
 *                 selon le bouton submit choisi.
 */
?>

<html>
<head>
<title>Afficher l'adresse ou le numéro de téléphone</title>
</head>
<body>
<?php
  $user="admin";
  $host="localhost";
  $password="";
  $database = "MembresSeuls";

  $connexion = mysqli_connect($host, $user, $password, $database)
       or die ("Connexion au serveur impossible");

  if ($_POST['envoi'] == "Afficher Adresse")
  {
     $req = "SELECT rue,ville,département,codePostal
             FROM Membre WHERE nom='$_POST[nom]'";
     $result = mysqli_query($connexion, $req)
       or die ("Exécution de la requête impossible.");
     $ligne = mysqli_fetch_assoc($result);
     extract($ligne);
     echo "Adresse : {$ligne['rue']}<br>
          Ville : {$ligne['ville']}<br>
          N° département : {$ligne['département']}<br>
          Code postal : {$ligne['codePostal']}<br>";
  }
  else
  {
    $req = "SELECT tph FROM Membre WHERE nom='$_POST[nom]'";
    $result = mysqli_query($connexion, $req)
       or die ("Exécution de la requête impossible.");
    $ligne = mysqli_fetch_assoc($result);
```

```
    echo "Téléphone : {$ligne['tph']}<br>";
  }
?>
</body></html>
```

Selon la valeur de la variable $envoi, le programme exécute l'une des deux branches d'un if.

Insertion d'informations dans une base de données

Une application a presque toujours besoin de stocker dans une base de données des informations recueillies auprès d'un utilisateur via un formulaire approprié. La base MembresSeuls en est un bon exemple. Pour cela, il faut envoyer des requêtes SQL à MySQL (voir à ce sujet le Chapitre 4).

Préparation des informations

Cette opération préliminaire comprend trois étapes :

» Placer les données dans des variables.

» S'assurer que ces données sont dans le format attendu par la base de données.

» Nettoyer les données.

» Inactiver les données dangereuses.

Placer les données dans des variables

Pour placer des données dans des variables, il suffit d'énumérer les noms de ces variables dans la requête SQL. Avec PHP, cela ne présente aucune difficulté. Nous avons vu comment PHP enregistre les données dans une variable de type tableau utilisant le nom du champ de formulaire comme clé d'accès, cela de façon automatique et invisible. Il vous suffit alors d'utiliser les variables fournies par PHP. A l'occasion, vous pouvez avoir à ajouter d'autres données, souvent déduites de celles que vous avez reçues de l'utilisateur (comme la date du jour ou le numéro d'une commande). Là encore, le passage par une variable qui sera incluse dans la requête résoudra le problème.

Contrôler le format des données

Lors de la création de la base de données, vous avez défini un format particulier pour chacune des informations qui vont s'y trouver, autrement dit pour chaque colonne de chaque table. Il faut évidemment que le type des données que vous avez reçues soit identique. C'est notamment le cas pour les dates dont le format est défini de façon stricte et qui risque de ne pas être celui sous lequel la date a été saisie par l'utilisateur. S'il y a discordance entre le format prévu et le format reçu, la donnée sera probablement stockée mais pas nécessairement sous sa valeur correcte. Voici quelques indications sur la façon dont MySQL va conserver les différents types de données qu'il recevra :

- `CHAR` ou `VARCHAR` : Chaîne de caractères, comme la plupart des autres informations reçues par MySQL (y compris les nombres et les dates). Si la longueur spécifiée pour `CHAR` est trop courte, les caractères excédentaires seront perdus. C'est pourquoi il est bon de spécifier la même valeur de l'attribut `maxlength` dans le champ de formulaire qui recueille la donnée.

  Faites coïncider la longueur maximale `maxlength` de vos champs de saisie de texte des formulaires avec la largeur des colonnes de vos tables de base de données réceptrices. L'utilisateur ne risque ainsi pas de saisir plus de caractères qu'il peut en être stockés dans la base.

- `INT` ou `DECIMAL` : Nombres, que cela ait ou non un sens. Ainsi, une date peut-elle être interprétée comme un nombre (2007.00, par exemple, pour l'année en cours). Si MySQL est incapable de trouver un équivalent numérique, il range la valeur 0 dans la colonne considérée.
- `DATE` : Sous forme d'une date MySQL : AAAA-MM-JJ. L'année peut être exprimée avec quatre chiffres (2007) ou seulement deux (04). La date peut être une chaîne formée de chiffres, ou encore dont les éléments sont séparés par un caractère particulier. Les séparateurs entre les trois valeurs peuvent être le tiret (-), le point (.), le slash (/) ou rien du tout. Voici quelques exemples de formes valides : 20070517, 2007-05-17, 0405017, 2007.05.17... Si la valeur passée ne peut pas être interprétée correctement, c'est 0000-00-00 qui sera enregistré.
- `ENUM` : La valeur reçue doit correspondre exactement à l'une des valeurs énumérées. Sinon, MySQL mémorise un 0.

Les informations reçues du formulaire sont souvent rangées telles quelles dans la base de données. C'est le cas, par exemple, du nom d'un utilisateur. Parfois, cependant, il est nécessaire d'opérer un traitement préalable comme pour les dates reçues à partir de trois boîtes à liste déroulantes (pour le jour, le mois et l'année, comme nous l'avons vu en étudiant les listes de sélection). L'instruction suivante rassemble ces informations :

```
$expDate = $_POST['expAnnée']."-";
```

```
$expDate .= $_POST['expMois']."-";
$expDate .= $_POST['expJour'];
```

Vous pouvez également vouloir standardiser les numéros de téléphone. La façon la plus simple de le faire (pour les numéros français) est de ne conserver que les chiffres en supprimant tous les séparateurs, ce qui peut être accompli en exécutant l'instruction suivante :

```
$téléphone = ereg_replace("[ /)(.-]","",$_POST['téléphone']);
```

Ici, la fonction ereg_replace() utilise une expression rationnelle pour remplacer les caractères énumérés dans le motif (premier argument) par celui du deuxième argument (chaîne vide), le résultat étant renvoyé dans la variable située à gauche du signe égal. Finalement, tirets, espaces, points, parenthèses et barres obliques sont supprimés.

Nettoyage des données

Certains caractères comme les chevrons ne doivent normalement pas se trouver dans une chaîne de caractères reçue de l'utilisateur par crainte que celui-ci ne veuille glisser un script dans ce qu'il envoie.

En cas de besoin, n'hésitez pas à revoir la section «Recueil d'informations auprès de l'utilisateur», bien plus haut dans ce chapitre.

Mais, dans certains cas, ces caractères peuvent être licites (une formule mathématique, par exemple). Il existe deux fonctions prévues pour «nettoyer» les données :

» `strip_tags()` : Tout ce qui est compris entre «<» et «>» sera supprimé (ainsi que les chevrons eux-mêmes) de la chaîne de caractères passée en argument. Vous pouvez, néanmoins, spécifier les balises dont vous admettez la présence. L'instruction suivante supprime toutes les balises d'une chaîne de caractères sauf «<i>», «</i>», «<b>» et «</b>» :

```
$nom = strip_tags($nom, "<b></b><i></i>";
```

» `htmlspecialchars()` : Cette fonction transforme certains signes en entités de caractères pour éviter toute confusion dans un document HTML :

- < devient `<`
- < devient `>`
- & devient `&`

Cela permet d'afficher les chevrons dans une page Web sans risquer de les voir interprétés comme des balises. Voici un exemple d'utilisation :

```
$mot = htmlspecialchars($mot);
```

Si vous refusez absolument que vos utilisateurs puissent taper < ou > dans un champ de saisie de formulaire, utilisez strip_tags(). Mais si vous acceptez ces caractères sans vouloir courir de risques inutiles, utilisez htmlspecialchars().

Il existe une autre fonction qui peut s'avérer très utile : trim(), qui supprime les espaces superflus aux deux extrémités d'une chaîne de caractères. Elle s'emploie de façon très simple :

```
$mot = trim($_POST['mot']);
```

Inactivation des données

Un visiteur avisé peut saisir des données dans un de vos formulaires de telle sorte que si ces données sont utilisées dans une requête, elles altèrent la requête et donc le résultat qui en découle. Il est possible d'infecter une requête en manipulant les guillemets et apostrophes (délimiteurs). Pour vous protéger de ces injections SQL, il faut neutraliser les délimiteurs (les «échapper») en les préfixant avec une barre oblique inverse (antibarre, *backslash*, \). Le couple ainsi formé empêche de considérer le délimiteur comme un symbole spécial, ce qui rend la requête insensible à tout détournement. Voyez aussi la description du type chaîne dans le Chapitre 6.

Les versions de PHP antérieures à la 6 proposaient un mécanisme appelé *magic quotes*. Lorsqu'il était activé, il préfixait systématiquement les délimiteurs dans toutes les chaînes trouvées dans les tableaux $_POST et $_GET : les apostrophes, les guillemets droits, les antibarres elles-mêmes et les caractères null. L'état du mécanisme dépend de l'option magic_quotes-gpc dans php.ini. Il est actif par défaut dans PHP 4 et PHP 5, mais n'existe plus dans PHP 6.

Le mécanisme des magic quotes convient bien aux programmeurs débutants pour se prémunir contre les injections malveillantes de scripts dans les requêtes SQL. Cependant, toutes les données $_POST et $_GET sont ainsi traitées, même celles qui ne seront jamais stockées dans une base, ce qui est inefficace. De plus, si vous vous contentez d'afficher des données ou de les transmettre via la messagerie, les antibarres (barres obliques inverses) avant les délimiteurs sont visibles, à moins de penser à les supprimer.

Les programmeurs chevronnés désactivent les magic quotes et traitent les chaînes avec des fonctions d'échappement PHP. Si vous utilisez des magic quotes dans des programmes exploités sous PHP 4 ou 5, vous devez retoucher les sources avant de les exécuter sous PHP 6.

Si votre hébergeur a activé les magic quotes, vous devez les désactiver pour faire fonctionner les programmes de ce livre correctement. Si votre hébergeur vous permet d'utiliser un fichier php.ini local, vous pouvez désactiver les magic quotes en ajoutant la ligne suivante à ce fichier dans les répertoires où vous utilisez des scripts :

```
magic_quotes_gpc = Off
```

Si vous ne pouvez pas utiliser de fichiers php.ini, vous pouvez toujours essayer de désactiver les magic quotes via un fichier .htaccess. Pour cela, ajoutez la ligne suivante à votre fichier .htaccess :

```
php_flag magic_quotes_gpc = off
```

Il se peut que vous ne parveniez pas à utiliser cette ligne dans vos fichiers .htaccess. Dans ce cas, vous obtiendrez un message d'erreur une fois que vous l'aurez ajoutée. Si vous ne pouvez pas utiliser de fichier php.ini local et que vous ne pouvez pas ajouter cette ligne dans vos fichiers .htaccess, vous devrez contacter votre hébergeur pour lui demander de modifier ce paramètre de PHP. Veillez alors bien à désactiver les magic quotes sur votre ordinateur local dans votre fichier php.ini de sorte que les paramètres soient identiques entre votre site Web et votre site de développement.

Notez que vous ne pouvez pas désactiver les magic quotes par instructions dans un script PHP.

PHP définit la fonction mysqli_real_escape_string() et sa collègue mysql_real_escape_string() pour traiter les données des formulaires avant d'émettre une requête MySQL. La fonction est appelée une fois qu'une connexion est établie avec le serveur MySQL. L'identifiant de connexion est transmis à la fonction avec la chaîne à traiter. Si les magic quotes sont actifs, la chaîne traitée sera traitée deux fois, ce qui peut poser problème.

Dans ce livre, tous les échappements sont réalisés via la fonction PHP mysqli_real_escape_string(). Pour les utiliser avec PHP 4 ou 5, désactivez magic_quotes-gpc dans le fichier *php.ini*.

Si vous avez l'intention d'utiliser les mêmes scripts sur d'autres machines, ne faites pas de suppositions quant à l'état actif ou non du mécanisme magic quotes. Pour que votre code reste portable, vous devez tester l'état dans vos scripts avant de vous brancher sur le code approprié à l'état que vous avez détecté. Si les magic quotes sont inactifs, vous utilisez les fonctions d'échappement de PHP. S'ils sont actifs, vous stockez directement les données. Pour le test, utilisez get_magic_quotes_gpc() dans un bloc conditionnel. Cette fonction renvoie 0 si les magic quotes sont inactifs et 1 dans le cas contraire.

Ajout de nouvelles informations

Pour ajouter de nouvelles informations dans une base de données, on utilise la requête INSERT que j'ai présentée au Chapitre 4. Cette requête insère une ligne de données dans une table. Sa forme générale est :

```
$rq = "INSERT INTO kljQ^_ib (`li.,`li/...,`liu)
                  VALUES ('s^o.','s^o/'... ,'s^ou')";
$result = mysqli_query($connexion, $rq)
       or die ("Exécution de la requête impossible.");
```

Voici par exemple les instructions pour stocker un nom et un numéro de téléphone saisis dans un formulaire :

```
$req= "INSERT INTO Membre (nom,prenom,tph)
          VALUES ('$_POST[nom]','$_POST[prenom]',
                  '$_POST[telephone]')";
$resultat = mysqli_query($connexion, $req)
          or die ("Erreur.");
```

N'insérez jamais des donnés directement depuis les champs du formulaire dans le tableau $_POST. Il faut toujours tester d'abord le format et nettoyer les données comme indiqué plus haut.

Le Listing 10.16 affiche un formulaire de saisie puis appelle le programme du Listing 10.17 qui stocke dans une base de données le nom, le prénom et le numéro de téléphone saisis dans le formulaire.

LISTING 10.16 : Programme de saisie de données pour une base de données.

```
<?php
/*  Nom du programme: saisirTelephone.php (displayPhone.php)
 *  Description :  Saisit des données dans un formulaire.
 */
  echo "<html>
        <head><title>Saisie de numéro de téléphone</title></head>
        <body>";
  $labels = array ( "prenom" => "Prénom",
                    "nom" => "Nom",
                    "tph" => "Téléphone");

  echo "<h3>Saisissez votre N° de téléphone.</h3>";
  echo "<form action='sauverTelephone.php' method='POST'>
        <table>\n";
  /* Boucle d'affichage */
  foreach($labels as $champ => $label)
```

```
  {
    echo "<tr>
           <td style='text-align: right;
                      font-weight: bold'> $label</td>
           <td><input type='text' name='$champ' size='65'
                      maxlength='65' ></td>
          </tr>";
  }
  echo "<tr>
       <td colspan='2' style='text-align: center'>
            <input type='submit'
                   value='Valider la saisie'>";
  echo "</td></tr></table>
        </form>";
?>
</body></html>
```

Trois champs sont renseignés en sortie de formulaire : nom, prenom et tph.

LISTING 10.17 : Programme rangeant des données dans une base de données.

```
<?php
/*  Programme :   sauverTelephone.php (savePhone.php)
 *  Description : Contrôle les champs vides et invalides
 *                d'un formulaire. Les champs valides sont
 *                sauvegardés dans une base de données.
 */
?>
<html>
<head><title>Numéro de téléphone des membres</title></head>
<body>
<?php
  /* tableau des légendes de champs */
  $labels = array ( "prénom" => "Prénom",
                    "nom" => "Nom",
                    "tph" => "Téléphone");
/* Scrute les champ reçus */
  foreach($_POST as $champ => $valeur)
  {
    /* Traque les champs vide */
    if( $valeur == "" )
    {
      $tabloVide[] = $champ;
    }
   /* Teste le format des champs */
```

```
    elseif( ereg("(nom)",$champ) )
    {
      if(!ereg("^[A-Za-z' -]{1,50}$",$valeur) )
      {
          $mauvaisFormat[] = $champ;
      }
    }
    elseif($champ == "tph")
    {
      if(!ereg("^[0-9)( -]{7,20}(([xX]|(ext)|(ex))?[ -]?[0-9]
{1,7})?$",$valeur) )
      {
          $mauvaisFormat[] = $champ;
      }
    }
  } // Fin de foreach sur $_POST
  /* Si problème, afficher un message et revenir au formulaire */
  if(@sizeof($tabloVide) > 0 or @sizeof($mauvaisFormat) > 0)
  {
    if(@sizeof($tabloVide) > 0)
    {
        /* Informations manquantes */
        echo "<b>Un champ au moins est vide.
                Vous devez remplir :</b><br>";
        /* Liste des données manquantes */
        foreach($tabloVide as $valeur)
        {
           echo "   {$labels[$valeur]}<br>";
        }
    }
    if(@sizeof($mauvaisFormat) > 0)
    {
        /* Informations incorrectes */
        echo "<b>Un champ au moins contient une donnée
                incorrecte. Corrigez :</b><br>";
        /* Liste des champs incorrects */
        foreach($mauvaisFormat as $valeur)
        {
           echo "   {$labels[$valeur]}<br>";
        }
    }
    /* Réaffichage du formulaire */
    echo "<p><hr />";
    echo "<h3>Saisissez votre N° de téléphone.</h3>";
    echo "<form action='sauverTelephone.php' method='POST'>
```

```
        <table>";
  foreach($labels as $champ => $label)
  {
    $dataOk[$champ]=strip_tags(trim($_POST[$champ]));
    echo "<tr>
           <td style='text-align: right; font-weight: bold'>
                $label</td>
           <td><input type='text' name='$champ' size='65'
               maxlength='65' value='$dataOk[$champ]'></td>
          </tr>";
  }
  echo "<tr>
         <td colspan='2' style='text-align: center'>
            <input type='submit' value='Valider la saisie'>";
  echo "</td></tr></table>
        </form>";
  exit();
}
else   // Si les données sont Ok
{
  $user="admin";
  $host="localhost";
  $password="";
  $database = "MembresSeuls";
  $cxn = mysqli_connect($host,$user,$password,$database)
         or die ("Connexion impossible");

  $champsTous = array_keys($labels);
  foreach($champsTous as $champ)
  {
    $dataOk[$champ] = strip_tags(trim($_POST[$champ]));
    if($champ == "tph")
    {
       $dataOk[$champ] = ereg_replace("[)( .-]","",$dataOk[$champ]);
    }
    $dataOk[$champ] = mysqli_real_escape_string($cxn,$dataOk[$champ]);
  }

  $req = "INSERT INTO Membre (nom,prenom,tph)
            VALUES ('$dataOk[nom]','$dataOk[prenom]',
                    '$dataOk[tph]')";
  $result = mysqli_query($cxn,$req)
            or die ("Requête impossible.");
  echo "<h4>Le nouveau membre a été ajouté</h4>";
}
```

```
?>
</body></html>
```

Le programme effectue les mêmes vérifications que celles qui ont été détaillées sur le Listing 10.13 testChamps.php (champs vides et formats incorrects). Si tout est bon, les données sont nettoyées (débarrassées des espaces excédentaires à chaque bout) puis rangées dans la base de données.

Dans une application, on peut avoir besoin de ranger des données à plusieurs reprises. Une fonction qui ferait ce travail serait donc la bienvenue. En voici une :

```
function stockerFormu($donnéesForm,$nomTable, $connexion)
{
   if (!is_array($donnéesForm))
   {
     return FALSE;
     exit();
   }
   foreach ($donnéesForm as $champ => $valeur)
   {
      $donnéesForm[$champ] = trim($donnéesForm[$champ]);
      $donnéesForm[$champ] = strip_tags($donnéesForm[$champ]);
      if ($champ == "tph")
      {
          $donnéesForm[$champ] =
             ereg_replace("[)( .-]","",$donnéesForm[$champ]);
      }
      $tableau_champ[]=$champ;
      $tableau_valeur[]=$donnéesForm[$champ];
   }
   $champs=implode(",",$tableau_champ);
   $valeurs=implode('","',$tableau_valeur);
   $req = "INSERT INTO $nomTable ($champs)
                  VALUES (\"$valeurs\")";
   $result = mysqli_query($connexion, $req)
            or die ("La requête ne peut pas être exécutée.");
   return TRUE;
}
```

La fonction retourne TRUE si elle se termine après avoir inséré les données sans erreur. Elle commence par vérifier que le premier argument qui lui est passé est un tableau. Dans le cas contraire, elle s'arrête et renvoie FALSE.

Notez que pour que cette fonction fasse correctement son travail, il est nécessaire que les noms des champs du formulaire soient les mêmes que ceux des colonnes de la table de la base de données. On suppose également que la connexion au serveur MySQL est déjà effectuée et que la base de données a été sélectionnée.

Voici comment peut être appelée cette fonction :

```
else   // Si les données sont Ok
{
  $user="admin";
  $host="localhost";
  $password="";
  $database = "membresSeuls";
  $cxn = mysqli_connect($host,$user,$password,$database)
         or die ("Erreur");
  if(stockerFormu($dataOk,"tph",$cxn))
      echo "Nouveau membre ajouté<br>";
  else
      echo "Membre non ajouté !<br>";
}
?>
</body></html>
```

Vous aurez remarqué que ce programme est bien plus facile à relire, car une bonne partie des instructions se trouve maintenant dans la fonction. En outre, cette fonction peut marcher avec n'importe quel formulaire, aussi longtemps que les noms de champs de ce formulaire sont les mêmes que ceux des colonnes de la table de la base de données. S'il survient un incident lors de l'exécution de la requête, un message d'erreur doit être affiché.

Mise à jour des informations existantes

On utilise pour cela la requête UPDATE présentée au Chapitre 4. Une mise à jour consiste à actualiser les données des colonnes, et non pas à ajouter de nouvelles lignes à une ou plusieurs tables. Sa forme générale est :

```
$req = "UPDATE kljQ^_ib SET col=valeur WHERE col=valeur";
$result = mysqli_query($connexion, $req)
       or die ("Exécution de la requête impossible.");
```

Par exemple, les instructions pour mettre à jour le numéro de téléphone de Jules Dupont pourraient se présenter ainsi :

```
$prénom = "Jules";         // lu dans le champ du formulaire
$nom = "Dupont";           // lu dans le champ du formulaire
$tph = "01-02-03-03-05";  // lu dans le champ du formulaire
$req = "UPDATE Membre SET tph='$tph'
```

```
                                 WHERE prénom='$prénom'
                                 AND nom='$nom'";
$result = mysqli_query($connexion, $req)
       or die ("Exécution de la requête impossible.");
```

Si vous ne faites pas figurer une clause WHERE dans la requête, le champ défini par SET sera modifié dans toutes les lignes de la table. C'est très rarement ce que vous souhaitez faire.

N'insérez jamais des donnés directement depuis les champs du formulaire dans le tableau $_POST. Il faut toujours tester d'abord le format et nettoyer les données comme indiqué plus haut.

Le Listing 10.18 présente un programme nommé majTelephone.php destiné à mettre à jour dans une base de données un numéro de téléphone, en se repérant sur le couple prénom/nom également saisi dans le même formulaire que l'exemple précédent, c'est-à-dire le programme saisirTelephone.php. Pour le réutiliser, il suffit d'appliquer une retouche au niveau de l'attribut action de la balise form :

```
echo "<form action='majTelephone.php' method='POST'>
```

LISTING 10.18 : Programme modifiant le numéro de téléphone d'un membre identifié par son prénom et son nom.

```
<?php
/*  Programme :  majTelephone.php (updatePhone.php)
 *  Description : Met à jour un N° de télphone dans la table de base
 *                pour le membre spécifié.
 */
?>
<html>
<head><title>Mise à jour de table (majTelephone.php)</title></head>
<body>
<?php
  $labels = array ( "prenom" => "Prénom",
                    "nom" => "Nom",
                    "tph" => "Téléphone");

  foreach ($_POST as $champ => $valeur)
  {
    if ( $valeur == "" )
    {
        $tabloVide[] = $champ;
    }
  }
```

```
/* Contrôle du format du N° */
if(!ereg("^[0-9)( -]{7,20}(([xX]|(ext)|(ex))?[ -]?[0-9]{1,7})?$",$_
POST['tph']))
{
       $mauvaisFormat[] = "tph";
}
/* Si problème, message et retour au formulaire */
if (@sizeof($tabloVide) > 0 or @sizeof($mauvaisFormat) > 0)
{
  if (@sizeof($tabloVide) > 0)
  {
      echo "<b>Il faut saisir :</b><br>";
      foreach($tabloVide as $valeur)
      {
       echo "   {$labels[$valeur]}<br>";
      }
  }
  if (@sizeof($mauvaisFormat) > 0)
  {
      echo "<b>Le format du N0 de téléphone est incorect.<br>";
  }
  echo "<p><hr>";
  echo "<h3>Saisissez votre N°.</h3>";
  echo "<form action='majTelephone.php' method='POST'>
        <table>";
  foreach($labels as $champ=>$label)
  {
    $dataOk[$champ] = strip_tags(trim($_POST[$champ]));
    echo "<tr>
           <td style='text-align: right; font-weight: bold'>
          {$labels[$champ]}</td>
           <td><input type='text' name='$champ' size='65'
               maxlength='65' value='$_POST[$champ]'></td>
          </tr>";
  }
  echo "<tr>
         <td colspan='2' style='text-align: center'>
            <input type='submit' value='Valider la saisie'>";
  echo "</td></tr></table>
        </form>";
  exit();
}
else   // Données correctes
{
  $dataOk['tph'] = strip_tags(trim($_POST['tph']));
```

```
    $dataOk['tph'] = ereg_replace("[)( .-]","",$dataOk['tph']);

    $user="admin";
    $host="localhost";
    $password="";
    $database = "MembresSeuls";
    $cxn = mysqli_connect($host,$user,$password,$database)
           or die ("Connexion impossible");
    $req = "UPDATE Membre SET tph='$dataOk[tph]'
                     WHERE nom='$_POST[nom]'
                     AND prenom='$_POST[prenom]'";
    $result = mysqli_query($cxn,$req)
              or die ("Requête impossible : ".mysqli_error($cxn));
    if(mysqli_affected_rows($cxn) > 0)
      {
       echo "<h3>N° de téléphone de {$_POST['prenom']} {$_POST['nom']}
             mis à jour</h3>";
      }
    else
      echo "Aucune mise à jour réalisée !";
  }
?>
</body></html>
```

Ce programme est presque identique à celui du Listing 10.17, à ceci près qu'on ne crée par une nouvelle ligne (par INSERT) mais qu'on modifie une entrée existante (avec UPDATE). Si tout est bon, les données sont nettoyées (débarrassées des espaces excédentaires à chaque bout) puis rangées dans la base de données.

Si vous repérez des barres obliques inverses (\) dans la base après une insertion ou une mise à jour, c'est que vos données ont été «échappées» deux fois. C'est sans doute lié au fait que l'option magic quotes est active tout en utilisant mysqli_real_escape_quotes. Désactivez magic quotes. Il faut que la requête puisse bien s'exécuter sans pour autant provoquer le stockage de caractères d'échappement parasites dans la base.

Transférer des informations par fichier

Votre site peut proposer à ses utilisateurs de lui envoyer des fichiers : des CV si vous leur proposez un emploi, des images si vous gérez des albums photo, et ainsi de suite. Supposons encore que vous deviez réaliser le catalogue des ventes en ligne du magasin AnimaLux. En plus du texte décrivant chaque produit dans le catalogue, vous avez besoin de photographies d'accompagnement. Vous placez alors un formulaire qui permet aux gens d'AnimaLux de vous transmettre ces images sans que personne n'ait à bouger de chez lui.

Utiliser un formulaire pour charger un fichier

Un formulaire conçu à cet effet peut proposer aux utilisateurs de transférer un fichier. La méthode générale est la suivante :

```
<form enctype="multipart/form-data"
         action="traitement.php" method="POST">
  <input type="hidden" name="MAX_FILE_SIZE" value="30000">
  <input type="file" name="fichier_utilisateur">
  <input type="submit" value="Envoyez le fichier">
</form>
```

Précisons tout cela :

» **L'attribut** `enctype` **débute la balise** `form`**.** Il doit prendre la valeur indiquée ci-dessus, `multipart/form-data`, pour s'assurer que le fichier téléchargé sera traité comme il faut.

» **Un champ caché envoie la valeur (en octets) du paramètre** `MAX_FILE_SIZE`**.** Si l'utilisateur tente de transférer un fichier dont la longueur est supérieure à cette donnée, le téléchargement échouera. La taille autorisée peut atteindre 2 Mo. Si cela n'est pas suffisant, vous devrez d'abord modifier manuellement la valeur par défaut enregistrée dans `php.ini`, à la ligne `upload_max_filesize`. Ajuster ensuite le paramètre `MAX_FILE_SIZE` dans votre formulaire.

» **Le champ de saisie qui effectue le transfert du fichier possède le type** `file`**.** Vous remarquerez qu'il possède un nom, en l'occurrence `fichier_utilisateur`, exactement comme n'importe quel autre type de champ de formulaire. Le nom de fichier saisi par l'utilisateur est envoyé au programme de traitement qui pourra le récupérer dans un tableau natif appelé `FILES`. Nous verrons cela plus en détail dans la section suivante.

Lorsque l'utilisateur valide le formulaire, le fichier est envoyé vers un emplacement temporaire. Le script qui traite le formulaire doit alors copier ce fichier vers sa destination finale (ou décider d'une autre action). En effet, le document temporaire est détruit dès que le script se termine.

Traiter le fichier téléchargé

Les informations concernant le fichier transféré sont mémorisées dans un tableau natif de PHP appelé $_FILES. Il s'agit d'un tableau à plusieurs dimensions, puisque plusieurs références de fichiers sont susceptibles d'y être stockées. Comme d'habitude, vous pouvez récupérer les informations contenues dans $_FILES en spécifiant le nom du champ. La structure principale se présente ainsi :

```
$_FILES['klj`e^jm']['name']
$_FILES['klj`e^jm']['type']
$_FILES['klj`e^jm']['tmp_name']
$_FILES['klj`e^jm']['size']
```

Supposons que vous utilisiez dans votre formulaire le champ suivant pour proposer un transfert de fichier :

```
<input type="file" name="fichier_utilisateur">
```

Si l'utilisateur envoie un fichier de texte appelé test.txt, le tableau résultant, exploitable par le programme de traitement, pourrait ressembler à ceci :

```
$_FILES[fichier_utilisateur]['name'] = test.txt
$_FILES[fichier_utilisateur]['type'] = text/plain
$_FILES[fichier_utilisateur]['tmp_name'] = D:\UPLOAD\php92C.tmp
$_FILES[fichier_utilisateur]['size'] = 435
```

Ici, name est le nom du fichier qui a été transféré. Sa nature est décrite dans type. L'emplacement de l'enregistrement temporaire se trouve dans tmp_name (vous remarquerez que le chemin d'accès est totalement développé). On note enfin que la taille du fichier (size) est de 435 octets.

Si la taille du fichier excède la limite autorisée, tmp_name contiendra none et size vaudra 0. Le programme de traitement doit déplacer le fichier temporaire vers son emplacement définitif. Le format général de l'instruction correspondante se présente ainsi :

```
move_uploaded_file(`ebjfk/ǟefboQjm,`ebjfk/ǟefboMboj);
```

Le premier argument est disponible dans l'élément de tableau $_FILES['champ'] ['tmp_name']. Le second argument, chemin/fichierPerm, définit le chemin d'accès complet pour la version permanente du fichier. Avec les intitulés précédents, le programme de traitement pourrait exécuter par exemple l'instruction ci-dessous :

```
move_uploaded_file($_FILES['fichier_utilisateur']['tmp_name'],
   'c:\data\nouveau_fichier.txt');
```

Le répertoire de destination (ici, c:\data) doit exister *avant* de pouvoir y déplacer le fichier. Autrement dit, cette instruction ne crée pas ce répertoire.

Le chargement de fichiers pose évidemment des problèmes de sécurité. Permettre à des étrangers de transférer des fichiers sur votre ordinateur est risqué. Tout est envisageable. Il vous faudra certainement procéder à des contrôles multiples une fois opéré l'enregistrement temporaire. Vous utiliserez pour cela des instructions conditionnelles afin de vérifier le type, la taille, voire le contenu, de cet objet venu d'ailleurs. Pour améliorer encore plus la sécurité, il est conseillé de changer son nom lors de l'enregistrement permanent et d'utiliser un répertoire de destination inaccessible de l'extérieur.

Le transfert en action

Le Listing 10.19 montre un exemple de script complet. Le programme affiche un formulaire proposant à l'utilisateur d'envoyer un fichier. Il sauvegarde celui-ci avant d'afficher un message signalant la réussite de l'opération. Ce programme se charge donc à la fois d'afficher le formulaire et de le traiter. Il ne s'intéresse qu'aux fichiers graphiques dont le type est reconnu par le système (type MIME /image) et il contrôle la présence d'une extension adaptée (ce qui n'empêche pas d'ailleurs le transfert de fichiers remplis de mauvaises intentions). Le Listing 10.20 constitue le formulaire de saisie du nom de fichier (code HTML). Enfin, la Figure 10.15 illustre la page Web affichée par cet exemple.

LISTING 10.19 : Chargement de fichier avec la méthode Post.

```
<?php
 /* Nom du script : chargeFich.php (uploadFile.php)
  * Description : Chargement de fichier via HTTP
  *               en utilisant un formulaire POST.
  */
  if(!isset($_POST['Transfert']))                        #1
  {
    include("form_charge.inc");
  } # endif
  else                                                   #2
  {
    if($_FILES['pix']['size'] == 0)                      #3
    {
      echo "<b>Le chargement a échoué. Vérifiez la taille
            du fichier. Elle doit être inférieure à 500 Ko.<br>";
      include("form_charge.inc");
```

```
      exit();
    }
    if(!ereg("image",$_FILES['pix']['type']))            #4
    {
      echo "<b>Le fichier envoyé n'est pas une image graphique.
            Essayez avec un autre fichier.</b><br>";
      include("form_charge.inc");
      exit();
    }
    else                                                 #5
    {
      $destination = 'c:\data'."\\".$_FILES['pix']['name'];
      $temp_file = $_FILES['pix']['tmp_name'];
      move_uploaded_file($temp_file,$destination);
      echo "<p><b>Transfert du fichier réussi :</b>
            {$_FILES['pix']['name']}
            ({$_FILES['pix']['size']})</p>";
    }
  }
?>
```

Certaines lignes du script sont signalées dans le listing par un numéro. Vous pouvez vous y reporter pour suivre les explications ci-dessous :

1. **Cette instruction `if` vérifie si le formulaire a déjà été soumis. Dans le cas contraire, il est affiché en incluant le fichier où se trouve le code correspondant. Le fichier inclus est proposé dans le Listing 10.18.**

2. **La ligne débute un bloc `else` qui s'exécute si le formulaire a été soumis. On trouve ici le reste du script, qui sert notamment à traiter le formulaire et le fichier envoyé.**

3. **Cette ligne est une instruction `if` qui teste le bon chargement du fichier. En cas de problème, un message d'erreur est émis et le formulaire est réaffiché.**

4. **Cette instruction `if` vérifie si le fichier envoyé est une image d'un type reconnu. Dans le cas contraire, on émet un message d'erreur et le formulaire est réaffiché.**

5. **Cette ligne débute un bloc `else` qui s'exécute si le fichier a correctement été récupéré. Le fichier est alors déplacé vers sa destination finale (ici, le dossier `c:\data` qui doit exister par avance), et un message signale la bonne fin de l'opération.**

Le Listing 10.20 montre le fichier inclus servant à afficher le formulaire.

LISTING 10.20 : Fichier inclus affichant le formulaire de chargement de fichier.

```
<!-- Nom du programme : form_charge.inc (form_upload.inc)
     Description :Formulaire de transfert de fichier -->
<html>
<head><title>Envoyez votre fichier !</title></head>
<body>
<ol><li>Entrez le nom du fichier contenant l'image du produit
        que vous voulez envoyer, ou utilisez le bouton Parcourir
        pour localiser l'emplacement de ce fichier.</li>
    <li>Lorsque le chemin d'accès exact vers le fichier apparaît
        dans le champ, cliquez sur le bouton Envoyez l'image.</li>
</ol>
<div align="center"><hr>
<form enctype="multipart/form-data"
        action="chargeFich.php" method="POST">
  <input type="hidden" name="MAX_FILE_SIZE" value="500000">
  <input type="file" name="pix" size="60">
  <p><input type="submit" name="Transfert"
        value="Envoyer l'image">
</form>
</body></html>
```

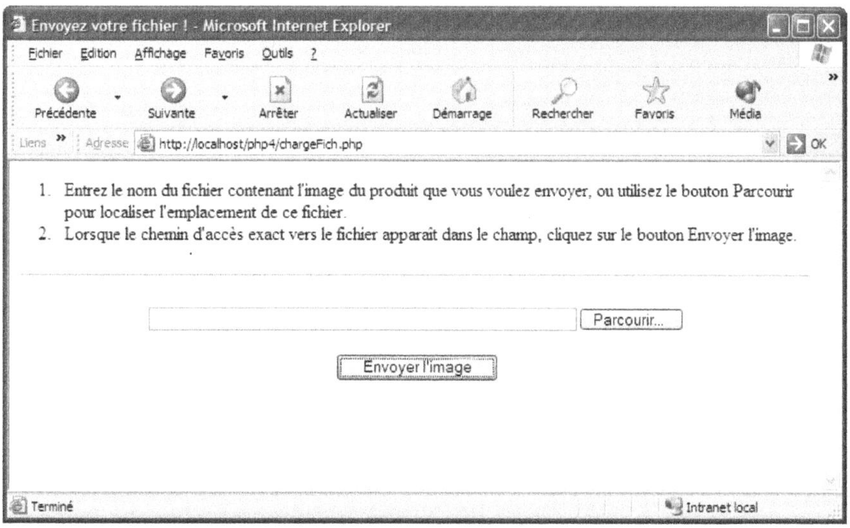

FIGURE 10.15 : Formulaire permettant à l'utilisateur d'envoyer un fichier graphique.

Vous noterez que ce fichier ne contient aucun code PHP, uniquement des balises HTML.

Le formulaire qui permet à l'utilisateur de sélectionner un fichier à envoyer est illustré sur la Figure 10.15. Il propose un champ de texte pour la saisie du nom du fichier, et un bouton Parcourir facilitant si besoin est la navigation vers l'emplacement de l'image.

Chapitre 11

Transfert d'informations d'une page Web à l'autre

DANS CE CHAPITRE :

- » **Parcours des pages Web par l'utilisateur.**
- » **Transfert d'informations d'une page à l'autre.**
- » **Ajout d'informations au bout d'une URL.**
- » **Regard sur les cookies.**
- » **Les champs cachés de formulaire.**
- » **Les sessions PHP.**

La plupart des sites Web comprennent plusieurs pages. Lorsque ces pages sont statiques, il suffit à l'utilisateur de cliquer sur un lien pour aller de l'une à l'autre. Mais les informations ne suivent pas, car chaque page est indépendante de la précédente et de la suivante. Avec les pages dynamiques, il peut s'avérer nécessaire de conserver des informations d'une page à l'autre. Les développeurs expérimentés y parviennent par diverses astuces, par exemple au moyen de formulaires HTM, de scripts CGI (*Commun Gateway Interface*) ou encore de cookies. Toutefois, PHP est un outil bien plus puissant pour passer des informations entre les pages.

Parcours des pages Web par l'utilisateur

Alors qu'avec HTML pur et dur vous n'avez que les liens pour aller d'une page à l'autre, avec PHP vous disposez de trois moyens :

» **Les liens :** C'est la balise `<a>` (via une instruction `echo`) qui propose un lien à l'utilisateur. Le format général se présente ainsi :

```
<a href="nouvellepage.php">Texte du lien</a>
```

Lorsque l'utilisateur clique sur le texte du lien, le serveur Web envoie le fichier `nouvellepage.php` au navigateur. Cette méthode est employée de façon extensive dans les pages Web écrites en HTML. Si vous avez besoin de réviser un peu ce langage, reportez-vous à un ouvrage spécialisé : cette collection n'en manque pas !

» **Boutons de validation Submit de formulaire :** Une page peut comporter un ou plusieurs formulaires et chacun peut proposer un ou plusieurs boutons Submit (envoyez !). Lorsque l'utilisateur clique sur l'un d'eux, la page dont l'URL est indiquée comme valeur de l'attribut `action` du formulaire est envoyée au navigateur. Il n'est pas indispensable qu'un formulaire contienne des champs, mais il lui faut au moins un bouton `Submit`.

» **La fonction `header()` :** Celle-ci envoie un message au serveur Web lui demandant d'envoyer une nouvelle page sans que l'utilisateur ait à cliquer sur quelque bouton ou lien que ce soit. (*header* peut se traduire en français par *en-tête*).

La fonction d'en-tête PHP header() sert à transmettre une nouvelle page au navigateur du visiteur. Aucune action de sa part n'est requise. Une fois l'instruction header() exécutée, la nouvelle page est affichée. La forme générale de la fonction header() est la suivante :

```
header("Location: ROI");
```

(«Location:» est un mot clé qui doit être écrit exactement de cette façon.) Le fichier situé à l'emplacement décrit par URL est alors envoyé au navigateur. Voici deux exemples d'utilisation de cette fonction :

```
header("Location: nouvellepage.php");

header("Location: http://www.monserveur.com/catalog.php");
```

Ceci dit, l'emploi de la fonction header() souffre d'une sérieuse limitation : son exécution doit **précéder** l'envoi de toute sortie au navigateur. Vous ne pouvez donc plus l'appeler à partir du moment où vous avez exécuté une seule instruction echo. Lisez à ce sujet l'encadré *Instructions devant précéder l'envoi d'informations au navigateur.*

Malgré cette limitation, cette fonction s'avère utile. Vous pouvez exécuter n'importe quelle instruction PHP avant de l'appeler, à condition que cette instruction n'envoie aucune information à afficher au navigateur. Exemple :

```
<?php
   if ($âge < 13)
   { header("Location: CatalogJouets.php");
   }
   else
   { header("Location: CatalogJardin.php");
   }
?>
```

Ces instructions choisissent le catalogue à afficher selon l'âge indiqué par le visiteur de la page.

Transfert d'informations d'une page à l'autre

Les pages Web sont indépendantes les unes des autres. Lorsqu'un utilisateur clique sur un lien, le serveur Web envoie une nouvelle page du navigateur, mais il ne sait rien de la page précédente. Pour des pages statiques, cela n'a aucune importance. Cependant, beaucoup d'applications dynamiques exigent que des informations soient conservées d'une page à l'autre. C'est le cas, par exemple, du nom d'un client saisi dans la page d'accueil d'un site Web de e-commerce et qui doit rester disponible tout au long de la *session*.

Les applications Web dynamiques consistent presque toujours en une suite de pages que va successivement parcourir le visiteur. Ce parcours constitue ce qu'on appelle une *session*. Voici quelques exemples de cas où des informations doivent être conservées pendant toute la durée de la session :

- » **Site Web à accès restreint.** Lorsqu'un visiteur doit indiquer son nom de login et son mot de passe pour voir une page, on ne peut pas lui demander de les redonner à chaque page. Ces deux informations (entre autres) doivent donc être conservées tout au long de la session.
- » **Adaptation à différents navigateurs.** Différents navigateurs affichent différemment les mêmes pages. Une fois identifié le navigateur utilisé par le visiteur, vous devez conserver cette information pour lui envoyer uniquement des pages contenant des balises que son navigateur est capable d'interpréter correctement.

DEUX MOTS SUR LES URL

URL signifie *Uniform Resource Locator*, ce qu'on peut traduire littéralement par «localisateur uniformisé de ressource». Une URL (d'où l'adoption du féminin pour ce mot) représente une adresse Web. Chaque page Web possède son URL propre. C'est l'URL qui indique au serveur Web où trouver la nouvelle page que lui demande le navigateur.

Le format d'une URL est le suivant :

```
http://klj□ar□pbosbro:krj«ol□ab□mloq/
`ebjfk□aÖ^``žp,
        #bqfnrbqqb?klj:s^ibro
```

avec :

- **http://** : C'est le *protocole*, c'est-à-dire la forme du dialogue qui va s'engager entre le client (le navigateur) et le serveur. Pour des pages Web, c'est `http://`, mais il en existe d'autres : `ftp://` ou `mail:/` par exemple. Par défaut, le protocole vaut `http://`.
- nom du serveur : Cette partie de l'URL contient l'adresse proprement dite de la page, c'est-à-dire celle de l'ordinateur qui l'héberge. Bien que la coutume veuille que pour une page Web l'URL commence par `www`, ce n'est nullement une obligation.
- numéro de port : Ce paramètre est presque toujours omis (en réalité, c'est une survivance de l'aube du Web). Par défaut, sa valeur est 80 et il représente le *port* de l'ordinateur utilisé pour l'échange des messages via l'Internet. Il n'y a guère que dans certains cas très particuliers de développement de pages Web qu'on utilise un numéro de port différent afin que ces pages ne soient accessibles qu'aux seuls développeurs et non aux clients « ordinaires ».
- chemin d'accès : Il représente la cascade de répertoires et de sous-répertoires qui conduisent à partir de la racine de l'arborescence de l'ordinateur au fichier où se trouve la page Web. Si la partie « nom de fichier » est omise, le serveur recherchera un fichier appelé `index.htm` ou `index.html`, selon la convention qui a été définie par l'administrateur du site Web. Exemple de chemin d'accès : `/catalogue/jouets.php`. Ici, le répertoire s'appelle `catalogue` et il se trouve dans le dossier principal du site Web. La page elle-même est `jouets.php`. Dans la variante `catalogue/jouets.php`, `catalogue` représenterait le répertoire courant.
- #etiquette : Permet d'afficher une page non à partir de son début mais à partir d'un endroit quelconque désigné par la balise HTML : `<a name="etiquette"></a>`. Cette balise peut aussi être appelée *cible* (*target* en anglais).
- ?nom=valeur : Le point d'interrogation marque le début d'une suite de valeurs passées (généralement par un formulaire) par le navigateur au serveur lorsque l'attribut `method` de la balise `<form>` vaut `get`. *`klj`* représente le nom d'un des champs du formulaire et *`s^ibro`* sa valeur (généralement saisie par l'utilisateur). Plusieurs couples de cette forme peuvent se suivre, séparés par un et commercial (&) comme dans `?dep=Moselle&codpo=57420`. D'autres conventions sont mises en œuvre pour représenter les caractères particuliers comme l'espace ou les caractères accentués. PHP récupère automatiquement ces informations dans l'URL et les place dans un tableau natif.

INSTRUCTIONS DEVANT PRÉCÉDER L'ENVOI D'INFORMATIONS AU NAVIGATEUR

Il existe un certain nombre d'instructions qui doivent absolument être envoyées au navigateur avant toute autre sortie normale (par `echo`, par exemple). C'est en particulier le cas pour l'envoi de header ou de cookie comme pour les instructions qui gèrent les sessions (nous allons y revenir plus loin). Si vous contrevenez à cette règle, vous recevrez un message d'erreur de ce genre :

```
Cannot add header information - headers
already sent
```

Dans ce message, figurent le nom du fichier contenant le script en cours d'exécution et le numéro de la ligne ayant envoyé la précédente sortie. Dans certains cas, vous ne verrez pas ce message et la nouvelle page risque simplement de ne pas être chargée. Tout dépend du niveau de signalisation des erreurs défini dans `php.ini` (voir le Chapitre 6 à ce sujet). Voici quelques exemples de séquences qui donneront lieu à des erreurs parce que le header n'a pas été envoyé en premier :

```
<html>
<head>
<title>Test des headers</title>
</head>
<body>
<?php
   header("Location: http://company.
com");
?>
</body>
</html>
```

Ici, cinq lignes de code HTML ont été envoyées au navigateur avant le header. Il faut donc rectifier le script :

```
 <?php
   header("Location: http://company.
com");
?>
<html>
<head>
<title>Test des headers</title>
</head>
<body>
   ...
</body>
</html>
```

Mais celui-ci échoue également. Pourquoi ? La faute est plus difficile à repérer. En regardant attentivement la première ligne de ce code, vous découvrirez que la balise initiale `<?php` est précédée d'un espace. C'est cet espace, considéré comme une banale chaîne de caractères, qui a été envoyé au navigateur et qui est donc cause de l'erreur.

En revanche, la séquence suivante est correcte, bien qu'elle n'ait guère de sens :

```
<?php
   header("Location: http://company.
com");
?>
<html>
<head>
<title>Test des headers</title>
</head>
<body>
   ...
</body>
</html>
```

Avec PHP, il existe plusieurs moyens de transporter ces informations d'une page à l'autre :

» **Ajouter les informations à la suite d'une URL.** Comme vous avez pu le lire dans l'encadré traitant des URL, on peut ajouter des informations à cet endroit. C'est facile (et d'ailleurs couramment employé), mais cette technique convient surtout lorsqu'il y a peu d'informations à faire transiter.

» **Stocker les données dans des cookies.** Les *cookies* sont des petits fichiers texte envoyés par le serveur Web sur le disque de l'utilisateur. Ils peuvent contenir des couples *nom=valeur*. Ils sont normalement sans danger, mais il y a néanmoins de nombreux utilisateurs qui les refusent. Cette méthode est donc à déconseiller pour le passage de données dynamiques. Mais rien n'interdit à votre site de refuser d'entrer aux personnes qui refusent les cookies !

» **Utiliser des formulaires HTML.** Cela revient à peu près au même que la première méthode, mais c'est le navigateur (au moment où l'utilisateur clique sur le bouton `Submit`) qui va se charger de confectionner l'URL comportant les informations à passer. Et si l'attribut `method` du formulaire est `post`, le nombre d'informations à faire suivre n'est plus limité comme avec `method="get"`. Cette apprioche est conseillée lorsque vous devez recueillir des informations auprès des visiteurs.

» **Mettre en œuvre le mécanisme des sessions proposé par PHP.** Cette nouveauté est apparue avec la version 4 de l'interpréteur PHP. Elle fait appel à des fonctions qui prennent en charge la session de l'utilisateur et enregistrent les informations voulues sur le serveur. Une page Web peut ensuite facilement y accéder. Cette méthode est très pratique, surtout si le nombre de pages susceptibles d'être affichées est important.

Ajout d'informations à la suite d'une URL

L'un des moyens les plus simples de «faire suivre» des informations est de les ajouter sous la forme de couples *nom=valeur* à l'extrémité d'une URL. *nom* représente un nom de variable privé de son $ initial. C'est PHP qui ajoutera ce caractère lorsqu'il recevra ces informations. *valeur* est la valeur que contient la variable. Vous pouvez ainsi mettre bout à bout plusieurs couples ayant cette structure. Le premier doit être joint à l'URL par un point d'interrogation. Les suivants seront liés les uns aux autres par un et commercial (&). Voici quelques exemples :

```
<form action="pagesuivante.php?dept=Oise" method="post">

<a href="pagesuivante.php?dept=Oise">Page suivante</a>

header("Location: pagesuivante.php?dept=Oise&ville=Creil" method="post");
```

Deux raisons peuvent conduire à limiter le passage d'informations via une URL :

- **Sécurité :** L'URL est affichée avec les paramètres passés à sa suite dans la fenêtre d'adresse du navigateur. S'il s'agit d'informations confidentielles, mieux vaut qu'elles ne soient pas ainsi exposées à la vue du public. Si vous transportez un mot de passe d'une page à la suivante, tout un chacun (enfin, ceux qui regardent par-dessus votre épaule) pourra en prendre connaissance. N'oubliez pas également que l'utilisateur peut enregistrer l'URL dans ses signets (ses *favoris*, pour Internet Explorer).
- **Longueur de la chaîne de caractères ainsi passée :** Il y a une limite au nombre de caractères qui peuvent être ainsi passés. C'est une restriction du navigateur. Dès que ce nombre est atteint, les caractères excédentaires sont perdus.

Ajouter des informations au bout d'une URL est néanmoins une méthode pratique et rapide lorsqu'on n'a peu d'informations à faire transiter d'une page à l'autre. Supposez que, dans une page, vous permettiez à vos visiteurs de modifier leur numéro de téléphone conservé dans une base de données. Le formulaire utilisé à cette fin pourrait avoir la structure suivante :

1. **Initialement, après que le visiteur s'est identifié (*loggé*), le formulaire fait une recherche dans la base de données et affiche le numéro de téléphone qui se trouve actuellement dans la base.**
2. **Lorsque le visiteur a cliqué sur le bouton Submit, le programme regarde si le champ du formulaire est vierge ou s'il contient des données. Il contrôle la forme sous laquelle se présente ce numéro et vérifie qu'elle est conforme à l'écriture traditionnelle de ce type d'information.**
3. **S'il subit victorieusement ce test, ce numéro est rangé dans la base de données (acte éventuellement inutile si rien n'a été modifié).**
4. **En cas d'erreur dans la saisie ou si le champ est vierge, le formulaire est réaffiché dans la page, mais cette fois c'est la valeur (ou l'absence de valeur) saisie par l'utilisateur qui est affichée.**

Le programme du Listing 11.1 montre comment on peut utiliser l'URL pour voir s'il s'agit ou non du premier affichage du formulaire. Le programme affiche le numéro de téléphone associé à l'identifiant courant et propose au visiteur de le modifier.

LISTING 11.1 : **Programme permettant à un visiteur de modifier son numéro de téléphone dans une base de données.**

```
<?php
/*  Nom du programme : changerTel.php (changePhone.php)
 *  Description : Affiche le numéro de téléphone lu dans la base de
 *                données et permet à l'utilisateur de le modifier.
```

```
*/
?>
<html>
<head><title>Modification d'un numéro de télétph</title></head>
<body>
<?php
  $host="localhost";
  $user="admin";
  $password="";
  $database="MembresSeuls";
  $identifiant= "visiteurtruc";  // De la page précédente
  $cxn = mysqli_connect($host,$user,$password,$database)
         or die ("Problème de connexion");

  if (@$_GET['first'] == "NON")                                    #1
  {
    $tph = trim($_POST['tph']);
    if (!ereg("^[0-9)( -]{7,20}$",$tph) or $tph == "")              #2
    {
        echo "<h3 style='text-align: center'>
                    Numéro de téléphone incorrect.</h3>";
        display_form($identifiant,$tph);                           #3
    }
    else // N° de téléphone Ok                                      #4
    {
        $query = "UPDATE Membre SET tph='$tph'
                          WHERE identifiant='$identifiant'";
        $result = mysqli_query($cxn,$query)
                  or die ("Couldn't execute query.");
        echo "<h3>Phone number has been updated.</h3>";
        exit();
    }
  }
  else // Premier affichage du formulaire                          #5
  {
    $query = "SELECT tph FROM Member WHERE identifiant='$identifiant'";
    $result = mysqli_query($cxn,$query)
              or die ("Requête en échec.");
    $ligne = mysqli_fetch_row($result);
    $tph = $ligne[0];
    afficherFormu($identifiant,$tph);                              #6
  }

function afficherFormu($identifiant,$tph)                          #7
{
```

```
  echo "<div style='text-align: center'>";
  echo "<form action='changePhone.php?first=NON' method='POST'>
          <h4>Contrôle du N° de téléphone et
              correction si nécessaire.</h4><hr />
          <p><b>$identifiant</b> <input type='text' name='tph'
                          maxlength='20' value='$tph'></p>
          <p><input type='submit' value='Valider la saisie'></p>
        </form>";
  echo "</div>";
}
?>
</body></html>
```

Remarquez plus spécialement les points suivants :

» **C'est le même programme qui affiche et traite le formulaire.** Le nom de ce programme est `changerTel.php` et vous retrouvez ce nom dans le paramètre `action` de la balise `<form>`. C'est donc lui qui sera rappelé lorsque l'utilisateur cliquera sur le bouton «Nouveau numéro de téléphone».

» **Une information est ajoutée à la fin de l'URL.** On lit en effet :

```
action='http://localhost/changerTel.php?premier=NON'
```

Quand l'utilisateur clique sur le bouton «Nouveau numéro de téléphone», `changerTel.php` est exécuté pour la seconde fois et la variable `$first` prend la valeur «NON».

» **La variable `$first` est testée au début du programme (repère 1).** Elle est récupérée à l'aide du tableau natif `$_GET`. On peut ainsi savoir si on est dans la première ou dans la seconde exécution.

» **Si `$_GET['premier']` vaut «NON», le numéro de téléphone est testé.** Cette situation n'est possible que si le formulaire a été soumis.

a. Si le numéro est valide, il est rangé dans la base de données et le programme se termine (repère 4).

b. S'il est incorrect ou absent, un message est affiché puis le formulaire est réaffiché (repère 2).

» **Si `$_GET['first']` ne vaut pas «NON», le numéro de téléphone est extrait de la base de données.** C'est donc, en effet, la première exécution du programme. Il faut aller lire le numéro dans la base (repère 5).

» **Le programme définit une fonction pour afficher le formulaire (repère 7).** Cette fonction est appelée aux repères 3 et 6.

La Figure 11.1 montre comment se présente la page Web la première fois que changerTel.php s'exécute. Vous remarquerez que l'URL que l'on voit dans la fenêtre d'adresse n'est suivie d'aucune information.

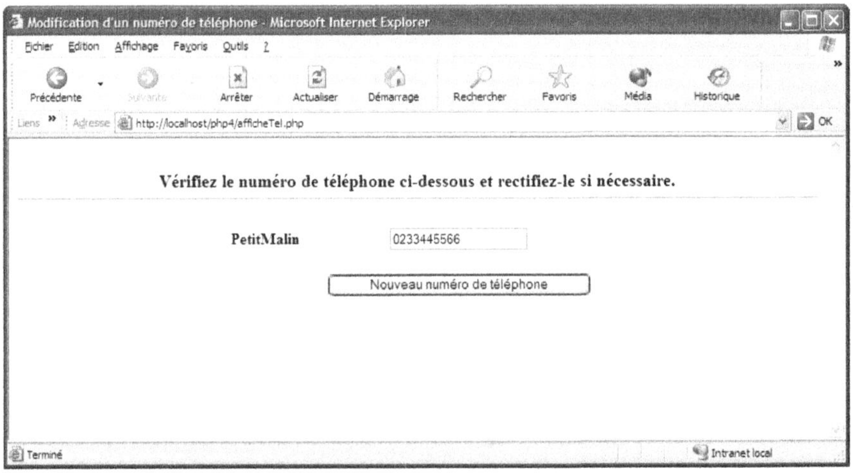

FIGURE 11.1 : Formulaire HTML pour mettre à jour un numéro de téléphone.

La Figure 11.2 illustre ce qui s'affiche lorsque la saisie initiale de l'utilisateur est incorrecte. Vous constaterez que l'URL que l'on voit dans la fenêtre d'adresse est maintenant suivie de «?first=NON».

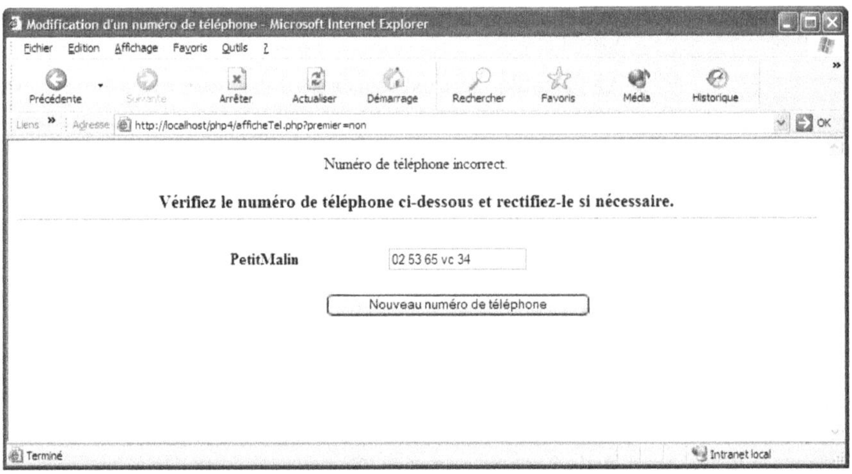

FIGURE 11.2 : Message d'erreur affiché lorsque la saisie de l'utilisateur est incorrecte.

Utilisation d'un cookie pour conserver des informations

Les *cookies* sont de petits fichiers texte contenant des paires *variable=valeur* semblables à celles que l'on peut adjoindre à une URL. Ils sont rangés sur le disque dur de l'utilisateur par le navigateur de celui-ci. Votre application peut alors récupérer un cookie depuis n'importe quelle page Web. Certaines personnes s'en méfient. Peut-être cela vient-il de ce nom un peu étrange, dont l'origine est d'ailleurs un des grands mystères de l'univers.

De prime abord, les cookies semblent pouvoir résoudre le problème du partage de données entre plusieurs pages Web. Ils peuvent même être conservés plus longtemps que la durée d'une session et retrouvés lorsque l'utilisateur revient plus tard (éventuellement un mois après) sur le même site Web. Le hic est que l'utilisateur est libre de les refuser ou, s'il accepte, de les supprimer plus tard, ce que font bon nombre d'internautes, inquiets de voir quelqu'un qu'ils ne connaissent pas stocker des données (dont ils ignorent le contenu) sur *leur* machine. C'est là une attitude fort compréhensible. Dans ces conditions, on comprend que cette solution, pour intéressante qu'elle paraisse, ne soit pas la plus sûre.

Les cookies ont été conçus à l'origine pour conserver de petites quantités d'informations pendant un court laps de temps. Lorsqu'on écrit un cookie, par défaut, il ne sera pas *persistant* : il disparaîtra à la fin de la session de l'utilisateur. Mais il est possible de lui attribuer une durée de vie supérieure. Voici quelques-unes des raisons qui limitent leur emploi pour une application Web de base de données :

- **Ils peuvent être refusés par l'utilisateur.** A moins d'être certain qu'ils seront acceptés par vos utilisateurs ou que vous puissiez leur demander explicitement de les accepter (encore faut-il qu'ils suivent cette recommandation), les cookies risquent de vous poser davantage de problèmes qu'ils n'en résoudront. Une directive européenne est en cours d'acceptation pour limiter l'utilisation des cookies. (*N.d.T.*)
- **PHP propose d'autres solutions plus sûres que les cookies.** Apparu avec PHP 4, le mécanisme des *sessions* propose une solution sûre et facile à implémenter. Cette méthode est plus fiable et plus simple à mettre en œuvre que les cookies. Les sessions ne conviennent pas au stockage de données à long terme, mais il suffit de les stocker dans une base MySQL pour contourner ce problème.
- **Il est aussi possible de conserver des informations de session dans une base de données.** Les utilisateurs ne peuvent pas y supprimer des données selon leur fantaisie. Comme votre application utilise déjà une base de données, pourquoi ne pas y incorporer des éléments à partager entre pages successives et qui pourront être conservés sur le long terme ?

Pour enregistrer un cookie, on a recours à la fonction setcookie() dont voici la forme générale :

```
setcookie("s^of^_ib", "s^ibro");
```

La variable doit apparaître ici privée de son $ initial. C'est PHP qui le rétablira lorsqu'il récupérera le cookie. Sous cette forme, le cookie n'est pas persistant (il n'est pas écrit sur le disque dur, mais seulement conservé dans la mémoire de l'ordinateur de l'utilisateur). Il disparaît à la fin de la session. Par exemple, l'instruction suivante :

```
setcookie("département", "Orne");
```

rangera la chaîne de caractères «Orne» dans une variable appelée $département. Dans toutes les pages de votre application, cette information sera accessible aux programmes via un tableau natif, sous la forme :

```
$_COOKIE['département']
```

PHP récupère automatiquement cette valeur. Un cookie n'est pas accessible dans le programme qui l'a créé, mais seulement à partir du moment où l'utilisateur a changé de page (ou qu'il réaffiche cette page).

Dans la version 4.1 ou antérieure de PHP, vous accédiez aux cookies dans un tableau long appelé $HTTP_COOKIE_VARS dont les clés sont les noms des cookies. Ces tableaux longs n'existent plus dans PHP 6. Pour exploiter d'anciens scripts sous PHP 6, vous devez changer les noms de tableaux de $HTTP_COOKIE_VARS en $_COOKIE.

Si vous voulez que les informations des cookies soient persistantes (qu'elles subsistent après la fin de la session), vous définirez leur date d'expiration de la façon suivante :

```
setcookie("s^of^_ib", "s^ibro", a^qb\a\bumfo^qflk);
```

Cette date est généralement obtenue par un appel aux fonctions time() ou mktime() de la façon suivante :

» `time()`. Cette fonction renvoie le groupe date/heure de l'instant présent sous une forme qui n'est lisible que par l'ordinateur. Il faut lui ajouter un délai qui sera exprimé en secondes. Exemples :

```
setcookie("département", "Orne", time()+3600); // dure 1 heure

setcookie("département", "Orne", time()+3*86400); // dure 3 jours
```

» `mktime()`. Cette fonction renvoie un groupe date/heure représentant une certaine date sous une date qui n'est lisible que par l'ordinateur. Il faut lui spécifier les coordonnées temporelles dans cet ordre : heures, minutes, secondes, mois, jour, année. Si une de ces valeurs est omise, elle est remplacée par celle de l'instant présent. Exemples :

```
setcookie("département", "Orne", mktime(3,0,0,4,1,2004)
         // expirera le 1er avril 2004 à 3 heures du matin

setcookie("département", "Orne", mktime(16,0,0,,,)
         // expirera aujourd'hui à 16 heures
```

Pour supprimer un cookie, il suffit de lui donner une valeur nulle de l'une des deux façons suivantes :

```
setcookie("klj");
setcookie("klj", "");
```

La fonction setcookie() présente un gros inconvénient : son appel doit *précéder* toute sortie à destination du navigateur. Vous ne pouvez pas l'appeler dans le cours d'un programme après avoir déjà envoyé quelque chose au navigateur de l'utilisateur. Consultez l'encadré *Instructions devant précéder l'envoi d'informations au navigateur*, plus haut dans ce même chapitre.

Passage d'informations via un formulaire HTML

La façon la plus courante de passer des informations d'une page à l'autre est de se servir d'un formulaire. Lorsque l'utilisateur clique sur le bouton Submit, les informations que contient le formulaire sont passées au programme dont le nom est cité dans l'attribut action de la balise form. La forme générale se présente ainsi :

```
<form action="traitement.php" method="POST">
    _^ifpbp□mlro□rk□lr□mirpfbrop□`e^jmp
    <input type="submit" value="chaîne">
</form>
```

Comme nous l'avons vu au Chapitre 10, c'est ainsi qu'on recueille des informations en provenance de l'utilisateur. Cependant, on peut profiter d'un formulaire pour convoyer d'autres informations en exploitant les propriétés des *champs cachés* (type=»hidden»). A la limite, un formulaire pourrait ne contenir que ce type de champ. Mais, pour que ces valeurs soient transmises, le formulaire devra néanmoins posséder une balise de type=»submit» et il faudra que l'utilisateur clique sur le bouton correspondant.

A titre d'exemple, voici un formulaire ne demandant aucune réponse à l'utilisateur, et qui passera la couleur du fond sous le nom $couleur à la page suivante lorsque l'utilisateur cliquera sur le bouton marqué «Page suivante» :

```
$couleur = "bleu"; // couleur de fond
   ...
   echo "<form action='pagesuivante.php' method='post'>
         <input type='hidden' name='couleur' value='$couleur'>
         <input type='submit' value='Page suivante'>
         </form>\n";
```

Lorsque l'on clique sur le bouton, le programme pagesuivante.php est exécuté et l'élément de tableau $_POST['couleur'] contient la valeur «bleu».

Le mécanisme de session PHP

Une *session* représente la durée de la visite d'un utilisateur dans un site Web, quelle que soit par ailleurs cette durée. Ce mécanisme est apparu à partir de la version 4.0 de l'interpréteur PHP. Il permet notamment d'associer à la session certaines informations qui resteront accessibles de page en page.

Détails de fonctionnement

Initialement, vous devez appeler une fonction particulière pour définir une session et spécifier les variables qui doivent être partageables au cours de cette session. Dans les pages suivantes, lorsque vous invoquerez la session en cours, ces variables seront immédiatement accessibles dans le tableau natif $_SESSION. Voici le détail de ce mécanisme :

1. **PHP assigne un identificateur (ID) de session à la session qui démarre. Il s'agit d'un nombre unique n'ayant pas de signification particulière. Il est conservé dans une variable native de PHP appelée PHPSESSID.**

2. **Les variables de session sont placées dans un fichier sur le serveur Web. Ce fichier a pour nom l'identificateur de session. Avec Linux/UNIX, il est placé dans le répertoire `/tmp`. Sous Windows, il est placé dans le sous-répertoire sessiondata du dossier dans lequel PHP est installé.**

   L'administrateur de PHP peut modifier l'emplacement de stockage des fichiers de session en éditant la rubrique `session.save_path` de `php.ini`.

3. **L'identificateur de session (ID) est passé à chacune des pages qui seront ensuite appelées. Si l'utilisateur accepte les cookies, cet identificateur sera passé par un cookie. Si ce n'est pas le cas, il sera ajouté au bout des URL ou placé dans une variable cachée de formulaire dont l'attribut `method` vaut `post`.**

4. **Les variables de session sont automatiquement restaurées au début de chaque page de la session courante. Ces variables sont dès lors utilisables dans la page avec les valeurs qui leur ont été attribuées dans les pages précédentes. PHP les range dans un tableau natif appelé `$_SESSION` dont les clés sont les noms des variables et dont la valeur a été définie dans la page précédente.**

Pour que le mécanisme des sessions fonctionne, il est indispensable que la variable de configuration track-vars soit activée. A partir de PHP 4.0.3, c'est l'option par défaut. Pour les versions précédentes, l'option --enable-track-vars doit être précisée lors de l'installation de PHP.

Si l'utilisateur a désactivé les cookies, les sessions ne peuvent être exploitées que si trans-sid est activé. PHP doit alors avoir été installé avec l'option --enable-trans-sid. Nous y reviendrons plus loin dans la section «Utilisation des variables de session».

Ouverture d'une session

Vous devez ouvrir une session dans chaque page Web au moyen de l'appel de fonction suivant :

```
session_start();
```

Cette fonction commence par voir s'il existe un identifiant de session (ID). Si c'est le cas, elle initialise le tableau $_SESSION. Sinon, elle commence par créer un nouvel identificateur de session.

Comme les sessions utilisent les cookies lorsque l'utilisateur ne les a pas désactivés, session_start() a les mêmes limitations que setcookie() : elle doit être appelée avant toute sortie en direction du navigateur. Voyez à ce sujet l'encadré *Instructions devant précéder l'envoi d'informations au navigateur*, plus haut dans ce même chapitre.

Utilisation des variables de session

Vous devez déclarer toutes les variables que vous voulez utiliser au cours d'une même session dans le tableau $_SESSION, sous la forme :

```
$_SESSION['nomVariable'] = valeur;
```

La valeur ainsi déclarée devient disponible dans le tableau $_SESSION pour toutes les autres pages Web de votre site. Voici par exemple comment mémoriser le département dans lequel habite le visiteur :

```
$_SESSION['département'] = "Oise";
```

Il vous suffit alors de lire le contenu de $_SESSION['département'] dans une page pour disposer de cette information.

Les deux programmes qui suivent illustrent le mécanisme des sessions. Le premier, testSession1.php (Listing 11.2), montre comment se présente la page qui initialise la session. Le second, testSession2.php (Listing 11.3), présente la page appelée par testSession1.php. Une fois la première page chargée dans votre navigateur, vous allez voir ce que montre la copie d'écran de la Figure 11.3. Modifiez éventuellement le contenu de la boîte de saisie puis cliquez sur le bouton «Page suivante». Vous verrez alors s'afficher la copie d'écran de la Figure 11.4 (qui nous apprend que l'utilisateur a poliment répondu au texte de bienvenue).

LISTING 11.2 : Première page d'une session.

```
<?php
  session_start();
?>
<html>
<head><title>Test de Session page 1</title></head>
<body>
<?php
  $_SESSION['var_session'] = "test";
  echo "<h3>Test du mécanisme des sessions</h3>.
       <form action='testSession2.php' method='POST'>
       <input type='hidden' name='var_form'
              value='Je teste'>
       <input type='test' name='var_util'
              value='Bienvenue!'>
       <input type='submit' value='Page suivante'>
       </form>";
?>
</body></html>
```

Vous remarquez que le programme définit trois variables qu'il transmet à la seconde page. Il crée la variable de session session_var et affiche un formulaire comportant une variable cachée form_var qui est transmise à l'autre page lors de la validation.

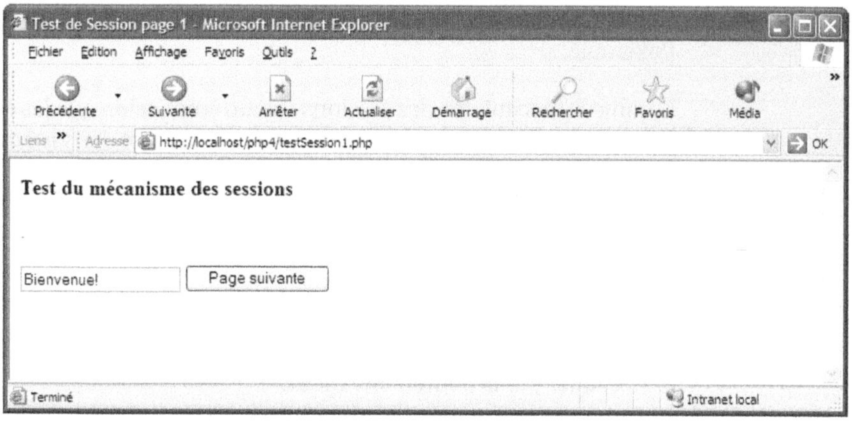

FIGURE 11.3 : Première page de la session.

LISTING 11.3 : Seconde page d'une session.

```
<?php
  session_start();
?>
<html>
<head><title>Test de Session page 2</title></head>
<body>
<?php
  echo "var_session = {$_SESSION[‘var_session']}<br>\n";
  echo "var_form = {$_POST[‘var_form']}<br>\n";
  echo "var_util = {$_POST[‘var_util']}<br>\n";
?>
</body></html>
```

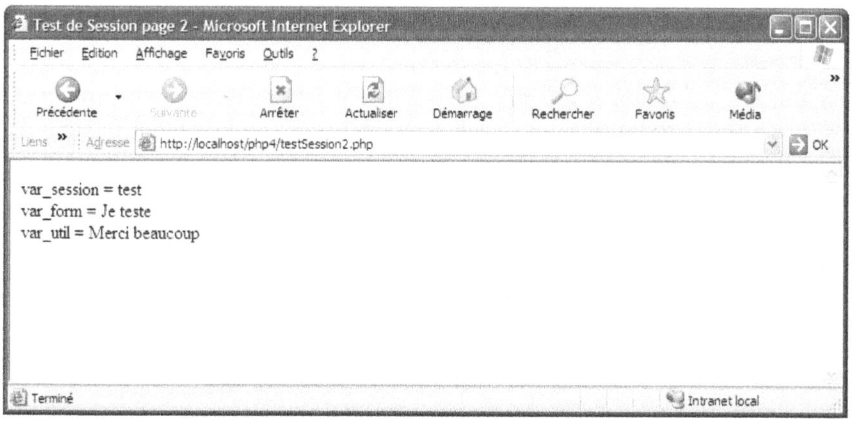

FIGURE 11.4 : Seconde page de la session.

Il suffit de charger la page testSession1.php dans votre navigateur pour tester l'exemple.

Comme le mécanisme des sessions est différent selon que les cookies sont ou non acceptés par l'utilisateur, vous devriez faire ce test dans les deux cas de figure.

Voici comment configurer Internet Explorer pour refuser les cookies :

1. **Cliquez sur Outils/Options Internet.**
2. **Dans la boîte de dialogue à plusieurs onglets qui s'ouvre, cliquez sur Confidentialité.**
3. **Cliquez sur le bouton «Avancé».**
4. **Cliquez sur Ignorer la gestion automatique.**
5. **Choisissez Refuser pour les cookies internes et ceux des tierces parties.**
6. **Cliquez sur OK deux fois de suite.**

Voici comment configurer Firefox pour refuser les cookies :

1. **Cliquez sur Outils/Options.**
2. **Accédez à la rubrique Vieprivée.**
3. **Dans la zone Cookies, cliquez sur la case Activer les cookies en sorte qu'elle ne soit pas cochée.**
4. **Cliquez sur OK.**

Si, ensuite, vous voyez s'afficher un diagnostic (cela dépend du niveau de signalisation des erreurs) et constatez que la variable $var_session n'affiche pas de valeur, il faut vérifier l'option trans-sid de php.ini. Cherchez la ligne suivante :

```
session.use_trans_sid = 0
```

Changez le 0 en 1. Si vous ne pouvez pas résoudre le problème, les sessions resteront utilisables, mais vous devrez passer leur identificateur dans des instructions de vos programmes. En effet, PHP ne le fera pas automatiquement si les cookies sont désactivés. Dans ce cas, consultez la section qui suit.

Avec PHP 4.1.2 ou une version plus ancienne, trans-id n'est pas disponible, sauf s'il a été activé en insérant l'option --enable-trans-sid lors de la compilation de PHP.

Les sessions sans les cookies

PHP teste l'acceptation des cookies par le navigateur de l'utilisateur. S'ils sont acceptés, il agit alors ainsi :

- Il donne à la variable `$PHPSESSID` la valeur de l'identificateur de session.
- Il utilise les cookies pour transférer cette variable d'une page à la suivante.
- S'ils sont refusés, voici comment il opère :
- Il définit une constante appelée `SID`. Elle contient une paire `variable=valeur` ressemblant à `PHPSESSID=longue chaîne de caractères`.
- Selon la valeur de `trans-sid`, l'identificateur de session sera ou non accessible d'une page à la suivante. Si (et seulement si) ce paramètre est actif, l'identificateur de session sera transmis.

Activer ce paramètre a des avantages et des inconvénients. Du côté positif, les sessions peuvent fonctionner même si les cookies sont désactivés. De plus, la programmation des sessions est simplifiée. De l'autre côté, l'identificateur de session sera généralement passé à la suite de l'URL. Dans certaines situations, il est préférable que cet identificateur ne soit pas visible dans la fenêtre d'adresse du navigateur. En outre, il peut alors être enregistré dans ses signets par un utilisateur. Si ce dernier retourne ultérieurement sur le même site avec cet identificateur, cela risque d'occasionner des confusions au niveau de la session, voire de provoquer divers problèmes à cause de l'ancien identifiant de session).

Lorsque trans-sid est actif

S'il découvre que l'utilisateur a bloqué la réception des cookies, l'interpréteur PHP ajoute automatiquement l'identificateur de session à l'URL lors du chargement de toute nouvelle page ou dans un champ caché de formulaire. Si l'utilisateur clique sur un lien pour changer de page, que ce soit à l'aide d'une fonction header ou d'un formulaire dans lequel l'attribut method vaut get, l'identificateur est ajouté à la fin de l'URL. S'il le fait avec un formulaire dans lequel method vaut post, l'identificateur est passé dans un champ caché. PHP reconnaît $PHPSESSID comme identificateur de session et ne demande aucune programmation particulière dans le script.

L'identificateur de session n'est ajouté à l'URL que dans le cas d'une URL *locale*, c'est-à-dire concernant le même serveur que celui de la page courante. Si cette URL contient un nom de machine, PHP suppose que la page se trouve sur un autre serveur et n'utilise pas cette méthode. Par exemple :

```
<a href="nouvellepage.php">
```

entre dans la première catégorie et l'identificateur sera ajouté à l'URL. Mais avec :

```
<a href="http://www.monserveur.com/nouvellepage.php">
```

PHP n'incorporera pas l'identificateur de session dans l'URL.

Lorsque trans-sid n'est pas actif

S'il découvre que l'utilisateur a bloqué la réception des cookies, l'interpréteur PHP n'ajoute pas l'identificateur de session à l'URL. Il vous appartient alors de procéder vous-même à ce passage d'informations.

Il existe heureusement une constante nommée (voir à ce propos le Chapitre 6) que vous pouvez utiliser pour acheminer l'identificateur de session. Elle s'appelle SID et contient un couple variable=valeur que vous pouvez ajouter manuellement à l'URL de la façon suivante :

```
<a href="second.php?<?PHP echo SID ?>">Page suivante</a>
```

Cette instruction ajoute un point d'interrogation à l'URL et le fait suivre du couple que représente SID. Voici comment se présente l'URL affichée dans la fenêtre d'adresse du navigateur :

```
http://localhost/second.php?PHPSESSID=5accfd985aebf1a8c73e3374727a0122
```

Pour diverses raisons évoquées plus haut, vous pouvez souhaiter que l'identificateur de session ne soit pas affiché dans la fenêtre du navigateur. Il faut alors le passer dans un champ caché de formulaire en utilisant la méthode post de la façon suivante :

```
<?
  $PHPSESSID = session_id();
  echo "<form action='pagesuivante.php' method='post'>
        <input type='hidden' name='PHPSESSID' value='$PHPSESSID'>
        <input type='submit' value='Page suivante'>
        </form>";
?>
```

- » On commence par appeler la fonction `session_id()` qui renvoie l'identificateur de la session courante et on place cette valeur dans la variable `$PHPSESSID`.
- » Il suffit ensuite de donner cette valeur au champ caché du formulaire `$PHPSESSID`.

Dans la page suivante, PHP utilisera automatiquement $PHPSESSID pour récupérer les variables de session sans programmation particulière.

Sessions privées

Le mécanisme des sessions est idéal pour les pages Web à accès restreint qui demandent à l'utilisateur voulant les visiter de s'identifier au moyen d'un login et d'un mot de passe. En exploitant le mécanisme des sessions, voici comment implémenter ce type de pages :

1. **Afficher une page de login.**
2. **Si le visiteur a fourni ses deux identificateurs et que ceux-ci ont été reconnus exacts, démarrer une session dans laquelle on crée une variable indiquant qu'il est reconnu.**
3. **Chaque fois que le visiteur change de page, tester cet indicateur.**
4. **S'il existe, afficher la page.**
5. **S'il n'existe pas, revenir à l'étape 1.**

Le test de l'étape 3 peut s'écrire ainsi :

```
<?php
  session_start()
  if (@$_SESSION['login'] != "oui")
  { header("Location: premièrePage.php"); // page de Login
    exit();
  }
?>
```

Ici, $_SESSION['login'] est une variable de session qui est définie avec la valeur «oui» lorsque l'utilisateur a été reconnu. Si le test échoue, la page de connexion est réaffichée. Sinon, la suite des instructions de la page Web est exécutée normalement.

Fermeture d'une session PHP

Dans les pages Web à accès restreint, on souhaite souvent que les visiteurs se «déloggent» lorsqu'ils ont terminé leur visite. Pour fermer la session, il suffit d'écrire :

```
session_destroy();
```

Toutes les informations conservées dans le fichier de session sont alors détruites ainsi, naturellement, que leur contenu. L'identificateur de session n'est donc plus disponible pour la page suivante. Mais cela n'affecte pas les variables de la page courante qui conservent leurs valeurs. Si vous voulez les faire disparaître également, vous devez appeler la fonction unset() :

```
unset($_SESSION);
```

Chapitre 12

Tout sur XML et XSLT

DANS CE CHAPITRE :

- **Découvrir XML et XSLT.**
- **Découvrir les solutions offertes par PHP.**
- **Lire, manipuler et sauver un document XML.**
- **Transformer un document XML avec XSLT.**

Les données extraites d'une base de données peuvent être insérées dans une page Web. Elles peuvent aussi servir à générer des documents d'un autre type : des documents XML, solution particulièrement utilisée pour échanger des données entre applications. Qui n'a pas entendu parler de XML ? XML est l'abréviation de eXtended Markup Language, ce qu'il serait possible de traduire par langage de marquage étendu. XML serait donc un langage ? En fait, il vaut mieux considérer plus généralement XML comme une technologie qui permet de définir des *métalangages*, c'est-à-dire des langages permettant de décrire des données.

Un langage XML pour décrire une bibliothèque

Cela reste bien compliqué à comprendre, mais un exemple va permettre d'y voir plus clair. Voici le contenu d'un document qui s'appuie sur la technologie XML, bibliotheque.xml :

```
<?xml version="1.0" encoding="iso-8859-1"?>

<bibliotheque>

  <rayon genre="roman">
```

```
    <livre auteur="Balzac" titre="La cousine Bette"/>
    <livre auteur="Zola" titre="La curée"/>
  </rayon>

  <rayon genre="science-fiction">
    <livre auteur="Asimov" titre="Fondation foudroyée"/>
    <livre auteur="Card" titre="La stratégie Ender"/>
  </rayon>

</bibliotheque>
```

La simple lecture de ce document nous permet de comprendre qu'il décrit le contenu d'une bibliothèque organisée en rayons. Il y a deux rayons (roman et science-fiction) qui contiennent chacun deux livres. Nous disposons pour chaque livre du nom de l'auteur et du titre. Autrement dit, le document contient une information structurée à l'aide d'*éléments* (`<bibliotheque>`, `<rayon>` et `<livre>`) dotés d'*attributs* (genre, auteur et titre). Le nom même des éléments et de leurs attributs véhicule le sens de l'information qui leur est associée. Par exemple, «La cousine Bette» est la valeur de l'attribut titre d'un élément <livre>, ce qui signifie bien qu'il s'agit du titre d'un livre et non d'une recette de cuisine.

L'ensemble des éléments et de leurs attributs constitue un métalangage, c'est-à-dire un langage de description de données, qu'on appelle aussi (abusivement, mais c'est l'usage) *langage XML*.

Vous pouvez inventer le langage XML qui vous convient pour décrire vos données. Cependant, sachez que de très nombreux langages XML ont déjà été définis pour certains types de données, de sorte que tous ceux qui les utilisent puissent facilement s'échanger des données. A titre d'exemple : XHTML pour décrire le contenu d'une page Web ; SVG pour décrire des dessins vectoriels qu'un navigateur Web peut afficher ; MathML pour décrire des notations mathématiques.

La grammaire du langage XML

Ce métalangage est défini par une grammaire, c'est-à-dire la liste des éléments et de leurs attributs et les règles qui déterminent comment les utiliser. Dans le cas présent, la grammaire pourrait être :

- L'élément <bibliotheque> peut contenir 0 à N éléments <rayon>.
- L'élément <rayon> peut contenir 1 à N éléments <livres> (un rayon ne peut être vide).
- L'attribut genre de l'élément <rayon> doit prendre pour valeur une chaîne de caractères non vide.

» L'attribut auteur de l'élément <livre> doit prendre pour valeur une chaîne de caractères non vide.

» L'attribut titre de l'élément <livre> doit prendre pour valeur une chaîne de caractères non vide.

La bonne nouvelle est que vous n'avez pas à écrire cette grammaire pour commencer à décrire le contenu de votre bibliothèque avec notre langage XML. Il vous suffit de l'avoir en tête et de vous en souvenir lorsque vous souhaiterez relire le fichier XML, pour comprendre ce qu'il contient.

XML : UN PAS VERS LE WEB SÉMANTIQUE

La véritable innovation de XML est la possibilité de *commenter sémantiquement des données*. Comme vous l'aurez remarqué, le nom d'un élément ou d'un attribut peut exprimer le sens de l'information qui lui est associée. Par exemple, si vous recevez un document XML et que vous lisez :

```
<identifiant cryptage="false">denis</
identifiant>
```

Dans le contexte où vous utilisez ce document XML, vous devinez que l'information «denis» est un identifiant non crypté, parce que le nom de l'élément est «identifiant» (ce qui signifie que l'information que l'élément contient est un identifiant) et que cet élément contient un attribut nommé «cryptage» (ce qui signifie que la valeur booléenne affectée à l'attribut indique si l'identifiant est crypté ou non).

Aussi étonnant que cela puisse paraître, il a fallu attendre très longtemps un format de données qui permette d'inclure ainsi de l'information sur le sens des données (la première spécification de XML remonte à 1996).

On se représente facilement tout l'intérêt de XML pour les moteurs de recherche. En effet, les moteurs de recherche s'alimentent aujourd'hui de pages rédigées en HTML. Or les éléments et les attributs du HTML ne fournissent aucune information sur le sens des informations que les pages contiennent, mais des informations sur la manière dont ces informations doivent être présentées à l'écran. Par exemple, dans le cas suivant, l'élément <b> indique que l'information jaguar doit être affichée en gras :

```
<b>jaguar</b>
```

Dans ces conditions, le moteur de recherche ne peut pas savoir que l'information jaguar est une marque de voiture ou un animal. Il lui faudra procéder à une analyse très complexe du contenu de la page pour parvenir à le deviner (par exemple, en cherchant s'il y a une occurrence du mot «voiture» à proximité).

Maintenant, supposons que le moteur de recherche rencontre :

```
<voiture>jaguar</voiture>
```

Miracle ! Parce que l'information jaguar est contenue dans un élément nommé voiture, le moteur de recherche peut tout de suite savoir que cette information désigne une marque de voiture. Plus besoin de se lancer dans des analyses complexes pour le deviner : il suffit de rechercher une occurrence de l'élément voiture pour être certain de trouver une information portant sur une marque de voiture. A condition que tout le monde utilise bien l'élément <voiture> pour désigner une voiture, c'est-à-dire que tout le monde convienne de la même grammaire. C'est cela, le Web sémantique.

Ecrire un document XML

Pour écrire un fichier XML, rien de plus simple. Il vous suffit de prendre un éditeur de texte comme le Bloc-notes et de commencer à écrire. Sauvegardez ensuite le fichier en lui donnant l'extension xml, comme dans bibliotheque.xml, comme sur la Figure 12.1.

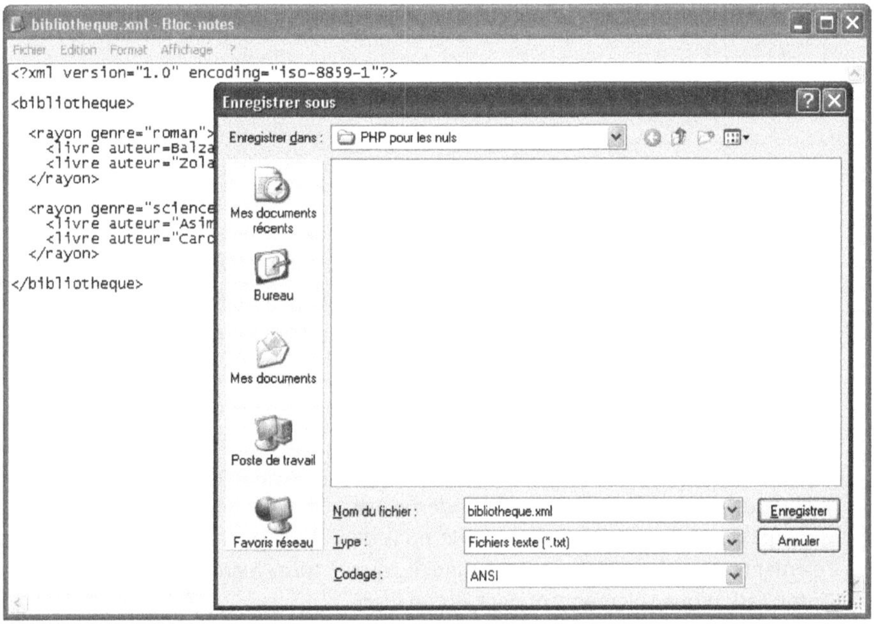

FIGURE 12.1 : Ecrire et sauvegarder un fichier XML avec le Bloc-notes.

Un document xml doit toujours commencer par une ligne particulière :

```
<?xml version="1.0" encoding="iso-8859-1"?>
```

Cet élément indique la version de XML à laquelle vous faites référence, et la manière dont les caractères sont encodés. L'encodage des caractères varie d'un pays à l'autre, mais pour la France et ses caractères accentués, vous pouvez utiliser le jeu de caractères ISO-8859-1 de la norme d'encodage ISO-8859. Nous verrons plus tard qu'avec PHP il est cependant plus simple d'utiliser UTF-8.

Bien écrire en XML

Comme vous n'aurez pas manqué de le remarquer, il y a comme un air de famille entre XML et HTML :

» L'élément <livre> s'écrit comme un élément du HTML, sous la forme d'un signe < suivi du nom de l'élément, suivi du signe >. Ce signe > est précédé de la barre de fraction / si jamais l'élément ne contient rien (<livre/>) :

```
<livre auteur="Asimov" titre="Fondation foudroyée"/>
```

Autrement, l'élément est répété après le contenu, et le signe < est alors précédé d'une barre de fraction (<rayon>...</rayon>) :

```
<rayon genre="roman">
...
</rayon>
```

» Les attributs à l'intérieur de l'élément <livre> s'écrivent aussi comme ceux d'un élément du HTML, sous la forme du nom de l'attribut suivi du signe =, suivi de la valeur de l'attribut entre guillemets. Par exemple :

```
<livre auteur="Asimov" titre="Fondation foudroyée"/>
```

Cette ressemblance s'explique facilement, car HTML n'est ni plus ni moins qu'un langage XML, et ces règles constituent la syntaxe élémentaire de XML. Toutefois, il faut remarquer que HTML permet de recourir à des facilités d'écriture, si bien que la syntaxe d'un document XML ne respecte pas toujours strictement celle de XML. Quelques exemples :

» Quand la valeur d'un attribut est un booléen (vrai ou faux), vous pouvez vous contenter de mentionner l'attribut pour spécifier que sa valeur est «vrai» si sa valeur par défaut est «faux». Ainsi, l'attribut nowrap dans l'élément <td> :

```
<table>
  <tr>
    <td nowrap>Hello</td>
  </tr>
</table>
```

Pour être conforme au standard XML, vous devriez écrire :

```
<td nowrap="true">Hello</td>
```

» Quand un élément ne contient rien, vous pouvez vous contenter de l'écrire sans le terminer par une barre de fraction. Ainsi, l'élément <hr> :

```
<hr>
```

Pour être conforme au standard XML, vous devriez écrire :

```
<hr/>
```

» Quand un élément contient quelque chose, vous pouvez vous contenter d'écrire l'élément de départ sans l'élément de fin. Ainsi, l'élément <option> dans une liste :

```
<input type="select">
  <option>Rouge
</input>
```

Pour être conforme au standard XML, vous devriez écrire :

```
<option>Rouge</option>
```

Si vous avez déjà entendu parler de XHTML, sachez que le XHTML n'est rien de plus que du HTML dont la syntaxe respecte strictement celle de XML. Du HTML écrit rigoureusement, finalement.

Lorsqu'un document XML respecte la syntaxe de XML, il est dit «bien formé» (*well-formed* en anglais). Pour vérifier si le document qui décrit votre bibliothèque est bien formé, c'est très simple. Il vous suffit de prendre le fichier et de l'ouvrir dans Internet Explorer ou Firefox. Si votre document n'est pas bien formé, le navigateur vous signalera une erreur, comme sur la Figure 12.2.

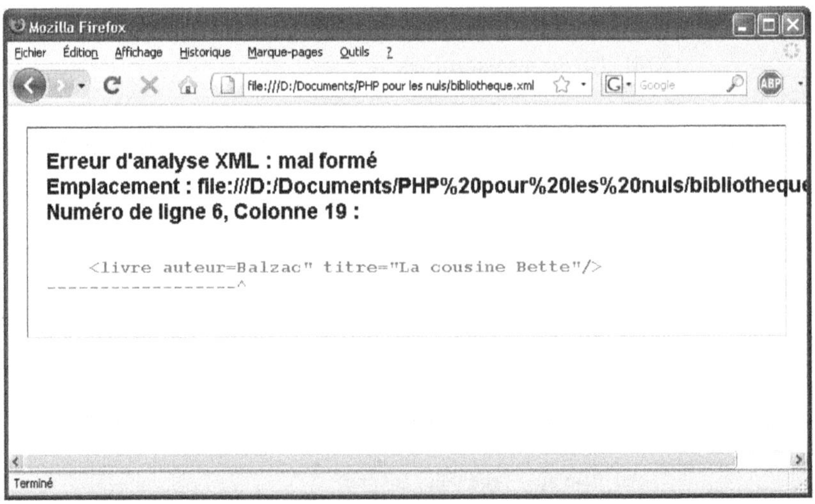

FIGURE 12.2 : Le fichier XML ne respecte pas la syntaxe XML.

Autrement, le contenu du fichier sera affiché sous la forme d'une arborescence interactive, comme sur la Figure 12.3. Vous pouvez cliquer sur les signes + et

- qui se trouvent à gauche de chaque élément pour le déployer ou le replier, respectivement.

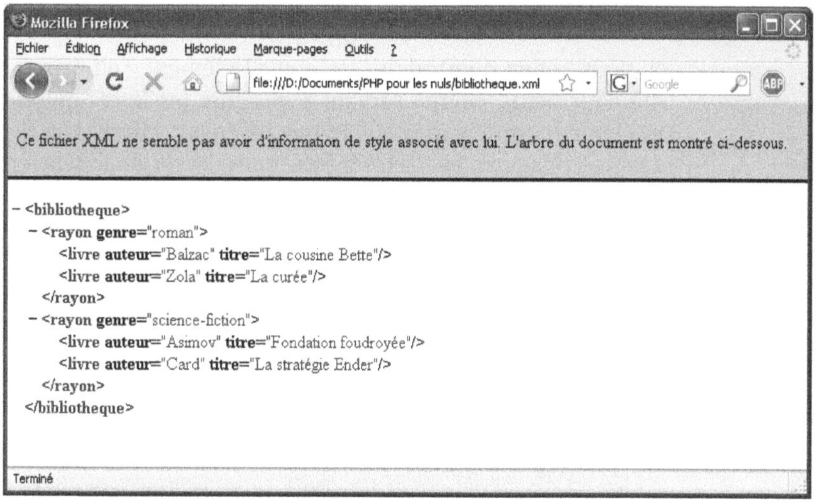

FIGURE 12.3 : Le fichier XML respecte la syntaxe de XML.

Concevoir une bonne grammaire

Comme nous l'avons vu, un document XML est rédigé dans un langage défini par sa grammaire, c'est-à-dire la liste des éléments et de leurs attributs et les règles qui président à leur usage. Or, il est très important de ne pas adopter n'importe quelle grammaire si vous souhaitez éviter des problèmes pour manipuler vos documents XML *via* XSLT ou PHP, comme nous le verrons.

En particulier, évitez toujours de baptiser d'un même nom un élément qui peut se trouver dans différents contextes et donc jouer des rôles différents. Par exemple, supposons que vous rédigiez le document XML suivant :

```
<?xml version="1.0" encoding="iso-8859-1"?>

<bibliotheque>

  <emprunts>
    <livre id="1"/>
  </emprunts>

  <rayon genre="roman">
    <livre id="1" auteur="Balzac" titre="La cousine Bette"/>
```

```
    <livre id="2" auteur="Zola" titre="La curée"/>
  </rayon>

</bibliotheque>
```

Ici, vous venez d'introduire un nouvel élément <emprunts> qui contient une liste d'éléments <livre> servant à désigner les livres qu'on vous a empruntés. Cet élément porte le même nom que l'élément <livre> qui figure dans l'élément <rayon>, mais ce n'est pas le même. Vous devrez donc rentrer dans des subtilités de XSLT pour les distinguer. Mieux vaudrait utiliser un autre nom pour <livre> dans <emprunts>, tel que <emprunt>.

Il est aussi important de vous poser la question de l'usage que vous faites des éléments et des attributs. Par exemple, nous aurions fort bien pu décrire un livre de la manière suivante :

```
<livre>
  <auteur>Balzac</auteur>
  <titre>La cousine Bette</titre>
</livre>
```

Cette forme diffère de celle que nous avons adoptée : les attributs auteur et titre de l'élément <livre> apparaissent dorénavant sous la forme de sous-éléments <auteur> et <titre> de ce dernier. Cette solution présente un avantage et un inconvénient :

» **L'avantage** est que si vous souhaitez plus tard subdiviser la notion d'auteur en un nom et un prénom, vous pourrez toujours ajouter des attributs nom et prenom à l'élément auteur :

```
<auteur nom="Balzac" prenom="Honoré"/>
```

ou alors lui ajouter des sous-éléments :

```
<auteur>
  <nom>Balzac</nom>
  <prenom>Honoré</prenom>
</auteur>
```

A l'inverse, si vous avez initialement opté pour un attribut auteur, il faudra alors le convertir en un élément pour parvenir à vos fins.

» **L'inconvénient** est que vous alourdissez le document. Non seulement il est plus lourd en octets, mais il est aussi plus pénible à lire et à écrire.

D'une manière générale, il convient d'exprimer les informations structurées (une bibliothèque, un rayon, un livre, etc.) sous la forme d'éléments, et les informations linéaires (le nom d'un rayon, le titre d'un livre, etc.) sous la forme d'attributs. Tout en tâchant de ménager l'avenir : si vous pensez qu'une information aujourd'hui linéaire a de fortes chances de devenir demain une information structurée, optez plutôt pour un élément.

Pourquoi utiliser XML ?

XML présente l'intérêt de vous permettre de décrire des données structurées très simplement.

Les *données structurées* sont des données imbriquées les unes dans les autres. Dans notre exemple, la bibliothèque contient des rayons qui contiennent des livres. Une description non structurée de votre bibliothèque serait une simple liste de livres.

Supposons que vous souhaitiez créer une application sur le Web pour gérer le catalogue des rayons et des livres de votre bibliothèque. Pour stocker les données relatives à ces rayons et à ces livres, vous auriez essentiellement deux possibilités :

» Créer des tables dans une base de données et décrire les relations entre ces tables.

» Tout stocker dans un fichier XML tel que celui qui vient d'être présenté.

Ainsi, il est possible de considérer un fichier XML comme une base de données.

Mais quand décider d'opter pour une base de données ou pour un fichier XML ? A vous de voir, vous êtes totalement libre de vos choix technologiques. Notez cependant les points suivants :

» L'accès à une base de données s'appuie sur un SGBD (système de gestion de bases de données) comme MySQL, qui vous propose un vaste ensemble de fonctionnalités très poussées pour gérer vos données (requêtes transactionnelles, contrôle d'accès, etc.). Si vous utilisez XML, vous ne disposerez d'aucune de ces fonctionnalités ; ce sera à vous de les programmer.

» Un SGBD est optimisé pour vous permettre de lire et d'écrire des données en grand volume très rapidement, alors que ces opérations sont très lentes en XML puisque vous devez lire et écrire dans un fichier *via* des fonctions standard du système.

Utilisez donc XML pour décrire des données en petit volume auxquelles l'accès sera très limité, comme par exemple un fichier de configuration qu'une application se contentera de lire et de modifier quelques fois durant son exécution.

XML est cependant parfois utilisé pour décrire d'importants volumes de données, lorsqu'il est utilisé pour échanger des données entre des applications connectées entre elles. Les applications sont programmées pour comprendre un même langage XML dans lequel les données qu'elles échangent sont décrites.

ATTENTION À L'ABUS DE XML !

XML est tellement révolutionnaire que tout le monde s'est jeté dessus... au point de l'utiliser à tort et à travers pour stocker n'importe quel type d'information. Par exemple, quand les développeurs devaient créer des fichiers de configuration pour leurs applications, ils utilisaient auparavant des fichiers binaires dans des formats toujours propriétaires. Quand cela est devenu possible (l'espace disque étant moins compté et des fonctions étant mises à disposition pour lire et écrire des fichiers de configuration), ils se sont mis à utiliser des fichiers au format INI :

```
[audio]
son=on
volume=100
[video]
largeur=1280
hauteur=480
```

Dorénavant, le premier réflexe d'un développeur sera plutôt d'écrire un fichier de configuration en XML :

```
<audio son="on" volume="100"/>
<video largeur="1280" hauteur="480"/>
```

Rien que de très normal, mais d'ici à décrire toutes les données d'une application en XML, il n'y a qu'un pas trop souvent vite franchi. On rencontre ainsi des fichiers XML énormes qui contiennent des données binaires transformées en texte (elles ne peuvent pas figurer autrement dans un document XML). En fait, rien ne justifie ce type de pratique si le fichier n'est destiné à être lu que par l'application.

Avant de recourir à XML pour décrire vos données, demandez-vous si vous allez vraiment tirer parti de ce que XML vous apporte : disposer de données structurées commentées sémantiquement pour en faciliter l'échange avec d'autres applications.

XSLT, la moulinette de XML

Maintenant que vous avez stocké la description de votre bibliothèque dans un fichier XML, il est temps d'en faire quelque chose. En particulier, en extraire des données pour les afficher dans une page Web. Pour cela, il faut utiliser XSLT.

XSLT par l'exemple

XSLT est l'abréviation d'eXtended Stylesheet Language Transformation. L'objet de XSLT est de vous permettre de décrire la manière dont un document XML doit être transformé en un autre document XML. Par exemple, comment transformer le fichier XML qui décrit votre bibliothèque en un fichier XHTML qui permettra d'afficher la description de votre bibliothèque dans un navigateur Web, comme sur la Figure 12.4.

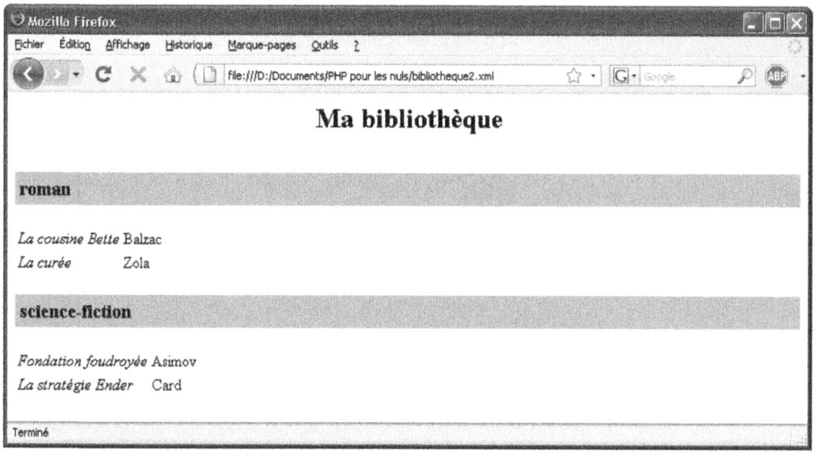

FIGURE 12.4 : Votre bibliothèque au format XHTML, affichée dans un navigateur.

Pour obtenir un tel résultat, vous devez rédiger une *feuille de style* (*stylesheet* en anglais), c'est-à-dire un document XSLT. XSLT étant un langage XML (encore !), vous ne serez pas dépaysé. Lancez le Bloc-notes et recopiez le document suivant :

```
<?xml version="1.0" encoding="iso-8859-1"?>
<xsl:stylesheet xmlns:xsl="http://www.w3.org/1999/XSL/Transform"
version="1.0">

<xsl:template match="bibliotheque">
      <html>
      <body>
            <div style="font-weight:bold;text-align:center;margin-
bottom:40px;font-size:20pt">Ma bibliothèque</div>
            <xsl:apply-templates/>
      </body>
      </html>
</xsl:template>

<xsl:template match="rayon">
      <div style="font-size:14pt;font-weight:bold;background-
color:silver;margin-top:20px;margin-bottom:20px;padding:5px">
            <xsl:value-of select="@genre"/>
      </div>
      <table>
```

```
            <xsl:apply-templates select="livre"/>
        </table>
</xsl:template>

<xsl:template match="livre">
        <tr>
            <td style="font-style:italic">
                <xsl:value-of select="@titre"/>
            </td>
            <td>
                <xsl:value-of select="@auteur"/>
            </td>
        </tr>
</xsl:template>

</xsl:stylesheet>
```

Sauvegardez ce document dans un fichier bibliotheque.xsl. Rechargez alors dans le Bloc-notes le fichier bibliotheque.xml, car il faut indiquer au navigateur qu'il doit le transformer en XHTML en s'appuyant sur la feuille de style que vous venez de rédiger. Pour cela, vous devez insérer une ligne immédiatement après la première, si bien que bibliotheque.xml doit ressembler à ceci :

```
<?xml version="1.0" encoding="iso-8859-1"?>
<?xml-stylesheet type=»text/xsl» href=»bibliotheque.xsl»?>

<bibliotheque>

  <rayon genre="roman">
    <livre auteur="Balzac" titre="La cousine Bette"/>
    <livre auteur="Zola" titre="La curée"/>
  </rayon>

  <rayon genre="science-fiction">
    <livre auteur="Asimov" titre="Fondation foudroyée"/>
    <livre auteur="Card" titre="La stratégie Ender"/>
  </rayon>

</bibliotheque>
```

Sauvegardez votre fichier bibliotheque.xml et chargez-le dans un navigateur. Si vous n'avez pas fait d'erreur, le navigateur affiche le résultat reproduit Figure 12.4.

Les principes de XSLT

Il n'est pas question d'entrer ici dans les détails de XSLT qui est une technologie assez complexe ; pour cela, reportez-vous à des ouvrages spécialisés de la collection ... *pour les Nuls* ou alors à des didacticiels sur le Web, ou à la spécification de XSLT rédigée par le W3C (le consortium qui spécifie des normes pour le Web). Ici, nous allons aborder XSLT dans ses principes, en mettant en œuvre de manière élémentaire certaines de ses règles les plus simples.

Vous pouvez trouver la spécification de XSLT sur le site du W3C à l'adresse www.w3.org/TR/xslt. Attention, s'il s'agit évidemment du document le plus complet, il est difficile à lire. De plus, il est rédigé en anglais !

Lorsque le navigateur charge le document bibliotheque.xml, il tombe sur l'instruction qui lui spécifie que le contenu de ce document doit être transformé à l'aide du document bibliotheque.xsl. Il va alors parcourir un à un les éléments et les attributs que contient bibliotheque.xml, vérifiant chaque fois s'il existe dans bibliotheque.xsl une règle qui lui indique comment il doit convertir l'élément ou l'attribut courant en XHTML. S'il trouve une règle, il l'applique, puis il passe à l'élément ou l'attribut suivant. Autrement, il passe directement à l'élément ou l'attribut suivant.

En effet, le fichier bibliotheque.xsl que nous venons d'utiliser contient toute une série de règles, décrites à l'aide d'éléments. Ces règles déterminent la manière dont un document rédigé en employant le langage XML que nous avons défini pour décrire une bibliothèque doit être transformé en XHTML :

- <xsl:template match="*élément*">. C'est la règle de base de toute feuille de style. Elle indique que tout élément dont le nom correspond à celui précisé *via* l'attribut match doit être affiché sous la forme du bloc de XHTML qui suit.
- <xsl:value-of select="@*attribut*">. Cette règle s'applique à l'élément courant. Elle indique que la valeur de l'attribut désigné *via* l'attribut select doit être affiché.
- <xsl:apply-template select="*élément*">. Cette règle s'applique à l'élément courant. Elle indique qu'il faut maintenant parcourir le contenu de cet élément et y appliquer les règles définies par <xsl:template>.

Toutes ces règles sont contenues dans un élément <xsl:stylesheet> que vous retrouvez dans n'importe quelle feuille de style.

Les valeurs des attributs match et select des règles sont des motifs (*patterns* en anglais) écrit dans un langage particulier nommé XPath. La syntaxe de XPath peut être singulièrement complexe. Par exemple, rayon[@genre=»roman»]/livre[@auteur=»balzac»] permet de désigner l'ensemble des éléments <livre> dont la valeur de l'attribut auteur est «balzac», ces éléments devant se trouver dans un élément <rayon> dont l'attribut genre prend pour valeur «roman». Et encore, il ne s'agit là que d'une des possibilités les plus triviales que vous offre XPath pour isoler certains éléments !

Pour bien comprendre comment fonctionne le mécanisme, voici étape par étape la manière dont les premiers éléments de bibiotheque.xml vont être transformés :

1. **Le navigateur rencontre l'élément <bibliotheque> qui devient l'élément courant. Il recherche une règle qui peut s'appliquer à cet élément. Il trouve la règle suivante :**

```
<xsl:template match="bibliotheque">
      <html>
      <body>
            <div style="font-weight:bold;text-align:center;margin-
bottom:40px;font-size:20pt">Ma bibliothèque</div>
            <xsl:apply-templates/>
      </body>
      </html>
</xsl:template>
```

2. **Le navigateur génère en sortie le bloc de XHTML suivant :**

```
<html>
<body>
<div style="font-weight:bold;text-align:center;margin-bottom:40px;font-
size:20pt">Ma bibliothèque</div>
```

   Il rencontre alors sur une nouvelle règle <xsl:apply-templates/> qui lui indique qu'il doit appliquer les règles <xsl:template> au contenu de l'élément courant.

3. **Le navigateur lit le contenu de l'élément <bibliotheque> et rencontre d'abord un élément <rayon genre=»roman»>, dont il fait l'élément courant. Il recherche une règle qui peut s'appliquer à cet élément, et trouve la règle <xsl:template> suivante :**

```
<xsl:template match="rayon">
      <div style="font-size:14pt;font-weight:bold;background-
color:silver;margin-top:20px;margin-bottom:20px;padding:5px">
            <xsl:value-of select="@genre"/>
      </div>
      <table>
            <xsl:apply-templates select="livre"/>
      </table>
</xsl:template>
```

4. **Le navigateur génère en sortie le bloc de XHTML suivant :**

```
<div style="font-size:14pt;font-weight:bold;background-color:silver;margin-top:20px;margin-bottom:20px;padding:5px">
```

Il rencontre alors une nouvelle règle <xsl:value-of select=»@genre»/> qui lui indique qu'il doit générer en sortie la valeur de l'attribut genre de l'élément courant. Il génère donc en sortie le bloc de XHTML suivant :

```
roman
```

5. **La règle <xsl:value-of> ayant été traitée, le navigateur reprend le cours de la règle <xsl:template> rencontrée en 3. Il génère alors en sortie le bloc de XHTML suivant :**

```
</div>
<table>
```

Il rencontre alors de nouveau une règle <xsl:apply-templates>, qui lui indique qu'il doit appliquer les règles <xsl:template> au contenu de l'élément courant.

6. **Le navigateur lit le contenu de l'élément <rayon genre=»roman»> et rencontre d'abord un élément <livre auteur=»Balzac» titre=»La cousine Bette»/>, dont il fait l'élément courant. Il recherche une règle qui peut s'appliquer à cet élément, et trouve la règle <xsl:template> suivante :**

```
<xsl:template match="livre">
      <tr>
            <td style="font-style:italic">
                  <xsl:value-of select="@titre"/>
            </td>
            <td>
                  <xsl:value-of select="@auteur"/>
            </td>
      </tr>
</xsl:template>
```

7. **Le navigateur génère en sortie le bloc de XHTML suivant :**

```
<tr>
<td style="font-style:italic">
```

Reprenant le cours de la règle <xsl:template> rencontrée en 6, le navigateur rencontre alors une nouvelle règle <xsl:value-of select=»@titre»/> qui lui indique qu'il doit générer en sortie la valeur de l'attribut titre de l'élément courant. Il génère donc en sortie le bloc de XHTML suivant :

```
La cousine Bette
```

Reprenant le cours de la règle <xsl:template> rencontrée en 6, le navigateur génère donc en sortie le bloc de XHTML suivant :

```
</td>
<td>
```

Reprenant le cours de la règle <xsl:template> rencontrée en 6, le navigateur rencontre alors une nouvelle règle <xsl:value-of select=»@auteur»/> qui lui indique qu'il doit générer en sortie la valeur de l'attribut auteur de l'élément courant. Il génère donc en sortie le bloc de XHTML suivant :

```
Balzac
```

Reprenant le cours de la règle <xsl:template> rencontrée en 6, le navigateur génère donc en sortie le bloc de XHTML suivant :

```
</td>
</tr>
```

8. **Reprenant le cours de la règle <xsl:apply-templates> rencontrée en 5, le navigateur passe à l'élément suivant de l'élément <rayon genre=»roman»>. Il rencontre alors l'élément <livre auteur=»Zola» titre=»La curée»/>, dont il fait l'élément courant. Il réitère un traitement semblable à celui décrit en 6, ce qui le conduit à générer en sortie le bloc de XHTML suivant :**

```
<tr>
<td style="font-style:italic">
La curée
</td>
<td>
Zola
</td>
</tr>
```

9. **Reprenant le cours de la règle <xsl:apply-templates> rencontrée en 5, le navigateur reprend l'élément <rayon> pour élément courant. Réalisant que cet élément ne contient plus rien, il achève l'interprétation de la règle. Il reprend alors le cours de la règle <xsl:template> rencontrée en 3 et génère en sortie le bloc XHTML suivant :**

```
</table>
```

Cela achève la règle <xsl:template> rencontrée en 3. Le navigateur reprendre le cours de la règle <xsl:apply-templates/> rencontrée en 2, ce qui va le conduire à transformer en XHTML la description XML du rayon suivant.

Au total, c'est le bloc XHTML suivant qui a été généré à la fin de l'étape 9 (indenté pour le rendre plus lisible) :

```
<html>
   <body>
      <div style="font-weight:bold;text-align:center;margin-
bottom:40px;font-size:20pt">Ma bibliothèque</div>
      <div style="font-size:14pt;font-weight:bold;background-
color:silver;margin-top:20px;margin-bottom:20px;padding:5px">
roman
      </div>
      <table>
         <tr>
               <td style="font-style:italic">
La cousine Bette
               </td>
               <td>
Balzac
               </td>
      </tr>

      <tr>
               <td style="font-style:italic">
La curée
               </td>
               <td>
Zola
               </td>
      </tr>
   </table>
```

Pourquoi utiliser XSLT ?

XSLT sert donc à transformer un document écrit dans un certain langage XML en un nouveau document écrit dans un autre langage XML. De votre point de vue de programmeur, vous utiliserez donc XSLT lorsque votre application devra communiquer des données à une autre application qui ne parle pas le même langage XML que la vôtre, comme le navigateur.

Il faut toutefois noter deux points :

» XSLT est une technologie complexe, qui vous permet de décrire des transformations ardues. Si vous concevez bien votre langage XML (voir «Concevoir une bonne grammaire», ci-avant dans ce chapitre), vous ne rencontrerez sans doute pas de difficultés, car vous n'aurez pas à entrer dans les subtilités de XSLT.

» XSLT permet de générer un document XML en sortie. Cela signifie qu'il est très compliqué de générer autre chose en sortie, et vous en ferez certainement l'expérience si vous cherchez par exemple à générer du code. Réfléchissez-y à deux fois avant d'utiliser XSLT pour générer autre chose que du XML : de nombreux programmeurs se sont arraché les cheveux avant d'y renoncer. Devenus chauves, ils ont réalisé qu'il était beaucoup plus simple de programmer eux-mêmes une fonction de transformation, sans passer par XSLT, même si cela était intellectuellement moins élégant.

XML, XSLT et PHP

Comme vous l'aurez constaté en ouvrant le fichier bibliotheque.xml dans un navigateur (sans que ce fichier soit lié à la feuille de style bibliotheque.xsl), le contenu d'un fichier XML peut être représenté sous la forme d'une arborescence d'éléments. De là, il n'y a qu'un pas à franchir pour représenter ces éléments sous la forme d'objets liés entre eux que vous pouvez manipuler par voie de programmation. C'est exactement ce que PHP vous propose.

Les extensions disponibles par défaut

Une surprise désagréable vous attend si vous vous référez à la documentation en ligne de PHP sur XML : il existe visiblement plusieurs extensions pour manipuler un document XML par voie de programmation, et les informations qui vous permettraient de faire votre choix ne sont pas du tout évidentes à trouver. Pour vous aider à y voir plus clair, voici un inventaire des extensions recensées :

» **DOM XML** : Cette extension permet de lire un document XML et de le convertir en une arborescence d'objets en une fois. Notez qu'il s'agit d'une mise à jour de l'extension DOM de PHP 4, laquelle ne doit donc plus être utilisée.

» **SimpleXML** : Considérez SimpleXML comme une version allégée de DOM XML. Cette extension expose des fonctionnalités plus faciles d'accès, mais aussi plus limitées : vous ne pouvez ici effectuer que les opérations les plus classiques. Une excellente solution si vous manipulez des documents XML dont la grammaire est simple (voir «Concevoir une bonne grammaire» ci-avant dans ce chapitre).

» **XML Parser** : Cette extension permet de lire un document XML progressivement, élément par élément, attribut par attribut. A l'inverse de ce que DOM XML et SimpleXML vous permettent, vous ne manipulez pas les éléments et les attributs sous la forme d'objets, mais sous celle de chaînes de caractères.

- **XML Reader** : Comme XML Parser, cette extension permet de lire un document XML progressivement, élément par élément, attribut par attribut, à la différence près que vous contrôlez ici le processus de lecture.
- **XML Writer** : Cette extension est le pendant de XMLReader, mais pour l'écriture. Elle vous permet donc d'écrire un document XML progressivement, élément par élément, attribut par attribut.
- **XSL** : Cette extension vous permet de procéder à des transformations de documents XML *via* XSLT.
- **XSLT** : Historiquement, une première extension pour permettre de transformer des documents XML par XSLT dans PHP. Cette extension est abandonnée dorénavant.

Autant pour les extensions livrées avec PHP; mais sachez enfin qu'il en existe de nombreuses autres développées par des tiers. N'hésitez pas à en rechercher sur le Web si celles-ci ne vous conviennent pas ! Pour notre part, nous allons utiliser SimpleXML, DOM et XSL dans les chapitres qui suivent. Mais auparavant, nous allons clarifier la typologie des solutions dont vous disposez.

SAX, DOM ou autres ? Push ou pull ?

Les solutions auxquelles vous pouvez recourir pour lire, manipuler et écrire des documents XML sont nommées «interpréteurs» (*parsers* en anglais). Il existe trois grands types d'interpréteurs :

- **Les interpréteurs DOM (Document Object Model).** Un interpréteur DOM charge la totalité du document XML puis le convertit en une arborescence d'objets en se référant à un modèle d'objets prédéfinis (en général, conforme au standard défini par le W3C). L'avantage est qu'il vous suffit de fournir le nom du fichier pour récupérer une arborescence d'objets. L'inconvénient est que si votre document XML est très volumineux, vous allez perdre du temps à le lire et occuper beaucoup de mémoire pour le conserver sous la forme d'une arborescence d'objets.
- **Les interpréteurs SAX (Simple API for XML).** C'est pour réduire le temps de lecture et économiser l'espace mémoire que ce type d'interpréteur a été inventé. Un interpréteur SAX lit progressivement un document XML, élément par élément, attribut par attribut. Du point de vue du programmeur, le fonctionnement est moins trivial, puisqu'il ne suffit plus d'appeler une fonction en lui fournissant le nom du fichier. En effet, il faut au minimum :
  - Spécifier une fonction qui sera appelée chaque fois que l'interpréteur rencontrera un élément de début comme <rayon>.
  - Spécifier une fonction qui sera appelée chaque fois que l'interpréteur rencontrera un élément de fin comme </rayon>.

- Spécifier une fonction qui sera appelée chaque fois que l'interpréteur rencontrera un attribut.

Par ailleurs, un interpréteur SAX ne construit pas pour vous de représentation du document XML sous la forme d'une arborescence d'objets. C'est à vous de le faire, avec les objets que vous devrez donc définir.

» **Les interpréteurs *pull*.** Poussant plus loin la logique des interpréteurs SAX et au-delà, un dernier type d'interpréteur a été inventé. Les interpréteurs de type pull fonctionnent comme des interpréteurs SAX, à ceci près que vous contrôlez la lecture du document XML, spécifiant par des appels de fonction que vous souhaitez lire le prochain élément ou le prochain attribut.

La distinction entre DOM, SAX et *pull* (tirer) est tout à fait commune, mais elle est un peu abusive. En fait, ces différents types d'interpréteurs se distinguent en fonction de deux critères : s'ils proposent un modèle objet du document et s'ils lisent le document automatiquement. Si vous considérez ce dernier critère, les interpréteurs DOM et SAX qui lisent automatiquement un document relèvent d'un même type, celui des interpréteurs dits *push* (pousser).

Lire et parcourir un document XML

L'extension SimpleXML constitue de loin la solution la plus simple pour commencer à manipuler des fichiers XML avec PHP. L'objectif sera ici de lire et d'afficher le contenu du document bibliotheque.xml sous la forme représentée ci-avant Figure 12.4.

Pour lire un fichier, utilisez la fonction simplexml_load_file (). Cette fonction vous retourne un objet SimpleXMLElement qui correspond au premier élément de votre document, en l'occurrence l'élément <bibliotheque> :

```
$xmlBibliotheque = simplexml_load_file ("bibliotheque.xml");
```

Cet élément contient éventuellement des éléments <rayon> qu'il faut parcourir. Pour en récupérer la liste, utilisez la méthode children () de SimpleXMLElement. Après avoir vérifié que cette liste n'est pas vide, vous pouvez en parcourir les éléments <rayon> et procéder à leur affichage. Pour vérifier que l'élément que vous rencontrez est le bon, consultez son nom *via* la méthode getName () de l'objet SimpleXMLElement :

```
$xmlChildren = $xmlBibliotheque->children ();
if (!sizeof ($xmlChildren))
   echo ("La bibliothèque est vide !");
else
{
   $html = "";
```

```
    foreach ($xmlChildren as $xmlChild)
    {
       if ($xmlChild->getName () == "rayon")
          $html .= afficherRayon ($xmlChild);
    }
    echo ($html);
 }
```

L'affichage d'un élément <rayon> reprend la même logique. Il s'agit de vérifier si l'élément contient des éléments <livre> et d'afficher un message si ce n'est pas le cas, et la liste de ces éléments autrement :

```
function afficherRayon ($xmlRayon)
{
      $xmlChildren = $xmlRayon->children ();
      if (!sizeof ($xmlChildren))
            $html = "La bibliothèque est vide !";
      else
      {
            $html = "<div style='font-size:14pt;font-
weight:bold;background-color:silver;margin-top:20px;margin-
bottom:20px;padding:5px'>";
            $attributes = $xmlRayon->attributes ();
            $html .= $attributes["genre"];
            $html .= "</div>";
            $html .= "<table>";
            foreach ($xmlChildren as $xmlChild)
            {
                  if ($xmlChild->getName () == "livre")
                        $html.= afficherLivre ($xmlChild);
            }
            $html .= "</table>";
      }
      return ($html);
}
```

Idem pour l'affichage des éléments <livre> que l'élément <rayon> contient éventuellement :

```
function afficherLivre ($xmlLivre)
{
      $attributes = $xmlLivre->attributes ();
      $html = "<tr><td style='font-style:italic'>";
      $html .= $attributes["titre"];
      $html .= "</td><td>";
```

```
		$html .= $attributes["auteur"];
		$html .= "</td></tr>";
		return ($html);
}
?>
```

Comme vous pouvez le constater, les attributs d'un élément et leurs valeurs sont accessibles *via* un tableau associatif retourné par un appel à la méthode attributes () de SimpleXMLElement. Difficile de faire plus simple.

Au total, le script se présente ainsi :

```
<?php
header ("Content-type: text/html; charset=utf-8");
?>

<html>
<body>
<div style="font-weight:bold;text-align:center;margin-bottom:40px;font-
size:20pt">Ma bibliothèque</div>

<?php
// Lire le document XML

$xmlBibliotheque = simplexml_load_file ("bibliotheque.xml");

// Afficher le contenu

$xmlChildren = $xmlBibliotheque->children ();
if (!sizeof ($xmlChildren))
	echo ("La bibliothèque est vide !");
else
{
	$html = "";
	foreach ($xmlChildren as $xmlChild)
	{
		if ($xmlChild->getName () == "rayon")
			$html .= afficherRayon ($xmlChild);
	}
	echo ($html);
}

// Afficher un rayon

function afficherRayon ($xmlRayon)
```

```
{
      $xmlChildren = $xmlRayon->children ();
      if (!sizeof ($xmlChildren))
            $html = "La bibliothèque est vide !";
      else
      {
            $html = "<div style='font-size:14pt;font-
weight:bold;background-color:silver;margin-top:20px;margin-
bottom:20px;padding:5px'>";
            $attributes = $xmlRayon->attributes ();
            $html .= $attributes["genre"];
            $html .= "</div>";
            $html .= "<table>";
            foreach ($xmlChildren as $xmlChild)
            {
                  if ($xmlChild->getName () == "livre")
                        $html.= afficherLivre ($xmlChild);
            }
            $html .= "</table>";
      }
      return ($html);
}

// Afficher un livre

function afficherLivre ($xmlLivre)
{
      $attributes = $xmlLivre->attributes ();
      $html = "<tr><td style='font-style:italic'>";
      $html .= $attributes["titre"];
      $html .= "</td><td>";
      $html .= $attributes["auteur"];
      $html .= "</td></tr>";
      return ($html);
}
?>

</body>
</html>
```

Notez bien la première instruction du script, car elle est importante :

```
header ("Content-type: text/html; charset=utf-8");
```

Cette instruction spécifie à PHP que le contenu du document XML est encodé en UTF-8. Pourquoi UTF-8 alors que nous utilisions jusqu'alors ISO-8859-1 ? Pour éviter les problèmes qui peuvent se poser lorsque vous échangez des caractères accentués entre plusieurs logiciels, ce qui ne manque jamais de survenir lorsque vous réalisez une application Web. En effet, vos caractères sont échangés entre un navigateur, Apache, PHP et MySQL, qui doivent donc tous bien se comprendre.

UTF-8, LE FORMAT DE CARACTÈRES QUI SIMPLIFIE LA VIE

UTF-8 est l'acronyme de UCS Transformation Format 8 bits. Il s'agit d'un standard définissant la manière dont l'identifiant unique d'un caractère va être codé en mémoire. La particularité de UTF-8 est de coder cet identifiant sous la forme d'un nombre d'octets variable, jusqu'à 4 octets, ce qui permet d'adresser un jeu de caractères astronomique, couvrant bientôt tous les caractères de tous les langages de la planète. Une fois que vous avez spécifié que vous travaillez en UTF-8, vous n'avez plus à vous demander si vous pouvez afficher un caractère d'une langue étrangère : ce sera bien toujours le cas.

Solution antérieure, conçue à l'époque où la mémoire était rare et devait donc être économisée, le standard ISO-8859 spécifie que l'identifiant d'un caractère est codé sous la forme d'un seul octet. Dès lors, il n'est possible d'adresser que 256 caractères différents. Ce nombre étant très inférieur à celui de tous les caractères de tous les langages, il a fallu définir des jeux de caractères différents en fonction de pays ou de groupes de pays, dont l'ISO-8859-1 qui correspond aux caractères dits «latins». Si vous souhaitez afficher dans vos pages des caractères qui ne sont pas compris dans le jeu de caractères ISO-8859-1, vous devez changer de jeu de caractères. Or cette opération peut s'avérer très pénible, puisqu'il faut éventuellement intervenir à plusieurs niveaux (le navigateur, PHP, MySQL, etc.), de manière toujours spécifique (un en-tête à rajouter, une option à modifier dans un fichier de configuration, etc.).

Les fonctions de manipulation de chaîne de caractères de PHP ne reconnaissent pas encore par défaut les caractères encodés en UTF-8 ; elles fonctionnent en ISO-8859. Si vous manipulez du texte en UTF-8, vous devrez donc utiliser les fonctions dédiées de l'extension mbstring, comme par exemple mb_strlen () pour compter les caractères en lieu et place de strlen (). A défaut, vous pouvez utiliser les fonctions utf8_encode () et utf8_decode () pour convertir des chaînes de caractères ISO-8859-1 en UTF-8 et inversement. Notez que PHP 6 reconnaîtra par défaut les caractères encodés en UTF-8 : une bonne raison de plus pour adopter la norme dès maintenant !

Pour utiliser UTF-8, vous devez respecter certaines conditions :

» Déclarer que le contenu de votre document XML est en UTF-8 *via* l'attribut encoding du premier élément :

```
<?xml version="1.0" encoding="utf-8"?>
```

» Déclarer que le contenu de votre page Web est en UTF-8 *via* l'attribut charset d'un en-tête Content-type :

```
header ("Content-type: text/html; charset=utf-8");
```

» Sauvegarder le document XML en UTF-8. Pour cela, utilisez les options de votre éditeur de texte favori. TextPad est un excellent substitut au Bloc-notes qui vous permet de le faire. Lorsque vous sauvegardez un fichier, déroulez la liste Encoding et sélectionnez UTF-8 (voir Figure 12.5).

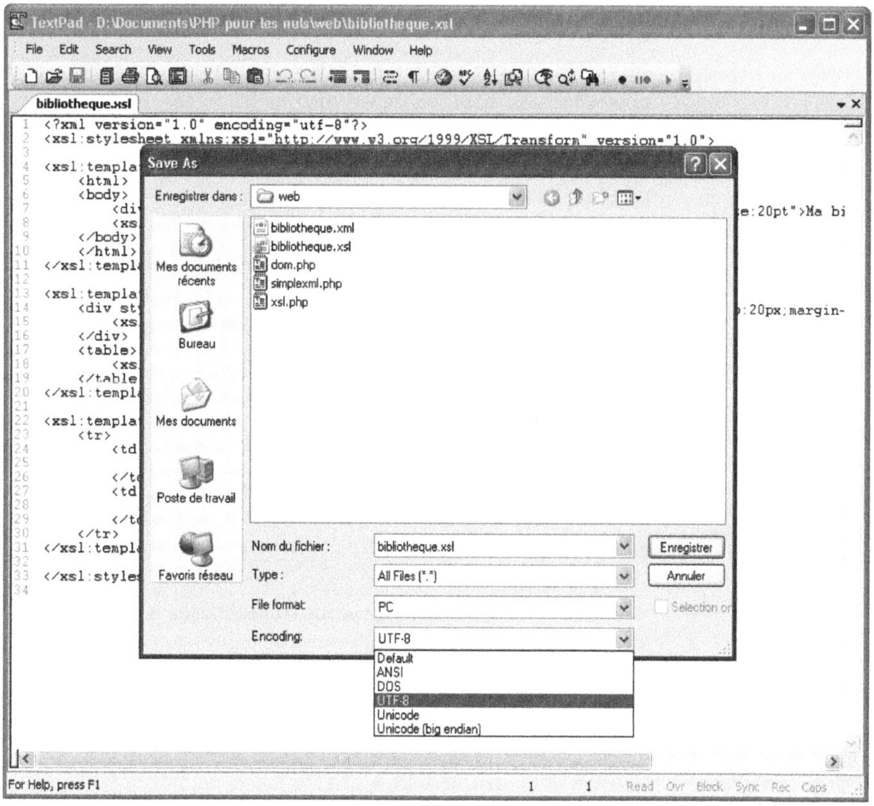

FIGURE 12.5 : Sauvegarder un document XML en UTF-8 avec TextPad.

Modifier et sauvegarder un document XML

Nous n'avons pas passé en revue toutes les fonctionnalités de SimpleXML, mais ces dernières sont néanmoins très limitées. Par exemple, l'extension ne vous propose pas de solution pour supprimer un élément. Pour cela, vous devez passer par l'extension DOM.

Pour vous faire une idée du différentiel de complexité entre SimpleXML et DOM, voici l'équivalent du programme que nous venons d'écrire avec SimpleXML pour DOM :

```
<?php
header ("Content-type: text/html; charset=utf-8");
?>

<html>
<body>
<div style="font-weight:bold;text-align:center;margin-bottom:40px;font-
size:20pt">Ma bibliothèque</div>

<?php
// Lire le document XML

$xmlDocument = new DOMDocument ("1.0", "utf-8");
$xmlDocument->load ("bibliotheque.xml");
$xmlBibliotheque = $xmlDocument->documentElement;

// Afficher le contenu

if (!$xmlBibliotheque->hasChildNodes ())
	echo ("La bibliothèque est vide !");
else
{
	$html = "";
	foreach ($xmlBibliotheque->childNodes as $xmlChild)
	{
		if ($xmlChild->nodeType != XML_ELEMENT_NODE)
			continue;
		if ($xmlChild->tagName == "rayon")
			$html .= afficherRayon ($xmlChild);
	}
	echo ($html);
}

// Afficher un rayon

function afficherRayon ($xmlRayon)
{
	if (!$xmlRayon->hasChildNodes ())
```

```
            echo ("La bibliothèque est vide !");
        else
        {
            $html = "<div style='font-size:14pt;font-
weight:bold;background-color:silver;margin-top:20px;margin-
bottom:20px;padding:5px'>";
            $html .= $xmlRayon->getAttribute ("genre");
            $html .= "</div>";
            $html .= "<table>";
            foreach ($xmlRayon->childNodes as $xmlChild)
            {
                if ($xmlChild->nodeType != XML_ELEMENT_NODE)
                    continue;
                if ($xmlChild->tagName == "livre")
                    $html .= afficherLivre ($xmlChild);
            }
            $html .= "</table>";
            return ($html);
        }
}

// Afficher un livre

function afficherLivre ($xmlLivre)
{
        $html = "<tr><td style='font-style:italic'>";
        $html .= $xmlLivre->getAttribute ("titre");
        $html .= "</td><td>";
        $html .= $xmlLivre->getAttribute ("auteur");
        $html .= "</td></tr>";
        return ($html);
}
?>

</body>
</html>
```

Les changements ne sont pas dramatiques : c'est surtout à l'usage que SimpleXML se révèle plus simple à utiliser que DOM. Le chargement du document XML est opéré *via* la méthode load () de l'objet DOMDocument :

```
$xmlDocument = new DOMDocument ("1.0", "utf-8");
$xmlDocument->load ("bibliotheque.xml");
```

L'objet DOMDocument contient une propriété documentElement qui vous permet de récupérer une référence sur l'objet DOMElement représentant l'élément racine du document, c'est-à-dire l'élément <bibliotheque> :

```
$xmlBibliotheque = $xmlDocument->documentElement;
```

De là, vous pouvez parcourir les enfants de l'élément après avoir vérifié qu'il en dispose *via* un appel à sa méthode hasChildNodes (). Les enfants vous sont retournés sous la forme d'un objet DOMNodeList (une liste d'objets DOMNode, dont dérive DOMElement) que vous pouvez parcourir comme n'importe quelle liste car il est doté d'un itérateur :

```
if (!$xmlBibliotheque->hasChildNodes ())
      echo ("La bibliothèque est vide !");
else
{
      $html = "";
      foreach ($xmlBibliotheque->childNodes as $xmlChild)
      {
            if ($xmlChild->nodeType != XML_ELEMENT_NODE)
                  continue;
            if ($xmlChild->tagName == "rayon")
                  $html .= afficherRayon ($xmlChild);
      }
      echo ($html);
}
```

Notez au passage que la boucle foreach () comporte un test sur la propriété de l'objet DOMNode courant. Ce test permet de vérifier que le nœud courant est bien un élément au sens de la norme XML. En effet, comme le précise la norme XML établie par le W3C, il existe 18 types de nœuds, dont les plus connus sont les éléments, les attributs, le texte, les instructions (elles sont délimitées par <? et ?> dans un fichier XML, comme <?xml version=»1.0» encoding=»utf-8»?>). Les nœuds de type texte correspondent à toute forme de texte figurant entre les éléments ; ils peuvent apparaître si vous effectuez des retours à la ligne entre les éléments ou si vous les séparez par des espaces et des tabulations.

Maintenant que vous disposez d'une représentation de votre document sous DOM, vous pouvez utiliser les fonctionnalités de l'extension pour ajouter, supprimer ou modifier des éléments et des attributs :

» **Pour ajouter un élément**, créez l'élément avec la méthode createElement () de l'objet DOMDocument et ajoutez-le à son élément parent *via* la méthode appendChild () de ce dernier :

```
$xmlRayon = $xmlDocument->createElement ("rayon");
$xmlBibliotheque->appendChild ($xmlRayon);
```

» **Pour supprimer un élément**, parcourez la liste des enfants de son élément parent pour l'isoler et utilisez la méthode removeChild () du parent :

```
foreach ($xmlBibliotheque->childNodes as $xmlChild)
{
   if ($xmlChild->nodeType != XML_ELEMENT_NODE)
      continue;
   if (($xmlChild->tagName == "rayon") && ($xmlChild->getAttribute
("genre") == "science-fiction"))
   {
      $xmlBibliotheque->removeChild ($xmlChild);
      break;
   }
}
```

» **Pour ajouter un attribut**, utilisez la méthode setAttribute () de l'élément :

```
$xmlRayon->setAttribute ("genre", "sociologie");
```

» **Pour supprimer un attribut**, utilisez la méthode removeAttribute de l'élément :

```
$xmlRayon->removeAttribute ("genre");
```

Vous ne pouvez pas modifier le nom d'un élément ou d'un attribut : il vous faut pour cela les supprimer et les recréer.

Une fois que vous avez effectué toutes vos modifications, vous pouvez sauvegarder le document XML sous la forme d'un fichier en utilisant la méthode save () de l'objet DOMDocument :

```
$xmlDocument->save ("bibliotheque2.xml");
```

Transformer un document XML

La dernière étape consiste à transformer le document bibliotheque.xml à l'aide de la feuille de style bibliotheque.xsl que nous avons rédigée antérieurement. Pour cela, nous allons utiliser l'extension XSL, qui contient un objet nommé XSLTransform.

L'opération consiste à charger le document XML, d'une part, et la feuille de style, d'autre part, ce pour quoi nous nous appuyons sur DOM. Il suffit alors d'instancier l'objet XSLTProcessor et de fournir des références aux modèles objets des documents à sa méthode transformToDoc (). Le résultat est un document XHTML qu'il est possible d'afficher *via* la méthode saveHTML () de l'objet DOMDocument.

Le code complet est ainsi extrêmement court :

```
<?php
header ("Content-type: text/html; charset=utf-8");

// Lire le document XML

$xmlSource = new DOMDocument ("1.0", "utf-8");
$xmlSource->load ("bibliotheque.xml");

// Lire la feuille de style

$xmlStylesheet = new DOMDocument ("1.0", "utf-8");
$xmlStylesheet->load ("bibliotheque.xsl");
$xslTransfom = new XSLTProcessor ();
$xslTransfom->importStylesheet ($xmlStylesheet);

// Transformer et afficher le document

$xmlDestination = $xslTransfom->transformToDoc ($xmlSource);
echo ($xmlDestination->saveHTML ());
?>
```

Comme vous pouvez le constater, le recours à une feuille de style permet de se dispenser d'écrire bien des lignes de code PHP mêlé à du code XHTML. Mais pas de se dispenser d'écrire du code, car il vous reste toujours à écrire la feuille de style, bien sûr !

N'oubliez pas que si vous utilisez UTF-8, vous devez le mentionner dans votre feuille de style et sauvegarder cette dernière dans ce format.

4 Applications

DANS CETTE PARTIE...

Dans cette partie, vous allez voir comment reprendre la planification que nous avons définie dans la première partie, les informations concernant MySQL qui ont été apprises dans la deuxième partie et les éléments concernant PHP provenant de la troisième partie, pour en faire un tout et réaliser ainsi une application de base de données sur le Web. Dans les Chapitres 11 et 12, je vous présenterai en détail deux exemples d'applications complets avec les bases de données et les programmes correspondants. Dans le Chapitre 16, vous découvrirez concrètement comment échanger plus efficacement des données avec le serveur en évitant d'avoir à recharger la page à chaque requête. Ce sera l'occasion de mettre à profit votre connaissance de la programmation objet et de XML en PHP

Chapitre 13

Rasssemblons les éléments

DANS CE CHAPITRE :

- **Organisation de l'ensemble d'une application.**
- **Organisation de chacun des programmes.**
- **Sécurisation de l'application.**
- **Documentation de l'application.**

Dans les précédents chapitres de ce livre, je vous ai présenté les outils dont vous avez besoin pour construire votre application de base de données sur le Web. Vous voici maintenant prêt à rassembler toutes ces notions pour en faire un tout. Pour cela, voici les trois étapes que vous devez parcourir et que nous allons étudier en détail dans ce chapitre :

- Organisation.
- Sécurisation.
- Documentation.

Organisation de l'application

Vous avez tout intérêt à bien organiser votre application. En ce qui concerne PHP, qu'il y ait huit millions de lignes ou une seule, cela n'a aucune importance. Pas plus que les indentations, retours à la ligne et, d'une façon générale, la mise en page des instructions. Par contre, ce ne sont pas des machines mais des hommes qui assurent l'écriture et la maintenance des programmes, aussi l'apparence des choses prend-elle de l'importance. On peut distinguer deux niveaux dans une application :

» **Le niveau application.** Pour la plupart des applications, plusieurs programmes sont nécessaires. Vous devez répartir les fonctionnalités de l'application en un ensemble bien organisé de programmes.

» **Le niveau programmation.** La plupart des programmes effectuent plusieurs tâches. Aussi devez-vous répartir les tâches en sections à l'intérieur de ce programme.

Le niveau application

En général, les applications de bases de données sur le Web consistent en un programme par page Web. Vous pouvez, par exemple, avoir un programme affichant un formulaire destiné à collecter des informations et un autre qui rangera ces informations dans une base de données puis affichera un message en avisant le visiteur.

On peut aussi organiser une application à raison d'un programme par tâche principale. Par exemple, vous pouvez avoir un programme affichant le formulaire et un autre qui range les données dans une base de données. Pour les applications Web, la plupart des tâches importantes impliquent l'affichage d'une page : une pour collecter des informations, une pour donner des détails au visiteur sur un produit, une pour ranger les données dans une base de données... Et quand tout cela sera fait, n'oubliez pas d'afficher une confirmation au visiteur afin qu'il sache que les éléments qu'il vous a fournis sont maintenant en sécurité.

Un programme par tâche ou un programme par page n'est pas une règle absolue. Simplement un guide. La seule règle concernant l'organisation est qu'elle doit être claire et facile à comprendre. C'est là affaire de subjectivité. Par exemple, le catalogue des animaux ne requiert pas une organisation complexe. On peut avoir une première page présentant les différents types d'animaux (chat, chien, oiseau...) dans laquelle le visiteur va faire son choix. Après cela, la page suivante va montrer tous les spécimens correspondant au type choisi. Nous aboutissons ainsi à deux programmes : le premier affichant les types d'animaux ; le second détaillant ce qui existe à l'intérieur de ce type.

Voici quelques éléments supplémentaires concernant l'organisation de vos programmes :

» **Choisissez des noms évocateurs pour vos programmes.** Le nom d'un programme contribue à la clarté de l'organisation et à la bonne documentation de l'application. Par exemple, les noms des deux programmes que nous venons d'évoquer pourraient être : `montrerTypes.php` et `montrerAnimaux.php`. Certains préfèrent adopter une capitale pour l'initiale de leurs programmes, ce qui donnerait ici : `MontrerTypes.php` et `MontrerAnimaux.php`. Si vous travaillez sous Windows, cela n'a aucune importance, mais sous Linux/UNIX, c'est fondamental, puisque ces systèmes d'exploitation tiennent compte de la casse des noms de fichiers.

- **Placez les programmes dans des sous-répertoires ayant eux aussi des noms évocateurs.** Par exemple, placez tous les fichiers d'images dans le sous-répertoire `images`. Si vous n'avez que trois fichiers de ce type, vous pouvez les mettre dans le même répertoire que les programmes, mais si vous en avez un certain nombre, mieux vaut les séparer. Cela vous fera gagner du temps pour les retrouver.

Le niveau programmation

Un programme bien organisé est quelque chose d'important pour les raisons suivantes :

- **Il est plus facile à écrire.** Meilleure est son organisation et plus il sera facile de le relire et de comprendre ce qu'il fait. Sa mise au point en sera facilitée.
- **Il est plus facile à comprendre par d'autres.** Si quelqu'un d'autre reprend votre programme, mieux vaut qu'il comprenne clairement ce que vous avez voulu faire. Vous ne savez pas ce que l'avenir vous réserve et qui devra continuer votre ouvrage.
- **Sa maintenance est plus facile.** Quel que soit le soin apporté à sa mise au point, le risque existe de découvrir tôt ou tard quelque chose qui ne marche pas comme vous l'escomptiez. Meilleure sera l'organisation du programme et plus il sera facile pour vous de trouver le détail qui cloche. Surtout si vous devez y remettre le nez six mois plus tard !
- **Il est plus facile à modifier.** Tôt ou tard, il pourra devenir nécessaire de modifier le programme. Les besoins de l'utilisateur auront pu changer, de nouveaux impératifs commerciaux apparaître, la technologie évoluer, le trou de la couche d'ozone s'agrandir... Quelle que puisse en être la raison, vous devrez en passer par là. A ce moment, vous devrez retrouver ce que fait le programme et comment il le fait afin d'opérer la modification rapidement et en douceur. Ce sera plus facile s'il est bien organisé. Je vous assure que vous ne vous rappellerez plus des détails. Vous devrez néanmoins être capable de comprendre ce que faisait ce programme.

L'application des règles suivantes vous conduira à écrire des programmes bien organisés. J'ai hésité à les appeler *règles* parce qu'elles ne sont pas intangibles, et que telle ou telle circonstance peut vous conduire à les transgresser. Cependant, je vous recommande vivement de réfléchir à deux fois avant de vous en écarter.

- **Répartissez les instructions en sections à raison d'une par tâche.** Placez en tête de chaque section un commentaire expliquant ce que fait cette section. Séparez les sections les unes des autres par des lignes vierges. Pour le catalogue des animaux, par exemple, on pourrait avoir trois tâches, donc trois sections :

1. **Affichage d'un texte de présentation et des instructions d'utilisation. Le commentaire précédant cette section pourrait être `/* Texte de présentation */` (ou `// Texte de présentation`, cette seconde forme étant de loin préférable à la précédente puisqu'on ne risque pas d'oublier de refermer le commentaire). Cette section peut être elle-même subdivisée si les instructions sont compliquées.**

2. **Extraction d'une liste d'animaux à partir de la base de données. Ici encore, si cette section est longue, n'hésitez pas à la subdiviser : 1 - connexion à la base ; 2 - exécution de la requête `SELECT` et 3 - rangement des données dans les variables.**

3. **Création d'un formulaire d'affichage des types d'animaux. Les formulaires sont souvent longs et compliqués, aussi peut-il s'avérer utile de les subdiviser en plusieurs sections.**

Usez avec libéralité des indentations. Indentez chaque bloc d'instructions PHP (par exemple, les blocs `if` et les blocs `while`) comme je l'ai fait dans les exemples de ce livre. Lorsque les blocs sont imbriqués, indentez chaque nouvelle imbrication. Il est bien plus facile de repérer ainsi le début et la fin de chaque bloc, et donc de comprendre la logique du programme. Vous pouvez faire de même pour les commandes HTML. Dans un formulaire, vous pouvez indenter tout ce qui se trouve entre les balises `<form>` et `</form>`, et dans un tableau, tout ce qui se trouve entre `<table>` et `</table>`.

Abusez des commentaires. Débutez chaque programme par un commentaire expliquant ce qu'il fait. Placez-en au début de chaque section pour expliquer son fonctionnement. Mettez-en aussi dans chaque séquence dont la logique ne saute pas aux yeux ou bien lorsque quelque chose est écrit de façon inhabituelle. N'oubliez pas quelques mots de commentaires à la fin de chaque instruction : un mot ou deux peuvent plus tard se révéler utiles.

Ecrivez des instructions simples. Ne cherchez pas à écrire des instructions trop concises, ce serait souvent au détriment de leur lisibilité. Imbriquer six appels de fonctions peut vous épargner un peu de frappe, mais gare aux parenthèses fermantes ! Et quant à voir clairement ce que calcule cet enchevêtrement...

Réutilisez des blocs d'instructions. Si vous vous apercevez que vous tapez et retapez un même groupe d'instruction à plusieurs endroits du programme, il est préférable de placer ce groupe dans un autre fichier qui sera inclus chaque fois que vous en aurez besoin (nous verrons comment, un peu plus loin dans ce même chapitre). Ou bien faites-en une fonction, comme nous l'avons vu au Chapitre 7 : `lireDonnees();` est plus facile à comprendre que dix instructions lisant des données. De plus, il est évidemment préférable et moins risqué de modifier une fonction ou un fichier inclus que de transformer vingt fois une instruction identique dans un programme.

Utilisez des constantes nommées. Si votre programme utilise plusieurs fois la même constante (un taux de TVA, par exemple), définissez sa valeur en tête du programme en écrivant : `define ("TVA", 1.196);`. Si ce taux varie, vous n'aurez à changer qu'une seule fois sa valeur et vous ne risquerez pas d'oublier une de ses occurrences dans le programme. Les constantes sont décrites dans le Chapitre 6.

L'instruction `include`

Avec PHP, vous pouvez *inclure* une ou plusieurs fois dans votre programme un groupe d'instructions contenues dans un fichier externe. Comme nous venons de le dire dans la section précédente, c'est très pratique lorsque ces instructions apparaissent à plusieurs endroits du programme. La forme générale de cette instruction est la suivante :

```
include("klj\ä□efboï);
```

Le fichier peut avoir n'importe quel nom et n'importe quelle extension. Personnellement, je préfère l'extension .inc. Ce fichier peut aussi contenir n'importe quoi : du PHP comme du HTML ou même du texte ordinaire. S'il contient du PHP, il faut bien sûr l'encadrer avec les balises usuelles <?php et ?>, faute de quoi son contenu serait considéré comme du HTML et affiché tel quel.

Voici quelques utilisations possibles de fichiers inclus dans un programme :

- **Contenir le plus possible du code HTML.** Si, par exemple, votre programme affiche un formulaire, vous pouvez placer tout le contenu des balises `<form>` dans un fichier externe. De cette façon votre programme sera plus court à écrire (et donc plus facile à relire) si vous devez afficher plusieurs fois ce formulaire.
- **Stocker les informations de base nécessaires pour accéder à une base de données.** Par exemple les variables suivantes :

```
<?php
$host="localhost";
$user="root";
$password="";
?>
```

Les délimiteurs `<?php` et ?> sont requis car la directive `include` va insérer lle fichier au format HTML. Placez une directive `include` pour le fichier contenant ces définitions en tête de chaque programme devant accéder à votre base de données. Ainsi, si votre mot de passe vient à changer, vous n'aurez à faire la modification qu'une seule fois, dans un seul fichier. De plus, il s'agit d'une situation dans laquelle vous avez intérêt, pour des raisons de sécurité, à utiliser un nom de fichier un tant soit peu tarabiscoté, plutôt que le trop simple à deviner `mot_de_passe_ultra_secret.inc`.

» **Contenir vos fonctions utilisateur.** Elles n'ont nul besoin d'être écrites dans le programme même qui les utilise. Si vous avez plusieurs fonctions, regroupez-les par fonctionnalités (par exemple dans fonct_data.inc et fonct_form.inc) et placez les include nécessaires en tête des programmes qui les appellent.

» **Regrouper les instructions partagées par tous les fichiers de votre site Web.** Beaucoup de sites Web comportent de nombreuses pages qui ont plusieurs éléments en commun. Ainsi, tous les documents HTML commencent par <html>, <head>, <title> ou encore <body>. Créez par exemple un fichier que vous appellerez html.inc et qui contiendra :

```
<HTML>
<HEAD>
<TITLE>
<TITLE><?php echo $titre ?></TITLE>
</HEAD>
<BODY TOPMARGIN="0">
<P ALIGN="CENTER">
<IMG SRC="LOGO.GIF" WIDTH="100" HEIGHT="200">
<HR COLOR="red">
```

Vous pourrez commencer ainsi chaque document HTML :

```
$titre = "Page d'introduction";
include_once("html.inc");
```

Cela vous fera gagner bien du temps pour la saisie comme pour les modifications et vous aidera à mieux comprendre dans quelques semaines ce que font réellement vos pages.

include_once est une variante de include qui permet d'éviter que des fichiers comportant des variables de même nom s'écrasent mutuellement.

Le nom de fichier peut être exprimé sous forme de variable, comme dans cette instruction :

```
include("$monfichier");
```

Vous pourriez ainsi avoir différents messages pour différents jours :

```
$aujourdhui = date ("D");
include($aujourdhui.".inc");
```

Si nous sommes dimanche et que vous avez prévu un fichier par jour, vous pourriez envoyer la ligne HTML suivante dans dimanche.inc :

```
<p>Soit cool ! Tu peux dormir. C'est jour de repos.</p>
```

Et ainsi de suite pour les autres jours de la semaine. Dans cet exemple, la variable $aujourdhui contient le nom du jour sous une forme éventuellement abrégée. La fonction date() a été vue dans le Chapitre 6. La seconde instruction réalise l'inclusion du fichier voulu en fonction du jour courant.

La protection des fichiers inclus est une question importante. La meilleure façon de procéder consiste à les enregistrer dans un répertoire extérieur à votre espace Web afin que les visiteurs de votre site ne puissent pas y accéder.

Il est possible de définir à cet effet un répertoire spécifique. Pour cela, et à condition d'être l'administrateur de PHP, il suffit d'éditer le fichier php.ini (décrit dans l'Annexe B). Recherchez la ligne include_path et entrez-y le nom de votre répertoire préféré. Supprimez si nécessaire le point-virgule qui peut être placé au début de cette ligne. Voici par exemple comment renseigner le paramètre include_path de php.ini :

```
include_path=".;d:\include";           # pour Windows
include_path=".:/user/local/include";  # pour Unix/Linux/Mac
```

Ces deux instructions spécifient un répertoire dans lequel PHP recherchera les fichiers inclus. Le premier est un point signifiant : «le répertoire courant». Il est suivi d'une seconde indication définissant un certain chemin d'accès. Vous pouvez spécifier autant d'entrées que vous le souhaitez. PHP cherchera les fichiers déclarés après include dans l'ordre où elles sont définies. Sous Windows, les noms des répertoires doivent être délimités par un point-virgule. Sous Unix/Linux, on emploie le double point.

Si vous n'êtes pas autorisé à éditer php.ini, vous pouvez définir le chemin d'accès aux fichiers inclus pour chaque script au moyen de l'instruction :

```
ini_set("include_path","d:\cache");
```

La variable système include_path est alors initialisée avec le répertoire spécifié. Mais n'oubliez pas que cette instruction ne vaut que pour le script dans lequel elle figure. Les autres pages du site ne sont pas concernées.

Pour inclure un fichier, il vous suffit ensuite d'utiliser son nom sans avoir à préciser le chemin d'accès. Par exemple :

```
include("motspassesecrets.inc");
```

Dans le cas où le dossier dans lequel se trouve le fichier à inclure n'a pas été prédéfini, vous devrez spécifier son chemin d'accès complet. Le nom suffit si le fichier se trouve dans le même répertoire que le programme. S'il se trouve dans un sous-répertoire ou dans un emplacement caché, en dehors de l'espace Web, le chemin d'accès devra être entièrement décrit. Par exemple :

```
include("d:/cache/motspassesecrets.inc");
```

Utilisation de fonctions

Pour une bonne organisation de vos programmes, utilisez souvent des fonctions (voir le Chapitre 7). C'est un moyen commode pour exécuter des tâches répétitives à plusieurs endroits d'un même programme ou dans plusieurs programmes. Une fois la fonction écrite et testée, vous êtes certain qu'elle marche et elle devient un outil de plus dans votre boîte à outils logicielle.

Songez que votre programme sera plus facile à lire et à comprendre avec une ligne comme celle-ci :

```
litDonnéesMembres();
```

qu'avec vingt lignes d'instructions qui réalisent exactement le même travail. Lorsque vous aurez écrit suffisamment de programmes PHP, vous vous trouverez à la tête d'un bon nombre de fonctions. Vous constaterez rapidement que plusieurs de celles que vous avez écrites pour d'autres applications sont réutilisables. Si, par exemple, vous avez souvent besoin d'afficher la liste des départements, autant faire appel à une fonction lireDépartements() qui vous renvoie un tableau contenant les noms de ces structures administratives.

Donnez à vos fonctions des noms évocateurs. Evitez les noms comme fonction1(), truc() ou machin(). Préférez lireBaseAnimaux(), afficherEntete() ou vérifierNom().

Sécurité et confidentialité

Vous devez protéger votre application de base de données sur le Web. Les gens de l'extérieur peuvent avoir des intentions inquisitrices sur votre site Web pour l'une des raisons suivantes :

- **Dérober quelque chose.** Ils espèrent peut-être trouver un fichier contenant des numéros de carte de crédit ou le secret de l'éternelle jeunesse. L'algorithme qui permet de fabriquer un numéro de carte de crédit valide est dans le domaine public. (*N.d.T.*)
- **Planter votre site Web.** Il y a des gens qui trouvent ça drôle ! D'autres font ça pour prouver qu'ils en sont capables.

» **Gêner vos utilisateurs.** Soit en y ajoutant des images «X», soit en dérobant quelque chose appartenant à vos visiteurs.

Ce livre n'est pas consacré à la sécurité. C'est là un sujet vaste, ardu et complexe et je ne suis pas une experte dans ce domaine. Néanmoins, je crois utile de vous donner quelques indications sur des mesures préventives faciles à appliquer. Sachez que, si vous manipulez des informations classifiées, il est indispensable de vous assurer le concours d'un expert en la matière. Lire des livres sur le sujet ne vous suffirait pas. D'autant plus que les méthodes d'attaque évoluent rapidement, plus vite que ne sont publiés les ouvrages sur la sécurité.

» **Préoccupez-vous de la sécurité de l'ordinateur sur lequel est installée votre application.** Ce n'est très probablement pas à vous qu'il appartient de prendre les mesures nécessaires, mais vous devriez poser la question à son administrateur. Vous serez ensuite plus tranquille (ou plus inquiet, selon les réponses qui vous auront été faites).

» **Ne permettez pas que le serveur Web affiche le contenu de ses répertoires.** Les utilisateurs n'ont pas besoin de savoir ce qu'ils contiennent. Là non plus, ce n'est pas de votre responsabilité directe.

» **Dissimulez le plus de choses possible.** Par exemple, vos fichiers inclus, en leur donnant un nom qui ne soit pas évocateur de leur contenu.

» **Ne faites confiance à personne.** Vérifiez systématiquement toute information que vous n'avez pas créée vous-même.

» **Utilisez un serveur Web sécurisé.** Cela vous demandera sans doute plus de travail, mais c'est indispensable si vous manipulez des informations confidentielles.

La sécurité de votre serveur Web

Comme je l'ai dit plus haut, vous ne pouvez généralement pas avoir d'action directe sur cette sécurité. C'est le rôle de l'administrateur système de prendre de mesures de protection adaptées : pare-feu (ou *firewall*), cryptage des données, dissimulation des mots de passe, détecteurs de scanner, etc. Si l'administrateur, c'est vous, vous devrez vous pencher très sérieusement sur ces problèmes. Si vous êtes hébergé, vous devriez vous renseigner et changer éventuellement de prestataire si vous estimez que les mesures de sécurité qu'il met en place sont insuffisantes.

Affichage du contenu des répertoires

Votre navigateur affiche peut-être parfois une liste des noms des fichiers contenus dans un répertoire. Cela peut être le cas si une URL se termine par un nom de répertoire (et non par un nom de fichier) et qu'il n'existe pas de document HTML index.htm ou index.html (ou tout autre nom défini comme étant le document HTML par défaut par l'administrateur du serveur). Si les précautions nécessaires ont été prises, un message de ce genre sera affiché à la place :

```
Forbidden
You don't have permission to access /uuu on this server.
```

Ce qui signifie que vous n'avez pas le droit d'accéder au répertoire xxx sur ce serveur. Le responsable technique du serveur est à même d'effectuer les modifications nécessaires dans la configuration du système pour qu'il en soit ainsi. Dans le cas d'Apache, pour prendre cet exemple, ce comportement est contrôlé par la valeur du paramètre Indexes qu'il est possible d'activer ou de désactiver dans le fichier de configuration httpd.conf :

```
Options Indexes          // activation
Options -Indexes         // désactivation
```

Reportez-vous à la documentation de votre serveur Web pour savoir comment autoriser ou interdire l'affichage du contenu des répertoires dans le navigateur des utilisateurs.

Dissimulez le plus de choses possible

Préservez le caractère confidentiel de certaines informations. Certes, les pages Web que vous voulez exposer au regard de vos visiteurs doivent être dans votre espace Web public. Mais tout ne doit pas s'y trouver. Par exemple, les fichiers à inclure devraient se trouver ailleurs pour que leur contenu ne risque pas de tomber sous les yeux de n'importe qui. Quant à votre base de données, elle est déjà conservée à un autre endroit, mais sa sécurité serait encore améliorée si elle se trouvait sur une machine totalement différente.

Une autre façon d'exposer le minimum de choses aux regards est de donner aux fichiers des noms trompeurs. Par exemple, appeler passwords le fichier contenant les paramètres d'accès à votre base de données serait une mauvaise idée, car c'est un fichier de ce nom que recherchent en priorité tous les *hackers* (pirates informatiques). Appelez-le donc RecetteDeLaSoupeAuPouletDeLOncleHenri. Je sais qu'en disant cela, je viole délibérément une des règles que j'ai énoncées plus haut : donner aux choses des noms évocateurs, mais il s'agit ici d'un cas très particulier (je ne parle pas de l'oncle Henri, bien sûr). Certains petits malins s'amusent à essayer d'accéder à des pages du style www.votresite.com/motsdepasse.html ou passwords.html, juste pour voir.

Ne faites confiance à personne

Les gens malintentionnés peuvent utiliser les formulaires que vous proposez dans vos pages Web pour y placer un texte dangereux. Ne transférez pas ces informations dans votre base de données sans en contrôler sérieusement la forme. Méfiez-vous particulièrement des balises HTML comme <script> qui permettraient à n'importe qui d'entrer un script pouvant éventuellement créer des perturbations. Imaginez un instant que ce script malveillant soit ensuite renvoyé tel quel vers le navigateur d'un utilisateur innocent : vous seriez responsable de la diffusion d'un nouveau virus ! Revoyez à ce sujet le Chapitre 10.

Utilisez un serveur Web sécurisé

L'Internet «ordinaire» n'est pas un chemin suffisamment sûr pour y faire transiter des informations confidentielles. Tout ce qui y circule court le risque d'être intercepté. Pour la plupart des sites Web, cela n'est généralement pas préoccupant, mais si vous faites du e-commerce, vous serez amené à collecter des informations de nature confidentielle comme des numéros de cartes de crédit. Il convient dans ce cas d'utiliser un serveur Web sécurisé.

Les serveurs Web sécurisés mettent en œuvre une procédure appelée SSL (*Security Sockets Layer*) pour protéger ce qui transite entre eux et un client (au sens client/serveur). Les informations sont chiffrées à un bout et doivent être décodées à l'autre. En outre, le site Web utilise une méthode de certificat de sécurité permettant de vérifier votre identité. Il en résulte un travail supplémentaire non négligeable, mais la sécurité est à ce prix.

Avec SSL, la partie «protocole» de l'URL s'écrit HTTPS au lieu de HTTP.

Pour en savoir plus sur ce sujet, renseignez-vous auprès de l'administrateur de la machine sur laquelle est installée votre application de base de données sur le Web. Consultez également le site Web du serveur que vous utilisez. Dans le cas d'Apache, par exemple, vous devriez trouver des projets de développement implémentant SSL sur le site http://www.modssl.org/, ou plus directement sur http://www.apache-ssl.org/. Il existe également des produits commerciaux destinés à ce serveur. Dans le cas de IIS, recherchez le mot clé SSL sur le site http://www.microsoft.com/.

Documentation de l'application

Je vais à nouveau insister sur l'importance d'établir une documentation exacte et détaillée de toute application de base de données sur le Web. Vous êtes parti d'un plan décrivant ce que l'application est censée faire. A partir de ce plan, vous avez établi un projet de base de données. Mettez à jour ce plan chaque fois que vous venez à le modifier. Très souvent, un projet connaît des modifications. Aussi faut-il vous assurer que votre documentation reflète en permanence l'état de l'existant et non l'état de ce qui était vrai il y a quelques semaines, voire quelques mois.

Au fur et à mesure que vous concevez vos applications, associez les tâches décrites dans le plan aux programmes que vous allez écrire. S'ils sont compliqués, ajoutez-y une brève description de la façon dont ils correspondent au plan. S'il s'agit d'un travail d'équipe, faites-y figurer le nom du responsable de chaque programme. Lorsque vous en aurez terminé, vous devriez être en possession des documents suivants :

» **Plan de l'application.** Décrit ce que l'application est supposée faire et contient la liste des tâches à effectuer.

» **Conception de la base de données.** Décrit les tables et les champs de la base de données.

» **Conception du programme.** Décrit la façon dont les programmes effectuent les tâches énumérées dans le plan de l'application.

» **Commentaires dans le programme.** Décrivent en détail la façon dont chaque programme effectue son travail.

Transportez-vous par la pensée dans un avenir proche, disons cinq ans, et supposez que vous devez réécrire des parties importantes de votre application. De quoi aurez-vous alors besoin pour être à même d'y parvenir ? Soyez sûr de n'avoir rien oublié aujourd'hui dans votre documentation dont vous auriez besoin demain.

Chapitre 14

Réalisation d'un catalogue en ligne

DANS CE CHAPITRE :

» **Conception d'un catalogue en ligne.**

» **Conception de la base de données à utiliser.**

» **Conception des pages Web du catalogue.**

» **Ecriture des programmes.**

Partout sur le Web, on trouve des catalogues en ligne. Toutes les entreprises qui ont quelque chose à vendre peuvent utiliser cette façon de faire connaître leurs produits. Certaines cherchent à les vendre tandis que d'autres se contentent de les présenter. Les clients commencent souvent par faire une recherche sur le Web afin de trouver ce qu'ils ont envie d'acheter, puis ils recherchent le fournisseur qui propose le meilleur prix (ou rapport qualité/prix/disponibilité/délais de livraison, etc.).

Dans ce chapitre, nous verrons comment réaliser un catalogue en ligne. J'ai choisi une boutique faisant commerce d'animaux de compagnie, tout simplement parce que j'ai trouvé cela plus amusant qu'un commerce de chaussettes ou d'ampoules électriques. En outre, contempler un catalogue présentant des images d'animaux est plus distrayant que regarder des images de chaussettes. J'ai présenté pour la première fois cet exemple au Chapitre 3, et m'en suis déjà servi en plusieurs occasions dans les précédents chapitres.

En général, tous les catalogues ont la même fonction : proposer des informations (de la façon la plus attrayante et la plus accessible possible) à des clients potentiels. Le but : les inciter à acheter.

Conception de l'application

La première étape va consister à définir ce que doit faire l'application. Le catalogue d'une animalerie a évidemment pour but de proposer des informations aux acheteurs potentiels sur les animaux. Et aussi sur les produits annexes tels que la nourriture spécialisée, l'herbe à chat, les os en peau de buffle, les aquariums, les cages, etc. Ici, nous nous limiterons aux seuls animaux vivants.

Pour le client, le catalogue a pour seule fonction de donner des informations. Mais, en ce qui vous concerne, il ne faut pas oublier qu'un catalogue doit être constamment tenu à jour en y ajoutant des «articles». Cette tâche de mise à jour doit être prévue dans la conception d'ensemble. Il y a donc deux parties dans l'application «catalogue» :

» Présenter des animaux aux clients.

» Ajouter des animaux.

Présenter des animaux aux clients

Bien qu'on ne puisse évidemment pas acheter des animaux en ligne (comment faire pour livrer par e-mail ?), on peut néanmoins les présenter. Et le faire d'une façon qui incite les clients à passer à l'acte, c'est-à-dire à passer commande.

Si ce catalogue se limitait à trois animaux, il serait d'une grande simplicité : une seule page suffirait à tout montrer. Dans la réalité, les catalogues sont plus complexes. En général, ils commencent à proposer une liste des types de produits disponibles. Ici, cela pourrait être des chats, des chiens, des chevaux et des dragons. Les clients font un premier choix et la page suivante affiche les spécimens de ce type. Ainsi, si le client choisit les chiens, le catalogue peut proposer ensuite des colleys, des épagneuls et des chiens-loups. Pour certains types de produits, il peut exister des sous-catégories intermédiaires. Un catalogue de meubles pourrait proposer trois niveaux : ameublement de pièces (cuisine, chambre à coucher, etc.), mobilier (tables, fauteuils, etc.), puis, au stade final, les différents modèles de chaque type.

Le but d'un catalogue est de motiver suffisamment les gens qui le regardent pour qu'ils achètent immédiatement. Pour notre animalerie, les images sont un argument de motivation important. Souvent, devant une belle photo d'animal, les gens bêtifient et poussent des exclamations admiratives. Cela génère des ventes. Outre les images, il faut que le catalogue propose une description de chaque animal et qu'il indique son prix.

Pour présenter les animaux aux clients, voici ce que doit faire le catalogue :

» Montrer une liste des différents types d'animaux et permettre à l'utilisateur d'en sélectionner un.

» Montrer ensuite des informations concernant les animaux de la catégorie sélectionnée : description, image et prix.

Mise à jour du catalogue

Il y a plusieurs façons de mettre à jour le catalogue. Mais la tâche sera facilitée si elle tient compte du type de produit considéré. Dans la plupart des cas, celui qui procédera à la mise à jour ne sera pas celui qui a écrit le programme. Il faut donc que l'utilisation de ce programme soit la plus simple et la plus évidente possible. Plus facile sera la mise à jour et moins le catalogue risquera de contenir des erreurs.

Une application destinée à ajouter un animal dans le catalogue comprendra ces quatre étapes :

1. **Demander à l'utilisateur de choisir un type d'animal en lui proposant une liste dans laquelle tous les types possibles sont déjà présents. Cela éliminera bien des erreurs de saisie (*chien* ou *chiens*, par exemple). Il faut aussi prévoir la possibilité d'ajouter de nouvelles catégories.**
2. **Demander à l'utilisateur d'indiquer la race de l'animal (colley, épagneul…). Ici aussi une liste préétablie éliminera des erreurs de saisie, mais il faut aussi prévoir la possibilité d'introduire de nouvelles races.**
3. **Demander à l'utilisateur de saisir un texte descriptif du nouvel animal. L'application doit préciser la nature des informations à saisir.**
4. **Ranger ces informations dans le catalogue.**

L'application de saisie de données dans la base peut se charger de la vérification des données et de leur stockage dans les champs adéquats. La personne qui saisit la description d'un nouvel animal n'a pas à se soucier des détails internes du catalogue.

Construction de la base de données

Le catalogue proprement dit est une base de données, mais ce n'est pas une nécessité. On pourrait concevoir le catalogue sous forme d'une suite de pages Web contenant les informations à afficher. Le visiteur cliquerait alors sur des liens pour passer de page en page. Cependant, la maintenance de ce type de catalogue serait assez ardue. Il faudrait opérer manuellement : retrouver la page concernée, mettre à jour les liens, etc. Une base de données est beaucoup plus simple à gérer.

La base de données du catalogue, AniCata, contient les trois tables suivantes :

- » La table des animaux (`Animal`).
- » La table des types d'animaux (`Type`).
- » La table des couleurs (`Couleur`).

La réalisation du catalogue doit commencer par la construction de la base de données. Il est pratiquement impossible d'écrire des programmes tant que cette base n'existe pas, puisqu'on ne pourra pas les tester. Il faut donc concevoir la base puis la construire, et enfin la garnir. (Pas nécessairement avec tous les produits. Un sous-ensemble sera suffisant pour faire les tests.)

N.d.T. : J'ai apporté quelques modifications au projet initialement présenté au Chapitre 3. Le développement et les tests conduisent très souvent à cette démarche adaptative. Vous vous apercevez alors que vous avez oublié de tenir compte de certains facteurs ou que certaines de vos idées ne collent pas avec la réalité, ou qu'elles sont trop difficiles à programmer. Il est tout à fait normal qu'un projet évolue au fur et à mesure qu'on passe à la phase de réalisation. N'oubliez pas de tenir à jour votre documentation lors de ces modifications.

Construction de la table des animaux

La table principale est celle des animaux. C'est elle qui contient les informations concernant chaque animal en particulier. Voici la requête SQL qui va créer la table :

```
CREATE TABLE Animal
( animalID          SERIAL,
  animalNom         CHAR(25)      NOT NULL,
  animalType        CHAR(15)      NOT NULL DEFAULT "Divers",
  animalDescription VARCHAR(255),
  animalPrix        DECIMAL(9,2),
  animalImage       CHAR(15)      NOT NULL DEFAULT "inexist.gif",
  PRIMARY KEY(animalID)
);
```

N.d.T. : Profitez des fichiers .TXT de la famille SQL_CREATETABLE_ que nous vous fournissons avec le lot de fichiers source. Vous pouvez grâce à eux créer les tables par simple copie de la requête SQL dans le champ de requête du programme utilitaire *mysql_envoi.php* vu dans le Chapitre 4.

Voici quels en sont les différents champs :

» **animalID.** C'est l'identificateur de chaque animal. Il doit être unique et non nul. Il est représenté par un nombre qui augmente automatiquement d'une unité d'un animal au suivant. Ce champ est déclaré comme clé primaire (en fin de requête), ce qui signifie que MySQL refusera que deux enregistrements aient la même valeur numérique pour ce champ.

Cette colonne est définie avec le mot réservé SERIAL (apparu dans MySQL 4.1) qui abrège un ensemble d'options :

- `BIGINT` : Autorise seulement les nombres entiers positifs jusqu'à 18446744073709551615. Une chaîne de caractères sera refusée pour ce champ.
- `UNSIGNED` : La valeur entière ne peut pas être négative.
- `NOT NULL` : Ce champ doit toujours avoir une valeur. Une clé primaire doit toujours avoir cet attribut.
- `AUTO-INCREMENT` : Ce champ sera automatiquement incrémenté d'une unité à chaque nouvel ajout d'une ligne dans la table, à moins qu'on ne lui attribue une valeur particulière. Cette définition est très souvent utilisée pour attribuer une valeur unique à un champ, comme un numéro de produit ou de commande. Il reste cependant possible de contourner la numérotation séquentielle automatique en définissant une valeur personnelle.

Note : Si vous utilisez phpMyAdmin pour créer la base de données, le mot clé `SERIAL` ne sera peut-être pas disponible. Vous devez définir `animalID` en tant que `BIGINT`, `UNSIGNED`, `NOT NULL` et `AUTO-INCREMENT`, et le définir spécifiquement comme clé primaire.

» **animalNom.** Le nom de l'animal : lion, colley, licorne... Voici la signification de ses attributs :

- `CHAR(25)` : Chaîne d'au plus 25 caractères. Toute valeur plus courte sera complétée par des espaces.
- `NOT NULL` : Le champ doit avoir une valeur.
- Aucune valeur par défaut n'est proposée. Cela n'aurait aucun sens. Si vous tentez d'ajouter un nouvel animal sans lui donner de nom, la ligne ne sera pas insérée dans la base de données.

» **animalType.** Le type de l'animal : poisson, chat, chien... Voici la signification de ses attributs :

- `CHAR(15)` : Chaîne d'au plus 15 caractères. Toute valeur plus courte sera complétée par des espaces.
- `NOT NULL` : Le champ doit avoir une valeur. Logique, puisque les types d'animaux seront affichés en premier. Un animal n'appartenant à aucune catégorie n'apparaîtrait sur aucune page du site !

- `DEFAULT "Divers"` : Si aucune valeur n'est indiquée pour cette colonne, on adoptera comme valeur par défaut «Divers». La colonne sera donc toujours remplie.

» **animalDescription.** Description de l'animal. Un seul attribut :

- `VARCHAR(255)` : Chaîne de caractères de longueur variable, d'au plus 255 caractères. Aucun espace supplémentaire n'est rajouté.

» **animalPrix.** Prix de l'animal. Un seul attribut :

- `DECIMAL(9,2)` : Nombre décimal ayant jusqu'à 9 chiffres dont 2 après la virgule (plus exactement, après le point décimal). Si vous stockez dans ce champ une valeur numérique entière, elle sera relue avec deux chiffres après la virgule, comme dans 9.00 ou 2568.00.

» **animalImage.** Nom du fichier d'image utilisé pour montrer l'animal (`chien.jpg`, `dragon.gif`, `chat.png`...). Les trois attributs sont :

- `CHAR(15)` : Chaîne d'au plus 15 caractères, ce qui suppose implicitement que l'image sera dans le même répertoire que la table (avec 15 caractères, il n'y a pas assez de place pour inclure un chemin d'accès). Si nécessaire, la chaîne sera complétée par des espaces.
- `NOT NULL` : Il doit toujours y avoir une image pour chaque ligne. Il peut éventuellement s'agir d'une image par défaut (voir l'attribut suivant). Quoi de plus laid qu'un site Web qui affiche un horrible message d'erreur dans la fenêtre du navigateur parce qu'il ne trouve pas une illustration ?
- `DEFAULT "inexist.gif"` : C'est le nom du fichier d'image par défaut. Il pourra afficher un symbole particulier ou quelque chose du genre «Pas d'image pour cet animal».

Notez les points suivants concernant la conception de la base de données :

» **Certains champs sont déclarés `CHAR`, d'autres `VARCHAR`.** `CHAR` est plus rapide, mais `VARCHAR` plus efficace. A vous de choisir selon que vous voulez privilégier la vitesse d'exécution ou économiser l'espace disque.

En général, on adopte `CHAR` pour les champs de petite dimension. Par exemple, avec `CHAR(5)`, vous ne pouvez gaspiller que 4 caractères au plus, alors qu'avec `CHAR(200)` vous risquez d'en dilapider 199.

» **Le champ `animalID` a plusieurs significations selon l'animal auquel il s'applique.** C'est un nombre entier, différent pour chaque animal. Toutefois, que le nombre soit unique n'a pas toujours une signification concrète. Pour un chat, il permet de désigner un animal particulier parmi ses congénères, alors que, pour un poisson rouge, la notion d'individualité est fortement estompée.

Il existe, en effet, deux catégories d'animaux. Les uns ont une individualité en propre (chatons, chiots...). Le client achète un certain animal, pas un représentant quelconque de sa race. Aussi a-t-il besoin de voir une photo de *cet* animal. D'un autre côté, certains types d'animaux n'ont pas une personnalité affirmée (poissons rouges, perruches...). Lorsque, dans une animalerie, un client veut acheter un poisson rouge, on lui montre un aquarium dans lequel nagent plusieurs poissons rouges et il en choisit un presque au hasard. Le seul élément qui distingue l'un de ces animaux de ses voisins est sa couleur (ce qu'on appelle familièrement *poisson rouge* n'est pas nécessairement rouge ; son nom est en réalité *carassin doré* - en anglais : *goldfish*). Il n'est donc pas indispensable de montrer une photo de tous les poissons rouges en magasin. Il suffit de montrer une photo de l'un d'eux.

Dans le catalogue, ces deux espèces se côtoient. Il peut s'y trouver plusieurs animaux désignés sous le terme générique *chat*, mais ils auront chacun leur identificateur (`animalID`) et leur photo personnelle. Pour les poissons rouges, on ne trouvera qu'une seule entrée sous le nom *poisson rouge*, avec un seul identificateur et une seule photo.

J'ai choisi exprès ces deux catégories d'animaux pour illustrer les différentes catégories de «produits» qu'on peut rencontrer dans un catalogue. Certains objets n'existent qu'en un seul exemplaire. C'est le cas, par exemple, d'un tableau ou de la plaque d'immatriculation d'une voiture ayant appartenu à une star. Lorsque cet objet est vendu, il disparaît tout simplement du catalogue. Mais les articles en vente ont généralement un caractère générique plus marqué : chemises, voitures... Bien qu'une image soit la photo d'une certaine chemise, on ne verrait aucune différence (sauf la taille et peut-être la couleur) entre *cette* chemise et une autre chemise du même fabricant dans le même magasin. Vous pouvez vendre plusieurs chemises identiques sans avoir à modifier la description et l'image dans le catalogue.

Construction de la table des types d'animaux

Chaque animal appartient à une certaine catégorie : son *type*. La première page du catalogue dresse la liste des types d'animaux parmi lesquels le client peut faire son choix. Une description de ce type complète chaque entrée. Cette information n'aurait pas sa place dans la table Animal, car cela conduirait à répéter ce texte à l'identique pour chaque animal de la même catégorie, d'où une duplication inutile. C'est un cas typique de violation des règles de construction d'une bonne base de données.

La base de données AniCata renferme une table appelée Type contenant la description de chaque type. Elle est créée par la requête SQL suivante :

```
CREATE TABLE Type
( animalType        CHAR(15)      NOT NULL,
```

```
  typeDescription    VARCHAR(255),
  PRIMARY KEY(animalType)
);
```

Chaque ligne de cette table représente un type d'animal. Voici quels en sont les différents champs :

» **animalType.** C'est le nom du type. Il est défini de la même façon que dans la table `Animal` décrite dans la section précédente, ce qui rend possible la jointure des deux tables. Cependant, ici, c'est également la clé primaire alors que ce n'était pas le cas dans l'autre table. Les attributs de cette colonne sont :

- `CHAR(15)` : Chaîne d'au plus 15 caractères.
- `PRIMARY KEY(animalType)` : Ce champ sera la clé primaire, ce qui implique qu'il doit être unique.
- `NOT NULL` : Ce champ ne peut pas être vide : une clé primaire doit toujours contenir quelque chose.

» **typeDescription.** Description du type de l'animal. Un seul attribut suffit :

- `VARCHAR(255)` : Le contenu de ce champ est une chaîne de caractères de longueur variable ne pouvant pas dépasser 255 caractères. Ce champ sera conservé dans la base de données sous sa longueur exacte.

Construction de la table des couleurs

Lorsque j'ai défini la table Animal, plus haut, dans ce même chapitre, j'ai parlé des différentes catégories d'animaux : ceux qui ont une personnalité (chats, chiens...) et ceux qui n'ont pas d'individualité bien marquée (poissons rouges, tortues...). Pour les premiers, le client doit pouvoir contempler *la* photo de l'animal alors que pour les autres, il suffit de lui présenter l'image d'un quelconque représentant de cette catégorie.

Toutefois, dans cette dernière catégorie, il peut y avoir des variantes caractérisées par la couleur. Exemple : perruches bleues et perruches vertes. Vous pouvez donc avoir à montrer deux photos pour une même catégorie, sans pour autant souhaiter incorporer la couleur comme champ supplémentaire de la table Animal (la plupart du temps, cette information resterait vide). Mieux vaut créer une table spéciale pour cette caractéristique. Dans cette table, ne figureront que les animaux pour lesquels la couleur constitue un élément distinctif. Lorsque le programme doit afficher les caractéristiques d'un animal, il peut vérifier s'il y a une entrée correspondante dans la table Couleur, auquel cas cela montre que l'espèce existe en plusieurs couleurs et qu'il faut afficher autant de photos.

La table Couleur pointe vers les images des animaux de même catégorie qui se distinguent par la couleur. Voici la requête SQL qui va créer cette table :

```
CREATE TABLE Couleur
( animalNom       CHAR(25)   NOT NULL,
  animalCouleur   CHAR(15)   NOT NULL,
  animalImage     CHAR(15)   NOT NULL DEFAULT "inexist.gif",
  PRIMARY KEY(animalNom,animalCouleur)
);
```

Chaque ligne de cette table représente un type d'animal. Voici quels en sont les différents champs :

» **animalNom.** Le nom de l'animal (lion, colley, dragon d'Asie...). Cette colonne est définie de la même façon que dans la table `Animal`, ce qui rend possible la jointure des deux tables. Cependant, ici, cette colonne est aussi l'une des deux clés primaires. Voici les attributs de cette colonne :

- `CHAR(25)` : Chaîne d'au plus 25 caractères.
- `PRIMARY KEY(animalNom, animalCouleur)` : Elle est constituée par l'association de deux colonnes (nom et couleur), et cette association doit donner quelque chose d'unique.
- `NOT NULL` : Cette colonne ne peut pas être vide, ce qui est normal pour une clé primaire.

» **animalCouleur.** C'est la couleur de l'animal (orange, pourpre, bleu...). Voici les attributs de cette colonne :

- `CHAR(15)` : Chaîne d'au plus 15 caractères.
- `PRIMARY KEY(animalNom, animalCouleur)` : Elle est constituée par l'association de deux colonnes (nom et couleur), et cette association doit donner quelque chose d'unique.
- `NOT NULL` : Cette colonne ne peut pas être vide, ce qui est normal pour une clé primaire.

» **animalImage.** Nom du fichier contenant l'image de l'animal. Voici les attributs de cette colonne :

- `CHAR(15)` : Chaîne d'au plus 15 caractères.
- `NOT NULL` : Cette colonne ne peut pas être vide. Autrement dit, il faut toujours qu'il y ait une image de l'animal. Si vous n'en disposez pas, il faut alors afficher l'image par défaut. Vous évitez ainsi de laisser le visiteur voir apparaître un vilain message d'erreur.
- `DEFAULT "inexist.gif"` : C'est le nom du fichier d'image par défaut. Il pourra afficher un symbole particulier ou quelque chose du genre «Pas d'image pour cet animal».

Remplissage de la base de données

Il y a plusieurs façons de peupler une base de données. Vous pouvez utiliser des requêtes SQL individuelles ou l'application qui sera décrite plus loin, dans ce même chapitre. Pour ma part, j'aime bien utiliser un échantillon réduit de données permettant une mise au point facile des programmes au cours de la phase de développement. En cas d'incident venant apporter de sérieuses perturbations au contenu de la base, cette dernière est facile à recréer : DROP, CREATE (pour chaque table) et le tour est joué.

Il est facile de regarnir la table lorsque l'échantillon des données se présente sous la forme d'un fichier texte comme celui-ci :

```
<TAB>Pékinois<TAB>Chien<TAB>Petit, malin, énergique. Bonne garde.
<TAB>100.00<TAB>peke.jpg
<TAB>Chat domestique<TAB>Chat<TAB>Chat jaune et blanc. Très joueur.
<TAB>20.00<TAB>catyellow.jpg
<TAB> Chat domestique <TAB>Chat<TAB>Chat noir Poil lisse et brillant.
Aime les enfants. <TAB>20.00<TAB>catblack.jpg
<TAB>Dragon barbu chinois<TAB>Lézard<TAB>Grandit jusqu'à 60 cm.
Fascinant à regarder. Aime être pris en main.<TAB>100.00<TAB>lizard.jpg
<TAB>Retriever Labrador<TAB>Chien<TAB>Chien noir. Grande taille.
Chien de chasse intelligent. Souvent utilisé comme guide d'aveugle.
<TAB>100.00<TAB>lab.jpg
<TAB>Poisson rouge<TAB>Poisson<TAB>Plusieurs couleurs. Bon marché.
Facile à nourrir. Bon choix initial pour les enfants.<TAB>2.00<TAB>goldfish.
jpg
<TAB>Requin<TAB>Poisson<TAB>Noir profond. Mince. Puissant,
A traiter avec précaution.<TAB>200.00<TAB>shark.jpg
<TAB>Dragon d'Asie<TAB>Dragon<TAB>Long et serpentiforme.
Généralement jaune ou rouge.<TAB>10000.00<TAB>dragona.jpg
<TAB>Licorne<TAB>Cheval<TAB>Beau destrier blanc avec une corne
en plein milieu du front.<TAB>20000.00<TAB>unicorn.jpg
```

Notez les points suivants :

- <TAB> représente le caractère «tabulation», celui que vous obtenez en appuyant sur la touche de même nom, généralement à l'extrême gauche du clavier, vers le haut.
- Chaque ligne représente un animal différent et devrait être saisie «au kilomètre», sans appuyer sur la touche «Entrée». Les nécessités de la mise en page font qu'ici elle apparaît coupée en deux.
- Chaque ligne commence par une tabulation parce que le premier champ n'est pas saisi. Le premier champ est animalID, qui est saisi

> automatiquement ; vous n'avez pas besoin de le saisir vous-même. Toutefois, vous n'avez pas besoin d'utiliser de tabulation pour que MySQL sache qu'il existe un champ vide au début.

Vous pouvez charger les données dans la base de données à l'aide de phpMyAdmin. La méthode à employer est détaillée au Chapitre 4. Chaque fois qu'une table de votre base de données va de travers, vous pouvez la recréer et recharger ses données à nouveau.

Conception de l'interface de l'application

Une fois défini ce que doit faire l'application et quelles informations doivent se trouver dans la base de données, il faut penser à l'interfac e utilisateur (le *look and feel*) de l'application : ce que va voir le visiteur et comment il va dialoguer avec elle. Le résultat doit être quelque chose d'agréable à voir et de facile à utiliser (notions d'ergonomie). Vous pouvez faire un avant-projet sur le papier, soit avec des esquisses, si vous avez un bon coup de crayon, soit au moyen d'un texte descriptif. N'oubliez pas d'y faire figurer les instruments de dialogue (boutons et liens) et de préciser leur rôle. Vous devriez faire la même chose pour chacune des pages de l'application. Avec un peu de chance, vous aurez parmi vos amis un graphiste capable de développer de belles pages Web. Avec un peu moins de chance, vous devrez vous débrouiller tout seul.

Dans l'application de l'animalerie, figurent deux projets : l'un pour ce que va voir le client ; l'autre (moins exigeant quant à sa présentation) pour l'administration et la mise à jour du catalogue.

Présentation des animaux aux clients

Cette application comprend trois pages :

- » **La page «vitrine».** C'est la première sur laquelle va tomber le visiteur. Elle doit montrer le nom de votre boutique et ce qu'elle vend. N'oubliez pas que les Américains et les Français ont des conceptions assez éloignées de ce qui rend une page attractive : très directe pour les premiers, plus au second degré pour nous et faisant davantage appel à l'imagination. (*N.d.T.*)
- » **La page des catégories (types) d'animaux.** C'est celle dans laquelle le client potentiel va décider de choisir un poisson, un oiseau ou un dragon.
- » **La page des animaux.** C'est celle dans laquelle il va choisir son futur ami parmi une galerie de portraits.

La page «vitrine»

La Figure 14.1 montre comment elle se présente. La seule chose que puisse faire le visiteur est cliquer sur le lien qui lui est proposé pour aller consulter le catalogue de l'animalerie.

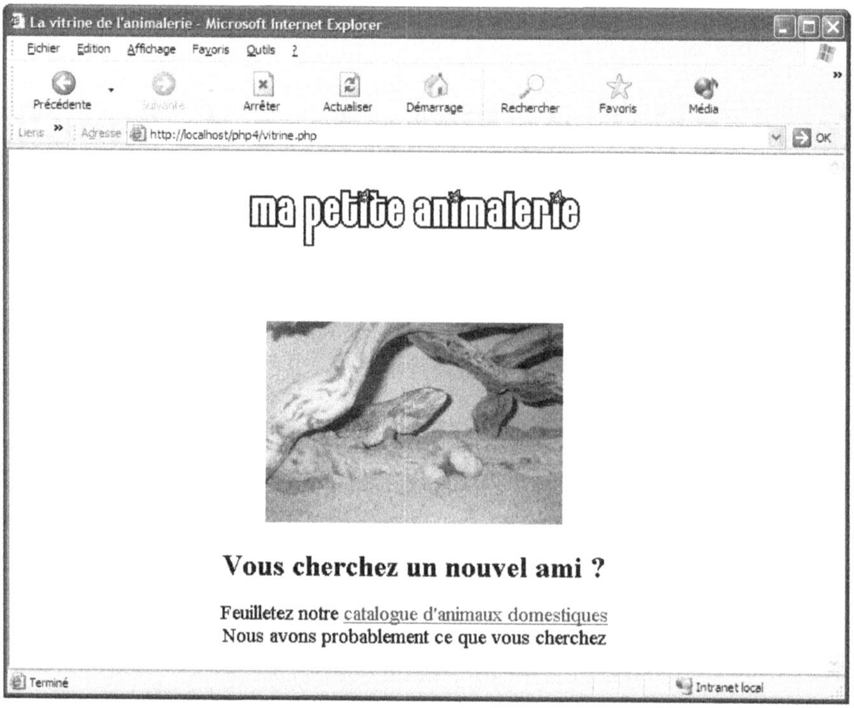

FIGURE 14.1 : La page «vitrine» de l'animalerie.

La page des catégories

Cette page (Figure 14.2) affiche la liste de toutes les catégories d'animaux proposées par l'animalerie. Chaque catégorie est précédée d'un bouton radio. Après avoir cliqué sur un de ces boutons, le visiteur doit cliquer sur le bouton «Faites votre choix» pour avoir plus de détails.

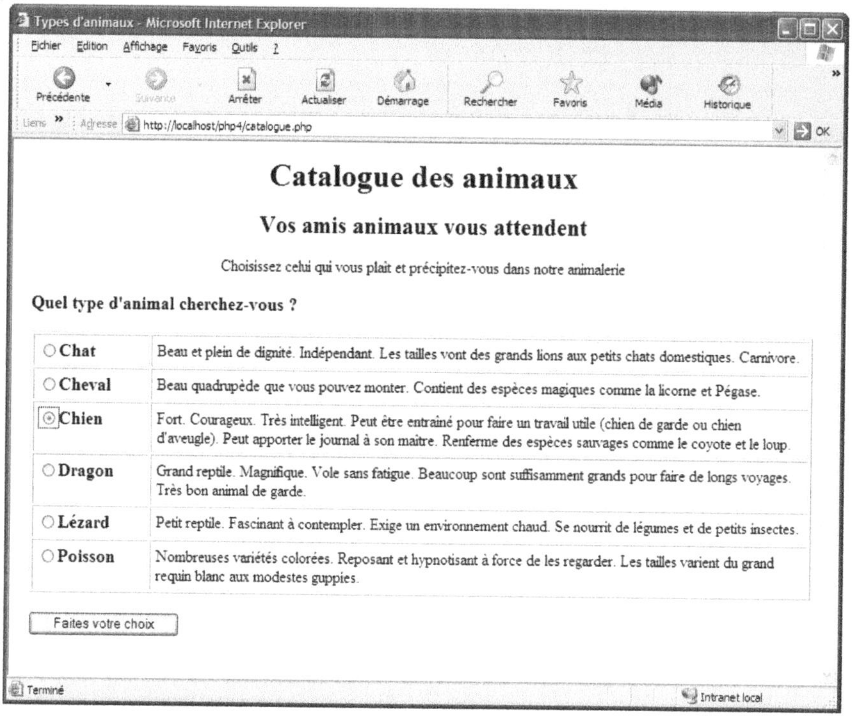

FIGURE 14.2 : La page des catégories.

La page des animaux

Cette page affiche la liste de tous les animaux entrant dans la catégorie choisie par le visiteur. Pour chacun, on peut voir son identificateur, sa description, son prix et son image. Le format de la page dépend des informations trouvées dans la base.

Les Figures 14.3, 14.4 et 14.5 montrent quelques cas possibles.

La Figure 14.3 montre une page avec trois races de chiens différentes tirées du catalogue. La Figure 14.4 montre que plusieurs chats différents peuvent porter le même nom, mais pas le même identifiant. La Figure 14.5 montre ce qui apparaît lorsque la table Couleur indique qu'il existe plusieurs coloris pour le même animal.

Tout en haut à droite de toutes les pages Web, un lien permet d'afficher l'image en grand format. Pour revenir à la table, il suffit d'utiliser le bouton **Précédent** ou **Reculer** du navigateur.

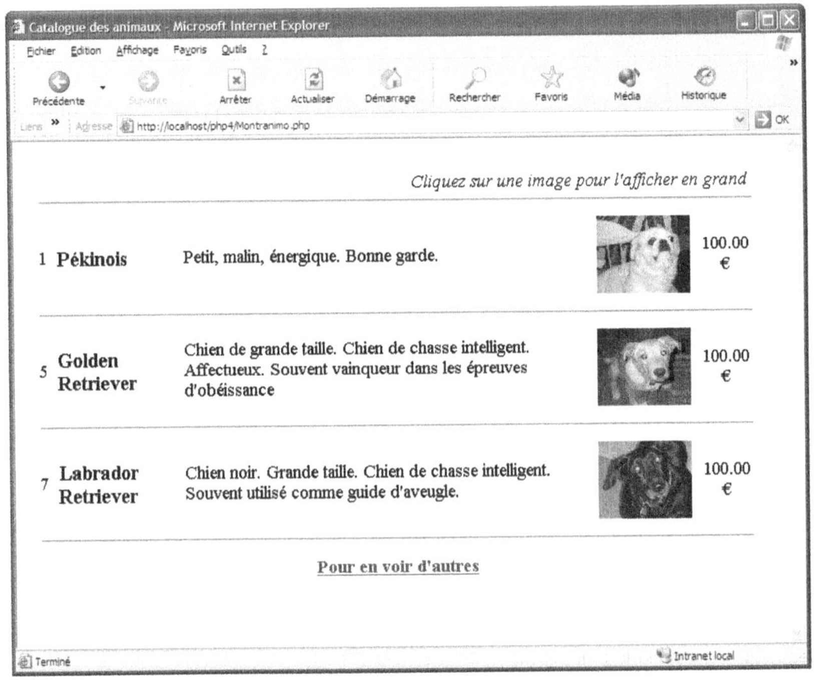

FIGURE 14.3 : Trois chiens différents.

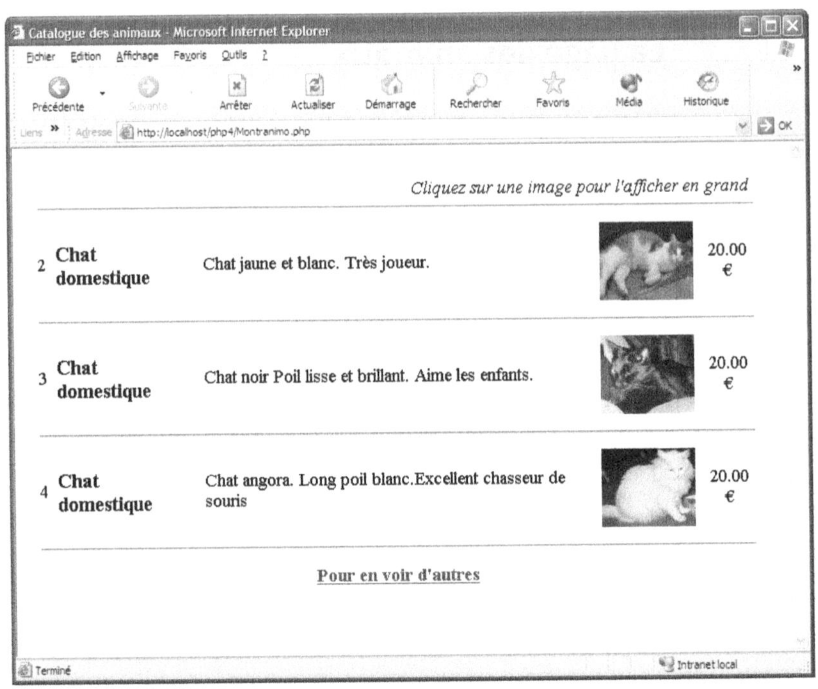

FIGURE 14.4 : Trois chats entrant dans la même catégorie «chat domestique».

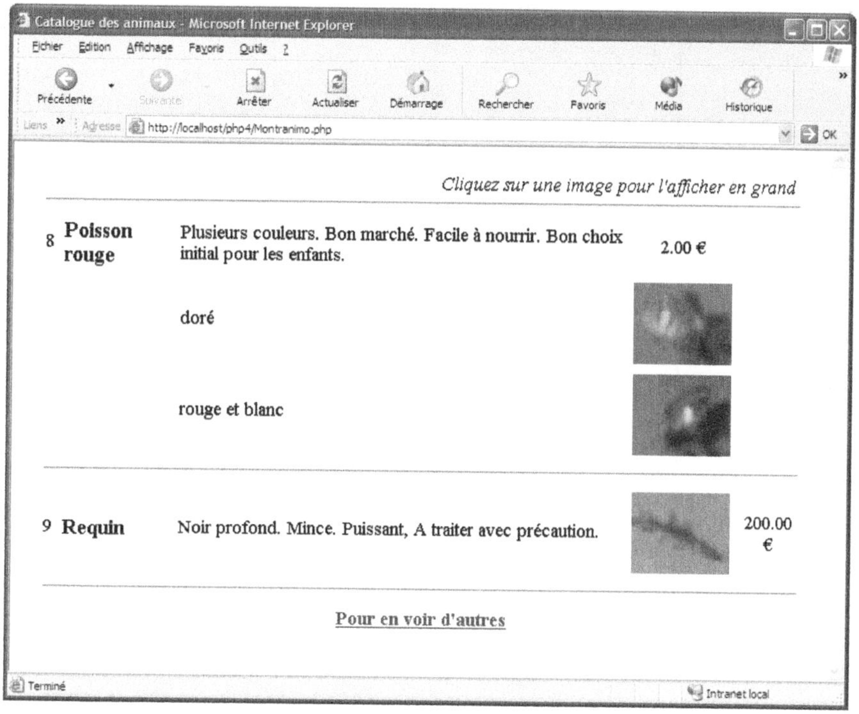

FIGURE 14.5 : Deux poissons de même catégorie, mais de couleur différente.

Ajout d'animaux au catalogue

Cette application contient trois pages que le visiteur «normal» ne verra jamais : ce sont celles qui sont destinées à mettre à jour le catalogue. Elles fonctionnent en séquence :

1. **Sélection du type (catégorie) d'animal. On doit commencer par sélectionner le type d'animal à ajouter en cliquant sur le bouton correspondant.**
2. **Informations sur l'animal. Il faut maintenant insérer les informations relatives au nouvel animal : nom, description, prix, nom du fichier d'image, en cliquant sur le bouton correspondant à l'animal.**
3. **Page de confirmation. Une page s'affiche, illustrant la façon dont se présentent les informations relatives à l'animal qu'on vient d'ajouter.**

Sélection du type d'animal

La Figure 14.6 montre comment se présente cette page de sélection. Vous pouvez remarquer que tous les types présents à ce moment dans le catalogue sont listés. Une section est prévue pour ajouter un nouveau type.

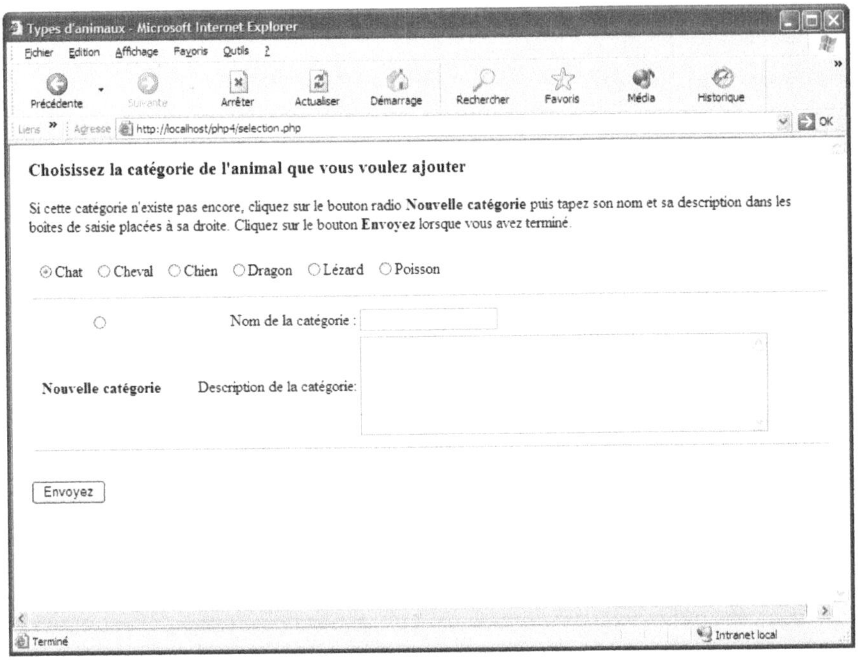

FIGURE 14.6 : Première page à renseigner quand on ajoute un animal dans le catalogue.

Informations sur l'animal

La Figure 14.7 montre la deuxième page dans laquelle l'utilisateur doit saisir les informations concernant le nouvel animal qui va entrer dans le catalogue. Elle affiche la liste des noms des animaux du catalogue appartenant au type sélectionné, afin que l'utilisateur puisse en saisir un. Une seconde section permet éventuellement l'entrée d'un nouveau nom.

Page de confirmation

Lorsque les informations saisies par l'utilisateur sont correctes, elles sont ajoutées à la base de données AniCata. La Figure 14.8 vous montre la page qui est alors affichée à titre de confirmation. En cliquant sur le lien proposé, l'utilisateur peut alors saisir un autre animal.

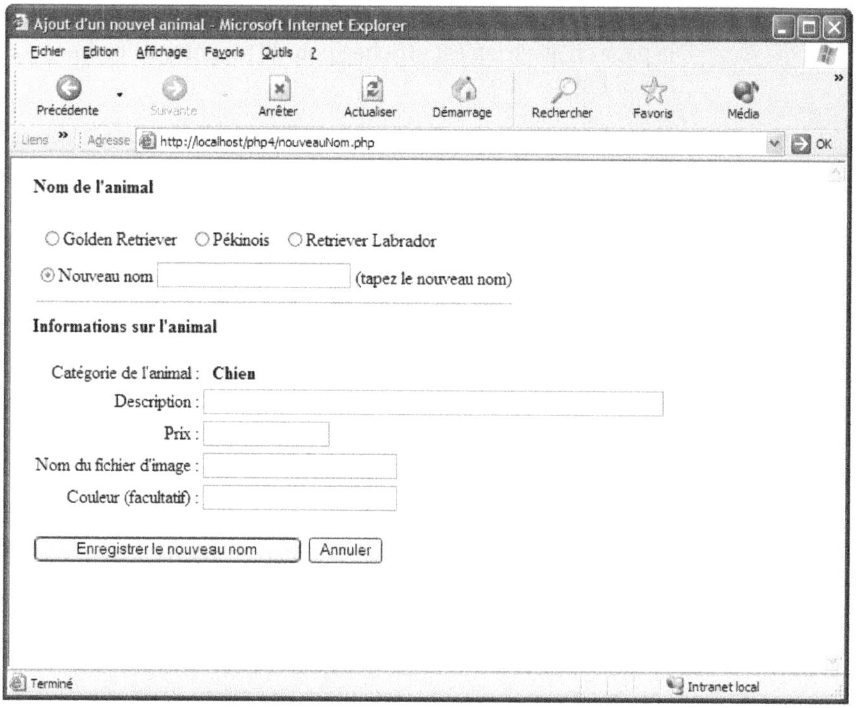

FIGURE 14.7 : La seconde page demande le nom de l'animal.

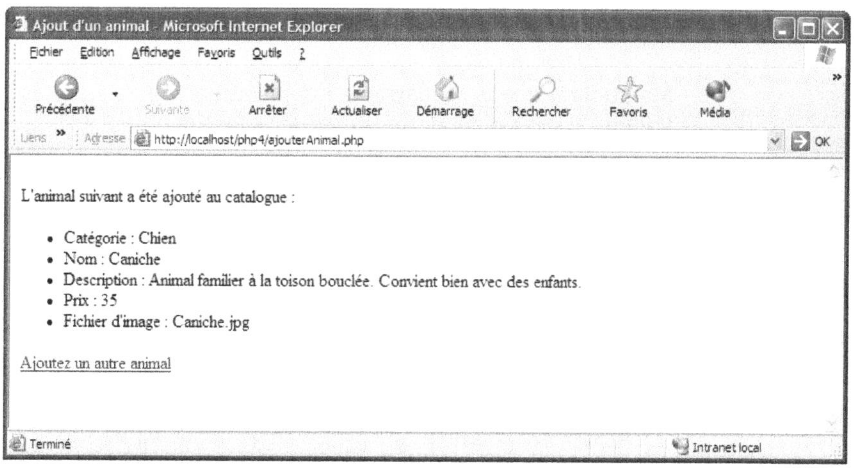

FIGURE 14.8 : Page de confirmation reproduisant les nouvelles informations entrées dans la base de données AniCata.

Page signalant des informations manquantes

L'application vérifie que l'utilisateur a bien saisi toutes les informations indispensables, et demande si nécessaire la saisie de celles qui manquent. Par exemple, si l'utilisateur a choisi «Nouvelle Catégorie» dans la première page, il doit saisir un nom de catégorie et sa description. S'il manque un renseignement, la page en question est affichée pour le rappeler à l'ordre. Cette étape est illustrée sur la Figure 14.9.

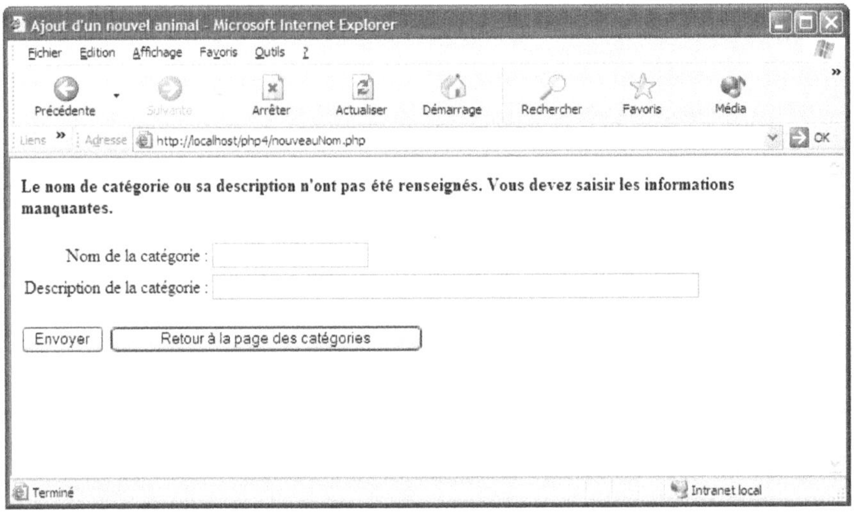

FIGURE 14.9 : Les saisies de l'utilisateur étaient incomplètes.

Les programmes

Maintenant que le scénario de l'application vous a été présenté avec preuves à l'appui, il est temps de pénétrer dans les coulisses et de montrer en détail les programmes qui la composent.

Comme je l'ai dit au Chapitre 13, les informations nécessaires pour établir la connexion avec la base de données se trouvent dans un fichier qui doit être placé dans un endroit sûr, portant un nom de nature à induire les malveillants en erreur. Le contenu de ce fichier misc.inc est ici le suivant :

```
<?php
  $user="";
  $host="localhost";
  $password="";
  $database="AniCata";
?>
```

L'application «Animalerie» se compose donc de deux groupes de programmes : le premier est utilisé par le visiteur pour faire son choix et le second par les responsables de la boutique pour mettre à jour leur catalogue.

Affichage du catalogue pour le visiteur

Cette application comporte trois tâches principales :

- » Afficher la page d'accueil (la vitrine) qui propose un lien vers le catalogue.
- » Afficher une page dans laquelle l'utilisateur peut choisir le type d'animal qui l'intéresse.
- » Afficher une page présentant tous les animaux appartenant au type sélectionné.

Vitrine du site et page d'accueil (Vitrine)

C'est du HTML pur et dur, sans la moindre trace de PHP. On se contente d'afficher une page d'accueil proposant un lien pour entrer sur le site. Le Listing 14.1 en présente le contenu.

LISTING 14.1 : La page de la vitrine ne contient que du HTML.

```
<?php
  /* Programme   : Vitrine.php (PetShopFront.php)
   * Description : Ecran d'ouverture du catalogue des animaux
   */
?>
<html>
<head>
<title>La vitrine de l'animalerie</title>
</head>
<body topmargin="0" leftmargin="0" marginheight="0" marginwidth="0">
<table width="100%" height="100%" border="0"
       cellspacing="0" cellpadding="0">
  <tr>
    <td align="center" valign="top">
      <img src="images/Nom.gif" alt="Animalerie">
      <p style="margin-top: 40pt">
      <img src="images/lezard-front.jpg" alt="Image d'animal"
        height="186" width="280">
      <p><h2>Vous cherchez un nouvel ami ?</h2>
      <p>Feuilletez notre
         <a href="Catalogue.php">catalogue d'animaux
         domestiques</a><br>Nous avons probablement ce que
         vous cherchez.
    </td>
  </tr>
  </table>
</body></html>
```

Notez que ce programme est situé dans le répertoire Web générique. Par contre les fichiers d'images sont placés dans le sous-répertoire images. Dès que le visiteur clique sur le lien, le programme principal Catalogue.php est appelé automatiquement.

Affichage des types d'animaux (Catalogue)

C'est dans cette page (voir la Figure 14.2) que le visiteur va choisir le type d'animal qui l'intéresse. Le Listing 14.2 présente les instructions contenues dans ce programme.

LISTING 14.2 : Programme affichant les types d'animaux que contient la base AniCata.

```
<? /* Programme   : Catalogue.php (PetCatalog.php)
    * Description : Affiche une liste de catégories d'animaux
    *               à partir de la table Type.
    */
?>
<html>
<head><title>Types d'animaux (Catalogue.php)</title></head>
<body>
<?php
  include("misc.inc");                                    #1

  $cnx = mysqli_connect($host,$user,$password, $database) #2
       or die ("Connexion au serveur impossible");

  // Sélectionne toutes les catégories dans la table Type
  $req = "SELECT * FROM Type ORDER BY animalType";        #3
  $result = mysqli_query($cnx, $req)
       or die ("Exécution de la sélection impossible");   #4

  // Affichage du formulaire
  echo "<div style='margin-left: .1in'>\n
  <h1 align='center'>Catalogue des animaux</h1>\n
  <h2 align='center'>Vos amis animaux vous attendent</h2>\n
   <p align='center'>Choisissez celui qui vous plaît et
     précipitez-vous dans notre animalerie.</p>
  <p><h3>Quel type d'animal cherchez-vous ?</h3>\n";

  // Créer le formulaire de sélection
  echo "<form action='montranimo.php' method='POST'>\n";  #5
  echo "<table cellpadding='5' border='1'>";
  $compteur=1;                                            #6
```

```
    while ($ligne = mysqli_fetch_assoc($result))                #7
    { extract($ligne);                                          #8
      echo "<tr><td valign='top' width='15%'
                    style='font-weight: bold;
                    font-size: 1.2em'\n>";
      echo "<input type='radio' name='interet'
                 value='$animalType'\n";                        #9
      if ($compteur == 1)                                       #10
      { echo "checked";
      }
      echo "><font size='+1'><b>$animalType</b></font>         #11
           </td>
           <td>$typeDescription</td>                            #12
           </tr>";
      $compteur++;                                              #13
    }
    echo "</table>";
    echo "<p><input type='submit' value='Faites votre choix'>
          </form></p>\n";                                       #14
?>
</div>
</body></html>
```

Voici quelques explications sur le rôle de certaines instructions importantes (elles sont signalées par leur numéro de ligne dans le listing) :

1. **Inclut le fichier contenant les informations nécessaires pour établir la connexion avec le serveur MySQL.**
2. **Réalise la connexion.**
3. **Définit la requête qui sélectionne toutes les informations contenues dans la table Type et les présente, triées par ordre alphabétique croissant.**
4. **Exécute cette requête.**
5. **On va ensuite créer un formulaire avec plusieurs instructions echo. Dans ce formulaire, la valeur de l'attribut action est montranimo.php, nom du programme qui sera appelé lorsque le visiteur cliquera sur le bouton «Faites votre choix».**
6. **Un compteur, $compteur, est initialisé à 1. C'est avec lui qu'on va compter le nombre des catégories contenues dans la table.**
7. **La boucle while va explorer chacune des lignes renvoyées par la requête adressée plus haut à MySQL. Chaque ligne sera placée dans la chaîne de caractères $ligne par un appel à la fonction extract().**

8 **La ligne est séparée en deux variables : $animalType et $typeDescription.**

9 **Créent une ligne commençant par un bouton radio et se poursuivant par le nom de chaque catégorie. Si c'est le premier du lot (si $compteur vaut 1), l'attribut checked est ajouté à cette balise pour que ce nom soit sélectionné par défaut.**

Cette façon de procéder peut éviter d'éventuels problèmes avec certains navigateurs.

10 **On affiche le type dans la première colonne du tableau, puis la description de la catégorie dans la seconde, le tout bien sûr sur la même ligne.**

11 **Affiche le reste de la balise form pour le bouton radio et affiche le type d'animal.**

12 **Affiche la description dans une autre cellule de tableau.**

13 **Le compteur est incrémenté d'une unité et l'on remonte dans la boucle while.**

14 **Lorsqu'on sort de la boucle while, le tableau HTML est refermé (</table>) et l'on crée un bouton de type Submit portant la mention «Faites votre choix». Le formulaire est alors refermé (</form>).**

Lorsque l'utilisateur sélectionne un bouton radio puis clique sur le bouton Submit, le programme montranimo.php est exécuté afin d'afficher les animaux correspondant au type choisi.

Affichage des animaux (montranimo)

Le programme montranimo.php (voir le Listing 14.3) affiche un écran correspondant à l'une des Figures 14.3 à 14.5, selon le choix initial du visiteur.

LISTING 14.3 : Programme affichant chacun des animaux du type choisi.

```
<?/* Programme   : montranimo.php
   * Description : Affiche tous les animaux d'une catégorie. Le nom
   *               de la catégorie est passé dans une variable à
   *               partir d'un formulaire. La description de chaque
   *               animal est affichée sur une seule ligne, sauf
   *               s'il en existe de plusieurs couleurs.
   */
?>
<html>
<head>
<title>Catalogue des animaux</title>
```

```
</head>
<body topmargin="0" marginheight="0">
<?php
  include("misc.inc");

  $cnx = mysqli_connect($host,$user,$password, $database)
       or die ("Connexion au serveur impossible");

  // Sélection des animaux d'une catégorie donnée
  $query = "SELECT * FROM Animal
              WHERE animalType=\"{$_POST['interet']}\"";       #1
  $result = mysqli_query($cnx, $query)
       or die ("Exécution de la requête impossible");

  // Affiche les résultats dans un tableau
  echo "<table cellspacing='10' border='0' cellpadding='0'
              width='100%'>";
  echo "<tr><td colspan='5' align='right'>
         <i>Cliquez sur une image pour l'afficher en grand</i><br><hr>
           </td></tr>\n";
  while ($ligne = mysqli_fetch_assoc($result) )                 #2
  { $f_prix = number_format($ligne['animalPrix'],2);

    // Y a-t-il plusieurs couleurs ?
    $query = "SELECT * FROM Couleur                             #3
                 WHERE animalNom='{$ligne['animalNom']}'";
    $result2 = mysqli_query($cnx, $query) or die(mysqli_error());
    $nbCouleurs = mysqli_num_rows($result2);

    // Affiche une ligne pour chaque animal
    echo "<tr>\n";
    echo "<td>{$ligne['animalID']}</td>\n";
    $nomAnimal = stripslashes($ligne['animalNom']);
    echo "<td><font size='+1'><b>$nomAnimal</b></font></td>\n";
    echo "<td>{$ligne['animalDescription']}</td>\n";
    // Affiche l'image s'il n'y a pas plusieurs couleurs
    if ($nbCouleurs <= 1)                                       #4
    { echo "<td><a href='../images/{$ligne['animalImage']}'
                      border='0'>
          <img src='images/{$ligne['animalImage']}' border='0'
            width='100' height='80'></a></td>\n";
    }
    echo "<td align='center'>$f_prix &#8364;</td>\n
          </tr>\n";
    // Affiche une ligne pour chaque couleur si plusieurs couleurs
```

```
    if ($nbCouleurs > 1)                                        #5
    { while ($ligne2 = mysqli_fetch_assoc($result2))
      { echo "<tr><td colspan=2> </td>                     #6
              <td>{$ligne2['animalCouleur']}</td>
              <td><a href='../images/{$ligne2['animalImage']}'
                          border='0'>
             <img src='../images/{$ligne2['animalImage']}' border='0'
               width='100' height='80'></a></td>\n";
      }
    }
      echo "<tr><td colspan='5'><hr></td></tr>\n";
  }
  echo "</table>\n";
  echo "<div align='center'>
        <a href='catalogue.php'><b>Pour en voir d'autres</b></a></div>";
?>
</body></html>
```

Voici les étapes marquantes qu'on y trouve (sans revenir sur les indications données dans le précédent listing) :

1 **Extrait de la table** `Animal` **les lignes correspondant au type d'animal recueilli par le formulaire du programme précédent dans la variable** `$interet`.

2 **Cette boucle** `while` **va explorer les résultats extraits de la table** `Animal` **par la requête précédente.**

3 **Ces lignes vérifient si l'animal existe en plusieurs couleurs en lançant une nouvelle requête SQL. La réponse est placée dans la variable** `$result2`, **tandis que** `$nbcouleurs` **mémorise le nombre de lignes trouvées dans la table des couleurs pour l'animal choisi. Chaque nom est analysé lors du passage dans la boucle.**

4 **S'il n'y a qu'une seule couleur ou pas de couleur, on affiche une seule image dans la dernière colonne du tableau HTML via un bloc conditionnel. Dans le cas contraire, il ne faut pas afficher l'image ici. D'autres instructions plus loin vont se charger d'afficher les images des différents coloris d'animaux. Revoyez les Figures 14.3 et 14.4.**

5 **S'il y a plusieurs couleurs, il faut montrer une photographie pour chaque nuance. On va alors extraire les autres résultats issus de la dernière requête SQL lancée, en exécutant une requête dans une boucle** `while`.

6 **Boucle `while` dans le bloc if s'exécutant une fois pour chaque coloris trouvé dans la table** *Couleur*. **Chaque ligne affichée comporte l'image (voyez à ce sujet la Figure 14.5).**

Le programme se termine en refermant, dans cet ordre : le tableau HTML, le formulaire, le programme PHP et le document HTML.

Notez qu'un lien est proposé en bas de page, offrant au visiteur la possibilité de voir d'autres catégories d'animaux. Le visiteur est alors ramené au programme Catalogue.php.

Ajout d'animaux dans le catalogue

L'application qui ajoute un nouvel animal au catalogue doit effectuer les tâches suivantes :

1. **Créer un formulaire demandant la catégorie de l'animal. On peut choisir parmi les catégories existantes ou en créer une nouvelle. Pour une création, il faut saisir un nom et une description.**
2. **Si on crée un nouveau type, il faut tester que le nom et la description ont été saisis.**
3. **Créer un formulaire qui demande des informations sur l'animal : nom, description, prix, nom du fichier d'image et couleur (éventuellement). On peut choisir parmi les noms qui existent déjà dans la catégorie choisie ou créer un nouveau nom. Dans ce cas, il faut saisir ce nom.**
4. **Si on a choisi «nouveau» comme nom d'animal, il faut vérifier que le nom a bien été saisi.**
5. **Insérer un enregistrement pour le nouvel animal dans la base de données AniCata.**
6. **Afficher une page de confirmation montrant le détail des informations concernant le nouvel animal.**

Ces tâches sont effectuées par trois programmes :

» `selection.php`. Il crée le formulaire de type d'animal (tâche 1).

» `nouveauNom.php`. Il vérifie les données relatives à la catégorie de l'animal et crée le formulaire relatif aux données de l'animal (tâches 2 et 3).

» `ajouterAnimal.php`. Il contrôle le champ contenant le nom de l'animal, range les données du nouvel animal dans la base de données du catalogue et informe l'utilisateur (tâches 4, 5 et 6).

selection.php

Ce premier des deux programmes principaux (vous saisissez son nom dans le navigateur) crée une page Web contenant un formulaire HTML dans laquelle on peut sélectionner une des catégories déjà présentes dans le catalogue ou en créer une nouvelle. Pour faciliter la relecture et la maintenance du programme, certaines séquences sont incluses depuis un fichier externe via include. Le Listing 14.4 présente le détail de ce programme.

LISTING 14.4 : Programme de sélection du type d'animal.

```
<?php
  /* Programme   : selection.php (ChoosePetCat.php)
   * Description : Permet à l'utilisateur de sélectionner un type
   *               d'animal. Affiche toutes les catégories de la
   *               table Type. Une section est prévue pour permettre
   *               de définir une nouvelle catégorie. Les sélections
   *               sont proposées sous la forme de boutons radio
   *               avec un champ pour la catégorie et un autre pour
   *               son nom et sa description.
   */
?>
<html>
<head>
<title>Types d'animaux (selection.php)</title>
</head>
<body>
<?php
  include("misc.inc");

  $cxn = mysqli_connect($host,$user,$password, $database)
       or die ("Connexion au serveur impossible");

  // Recherche les types d'animaux dans la table Type,
  // par ordre alphabétique
  $query = "SELECT animalType FROM Type ORDER BY animalType";     #1
  $result = mysqli_query($cxn, $query)
       or die ("Exécution de la requête impossible");

  // Affiche le texte en tête du formulaire
  echo "<div style='margin-left: .1in'>
  <p><h3>Choisissez la catégorie de l'animal que vous
         voulez ajouter</h3>
         Si cette catégorie n'existe pas encore, cliquez sur
         le bouton radio <b>Nouvelle catégorie</b> puis tapez
```

```
        son  nom et sa description dans les boîtes de saisie
        placées à sa droite. Cliquez sur le bouton
        <b>Envoyez</b> lorsque vous avez terminé.";

  // Création d'un formulaire contenant la liste de sélection
  echo "<form action='nouveauNom.php' method='POST'>\n";
  echo "<table cellpadding='5' border='0'>\n";
  echo "<tr>";
  $compteur=0;                                                     #2
  while ($ligne = mysqli_fetch_assoc($result))                     #3
  { extract($ligne);
    echo "<td>
      <input type='radio' name='categorie' value='$animalType'";  #4
        if ($compteur == 0)                                        #5
        { echo "checked";
        }
     echo ">$animalType</td>\n";                                   #6
     $compteur++;                                                  #7
  }
  echo "</tr></table>\n";

  include("cat_table.inc");                                        #8

  echo "<p><input type='submit' value='Envoyer'>\n";
  echo "</form>\n";
?>
</div>
</body></html>
```

Les connexions au serveur MySQL et à la base de données se font de la même façon que précédemment (voir les explications données à propos du Listing 14.2). Voici les principales actions exécutées par le programme (en partant toujours des repères en fin de ligne) :

1 **Cette requête extrait de la table** `Type` **tous les types d'animaux et les trie par ordre alphabétique croissant.**

2 **Un compteur appelé** `$compteur` **est initialisé à 0. Il mémorise le nombre de catégories trouvées dans la base.**

3 **Cette boucle** `while` **va explorer une par une toutes les lignes extraites de la base qui correspondent au critère défini dans la requête précédente. La fonction** `extract()` **extrait la valeur de la colonne** `animalType` **de chaque ligne.**

4 **Pour chaque type trouvé, on crée un bouton radio qui sera suivi de son nom. Ne génère que le début de la balise de champ de formulaire.**

5 **Si c'est le premier (`$compteur` est alors égal à 0), la balise créant ce bouton radio est pourvue de l'attribut `checked` pour qu'elle soit présélectionnée et que le formulaire ne puisse pas être transmis sans aucun bouton sélectionné, ce qui provoquerait une erreur. C'est la raison d'être du compteur.**

Certains navigateurs n'apprécient pas cet ajout systématique de la mention «checked» à tous les boutons radio. Un peu de programmation permettra de ne l'ajouter qu'à un des boutons.

6 **Affiche la fin de la balise de champ pour le bouton radio (partie fermante de la balise).**

7 **Le compteur `$compteur` est incrémenté d'une unité et on remonte dans la boucle `while`.**

8 **A la sortie de la boucle `while`, le fichier `cat_table.inc` est inclus. Il va générer le tableau HTML (voir le Listing 14.5) qui est reproduit sur la partie de la Figure 14.6 comprise entre les deux filets horizontaux. Comme indiqué dans le Chapitre 13, il est conseillé de placer les blocs de code HTML, surtout ceux correspondant à des formulaires, dans des fichiers externes afin de conserver sa lisibilité au programme PHP. Ce fichier HTML externe fait l'objet du Listing 14.5.**

LISTING 14.5 : Affichage sous forme de tableau HTML de deux balises d'entrée de texte du formulaire.

```
<?php
  /* Programme   : cat_table.inc (NewCat_table.inc)
   * Description : Code HTML affichant un tableau contenant deux
   *               balises pour saisir les informations concernant
   *               une nouvelle catégorie d'animal.
   */
?>
<table width='100%'>
  <tr><td colspan="3"><hr /></td></tr>
  <tr>
    <td align='center'>
      <input type='radio' name='categorie' value='nouveau'> 
    </td>
    <td align='right'>Nom de la catégorie :</td>
    <td><input type='text' name='neoCat' size='20' maxlength='20'></td>
  </tr>
  <tr><td align=center><b>Nouvelle catégorie</b></td>
    <td align='right'>Description de la catégorie:</td>
```

```
    <td><textarea name='neoDesc' cols='50' rows='6'></textarea>
    </td>
  </tr>
  <tr><td colspan="3"><hr /></td></tr>
</table>
```

En dehors du commentaire explicatif placé en tête, ce fichier ne contient que du code HTML. Il aurait été facile de remplacer les commentaires PHP par des commentaires HTML en utilisant directement des balises HTML (<!-- ... !>), mais on ne change pas aisément ses habitudes.

nouveauNom.php

Le deuxième programme reçoit les données saisies dans un formulaire par le premier. Il contrôle les informations et signale éventuellement qu'il en manque. Lorsque les informations requises sont au complet, il crée un formulaire dans lequel l'utilisateur peut sélectionner des informations pour le nouvel animal à ajouter au catalogue (le nom de l'animal ainsi que les données qui le concernent). Comme le précédent, ce programme crée la table et le formulaire au moyen de deux fichiers inclus. Il appelle aussi une fonction qui se trouve toute seule dans le fichier inclus fonctions.inc. Le Listing 14.6 présente les instructions du programme nouveauNom.php.

LISTING 14.6 : Programme demandant à l'utilisateur de fournir des informations sur le nouvel animal.

```
<?php
  /* Programme   : nouveauNom.php (ChoosePetName.php)
   * Description : Permet à l'utilisateur de saisir des informations
   *               sur l'animal. Le programme commence par regarder
   *               s'il s'agit d'une nouvelle catégorie. Si oui, il
   *               la range dans la table Type. Puis tous les animaux
   *               présents dans cette catégorie sont sélectionnés
   *               et affichés en face d'un bouton radio.
   *               L'utilisateur peut saisir un nouveau nom. Des
   *               champs sont là pour lui permettre de fournir
   *               toutes les informations nécessaires (prix,
   *               description, fichier d'image et éventuellement
   *               couleur).
   */

 if (@$_POST['neobouton'] == "Retour à la page des catégories"
     or @$_POST['neobouton'] == "Annuler")                     #1
 {
    header("Location: selection.php");
```

```
}

echo "<html>
      <head><title>Ajout d'un nouvel animal</title></head>
      <body>";
include("misc.inc");
include("fonctions.inc");

$cxn = mysqli_connect($host,$user,$passwd,$database)
       or die ("Connexion au serveur impossible");

$categorie = $_POST['categorie'];
 /* S'il s'agit d'une nouvelle catégorie, regarder si les champs
    appropriés ont bien été renseignés. Si ce n'est pas le cas,
    l'afficher à nouveau afin que l'utilisateur puisse indiquer
    le nom de la catégorie et sa description. Si les champs
    sont renseignés, ranger la nouvelle catégorie dans la
    table Type.
 */
if($categorie == "nouveau")                                    #2
{
  if ($_POST['neoCat'] == ""
                   or $_POST['neoDesc'] == "")                 #3
  {
     include("neocat_form.inc");                               #4
     exit();                                                   #5
  }
    /* ajout d'un nouveau type */
  else                                                         #6
  {
     nouveauType($_POST['neoCat'],$_POST['neoDesc'],$cxn);
     $categorie = trim($_POST['neoCat']);                      #7
  }
}                                                              #8

 /* Sélection des noms d'animaux d'une certaine catégorie. Si
    l'utilisateur a défini une nouvelle catégorie, on regarde
    si elle n'existerait pas déjà.  */
$query = "SELECT DISTINCT animalNom FROM Animal
                 WHERE animalType='$categorie'
                 ORDER BY animalNom";                          #9
$result = mysqli_query($cxn,$query)
          or die("SELECT en échec dans nouveauNom");
$nbLignes = mysqli_num_rows($result);                          #10
```

```
 /* Création du formulaire */
echo "<div style='margin-left: .1in'>";
echo "<form action='ajouterAnimal.php' method='POST'>\n";
echo "<h4>Nom de l'animal</h4>\n";
if($nbLignes < 1)                                                    #11
{
  echo "<hr /><b>Il n'y a aucun nom dans la base de données
              pour la catégorie $categorie</b><hr />\n";
}
else                                                                 #12
{
  while($row = mysqli_fetch_assoc($result))                          #13
  {
     extract($row);
     echo "<input type='radio' name='animalNom'
                value='$animalNom'";
     echo ">$animalNom\n";
  }
}
include ("nom_table.inc");                                           #14

$animalDescription="";$animalPrix = "";
$animalImage = "";$animalCouleur = "";
include("info_form.inc");                                            #15

echo "<input type='hidden' name='categorie'
           value='$categorie'>\n";
echo "<p><input type='submit' value='Enregistrer le nouveau nom'>
    <input type='submit' name='neobouton' value='Cancel'>
    </form>\n";
?>
</div>
</body></html>
```

Regardons de plus près ce programme en nous intéressant, là encore, aux lignes d'instructions repérées par un numéro en fin de ligne.

1. **Avant toute chose, le programme regarde par quel bouton de type Submit il a été appelé. Si c'est par «Annuler», il revient directement à** `selection.php`**, premier programme de la suite des programmes de gestion du catalogue, au moyen de l'instruction :** `header("Location: selection.php")`**. Sinon, l'appel vient du formulaire créé par le fichier inclus** `neocat_form.inc` **(voir le Listing 14.7).**

2 **Un `if` va regarder si l'utilisateur a cliqué sur le bouton radio «Nouveau» dans le formulaire du programme précédent.**

3 **Si c'est le cas, il vérifie que les rubriques «Nom» et «Description» ont bien été renseignées.**

4 **Si ce n'est pas le cas, le fichier `neocat_form.inc` (voir le Listing 14.7) est inclus et son contenu exécuté. Il s'agit d'un formulaire qui demande à l'utilisateur de saisir toutes les informations concernant le nouvel animal.**

5 **On tombe ensuite sur un `exit;` car il faut attendre que ces informations existent pour poursuivre l'exécution du présent programme. Ce sera le cas lorsque l'utilisateur aura renseigné le formulaire et cliqué sur son bouton Submit.**

6 **Si c'est le cas, toutes les informations sont présentes et on peut continuer par la clause `else` du `if` commencé plus haut.**

7 **La fonction `nouveauType()` a été amenée dans le programme par l'instruction : `include("fonctions.inc");`, au début de la seconde section PHP. Elle a pour rôle d'ajouter la nouvelle catégorie dans la table `Type` de la base de données `AniCata`.**

8 **Ici se termine le bloc exécuté si l'utilisateur a demandé à créer une nouvelle catégorie.**

Jusqu'ici, la variable $categorie contenait «nouveau». Elle prend maintenant la valeur contenue dans la variable $neocat qui représente le nom de la nouvelle catégorie.

9 **Cette requête recherche un seul exemplaire de chaque nom d'animal présent dans la table `Animal` pour cette catégorie et trie les réponses par ordre alphabétique croissant.**

10 **Le nombre de réponses (de lignes de la table) est placé dans la variable `$nbLignes`.**

11 **`$nbLignes` est testé pour savoir s'il est égal à zéro. Si c'est le cas, un message va avertir l'utilisateur qu'il n'existe pas d'animal de ce type dans la table `Animal`.**

12 **Si `$nbLignes` est différent de zéro, chaque nom d'animal trouvé est affiché, précédé d'un bouton radio. C'est une boucle `while` (à partir du repère 13) qui explore les lignes trouvées pour en extraire le nom de l'animal.**

13 **Le fichier `nom_table.inc` est inclus à ce point (voir le Listing 14.8). Il crée un tableau dans lequel se trouvent des boîtes de saisie qui vont**

permettre à l'utilisateur de fournir toutes les informations concernant le nouvel animal.

14 Enfin, le programme charge le formulaire `info_form.inc` et crée deux boutons de type Submit : le premier pour enregistrer les données recueillies dans la base de données ; le second pour annuler l'opération. Viennent ensuite l'instruction qui referme le formulaire puis la balise terminale de la section PHP et les deux balises finales du document HTML.

Le programme référence trois fichiers externes de code HTML via include. Ils sont présentés dans les Listings 14.7, 14.8 et 14.9.

neocat_form.inc

Ce fichier inclus crée un formulaire dans lequel un tableau HTML va proposer deux balises d'entrée de texte : l'une pour le nom de l'animal ; l'autre pour sa description. Le Listing 14.7 en présente le contenu.

LISTING 14.7 : Code HTML créant un formulaire demandant le nom de la nouvelle catégorie et sa description.

```
<?php
  /* Programme   : neocat_form.inc (NewCat_form.inc)
   * Description : Affiche un formulaire destiné à
   *               collecter un nom de catégorie et sa
   *               description.
   */
?>
<b>Le nom de catégorie ou sa description n'ont pas été renseignés.
Vous devez saisir les informations manquantes.</b>
<form action="nouveauNom.php" method="post">
  <table>
   <tr>
    <td align="right">Nom de la catégorie :</td>
    <td><input type="text" name="neoCat"
                    value="<?php echo $_POST['neoCat'] ?>"
          size="20" maxlength="20">
    </td></tr>
   <tr>
    <td align="right">Description de la catégorie :</td>
    <td><input type="text" name="neoDesc"
          value="<?php echo $_POST['neoDesc'] ?>"
          size="70%" maxlength="255">
    </td></tr>
  </table>
```

```
  <input type="hidden" name="categorie" value="nouveau">
  <p><input type="submit" name="neobouton"
           value="Envoyer">
  <input type="submit" name="neobouton"
         value="Retour à la page des catégories">
</form>
```

Quelques remarques sur ce programme :

- Le formulaire n'est créé que si l'utilisateur a cliqué sur le bouton radio correspondant à une nouvelle catégorie dans la page Web du type d'animal, mais n'a pas indiqué de nom pour l'animal ou n'a pas saisi sa description. On lui donne ainsi une seconde chance.
- Presque tout le contenu du fichier est du HTML pur, sauf la description placée en tête sous forme de commentaires PHP et les deux injections de valeurs de variables PHP dans le tableau.
- Le formulaire redonne le contrôle d'exécution au programme qui l'a généré. Le traitement est le même que celui du formulaire de la première page. Les noms des champs sont identiques. Ils sont testés pour savoir s'ils sont vides.
- Le formulaire contient un champ caché (`type="hidden"`) qui donne à la variable `$categorie` la valeur «nouveau». Ainsi, le programme qui se poursuit sait que le type d'animal vaut «nouveau» et qu'il doit exécuter le bloc «protégé» par l'instruction : `if ($categorie == "nouveau")` dans le programme `nouveauNom.php`.

nom_table.inc

Le rôle de ce fichier est de générer deux balises de formulaire contenues dans un tableau HTML pour que l'utilisateur puisse saisir le nom du nouvel animal. Son contenu est présenté Listing 14.8.

LISTING 14.8 : Deux éléments de formulaire permettent de saisir le nom du nouvel animal.

```
<?php
  /* Programme   : nom_table.inc (NewName_table.inc)
   * Description : Affiche un tableau pour permettre à
                   l'utilisateur de saisir un nouveau
                   nom d'animal
   */
?>
<table border="0">
  <tr><td>
       <input type="radio" name="animalNom"
```

```
              value="nouveau" checked >Nouveau nom</td>
      <td><input type="text" name="neoNom" size="25"
              maxlength="25"> (tapez le nouveau nom)</td>
  </tr>
  <tr><td colspan=2><hr /></td></tr>
</table>
```

A part les commentaires descriptifs de l'en-tête, le fichier ne contient que du code HTML.

info_form.inc

Ce fichier propose des balises d'entrée placées dans un tableau HTML et destinées à recueillir des informations d'identification de l'animal (description, prix, fichier d'image, couleur). Le Listing 14.9 en présente le contenu.

LISTING 14.9 : Rassemblement des éléments destinés à insérer un nouvel animal dans la table Animal.

```
<?php
  /* Programme :   info_form.inc (PetInfo_table.inc)
   * Description : Affiche des éléments de formulaire placés
   *               dans un tableau et servant à collecter
   *               des informations sur un animal.
   */
?>
<b>Informations sur l'animal</b><br>
 <p><table>
  <tr><td align="right">Catégorie de l'animal :</td>
    <td><b>  <?php echo $categorie ?></b></td>
  </tr>
  <tr><td align="right">Description :</td>
    <td><input type="text" name="animalDescription"
            value="<?php echo $animalDescription ?>"
            size="65" maxlength="255">
    </td></tr>
  <tr><td align="right">Prix :</td>
    <td><input type="text" name="animalPrix"
            value="<?php echo $animalPrix ?>"
           size="15" maxlength="15">
    </td></tr>
  <tr><td align="right">Nom du fichier d'image :</td>
    <td><input type="text" name="animalImage"
            value="<?php echo $animalImage ?>"
            size="25" maxlength="25">
```

```
    </td></tr>
  <tr><td align="right">Couleur (facultatif) :</td>
    <td><input type="text" name="animalCouleur"
            value="<?php echo $animalCouleur ?>"
            size="25" maxlength="25">
    </td></tr>
</table>
```

Ce fichier contient de petits blocs PHP pour l'injection de valeurs de variables.

fonctions.inc

En plus des fichiers externes HTML des tableaux et formulaires, le programme principal *nouveauNom.php* du Listing 14.6 fait appel à une fonction externe nommée nouveauType(). Cette fonction est définie dans le fichier nommé *fonctions.inc* qui est inclus dès le début du programme principal. Son contenu est présenté Listing 14.10.

LISTING 14.10 : Fonction nouveauType()

```
<?php
 /* Fonction    : nouveauType() [addNewType()]
  * Description : Ajoute un nouveau type et sa description dans
  *               la table Type. Commence par regarder si ce type
  *               n'est pas déjà dans la table, auquel cas on
  *               ne fait rien.
  */
function nouveauType($animalType,$typeDescription, $cxn)
{
  /* Voir si la nouvelle catégorie est ou non présente dans
     la table Type. Si elle n'y est pas, l'ajouter.   */
  $query = "SELECT animalType FROM Type
            WHERE animalType='$animalType'";
  $result = mysqli_query($cxn, $query)
       or die ("Erreur de requête 1 dans nouveauType()");

  $ntype = mysqli_num_rows($result);
  if ($ntype < 1)         // Si type absent de la table
  {
    $animalType = ucfirst(strip_tags(trim($animalType)));
    $typeDescription = ucfirst(strip_tags(trim($typeDescription)));
    $animalType = mysqli_real_escape_string($cxn,$animalType);
    $typeDescription =
```

```
          mysqli_real_escape_string($cxn,$typeDescription);

      $query = "INSERT INTO Type (animalType,typeDescription)
                     VALUES ('$animalType','$typeDescription')";
      $result = mysqli_query($cxn, $query)
         or die ("Erreur de requête 2 dans nouveauType()");
   }
   return;
}
?>
```

Cette fonction regarde si les informations concernant le nouvel animal ne sont pas déjà dans la table Type. Si elle ne les trouve pas, elle les y insère.

ajouterAnimal.php

Ce dernier programme reçoit les informations recueillies par le deuxième des trois programmes principaux de gestion du catalogue, nouveauNom.php. Si le nom d'animal était «nouveau», il vérifie qu'un nom a bien été saisi ; si ce n'est pas le cas, il invite l'utilisateur à réparer cette omission. Si tout est correct, les éléments d'identification du nouvel animal sont insérés dans les tables Animal et Couleur. Vous noterez que les renseignements facultatifs ne sont pas vérifiés. Les informations facultatives ne sont pas testées. Le Listing 14.11 présente le contenu de ce troisième programme de la série.

LISTING 14.11 : Insertion d'un nouvel animal dans le catalogue.

```
<?php
   /* Programme   : ajouterAnimal.php (addPet.php)
    * Description : Ajoute un nouvel animal à la base de données
    *               puis affiche un écran de confirmation.
    */

   if (@$_POST['neobouton'] == "Annuler")                          #1
   {
      header("Lieu : selection.php");
   }

   include("misc.inc");                                            #2
   $cxn = mysqli_connect($host,$user,$passwd,$database)
          or die ("Echec de connexion");

   foreach($_POST as $champ => $valeur)                            #3
   {
      if($champ != "neoNom" and $champ != "neobouton"
```

```
        and $champ != "animalCouleur")                          #4
        {
        if($champ == "animalNom")
         {
           if($valeur == "nouveau")                             #5
           {
              if($_POST['neoNom'] == "")
              {
                 include("neoNom_form.inc");
                 exit();
              }
              else
              {
                 $valeur=$_POST['neoNom'];
              }
           }
        }
        if($champ == "categorie")                               #6
        {
           $champ = "animalType";
        }
        if(!empty($valeur))                                     #7
        {
          $champs_form[$champ] =
             ucfirst(strtolower(strip_tags(trim($valeur))));
            $champs_form[$champ] =
             mysqli_real_escape_string($cxn,
                 $champs_form[$champ]);
        }
        if(!empty($_POST['animalCouleur']))
        {
          $animalCouleur = strip_tags(trim($_POST['animalCouleur']));
          $animalCouleur = ucfirst(strtolower($animalCouleur));
          $animalCouleur =
               mysqli_real_escape_string($cxn,$animalCouleur);
        }
     }
   }                                                            #8
?>
<html>
<head><title>Ajout d'un animal</title></head>
<body>
<?php
  $champ_array = array_keys($champs_form);                      #9
  $champs=implode(",",$champ_array);
```

```
    $valeurs=implode('","',$champs_form);
    $query = "INSERT INTO Animal ($champs) VALUES (\"$valeurs\")";
    $result = mysqli_query($cxn,$query)
         or die ("Requête impossible.");

    $animalID = mysqli_insert_id($cxn);
    $query = "SELECT * from Animal
                   WHERE animalID='$animalID'";                 #10
  $result = mysqli_query($cxn,$query)
       or die ("Requête impossible.");
  $row = mysqli_fetch_assoc($result);
  extract($row);
  $categorie=$animalType;
  echo "L'animal suivant a été ajouté au catalogue :<br>
        <ul>
         <li>Catégorie : $categorie
         <li>Nom : $animalNom
         <li>Description: $animalDescription
         <li>Prix : $animalPrix
         <li>Fichier d'image : $animalImage \n";

  if (@$animalCouleur != "")                                    #11
  {
    $query = "SELECT animalNom FROM Color
                    WHERE animalNom='$animalNom'
                    AND animalCouleur='$animalCouleur'";
    $result = mysqli_query($cxn,$query)
              or die("Requête impossible.");
    $num = mysqli_num_rows($result);
    if ($num < 1)
    {
      $query = "INSERT INTO Couleur (animalNom,animalCouleur,animalImage)
                VALUES ('$animalNom','$animalCouleur','$animalImage')";
      $result = mysqli_query($cxn,$query)
                or die("Echec de la requête.");
      echo "<li>Couleur : $animalCouleur\n";
    }
  }
  echo "</ul>";
  echo "<a href='selection.php'>Ajouter un autre animal</a>\n";
?>
</body></html>
```

Voici quelques-uns des points importants de ce programme (la plupart des autres ayant déjà été étudiés) :

1 **Teste la valeur de `@$neobouton` pour savoir si le programme a été appelé à la suite d'un clic sur un bouton de type «Annuler». Dans ce cas, le programme se contente de recharger le fichier `selection.php` au moyen d'un header.**

2 **Insère les définitions de variables standard pour la connexion à la base de données.**

3 **Ouvre un bloc `foreach` qui parcourt et nettoie les informations de nouvel animal saisies dans la page Web précédente. Voyons ce processus en détail.**

4 **Ne traite pas les données des champs `neoNom`, `neobouton` et `animalCouleur`.**

5 **Démarre un sous-bloc conditionnel qui ne s'exécute que si le visiteur a choisi Nouveau comme type d'animal. Si le nouveau nom est vide, un formulaire est affiché pour saisir le nom (inclusion de `neoNom_form.inc`), jusqu'à ce que le nom soit saisi. La valeur est récupérée dans `$neoNom`.**

6 **Si le champ indique categorie, changez le nom de champ en `animalType`.**

7 **Nettoyage des données.**

8 **Fin de la boucle `foreach` qui traite le contenu de $_POST.**

9 **Préparation de la requête d'insertion des données dans la base.**

10 **Extraction des données venant d'être insérées et affichage dans une page Web pour contrôle.**

11 **Bloc conditionnel exécuté seulement si la couleur a été saisie. La table Couleur est scrutée pour savoir si ce nom et cette couleur s'y trouvent déjà. Ils y sont insérés si nécessaire.**

Le programme référence un fichier HTML externe pour le formulaire de saisie du nom de l'animal. Le Listing 14.12 montre ce fichier neoNom_form.inc.

neoNom_form.inc

Cette séquence affiche dans un tableau HTML des boîtes de saisie dans lesquelles l'utilisateur va pouvoir saisir les éléments d'identification d'un nouvel animal (nom, catégorie, etc.). Ce fichier ressemble beaucoup à neocat_form.inc (voir le Listing 14.7). Les valeurs sont renvoyées par des champs cachés (type=»hidden»). Le Listing 14.12 présente le contenu de ce fichier.

LISTING 14.12 : Formulaire demandant à l'utilisateur de saisir un nouveau nom d'animal.

```
<?php
  /* Programme    : neoNom_form.inc (NewName_form.inc)
   * Description : Affiche un formulaire destiné à
                   collecter un nom d'animal.
   */
  extract($_POST);
?>
<b>Vous devez saisir un nom</b>
<form action="ajouterAnimal.php" method="POST">

 <table><tr>
   <td style="text-align: right">Nom de l'animal :</td>
   <td><input type="text" name="neoNom"
              value="<?php echo $neoNom ?>"
         size="25" maxlength="25">
   </td></tr>
 </table>

 <input type="hidden" name="categorie"
        value="<?php echo $categorie ?>">
 <input type="hidden" name="animalNom"
        value="<?php echo $animalNom ?>">
 <input type="hidden" name="animalDescription"
        value="<?php echo $animalDescription ?>">
 <input type="hidden" name="animalPrix"
        value="<?php echo $animalPrix ?>">
 <input type="hidden" name="animalImage"
        value="<?php echo $animalImage ?>">
 <input type="hidden" name="animalCouleur"
        value="<?php echo $animalCouleur ?>">

 <p><input type="submit" name="neobouton"
        value="Envoyer">
 <input type="submit" name="neobouton"
        value="Annuler">
</form>
```

Remarquez qu'un lien est prévu vers la première page pour permettre d'ajouter un nouvel animal au catalogue s'il le désire.

Chapitre 15

Réalisation d'un site Web à accès réservé

DANS CE CHAPITRE :

- **Conception d'un site ayant une section à accès réservé.**
- **Conception de la base de données pour ce site.**
- **Conception des pages Web pour la section à accès réservé de ce site.**
- **Ecriture des programmes de ces pages Web.**

De nombreux sites Web demandent à leurs visiteurs de s'identifier avant de pouvoir les consulter. Parfois, il ne s'agit que de certaines pages d'un site ; dans d'autres cas, c'est le site tout entier. Voici quelques-unes des raisons qui justifient cette restriction d'accès :

- **Les informations sont secrètes.** Vous ne voulez pas que n'importe qui puisse en prendre connaissance. Peut-être seuls vos employés ont-ils le droit d'y accéder ?
- **Les informations ou le service proposé ne sont pas gratuits.** Il s'agit d'un produit commercialisé accessible aux seuls abonnés. Peut-être s'agit-il d'un recensement ou d'informations statistiques suffisamment intéressantes pour que des chercheurs acceptent de payer pour les consulter.
  Par exemple, aux Etats-Unis, le AAA Automobile Club offre certaines informations gratuitement, mais il faut être membre du club pour consulter les tarifs des hôtels.
- **Vous pouvez proposer un service de meilleure qualité.** Si vous savez qui sont vos clients ou avez quelques renseignements les concernant, vous pouvez faciliter le dialogue avec eux. Par exemple, si vous êtes déjà client chez Amazon.fr ou Amazon.com et passez une commande sur leur site de vente en ligne, vous n'aurez pas besoin d'indiquer votre adresse de livraison : ils l'ont conservée en mémoire.

» **Vous pouvez en savoir davantage sur vos clients.** Les gens du marketing aimeraient bien savoir qui vient visiter votre site Web. Ce qui les intéresse, ce n'est pas seulement les adresses et numéros de téléphone des clients, mais aussi ce qu'ils aiment et ce qu'ils n'aiment pas. Si vous leur offrez une intéressante compensation, beaucoup de gens sont disposés à vous en dire plus sur eux. Ainsi, des personnes peuvent accepter de répondre à certaines questions si vous leur offrez la possibilité de télécharger gratuitement un logiciel ou de jouer gratuitement à un jeu en ligne.

En général, on se connecte avec le couple classique identificateur/mot de passe. La plupart du temps, les visiteurs sont autorisés à créer eux-mêmes ces deux éléments. Quelquefois, ils peuvent même gérer leurs informations personnelles, c'est-à-dire modifier leur identificateur, leur mot de passe et leur numéro de téléphone.

Au Chapitre 14, je vous ai montré comment réaliser un catalogue en ligne pour une animalerie. Maintenant, nous allons voir comment ajouter à ce site Web une section à accès réservé aux seuls membres d'un petit groupe. Il leur sera offert, par exemple, des remises personnalisées, une lettre d'information et une base de données sur la vie des animaux. Vous estimez que ces offres seront suffisamment alléchantes pour qu'ils acceptent de vous communiquer leur adresse et leur numéro de téléphone. C'est de cette façon qu'ils deviendront membre de votre association. Dès lors, pour visiter la section à accès réservé, ils devront s'identifier par le couple identificateur/mot de passe.

Conception de l'application

La première étape consiste à définir ce que doit faire l'application. Sa fonction primordiale est de rassembler des informations sur un client et de les ranger dans une base de données. En remerciement, le client se verra offrir quelques-uns des avantages dont nous venons de parler. Comme il ne s'agit pas ici de manipuler des secrets d'État ou des numéros de cartes de crédit, vous devez rendre l'accès à cette section le plus facile possible.

Globalement, voici les tâches que devra accomplir la section à accès réservé :

» Proposer aux clients un moyen de définir leurs éléments d'identification, éléments que vous recueillerez pour votre base de données.

» Leur proposer une page d'accueil dans laquelle ils déclineront ces éléments lors de leurs visites ultérieures. Bien entendu, vous devrez vérifier ces éléments. S'ils se révèlent exacts, ils pourront visiter la section. Sinon, une seconde chance leur sera offerte de s'identifier.

» Afficher les pages à accès réservé à tous ceux qui se seront correctement identifiés.

» Refuser de montrer ces pages aux autres (à ceux qui ne se sont *pas* connectés ou à ceux qui l'ont fait avec des éléments inexacts).

» Conserver la trace des logins des membres. Vous souhaitez savoir qui vient visiter votre site et quand il le fait.

Conception de la base de données

La base de données nommée MemberDirectory constitue le cœur de cette application. C'est elle qui renferme les informations d'identification des clients enregistrés. Elle contient deux tables :

» La table des membres, `Member`.

» La table des logins, `Login`.

Il est pratiquement impossible d'écrire des programmes tant que la base de données qu'ils doivent manipuler n'existe pas pour permettre de les tester. Et, avant d'y mettre quoi que ce soit, il faut réfléchir à son contenu. Il sera temps ensuite d'y placer quelques données fictives pour pouvoir tester les programmes.

Certaines modifications ont été apportées au projet initialement présenté au Chapitre 4. Le développement et les tests conduisent très souvent à cette démarche adaptative. Vous vous apercevez par exemple que vous avez oublié de tenir compte de certains facteurs ou que certaines de vos idées ne collent pas avec la réalité ou sont trop difficiles à programmer. Il est tout à fait normal qu'un projet évolue au fur et à mesure qu'on entre dans la phase de réalisation. N'oubliez pas de tenir à jour votre documentation lors de ces modifications.

Construction de la table des membres

La table principale de cette application est la table Member. C'est elle qui contient les informations saisies par l'utilisateur : nom, adresse, numéro de téléphone... et le couple identificateur/mot de passe. Voici la requête SQL qui va créer cette table :

```
CREATE TABLE Member
( loginName     VARCHAR(20) NOT NULL,
  createDate    DATE        NOT NULL,
  password      CHAR(255)   NOT NULL,
  lastName      VARCHAR(50),
  firstName     VARCHAR(40),
```

```
  street        VARCHAR(50),
  city          VARCHAR(50),
  state         CHAR(2),
  zip           CHAR(10),
  email         VARCHAR(50),
  phone         CHAR(15),
  fax           CHAR(15),
  PRIMARY KEY(loginName)
);
```

Chaque ligne représente un membre. Voici quelles en sont les colonnes :

- **loginName :** L'identificateur que le membre doit utiliser pour le faire reconnaître. C'est lui qui l'a choisi. Voici comment il est défini dans la base de données :
  - `CHAR(20)` : Chaîne d'au plus 20 caractères. Toute valeur plus courte sera complétée par des espaces.
  - `PRIMARY KEY(loginName)` : Cet identificateur constitue la clé primaire. C'est pourquoi il doit être unique.
  - `NOT NULL` : Il est nécessaire que ce champ possède une valeur. Une clé primaire doit toujours avoir cet attribut.
- `createDate` : Date à laquelle cette ligne a été ajoutée à la base de données (date de création du compte). Ce champ a les attributs suivants :
  - `DATE` : C'est une chaîne de caractères qui représente une date sous la forme conventionnelle reconnue par MySQL (AAAA-MM-JJ). Mais elle peut avoir été saisie sous d'autres formes comme AA/M/J ou AAAAMMJJ.
  - `NOT NULL` : Ce champ ne peut pas être vide. Ce sera toujours le cas puisque ce n'est pas l'utilisateur qui va créer son contenu mais le programme.
- `password` : C'est le mot de passe que devra donner le client pour authentifier son identification. C'est lui qui l'a initialement choisi. Ce champ est ainsi défini :
  - `VARCHAR(255)` : Chaîne de caractères de longueur variable, d'au plus 255 caractères. Ce champ sera conservé sous sa longueur réelle. Il est évident que l'utilisateur ne va pas créer un mot de passe de 255 caractères. Mais il sera codé au moyen d'une fonction native de MySQL avant d'être placé dans la base de données, ce qui va l'allonger.
  - `NOT NULL` : Ce champ doit toujours avoir une valeur. Il n'est pas permis d'utiliser un mot de passe vide (c'est-à-dire de n'en définir aucun).
- `lastName`: C'est le nom de l'utilisateur tel qu'il l'a lui-même saisi. Il a l'attribut suivant :

- `VARCHAR(50)` : Chaîne d'au plus 50 caractères. Ce champ sera conservé sous sa longueur réelle.

» `firstName` : C'est le prénom de l'utilisateur tel qu'il l'a lui-même saisi. Il a l'attribut suivant :

- `VARCHAR(40)` : Chaîne d'au plus 40 caractères. Ce champ sera conservé sous sa longueur réelle.

» **street :** C'est l'adresse (nom de la rue et numéro dans la rue) indiquée par l'utilisateur. Il a l'attribut suivant :

- `VARCHAR(50)` : Chaîne d'au plus 50 caractères. Ce champ sera conservé sous sa longueur réelle.

» **city :** C'est le nom de la ville où réside l'utilisateur. Il a l'attribut suivant :

- `VARCHAR(50)` : Chaîne d'au plus 50 caractères. Ce champ sera conservé sous sa longueur réelle.

» **state :** C'est le code de l'état dans lequel réside l'utilisateur. C'est une chaîne de 2 caractères. Il a l'attribut suivant :

- `CHAR(2)` : Chaîne de caractères qui aura toujours 2 caractères.

Ce champ n'a évidemment pas d'intérêt pour les Français, puisqu'il s'agit d'un code représentant le nom de l'État dans lequel ils résident. Nous l'avons conservé pour rester homogène avec la conception de cette base de données dans l'édition américaine du livre. *(N.d.T.)*

» **zip :** C'est le code postal correspondant au lieu de résidence de l'utilisateur. Il a l'attribut suivant :

- `CHAR(10)` : Chaîne qui aura toujours 10 caractères.

» **email :** C'est l'adresse e-mail de l'utilisateur. Il a l'attribut suivant :

- `VARCHAR(50)` : Chaîne d'au plus 50 caractères. Ce champ sera conservé sous sa longueur réelle.

» **phone :** C'est le numéro de téléphone de l'utilisateur. En lui attribuant plus que les 10 caractères strictement nécessaires, on permet à l'utilisateur d'indiquer un préfixe international et d'insérer éventuellement des séparateurs entre chaque groupe de chiffres. Il a l'attribut suivant :

- `CHAR(15)` : Chaîne de 15 caractères de long. Ce champ sera éventuellement complété par des espaces.

» **fax :** C'est le numéro de fax de l'utilisateur. En lui attribuant plus que les 10 caractères strictement nécessaires, on permet à l'utilisateur d'indiquer un préfixe international et d'insérer éventuellement des séparateurs entre chaque groupe de chiffres. Il a l'attribut suivant :

- CHAR(15) : Chaîne de 15 caractères de long. Ce champ sera éventuellement complété par des espaces.

Vous aurez noté que certains champs sont de longueur fixe (CHAR) et d'autres de longueur variable (VARCHAR). Les premiers permettent un traitement plus rapide, mais les autres optimisent la place occupée par le champ sur le disque. A vous de choisir selon ce qui compte le plus dans votre application.

En général, on adopte CHAR pour les champs de petite dimension. Par exemple, avec CHAR(5), vous ne pouvez gaspiller que 4 caractères au plus, alors qu'avec CHAR(200) vous risquez d'en perdre 199.

Construction de la table Login

C'est la table qui conserve trace de chacun des logins de l'utilisateur. Comme cela peut se produire plusieurs fois, il est nécessaire d'affecter une table à cette information. Sa structure est la suivante :

```
CREATE TABLE Login
( loginName     VARCHAR(20) NOT NULL,
  loginTime     DATETIME    NOT NULL,
  PRIMARY KEY(loginName,loginTime)
);
```

Cette table possède les deux colonnes suivantes :

» **loginName :** L'identificateur que le membre doit utiliser pour le faire reconnaître. C'est lui qui l'a choisi. C'est le même que celui qui figure dans la table `Member` décrite dans la section précédente. On pourra ainsi pratiquer la jointure des deux tables. Voici comment il est défini dans la base de données :

  - `CHAR(20)` : Chaîne d'au plus 20 caractères. Toute valeur plus courte sera complétée par des espaces.
  - `PRIMARY KEY(loginName, loginTime)` : Cette clé doit être unique. MySQL s'assurera qu'il n'y a pas deux couples de ce type identiques dans la table.
  - `NOT NULL` : Ce champ doit toujours avoir une valeur. Une clé primaire doit toujours avoir cet attribut.

» **loginTime :** C'est le groupe date/heure de l'instant de chacun des logins de l'utilisateur. Il est hautement improbable que deux utilisateurs différents se connectent au même instant (à la seconde près) sur la base de données ; mais, pour un site réel et très chargé, cela pourrait se produire. Il faudrait alors créer un code de login séquentiel du genre de celui qu'on obtient avec l'attribut `AUTO-INCREMENT`. Ici, ce champ a les attributs suivants :

- `DATE` : C'est une chaîne de caractères qui représente une date sous la forme conventionnelle de MySQL (AAAA-MM-JJ). Elle peut avoir été saisie sous d'autres formes comme AA/M/J ou AAAAMMJJ.
- `PRIMARY KEY(loginName, loginTime)` : Cet identificateur constitue la clé primaire. Il doit être unique.
- `NOT NULL` : Ce champ doit toujours avoir une valeur. Ce sera toujours le cas, puisque ce n'est pas l'utilisateur qui va le créer mais le programme.

Ajout de données à la base

La base de données est conçue pour recevoir les informations saisies par les utilisateurs et non par le développeur qui l'a conçue. Elle sera donc initialement vide. Cependant, pour tester vos programmes, vous devrez y placer au minimum un couple d'utilisateurs factices, ce que vous pourrez réaliser au moyen d'une requête INSERT. Lorsque vos programmes seront au point, vous les supprimerez.

Conception de l'interface utilisateur

Maintenant que vous savez ce que doit faire votre application et quelles sont les informations que vous voulez obtenir de vos utilisateurs pour les ranger dans votre base de données, vous pouvez passer à la conception du *look and feel*. Cette page doit être à la fois attractive et facile à utiliser. Vous pouvez créer votre propre projet sur papier, montrant ce que doit voir l'utilisateur, avec peut-être une esquisse et un texte explicatif. Ce projet doit faire apparaître des boutons ou des liens et décrire leur action. Chaque page de l'application doit être passée en revue au cours de cette phase.

Ici, en plus des pages de la section à accès réservé proprement dite, nous avons trois pages réservées à la procédure de connexion et à la validation de celle-ci. Dans ce chapitre, nous allons nous contenter de réaliser ces trois pages. Nous ne nous attarderons donc pas sur les autres (offres spéciales, forum de discussion, etc.). Je vous indiquerai *in fine* comment les inclure dans l'application de façon que les visiteurs non membres ne puissent y accéder.

Voici quelles sont ces trois pages :

» **Page «vitrine».** C'est la première page que va voir l'utilisateur. Elle indique l'identité du site sur lequel il vient d'arriver et son but. Nous avons déjà vu cette page au Chapitre 14. Dans ce chapitre, nous allons la modifier pour qu'elle permette d'accéder à la section à accès réservé.

» **Page de login.** Elle permet au visiteur de se logger ou de créer un nouveau compte de membre. Elle lui présente un formulaire qu'il doit remplir pour que son compte puisse être créé.

» **Page d'accueil du nouveau membre.** C'est celle qui accueille les nouveaux visiteurs par leur nom et les informe que leur compte a été créé. Elle leur fournit les informations nécessaires à la bonne utilisation des pages à accès réservé. Elle propose un bouton qui leur permet de pénétrer dans cette section et un autre pour revenir à la page principale.

» **Section à accès réservé aux membres.** C'est un groupe de pages dans lesquelles se trouvent les informations réservées aux seuls membres.

Page «vitrine»

C'est la page d'accueil de l'animalerie. Comme la plupart des gens savent ce qu'est une animalerie, aucune explication n'est réellement nécessaire. La Figure 15.1 montre comment elle se présente. Le visiteur se voit proposer deux liens : l'un pour consulter le catalogue, l'autre pour atteindre la section réservée aux membres.

FIGURE 15.1 : Page d'accueil du site Web de l'animalerie.

Page de login

Cette page permet au nouveau venu de s'inscrire ou, s'il s'agit d'un ancien membre, de décliner son identité (identificateur/mot de passe) pour pénétrer dans la section à accès réservé. Le choix s'effectue en cliquant sur l'un des deux boutons proposés. La Figure 15.2 montre comment se présente cette page.

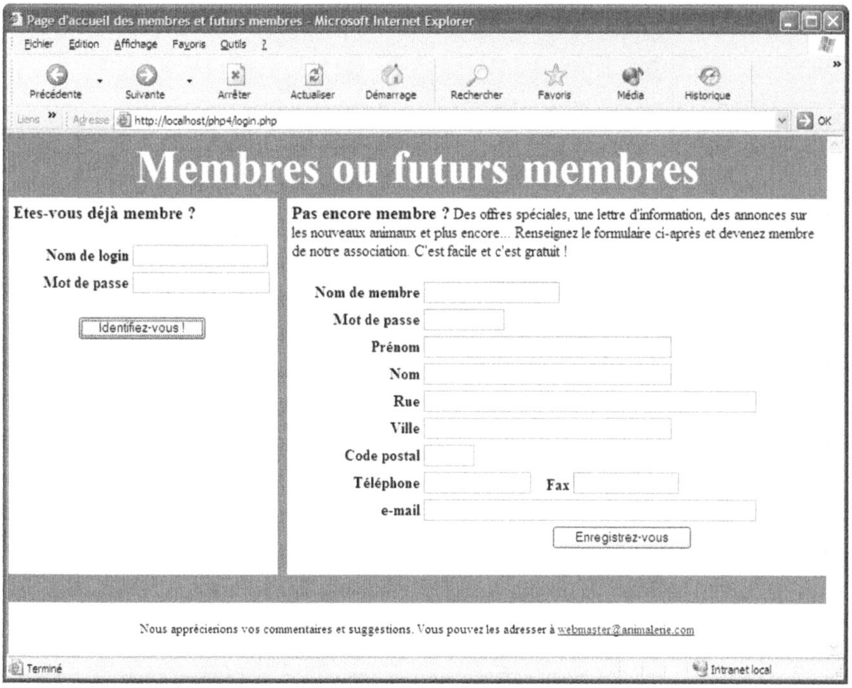

FIGURE 15.2 : Page dans laquelle le visiteur peut s'enregistrer ou créer un nouveau compte de membre.

Si un client fait une faute de frappe soit dans la section de login, soit dans la section «nouveau membre», le formulaire est réaffiché avec un message d'erreur. Ainsi, si le visiteur s'est trompé dans son code postal (en indiquant un chiffre de trop, par exemple), il verra ce qui est reproduit sur la Figure 15.3 sur laquelle vous pourrez remarquer que le message d'erreur est affiché juste au-dessus du formulaire.

Lorsque le visiteur s'est loggé normalement, il atteint la première page de la section à accès réservé. Lorsqu'un nouveau membre a correctement saisi les informations qui lui sont demandées par le formulaire d'enregistrement, il voit s'afficher une page de bienvenue (voir la section suivante). En outre, un message e-mail lui est envoyé contenant le texte suivant :

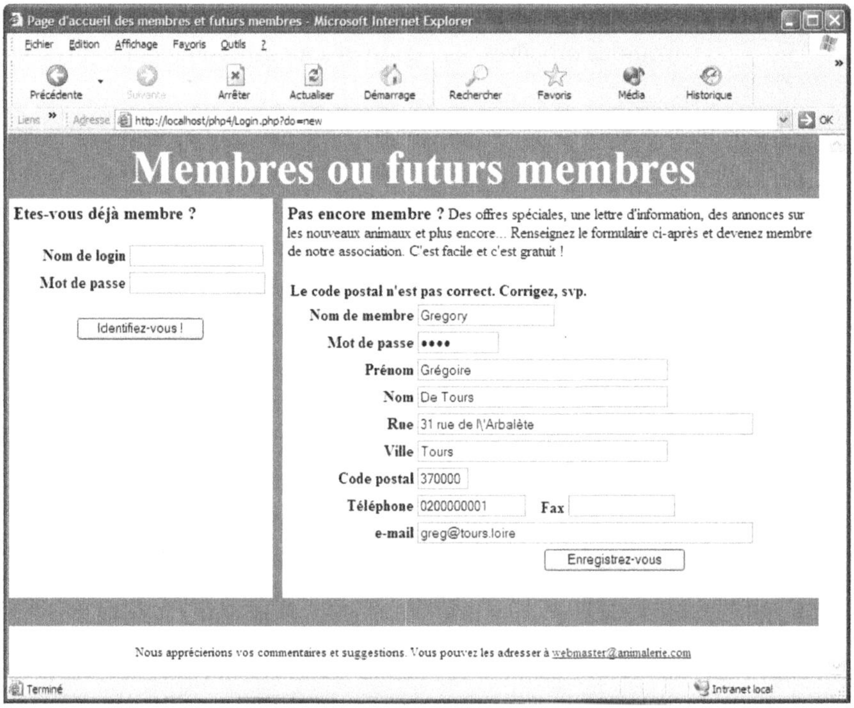

FIGURE 15.3 : Message résultant d'une erreur dans la saisie du code postal (6 chiffres au lieu de 5).

```
Un nouveau compte de membre vient d'être créé pour vous.
Votre identificateur et votre mot de passe sont :

jdupont
abracadabra

Nous apprécions l'intérêt que vous portez à notre animalerie.

Si vous avez des questions à poser, vous pouvez envoyer
un e-mail à webmaster@animalerie.com.
```

Comme on peut le voir, ce message contient le mot de passe du nouveau membre, qui peut ainsi avoir confirmation de ce qu'il a saisi. On sait que les mots de passe s'oublient facilement. Un message qui contient l'identification complète permettra au nouveau membre de combler un éventuel trou de mémoire. Bien sûr, le courrier électronique n'est pas sécurisé, et envoyer un mot de passe par ce moyen n'est probablement pas une très bonne idée. Mais nous ne manipulons ici ni secret d'État ni informations bancaires. Le risque d'interception ne fera courir de réel danger ni à l'animalerie ni au nouveau membre.

Page d'accueil du nouveau membre

Cette page souhaite la bienvenue au nouveau membre et lui rappelle ce qu'il va trouver dans la section réservée. Il peut alors entrer directement dans cette section, comme on le voit sur la Figure 15.4.

FIGURE 15.4 : Page d'accueil du nouveau membre.

Section à accès réservé

Cette section contient une ou plusieurs pages Web dont, pour ce qui nous intéresse ici, le contenu importe peu, car elles sont identiques à n'importe quelle page Web, sauf en ce qui concerne quelques instructions PHP placées en tête pour éviter que des utilisateurs non membres puissent les voir.

Les programmes

Maintenant que vous savez quelle sera l'apparence de vos pages et quelles sont les tâches qu'elles devront accomplir, vous pouvez écrire les programmes. En général, on crée un programme pour chaque page, bien qu'il soit possible, dans certains cas, de séparer l'application en plusieurs fichiers ou d'associer plusieurs programmes en une seule page (voir à ce propos le Chapitre 13).

Comme je l'ai dit au Chapitre 13, les informations de connexion sont conservées dans un fichier séparé, situé dans un endroit sûr et pourvu d'un nom trompeur (chiens.inc). Ce fichier est inclus dans chaque page devant accéder à la base de données MySQL. Pour la présente application, voici le contenu de ce fichier :

```
<?php
  $host="localhost";
  $user="";
  $password="";
  $database="MemberDirectory";
?>
```

Les tâches que doit accomplir la section de login sont énumérées ci-dessous :

1. **Afficher la page «vitrine» et proposer un lien vers la page de login.**
2. **Proposer une page dans laquelle les clients peuvent renseigner les rubriques identification et mot de passe pour avoir accès aux pages qui leur sont réservées.**
3. **Comparer le couple identificateur/mot de passe qui vient d'être saisi avec ce qui est enregistré dans la base de données. S'il y a identité, l'accès aux pages réservées est autorisé. Sinon, on revient à la page de login.**
4. **Afficher une page dans laquelle les clients peuvent fournir les informations leur permettant de se voir octroyer un compte de membre.**
5. **Contrôler les informations ainsi fournies (champs vides et formats incorrects). Si une erreur est détectée, réafficher le formulaire pour permettre sa correction.**
6. **Lorsque toutes les informations sont valides, ajouter le nouveau membre à la base de données.**
7. **Afficher une page de bienvenue pour le nouveau membre.**

Ces tâches sont réparties en trois programmes :

» `VitrineMembre.php` : Affichage de la page «vitrine» (tâche 1).

» `Login.php` : Effectue le login et crée un nouveau compte de membre (tâches 2 à 6).

» `Nouveau_membre.php` : Affiche la page de bienvenue pour le nouveau membre.

VitrineMembre.php

En dehors des quelques lignes de commentaires placées en tête, cette page ne contient que du HTML (l'un renvoyant au catalogue, et l'autre à la section autorisée aux seuls membres enregistrés). Le Listing 15.1 en présente le contenu.

LISTING 15.1 : Le fichier de la page d'accueil VitrineMembre.php.

```
<?php
  /* Programme   : VitrineMembre.php (PetShopFrontMembers.php)
   * Description : Page d'accueil des membres du catalogue des animaux
   */
?>
<html>
<head>
<title>La vitrine de l'animalerie</title>
</head>
<body style="margin: 0">
<table width="100%" height="100%" border="0"
       cellspacing="0" cellpadding="0">
  <tr>
    <td align="center" valign="top" height="30" colspan="2">
      <img src="images/Name.gif" alt="Animalerie">
    </td>
  </tr>
  <tr>
    <td align="center" valign="top" colspan="2">
      <img src="images/lezard-front.jpg" alt="Image d'un animal"
        height="186" width="280">
      <p><h2>Vous cherchez un nouvel ami ?</h2>
      <p>Feuilletez notre
         <a href="Catalogue.php">catalogue d'animaux
         domestiques</a>
        <br>Nous avons probablement ce que vous cherchez.</p>
    </td>
    <td style="width: 20%; background-color: black">
       <div style="color: white; link: white">
       <p style="text-align: center; font-size: 15pt">
       <b>Vous en voulez <br>plus ?</b></p>
       <ul>
        <li>Offres spéciales ?
        <li>Informations sur les animaux ?
        <li>Dialogues intéressants ?
       </ul>
       <p style="text-align: center">Essayez la
```

```
      <br><a href="login.php" style="color: white">
      <b>section réservée aux amis</b></a> de notre magasin
      <p style="text-align: center"><b>C'est gratuit !</b></p>
    </td>
  </tr>
</table>
</body></html>
```

Ce fichier se trouve dans le répertoire des pages Web ordinaires. Remarquez bien l'appel au programme principal login.php.

Login.php

La page de login (voir la Figure 15.2) est créée par le programme Login.php que présente le Listing 15.2. Ce programme se divise en deux sections, le choix entre elles étant effectué au moyen d'une instruction switch. La première (case «login») sert pour le login tandis que l'autre (case=»new») permet d'enregistrer un nouveau compte de membre. Le programme crée une session (au sens PHP du terme) qui sera utilisée dans toutes les pages à accès réservé. Le formulaire affiché par Login.php est contenu dans le fichier login_form.inc qui fera l'objet d'une instruction include() aux endroits appropriés.

LISTING 15.2 : Détail du programme Login.php.

```
<?php
/* Programme   : Login.php
 * Description : Programme de login pour la section à accès réservé
 *               de l'animalerie. Il propose deux options :
 *               1 - s'identifier par un couple nom de login/mot de passe
 *               2 - créer un nouveau compte
 *               Identificateurs et mots de passe sont conservés
 *               dans une base de données MySQL.
 */
 session_start();                                                     #1
 include("chiens.inc");                                               #2
 switch (@$_POST['do'])                                               #3
 {
   case "login":                                                      #4
     $cxn = mysqli_connect($host, $user,$password,$database)
         or die ("Connexion impossible au serveur dans case login");  #5

     $sql = "SELECT loginName FROM Member
             WHERE loginName='$_POST[fusername]'";                    #6
     $result = mysqli_query($cxn,$sql)
```

```
           or die("Requête en échec 1.");
  $num = mysqli_num_rows($result);                                    #7
  if ($num > 0)  // loginname non trouvé                              #8
  {
     $sql = "SELECT loginName FROM Member                             #9
             WHERE loginName='$_POST[fusername]'
             AND password=md5(‘$_POST[fpassword]')";
     $result2 = mysqli_query($cxn,$sql)
               or die("Requête en échec 2.");
     $num2 = mysqli_num_rows($result2);
     if ($num2 > 0)  // Mot de passe OK                               #10
     {
        $_SESSION[‘auth']="yes";
        $logname=$_POST[‘fusername'];
        $_SESSION[‘logname'] = $logname;
        $today = date("Y-m-d h:i:s");
        $sql = "INSERT INTO Login (loginName,loginTime)
               VALUES (‘$logname','$today')";
        $result = mysqli_query($cxn,$sql)
                 or die("INSERT en échec.");
        header("Location: membre_page.php"); /***** *****/
     }
     else    // mot de passe incorrect                                #11
     {
        $message="Le nom de Login '$_POST[fusername]'
                 existe, mais le mot de passe ne
                 va pas ! Réessayez.<br>";
        include("login_form.inc");                                    #12
     }
  }
  elseif ($num == 0)  // Nom de login introuvable                     #13
  {
     $message = "Le nom de login que vous avez saisi
                 n'existe pas. Essayez encore.<br>";
     include("login_form.inc");
  }
break;                                                                #14

case "new":                                                           #15
  /* Recherche de champs vides */
  foreach($_POST as $field => $value)                                 #16
  {
     if ($field != "fax")                                             #17
     {
        if ($value == "")                                             #18
```

```
         {
            $blanks[] = $field;
         }
      }
   }
   if(isset($blanks))                                          #19
   {
      $message_new = "Champs non saisis. Veuillez
                les renseigner :  ";
      foreach($blanks as $value)
      {
         $message_new .= "$value, ";
      }
      extract($_POST);
      include("login_form.inc");
      exit();
   }

  /* Validation des données */
   foreach($_POST as $field => $value)                         #20
   {
      if(!empty($value))
      {
         if(eregi("name",$field) and
            !eregi("login",$field))
         {
            if (!ereg("^[A-Za-z' -]{1,50}$",$value))
            {
               $errors[]="$value n'est pas un nom valide.";
            }
         }
         if(eregi("street",$field) or
           eregi("addr",$field) or eregi("city",$field))
         {
            if(!ereg("^[A-Za-z0-9.,' -]{1,50}$",$value))
            {
               $errors[] = "$value est incorrect.";
            }
         }
         if(eregi("state",$field))
         {
            if(!ereg("[A-Za-z]{2}",$value))
            {
              $errors[]="$value est refusé pour state.";
            }
```

```
            }
            if(eregi("email",$field))
            {
               if(!ereg("^.+@.+\\..+$",$value))
               {
                  $errors[] = "$value est refusé comme email.";
               }
            }
/*            if(eregi("zip",$field))
            {
               if(!ereg("^[0-9]{5,5}(\-[0-9]{4,4})?$",
                   $value))
               {
                 $errors[]="$value n'est pas un zipcode
                             autorisé.";
               }
            }
            if(eregi("phone",$field)
               or eregi("fax",$field))
            {
               if(!ereg("^[0-9)(xX -]{7,20}$",$value))
               {
                  $errors[] = "$value n'est pas un numéro
                               de téléphone. ";
               }
            }
*/
         } // Fin de if empty
      } // Fin de foreach
      if(@is_array($errors))                                      #21
      {
         $message_new = "";
         foreach($errors as $value)
         {
           $message_new .= $value." Réessayez<br />";
         }
         extract($_POST);
         include("login_form.inc");
         exit();
      }

       /* Nettoyage des données */
      $cxn = mysqli_connect($host,$user,$password,$database);

      foreach($_POST as $field => $value)                         #22
```

```
{
   if($field != "Button" and $field != "do")
   {
      if($field == "password")
      {
         $password = strip_tags(trim($value));
      }
      else
      {
         $fields[]=$field;
         $value = strip_tags(trim($value));
         $values[] =
              mysqli_real_escape_string($cxn,$value);
         $$field = $value;
      }
   }
}

 /*  Le nom de login existe-t-il déjà ? */
$sql = "SELECT loginName FROM Member
               WHERE loginName = '$loginName'";                      #23
$result = mysqli_query($cxn,$sql)
          or die("Requête SELECT en échec dans case new.");
$num = mysqli_num_rows($result);
if ($num > 0)                                                         #24
{
   $message_new = "$loginName existe déjà.
                    Choisissez-en un autre.";
   include("login_form.inc");
   exit();
}
/* Ajout du nouveau membre dans la base */
else                                                                  #25
{
   $today = date("Y-m-d");
   $fields_str = implode(",",$fields);
   $values_str = implode('","',$values);
   $fields_str .=",createDate";
   $values_str .='"'.",".'"'.$today;
   $fields_str .=",password";
   $values_str .= '"'.",".“md5"."('".$password."')";
   $sql = "INSERT INTO Member ";
   $sql .= "(".$fields_str.")";
   $sql .= " VALUES ";
   $sql .= "(".'"'.$values_str.")";
```

```
        $result = mysqli_query($cxn,$sql)
                or die("Requête INSERT en échec.");
        $_SESSION['auth']="yes";                                       #26
        $_SESSION['logname'] = $loginName;

        /* Envoyer un email au nouveau membre */                       #27
        $emess = "Un nouveau compte de membre vient d'être créé. ";
        $emess.= "Votre identificateur et votre mot de passe sont : ";
        $emess.= "\n\n\t$loginName\n\t$password\n\n";
        $emess.= "Nous apprécions l'intérêt que vous portez à notre
animalerie.\n\n";
        $emess.= "Si vous avez des questions à poser, vous pouvez envoyer ";
        $emess.= "un e-mail à webmaster@animalerie.com";
        $ehead="From: member-desk@animalerie.com\r\n";
        $subj = "Votre nouveau compte à l'Animalerie";
        $mailsnd=mail("$email","$subj","$emess","$ehead");
        header("Location: Nouveau_membre.php");                        #28
      }
    break;

    default:                                                           #29
        include("login_form.inc");
  }
?>
```

Voici quelques commentaires sur les points importants de ce programme. Reportez-vous aux numéros de fin de ligne dans le listing précédent :

1. **Débute une session. Celle-ci doit être ouverte au début du programme, même si le visiteur ne s'est pas encore identifié.**
2. **Incorporation du fichier externe** `chiens.inc` **qui définit les quatre variables requises pour les connexions à la base. Le nom est volontairement trompeur.**
3. **Début d'un bloc switch comportant trois sections, contrôlées par la valeur transmise dans la variable cachée** `$do` **du formulaire via le tableau interne $_POST. La première section est exécutée pour la valeur** `login`**, la deuxième pour la valeur** `new` **et la troisième pour capter les autres cas ou l'absence de valeur. Elle affiche la page de connexion au premier accès à cette page.**
4. **Début du sous-bloc case de login pour que le visiteur déjà membre s'identifie.**
5. **Connexion à MySQL et sélection de la base.**

6 Recherche dans la table Member une ligne avec l'identifiant saisi.

7 La variable $num vaut 0 ou 1 selon que l'identifiant existe ou non dans la base.

8 Bloc conditionnel exécuté si l'identifiant a été trouvé. Dans ce cas, il faut tester le mot de passe saisi. En voici les détails :

9 Cration de la requête de recherche d'une ligne pour l'identifiant et le mot de passe saisis. Le mot de passe est crypté avec la fonction MySQL nommée `md5()`. En effet, les mots de passe sont stockés sous forme cryptée dans la base et il faut comparer avec une version cryptée de ce qui est saisi.

Exécution de la requête et test. $num2 vaut 1 ou 0 selon que les données d'identification du visiteur sont trouvées ou non.

10 Bloc conditionnel exécuté si le mot de passe est le bon. Deux variables de session nommées `auth` et `logname` sont stockées dans le tableau SESSION. La variable `$today` est créée avec la date du jour au bon format. Une ligne est insérée dans la table pour mémoriser la connexion. Enfin, la première page de la section réservée aux membres est affichée.

11 Début de bloc else exécuté si le mot de passe est incorrect. Un message d'erreur est stocké dans $message, puis la page de connexion est réaffichée pour permettre une nouvelle tentative.

12 Fin du bloc conditionnel.

Le programme permet au visiteur de savoir si c'est seulement le mot de passe qui est erroné. Vous pouvez formuler ce bloc autrement pour plus de sécurité pour ne pas trop donner d'indices à une personne malveillante. Vous pouvez afficher le même message que le visiteur se soit trompé dans le nom ou dans le mot de passe. Dans l'exemple, il n'y a aucune donnée sensible à protéger.

13 Début du bloc conditionnel gérant le cas où le visiteur est inconnu dans la base. Nous aurions pu choisir l'instruction `else` au lieu de `elseif`, mais c'est ainsi plus clair. Le bloc génère un message d'erreur circonstancié puis réaffiche la page d'accueil avec ce message.

14 Fin du premier grand bloc case qui gère la demande de connexion à la partie réservée du site.

15 Début de la section case d'inscription d'un nouveau membre. Le formulaire transmet la variable cachée nommée `$do` avec la valeur `new`, ce qui fait arriver à cet endroit du `switch`.

16 Début de boucle `foreach` pour scruter tous les champs du formulaire d'inscription. Nous cherchons d'abord les champs oubliés. Voici quelques détails fonctionnels :

17 **Autorise le champ `fax` à rester vide.**

18 **Test de contenu de champ. Pour un champ vide, ajout de son nom dans un tableau de mémorisation `$blanks`.**

19 **Début de bloc `if` exécuté si au moins un des champs à saisie requise est vide. Création d'un message d'erreur et retour au formulaire de connexion.**

20 **Boucle `foreach` scrutant tous les champs du formulaire d'inscription. Elle n'est parcourue que si les champs obligatoires sont tous renseignés, auquel cas il est utile de vérifier les formats des contenus.**

La boucle comporte toute une série de blocs conditionnels pour tester le format des données en utilisant des expressions régulières avec la fonction `eregi()`. En cas de rejet, injecte un message dans le tableau `$errors`.

21 **Début de boucle conditionnelle pour traiter les saisies invalides. Exécuté si le tableau `$errors` n'est pas vide. Crée un message d'erreur puis revient au formulaire avec ce message pour informer le visiteur de son erreur.**

22 **Début de boucle `foreach` pour scruter tous les champs du formulaire d'inscription et nettoyer les données. N'est atteint que si tous les champs requis contiennent des données au bon format. Crée un tableau de champs destinés à la requête d'insertion SQL INSERT et une variable pour chaque nom de champ contenant des données, sauf pour le champ de mot de passe qui doit d'abord être crypté.**

23 **Lancement de la requête SQL pour voir si la base connaît déjà ce couple identifiant/mot de passe. `loginName` doit être unique.**

24 **Bloc exécuté seulement si l'identifiant demandé existe déjà. Crée un message d'erreur et réaffiche le formulaire en proposant de choisir un autre identifiant.**

25 **Bloc `else` exécuté si le nom de visiteur n'a pas été trouvé et qu'il faut le créer. Crée une requête SQL complexe comme ceci :**

Renseigne la variable `$today` avec la date du jour dans le format adéquat pour le champ `createDate` de la table `Member`.

Convertit le tableau des noms de champs de formulaire en une longue chaîne à séparateurs virgules.

Ajoute des guillemets autour des valeurs.

Ajoute `createDate`, `$today` et `password` à la chaîne des noms de champs puis appelle la fonction de cryptage.

Exécute enfin la requête SQL.

26 **Stockage des variables de session qui sont alors disponibles depuis toutes les pages de la session, ce qui permet de tester si le visiteur est identifié.**

27 **Bloc de production puis d'émission d'un courriel de bienvenue au nouveau membre. Le message est construit dans la variable `$emess` en plusieurs lignes. L'ajout de texte utilise la notation `.=`. Ce format est plus lisible pour le programmeur, mais PHP ne voit pas la différence. Rappelons que les espaces et sauts de ligne sont conservés dans les courriels. Nous utilisons enfin la fonction PHP `mail()` pour envoyer le message.**

28 **Fin du bloc de traitement conditionnel.**

29 **Bloc case par défaut (ni «new» ni «login» pour `$do`). N'est exécuté que lors du premier accès de la même session depuis la page d'accueil. Affiche le formulaire d'identification.**

L'inclusion à chaque stade de login_form.inc (au lieu de répéter à chaque fois cette séquence d'instructions) évite un alourdissement du programme qui le rendrait totalement illisible. De plus, cette technique permet de séparer totalement affichage (produit par login_form.inc) et traitement des informations (pris en charge par Login.php).

login_form.inc

Ce fichier est inclus à plusieurs endroits de Login.php. Il affiche les deux formulaires de la page que montre la Figure 15.2. Son contenu est reproduit sur le Listing 15.3.

LISTING 15.3 : **Fichier à inclure pour afficher les deux formulaires de l'application.**

```
<?php
 /* Fichier     : login_form.inc
  * Description : Affiche la page de login. Celle-ci présente deux
  *               formulaires : le premier pour saisir un nom de login
  *               existant et le mot de passe associé ; le second pour
  *               saisir les informations permettant de s'enregistrer
  *               en tant que nouveau membre.
  */
include("function12.inc");                                          # 8
?>
<html>
<head>
<title>Page d'accueil des membres et futurs membres</title>
<style type="text/css"><!--
```

```
  .bold_right {font-weight: bold; text-align: right;}
  .gray_banner { font-weight: bold; color: white;
                 background-color: gray;
                 text-align: center; font-size: 3em;}
  .bold_large {font-size: 1.1em; font-weight: bold;}
--></style>
</head>
<body style="margin: 0">
<table border="0" cellpadding="5" cellspacing="0">
   <tr><td colspan="3" class="gray_banner">
        Membres ou futurs membres</td></tr>
   <tr><td width="33%" valign="top" class="bold_large">
         Etes-vous déjà membre ?
         <!-- pour le login des nouveaux membres -->
         <form action="Login.php" method="POST">
         <p><table border="0">
<?php                                                        #30
            if (isset($message))
            {
               echo "<tr><td style='color: red'
                 colspan='2' >$message <br /></td></tr>";
            }
?>
           <tr><td class="bold_right">Identifiant</td>
               <td><input type="text" name="fusername"
                      size="20" maxsize="20"></td></tr>
           <tr><td class="bold_right">Mot de passe</td>
               <td><input type="password" name="fpassword"
                      size="20" maxsize="20"></td></tr>
                <input type="hidden" name="do"
                                     value="login">
           <tr><td style="text-align: center" colspan="2">
                <br /><input type="submit" name="log"
                             value="Identifiez-vous"></td></tr>
         </table>
         </form>
       </td>
       <td style="width: 1; background-color: gray"></td>
       <td style="width: 67%"><p>
         <span class="bold_large">Pas encore membre ?</span>
       Des offres spéciales, une lettre d'information, des annonces
       sur les nouveaux animaux et plus encore...
       Renseignez le formulaire ci-après et devenez membre de notre
       association. C'est facile et c'est gratuit !</p>
   <!-- formulaire à renseigner par les nouveaux membres -->
```

```
        <form action="Login.php" method="POST">
         <table border="0" width="100%">
<?php                                                                    #60
            if (isset($message_new))
            {
               echo "<tr><td style='color: red;
                               font-weight: bold' colspan='2'>
                         <p>$message_new</p></td></tr>";
            }
?>
           <tr><td class="bold_right">ID Membre</td>
               <td><input type="text" name="loginName"
                      value="<?php echo @$loginName ?>"
                      size="20" maxlength="20"></td></tr>
           <tr><td class="bold_right">Mot de passe</td>
               <td><input type="password" name="password"
                      value="<?php echo @$password ?>"
                      size="10" maxlength="8"></td></tr>
           <tr><td class="bold_right">Prénom</td>
               <td><input type="text" name="firstName"
                      value="<?php echo @$firstName ?>"
                      size="40" maxlength="40"></td></tr>
           <tr><td class="bold_right">Patronyme</td>
               <td><input type="text" name="lastName"
                      value="<?php echo @$lastName ?>"
                      size="40" maxlength="40"></td></tr>
           <tr><td class="bold_right">Rue</td>
               <td><input type="text" name="street"
                      value="<?php echo @$street ?>"
                      size="55" maxlength="50"></td></tr>
           <tr><td class="bold_right">Ville</td>
               <td><input type="text" name="city"
                      value="<?php echo @$city ?>"
                      size="40" maxlength="40"></td></tr>
           <tr><td class="bold_right">Etat</td>
               <td><select name="state">
<?php
                 $stateName=getStateName();                               #95
                 $stateCode=getStateCode();                               #96
                 for ($n=1;$n<=50;$n++)
                 {
                    $state=$stateName[$n];
                    $scode=$stateCode[$n];
                    echo "<option value='$scode'";
                    if ($scode== "AL")
```

```
                    echo " selected";
                echo ">$state\n";
              }
?>
              </select>
                  <b>Code Zip</b>
              <input type="text" name="zip"
                  value="<?php echo @$zip ?>"
                  size="10" maxsize="10">
          </td></tr>
      <tr><td class="bold_right">Téléphone</td>
          <td><input type="text" name="phone"
                  value="<?php echo @$phone ?>"
                  size="15" maxlength="20">
                 <b>Fax</b>
              <input type="text" name="fax"
                  value="<?php echo @$fax ?>"
                  size="15" maxlength="20"></td></tr>
      <tr><td class="bold_right">Adresse Email</td>
          <td><input type="text" name="email"
                  value="<?php echo @$email ?>"
                  size="55" maxlength="67"></td></tr>
         <input type="hidden" name="do" value="new">
      <tr><td> </td>
          <td style="text-align: center">
              <input type="submit"
                  value="Enregistrez-vous"></td>
      </tr>
    </table>
   </form>
  </td>
 </tr>
 <tr><td colspan="3"
         style="background-color: gray"> </td></tr>
</table>
<div style="text-align: center; font-size: .8em">
Nous apprécierions vos commentaires et suggestions. Vous pouvez
les adresser à <a href="mailto:webmaster@animalerie.com">
    webmaster@animalerie.com</a></div>
</body></html>
```

A l'exception de quelques inclusions PHP du genre de celle-ci :

```
value="<?php echo @$_POST['ville'] ?>"
```

permettant d'afficher les valeurs précédemment saisies en cas de réaffichage des formulaires, ce fichier ne contient que du code HTML. Voici les quelques rares points intéressants de ce fichier :

» Il y a deux formulaires : Le premier pour qu'un utilisateur déjà enregistré puisse s'identifier ; le second, pour qu'un nouveau membre puisse s'inscrire. Ils se distinguent par leurs boutons Submit qui envoient respectivement `do=login` ou `do=new`. Nous avons déjà rencontré la variable `$do` dans le programme `Login.php` du Listing 15.2.

» Les messages d'erreur éventuellement affichés sont contenus dans la variable `$message` pour le premier formulaire et dans la variable `$message_new` pour le second. Lorsqu'une de ces variables contient quelque chose, son contenu est affiché.

Nouveau_membre.php

C'est la page qui contient un message de bienvenue à l'intention du nouveau membre. Elle est chargée lorsque l'identification de l'utilisateur a été réussie et qu'il a été enregistré dans la base de données. Le Listing 15.4 présente son contenu.

LISTING 15.4 : **Souhaits de bienvenue adressés au nouveau membre.**

```
<?php
 /* Programme   : Nouveau_membre.php (New_member.php)
  * Description : Affiche une page de bienvenue à l'intention
  * du nouveau membre en l'appelant par ses prénom et nom. Il a
  * ensuite le choix entre visiter les pages à accès réservé ou
  * revenir à la page d'accueil du site Web.
*/
  session_start();

  if (@$_SESSION['auth'] != "yes")
  {
     header("Location: login.php");
     exit();
  }
  include("chiens.inc");
  $cxn = mysqli_connect($host,$user,$password,$database)
         or die ("Connexion en échec.");
  $sql = "SELECT firstName,lastName FROM Member
               WHERE loginName='{$_SESSION['logname']}'";
  $result = mysqli_query($cxn,$sql)
            or die("Requête SELECT en échec dans Nouveau_membre");
  $row = mysqli_fetch_assoc($result);
```

```
  extract($row);
  echo "<html>
        <head><title>Bienvenue au nouveau membre</title></head>
        <body>
        <h2 style='margin-top: .7in; text-align: center'>
        Bienvenue à $firstName $lastName</h2>\n";
?>
<p>
Votre inscription en tant que membre des amis de notre animalerie
vous permet de visiter les pages à accès réservé de notre site Web.
Vous y trouverez des offres spéciales, une importante base de
données sur la vie et les moeurs des animaux, des conseils donnés
par des spécialistes sur les soins à donner aux animaux, des
préannonces d'arrivage de nouveaux animaux et un forum dans
lequel vous pourrez discuter avec les autres membres.</p>
<p>
Nous vous avons envoyé par e-mail votre nom de login et votre
mot de passe. Conservez-les précieusement en vue de leur
prochaine utilisation.</p>
<div style="text-align: center">
<p style="margin-top: .5in; font-weight: bold">
         Nous sommes heureux de vous compter parmi nous !</p>
<form action="membre_page.php" method="POST">
     <input type="submit"
            value="Entrer dans la section réservée">
  </form>
  <form action="VitrineMembre.php" method="POST">
     <input type="submit" value="Revenir à la page d'accueil">
  </form>
  </div>
</body></html>
```

Vous remarquerez que le programme commence par un lancement de session (@ session_start();) et teste ensuite la variable $auth pour s'assurer que l'utilisateur s'est bien loggé en déclinant son identité. Si ce n'est pas le cas, on revient au programme login.php. Si tout est correct, la connexion avec le serveur MySQL puis avec la base de données est établie. Ensuite, à partir de cette base, on fait une recherche sur le nom de login (fourni par le tableau $_SESSION) pour extraire les prénom et nom de l'utilisateur afin de les inclure dans le message de bienvenue qui va lui être adressé.

Si un visiteur tente d'accéder à cette page sans passer par Login.php, $_SESSION[auth] ne vaudra pas «yes» et le visiteur sera renvoyé à la page d'identification.

Deux formulaires proposent chacun un bouton Submit différent permettant à l'utilisateur d'accéder aux pages qui lui sont réservées ou de revenir à la page d'accueil du site Web de l'animalerie.

Pages à accès réservé

Le contenu de ces pages est identique à celui des pages Web ordinaires, à un détail près : elles ne doivent s'afficher que si l'utilisateur s'est correctement loggé. C'est pourquoi elles commenceront par une série d'instructions du type :

```
@session_start();
if (@$_SESSION['auth'] != "yes")
{ header("Location: login.php");
  exit();
}
```

ou, si la méthode précédente échoue :

```
@session_start();
if (@$_SESSION['auth'] != "yes")
{ include("login.php");
  exit();
}
```

Ceci évitera que n'importe qui puisse visiter ces pages rien qu'en plaçant leur URL dans la fenêtre d'adresse de son navigateur.

Développements possibles

Ce type d'application est souvent mis en service avant que tout soit réalisé, c'est-à-dire avec un sous-ensemble des fonctionnalités initialement prévues. C'est pourquoi il faut prévoir des développements ultérieurs.

En considérant ce que vous venez de voir jusqu'ici, vous pouvez vous rendre compte que beaucoup de choses pourraient être ajoutées, parmi lesquelles :

- **Oubli de son mot de passe.** Il arrive fréquemment aux utilisateurs d'oublier leur mot de passe. Aussi, de nombreuses applications proposent-elles un lien pour le retrouver. Il leur sera alors envoyé par e-mail.
- **Modification du mot de passe.** Un membre peut avoir envie de changer son mot de passe. Il est intéressant d'offrir cette possibilité.

» **Mise à jour des informations d'identité.** Une adresse, un numéro de téléphone ou un e-mail peuvent changer. L'application devrait permettre au membre de modifier en conséquence les informations qui le concernent.

» **Création d'une liste de membres.** Vous pourriez souhaiter imprimer une liste soigneusement mise en page de vos clients. Evidemment, c'est là une possibilité qui ne doit pas être offerte à n'importe qui mais réservée au gestionnaire du site Web. Cependant, on ne peut pas exclure totalement l'accès à cette liste à certains membres.

Il n'est pas difficile d'ajouter ces fonctionnalités à notre application. Par exemple, vous pouvez ajouter un bouton au formulaire d'enregistrement pour que l'utilisateur puisse signaler qu'il a oublié son mot de passe et qu'il souhaite le recevoir par e-mail. Un clic sur ce bouton lancerait un programme envoyant le message approprié (avec les réserves que nous avons signalées à propos de l'usage de la fonction mail()). Dans le même esprit, d'autres boutons pourraient permettre à l'utilisateur de modifier les informations qui le concernent. Il n'est pas nécessaire de mettre ces modifications en service simultanément, cela peut être fait au coup par coup.

Chapitre 16

Faire des requêtes sans recharger la page

DANS CE CHAPITRE :

- **Découvrir qu'il est possible de soumettre une requête sans recharger la page.**
- **Explorer les ressources de l'objet XMLHttpRequest.**
- **Echanger l'état d'un objet sérialisé et désérialisé en XML.**

Chaque fois qu'il soumet une requête au serveur, le navigateur reçoit une page qui remplace la page courante. Ce système est pénible pour l'utilisateur, et il est compliqué à gérer car vous devez préserver l'état de l'application entre deux requêtes. Or il existe une solution qui permet d'éviter le remplacement de la page : l'objet XMLHttpRequest accessible en JavaScript, qui est à la base des applications dites «AJAX». Nous allons exploiter nos connaissances de l'objet et de XML pour mettre en œuvre un système s'appuyant sur cet objet pour échanger des données entre un navigateur et le serveur de manière asynchrone. Pour rendre tout cela plus parlant, nous réaliserons une application s'appuyant sur ce système. Pour nous changer des bases de données et rester simples, il s'agira d'un remake du jeu Centipède. Vous trouverez tout le code requis réuni dans le fichier jeu.php.

Communiquer avec XMLHttpRequest

Les navigateurs Web recèlent un secret : ils peuvent soumettre une requête au serveur Web, et récupérer et traiter la réponse sans recharger la page entière, contrairement à ce qui se passe lorsqu'ils soumettent la requête *via* un formulaire. Pour cela, ils exposent un objet JavaScript particulier : l'objet XMLHttpRequest.

Le principe de XMLHttpRequest

L'objet XMLHttpRequest est un objet très simple à utiliser : il vous suffit de l'instancier, puis de lui demander de soumettre une requête HTTP à un script donné du serveur. Comme dans le cas d'une requête par formulaire, vous pouvez préciser s'il s'agit d'une requête GET ou POST. Dans les deux cas, vous pouvez joindre une liste de paramètres et des valeurs qui leur sont affectées.

AJAX, UNE NON-RÉVOLUTION TECHNIQUE

Vous avez probablement entendu parler d'AJAX, Asynchronous JavaScript And XML (JavaScript et XML asynchrones), présenté ici et là comme une technologie révolutionnaire caractéristique du «Web 2.0». Beaucoup de bruit pour par grand-chose du point de vue technique, en vérité, car l'acronyme désigne la capacité d'un navigateur à faire parvenir au serveur une requête et à traiter la réponse sans recharger la page courante, ce dont il est question dans ce chapitre. Comme vous l'aurez deviné, cette fonctionnalité s'appuie donc sur l'objet XMLHttpRequest. AJAX n'est donc rien de plus que la mise en œuvre de cet objet, qui existe depuis des lustres dans Internet Explorer et Firefox. Il n'y a donc vraiment rien de révolutionnaire là-dedans... C'est l'utilisation généralisée que les sites Web font de XMLHttpRequest qui constitue la vraie révolution.

La requête est soumise au serveur qui va répondre par une erreur ou une réponse qui doit prendre la forme d'un document XML, rédigé avec la grammaire de votre choix. Entre-temps, le navigateur peut adopter deux solutions :

- L'exécution du programme est bloquée jusqu'à ce que la réponse parvienne. La requête est dite *synchrone*.
- L'exécution du programme continue jusqu'à ce que la réponse parvienne. La requête est dite *asynchrone*.

Lorsque la requête est asynchrone et que la réponse parvient au navigateur, ce dernier appelle une fonction dont vous avez communiqué une référence à l'objet XMLHttpRequest avant de soumettre la requête.

Synchrone ou asynchrone, que choisir ? Le mode asynchrone est recommandé, car il est permet de ne pas bloquer l'utilisateur si le serveur n'est pas disponible. En contrepartie, vous devez concevoir plus rigoureusement votre programme puisqu'il pourra être interrompu à tout instant pour traiter la réponse.

Envoyer la requête

Côté client, vous devez donc commencer par instancier l'objet XMLHttpRequest. La formule varie un peu selon que vous utilisez Firefox ou Internet Explorer, mais voici le code qui vous permet de traiter les deux cas :

```
if (navigator.userAgent.substr (0, "Mozilla/5.0".length) == "Mozilla/5.0")
      xmlHttpRequest = new XMLHttpRequest ();
else
      xmlHttpRequest = new ActiveXObject ("MSXML2.XMLHTTP.4.0");
```

Cette référence à Internet Explorer restera une exception, car dans le reste de cet exemple nous allons nous concentrer sur du code JavaScript destiné à Firefox pour plus de simplicité.

Une fois l'objet XMLHttpRequest instancié, il est possible de l'utiliser pour soumettre une requête. Le code requis est regroupé dans une fonction sendRequest () :

```
function sendRequest (request)
{
      xmlHttpRequest.onreadystatechange = getResponse;
      xmlHttpRequest.open ("POST", "jeu.php", true);
      xmlHttpRequest.setRequestHeader ("Content-Type", "application/x-www-
form-urlencoded");
      xmlHttpRequest.setRequestHeader ("Content-length", request.length);
      request = "request=" + encodeURI (request);
      xmlHttpRequest.send (request);
}
```

Cette fonction commence par spécifier la fonction que le navigateur devra appeler lorsque le serveur retournera une réponse à la suite de la requête, en l'occurrence une fonction que nous nommerons getResponse ().

La fonction sendRequest () entame ensuite la requête via la méthode open () en précisant la méthode HTTP utilisée, ici POST, et l'URL du script à appeler, ici le script courant. Le dernier paramètre de la méthode open () est un booléen qui indique que la requête est synchrone (s'il est faux) ou asynchrone (s'il est vrai). Dans notre cas, la requête est asynchrone.

S'agissant d'une requête POST, notre fonction sendRequest () précise ensuite qu'elle entend joindre la liste des paramètres et de leurs valeurs sous la forme d'un contenu dont elle précise le type et la longueur *via* des en-têtes Content-Type et Content-Length.

Impossible de transmettre un fichier en téléchargement *via* XMLHttpRequest. C'est une grosse limitation de cet objet que vous ne pourrez contourner qu'en vous rabattant sur une requête soumise par un formulaire de manière classique.

Enfin, sendRequest () envoie la requête par un appel à la méthode send () qui prend en paramètre le contenu de la requête, fourni sous la forme d'une chaîne résultant de la concaténation des paramètres et de leurs valeurs :

```
parametreA=valeurA&parametreB=valeurB&parametreC=valeurC...
```

Ici, nous n'utiliserons qu'un seul paramètre nommé request, dont la valeur sera un peu particulière puisqu'il s'agira d'un document XML.

Notez que les caractères de la chaîne fournie à send () doivent être encodés selon une certaine méthode (par exemple, l'espace doit être transformé en %20). Pour cela, il nous suffit d'appeler la méthode encodeURI () de JavaScript.

Traiter la requête

Du côté du serveur, nous savons que notre script va recevoir une requête contenant un paramètre nommé request dont la valeur sera un document XML.

Le contenu de ces documents XML est libre ; c'est à nous de choisir ce que nous souhaitons échanger entre le navigateur et le serveur. Dans notre cas, nous allons choisir d'échanger des informations relatives à l'état du jeu à l'instant de la requête, à savoir les coordonnées de la tête du ver (<x> et <y>), les numéros des cases occupées par son corps (<worm>), les numéros des cases occupées par les pommes (<apples>). L'état du jeu prend donc la forme d'un document XML tel que celui-ci :

```
<?xml version="1.0" encoding="iso-8859-1"?>
<state>
      <x>2</x>
      <y>0</y>
      <worm>3,0,1</worm>
      <apples>4,7</apples>
</state>
```

Les cases sont numérotées de gauche à droite et de haut en bas. La configuration décrite par le document qui vient d'être donné correspondrait à celle reproduite Figure 16.1, si le terrain de jeu faisait 3 cases de largeur et 3 cases de hauteur.

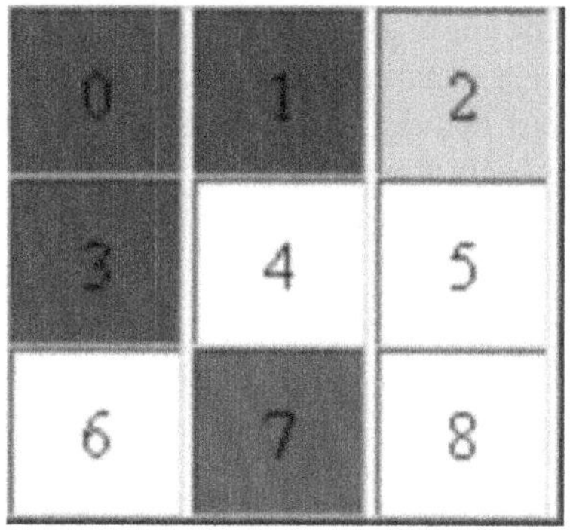

FIGURE 16.1 : Une configuration du jeu.

La première tâche de notre script est donc de récupérer le document XML qui lui est transmis. Pour cela, il vérifie d'abord s'il est appelé dans le contexte d'une requête en testant l'existence d'un paramètre request. Le corps du programme principal est donc le suivant :

```
if (isset ($_POST["request"]))
{
   // Le traitement de la requête se déroule ici
}
```

La deuxième tâche consiste à reconstituer l'état du jeu à partir des informations fournies par le navigateur sous la forme du document XML qui constitue la valeur du paramètre request. L'état du jeu sera représenté par une classe CState comprenant une méthode fromXML (). Ce mécanisme qui consiste à reconstituer l'instance d'une classe à partir d'une série d'informations se nomme *désérialisation* :

```
$xmlState = new DOMDocument ("1.0", "iso-8859-1");
$xmlState->loadXML ($_POST["request"]);
$state = new CState ();
$state->fromXML ($xmlState);
```

Notez que nous utilisons ici les fonctionnalités de l'extension DOM de PHP, ce qui nous permet de manipuler le document sous la forme d'une arborescence d'objets.

La troisième tâche du programme principal est de simuler le jeu de l'ordinateur, ce qui doit modifier l'état que nous venons de reconstituer. Nous regroupons tout le code concernant cette tâche dans une fonction play () qui prend donc l'état en paramètre :

```
play ($state);
```

La quatrième et dernière tâche du programme principal est de retourner l'état au navigateur. La démarche est exactement inverse de celle appliquée dans la deuxième tâche, puisqu'il faut convertir le contenu de la classe CState en un document XML. On parle de *sérialisation* :

```
$xmlState = $state->toXML ();
header ("Content-Type: text/xml; charset=iso-8859-1");
echo ($xmlState->saveXML ());
exit ();
```

Au total, le programme principal de notre script est le suivant :

```
if (isset ($_POST["request"]))
{
      // Récupérer l'état et le reconstituer

      $xmlState = new DOMDocument ("1.0", "iso-8859-1");
      $xmlState->loadXML ($_POST["request"]);
      $state = new CState ();
      $state->fromXML ($xmlState);

      // Gérer le déplacement du ver

      play ($state);

      // Renvoyer l'état

      $xmlState = $state->toXML ();
      header ("Content-Type: text/xml; charset=iso-8859-1");
      echo ($xmlState->saveXML ());
      exit ();
}
```

Le détail de la classe CState est le suivant :

```
class CState
{
      var $x;
      var $y;
      var $worm;
      var $apples;

      // Initialisation

      function __construct ()
```

```
	{
		$this->x = - 1;
		$this->y = - 1;
		$this->worm = array ();
		$this->apples = array ();
	}

	Désérialisation

	function fromXML ($xmlDocument)
	{
		$xmlState = $xmlDocument->documentElement;
		$this->x = (int) xmlGetChildText ($xmlState, "x");
		$this->y = (int) xmlGetChildText ($xmlState, "y");
		$worm = xmlGetChildText ($xmlState, "worm");
		if ($worm != "")
			$this->worm = explode (",", $worm);
		$apples = xmlGetChildText ($xmlState, "apples");
		if ($apples != "")
			$this->apples = explode (",", $apples);
	}

	// Sérialisation

	function toXML ()
	{
		$xmlDocument = new DOMDocument ("1.0", "iso-8859-1");
		$xmlState = $xmlDocument->createElement ("state");
		$xmlDocument->appendChild ($xmlState);
		xmlAddChild ($xmlState, "x", $this->x);
		xmlAddChild ($xmlState, "y", $this->y);
		xmlAddChild ($xmlState, "worm", implode (",", $this->worm));
		xmlAddChild ($xmlState, "apples", implode (",", $this-
>apples));
		return ($xmlDocument);
	}
}
```

La classe comprend un constructeur ___construct () chargé d'initialiser les diverses propriétés de l'objet. Les méthodes fromXML () et toXML () servent donc à désérialiser et sérialiser l'objet respectivement :

» fromXML () reçoit en paramètre une référence sur le document XML que le programme principal a converti sous la forme d'une arborescence d'objets. La méthode extrait les valeurs des éléments qui correspondent aux propriétés et les affecte à ces dernières.

» A l'inverse, toXML () crée un document XML et y rajoute des éléments correspondant aux propriétés, donnant à chaque élément la valeur de la propriété correspondante.

Pour faciliter l'écriture de ces deux fonctions, nous faisons appel à deux fonctions xmlGetChildText () et xmlAddChild () écrites pour l'occasion :

```
function xmlGetChildText ($xmlElement, $childName)
{
      $child = $xmlElement->firstChild;
      while (true)
      {
            if ($child == null)
                  return ("");
            if ($child->nodeType == XML_ELEMENT_NODE)
            {
                  if ($child->tagName == $childName)
                        break;
            }
            $child = $child->nextSibling;
      }
      if ($child->firstChild == null)
            return ("");
      if ($child->firstChild->nodeType != XML_TEXT_NODE)
            return ("");
      return ($child->firstChild->nodeValue);
}

function xmlAddChild ($xmlElement, $name, $value = "")
{
      if ($value === "")
            $xmlChild = $xmlElement->ownerDocument->createElement ($name);
      else
            $xmlChild = $xmlElement->ownerDocument->createElement ($name,
$value);
      $xmlElement->appendChild ($xmlChild);
      return ($xmlChild);
}
```

La seule subtilité réside dans la fonction xmlGetChildText (), qui doit faire attention au type du nœud qu'elle rencontre. Les constantes XML_ELEMENT_NODE et XML_TEXT_NODE utilisées sont prédéfinies dans l'extension DOM.

Recevoir et traiter la réponse

Revenons du côté client. Lorsque le serveur a traité notre requête, le navigateur appelle la fonction getResponse () que nous lui avons spécifiée.

La première tâche de cette fonction est de vérifier qu'elle est appelée pour la bonne raison. Pour cela, il faut effectuer deux tests conventionnels qui visent à vérifier d'abord que la réponse est prête, ensuite que la réponse n'est pas une erreur HTTP comme une erreur 404 (document non trouvé) :

```
if (xmlHttpRequest.readyState != 4)
      return;
if (xmlHttpRequest.status != 200)
      return;
```

Ces tests validés, getResponse () récupère la réponse que le serveur a retournée *via* la propriété responseXML de l'objet XMLHttpRequest utilisé pour soumettre la requête. Comme nous l'avons vu, cette réponse correspond à un document XML qui contient l'état d'une classe CState dont nous allons reproduire l'équivalent du côté du navigateur. Ainsi, getResponse () doit appeler loadXML () pour reconstituer l'état :

```
state.fromXML (xmlHttpRequest.responseXML);
```

La troisième et dernière tâche de getResponse () est de tenir compte du nouvel état pour déterminer si la partie est terminée. Nous regroupons le code nécessaire dans une fonction play () qui accédera à l'état *via* une variable globale state :

```
refresh ();
```

Au total, le code complet de getResponse () est donc le suivant :

```
function getResponse ()
{
      if (xmlHttpRequest.readyState != 4)
            return;
      if (xmlHttpRequest.status != 200)
            return;
      state.fromXML (xmlHttpRequest.responseXML);
      play ();
}
```

Enfin, voici le détail de la classe CState du côté du navigateur, dont le code JavaScript est l'équivalent (ou presque) de celui de son homologue sur le serveur, écrit en PHP. Nous verrons la partie relative à son initialisation plus loin :

```
function CState ()
{
	// Initialisation

	// ...

	// Désérialisation

	this.fromXML = function (xmlDocument)
	{
		xmlState = xmlDocument.documentElement;
		this.x = parseInt (xmlGetChildText (xmlState, "x"));
		this.y = parseInt (xmlGetChildText (xmlState, "y"));
		this.worm = xmlGetChildText (xmlState, "worm").split (",");
		apples = xmlGetChildText (xmlState, "apples");
		if (apples != "")
			this.apples = apples.split (",");
		else
			this.apples = new Array ();
	}

	// Sérialisation

	this.toXML = function ()
	{
		xmlDocument = document.implementation.createDocument ("",
"state", null);
		xmlState = xmlDocument.documentElement;
		xmlAddChild (xmlState, "x", this.x);
		xmlAddChild (xmlState, "y", this.y);
		xmlAddChild (xmlState, "worm", this.worm.join (","));
		xmlAddChild (xmlState, "apples", this.apples.join (","));
		return (xmlState);
	}
}
```

Nous reviendrons sur l'initialisation de l'état un peu plus loin. Pour l'instant, notez que nous retrouvons les fonctions xmlGetChildText () et xmlAddChild () évoquées dans la version PHP. Ces fonctions écrites pour l'occasion servent toujours à simplifier l'écriture d'autres fonctions qui manipulent un document XML sous la forme d'une arborescence d'objets. Voici leur code JavaScript :

```
function xmlGetChildText (xmlElement, childName)
{
	var xmlChild;

	xmlChild = xmlElement.firstChild;
	while (true)
	{
		if (xmlChild == null)
			return ("");
		if (xmlChild.nodeType == 1)
		{
			if (xmlChild.tagName == childName)
				break;
		}
		xmlChild = xmlChild.nextSibling;
	}
	if (xmlChild.firstChild == null)
		return ("");
	if (xmlChild.firstChild.nodeType != 3)
		return ("");
	return (xmlChild.firstChild.nodeValue);
}

function xmlAddChild (xmlElement, name, value)
{
	var xmlChild;

	xmlChild = xmlElement.ownerDocument.createElement (name);
	if (value != null)
		xmlChild.appendChild (xmlElement.ownerDocument.createTextNode
(value));
	xmlElement.appendChild (xmlChild);
	return (xmlChild);
}
```

Et voilà ! Toute la communication entre le navigateur et le serveur est en place : ils s'échangent l'état du jeu sous la forme d'un document XML utilisé de part et d'autre pour instancier une classe CState, ce qui permet de manipuler cet état facilement. Il ne reste plus qu'à s'occuper du jeu lui-même.

Ce système de communication à base d'échange de messages XML est au fondement des services Web. Un service Web n'est ni plus ni moins qu'un script que vous appelez pour effectuer un traitement et qui vous retourne un résultat, les données étant échangées au format XML. L'architecture des services Web a été formalisée par un tryptique de standards : WSDL (pour décrire le prototype d'un service en XML), SOAP (pour échanger les données au format XML avec le service *via* des requêtes HTTP) et UDDI (pour constituer des annuaires de services).

Recyclez ce code pour vos applications ! Il vous suffit de modifier la classe CState et ses méthodes fromXML () et toXML () pour l'adapter à l'état spécifique de votre application. Notez l'avantage : vous n'avez plus besoin d'écrire des formulaires en HTML pour soumettre des requêtes au serveur, et vous n'avez pas à recharger à chaque réponse non plus.

La gestion de Centipède

Notre jeu est donc un remake du grand classique Centipède : un ver (en vert clair) et des pommes (en rouge) sont positionnés aléatoirement sur un damier servant de terrain de jeu. Le joueur déplace le ver horizontalement ou verticalement pour manger les pommes, mais chaque fois qu'il en mange une, le corps du ver s'allonge d'une case (en vert) et l'ordinateur rajoute une nouvelle pomme sur le damier à une position aléatoire. Le jeu se termine lorsque le joueur n'a plus d'autres possibilités pour déplacer le ver que de croquer le corps de ce dernier devenu trop long (auquel cas, il perd) ou de croquer la dernière pomme que l'ordinateur pouvait placer (auquel cas, il gagne).

L'initialisation

Pour jouer, l'utilisateur accède à la page jeu.php qui contient donc tout le code PHP et JavaScript du jeu. Côté serveur, cette première requête ne provoque aucune exécution de code PHP, car, comme nous l'avons vu dans «Traiter la requête», le serveur ne réagit que si la requête dispose d'un paramètre request, ce qui n'est pas le cas pour l'instant.

Côté navigateur, le chargement de la page provoque l'exécution d'un programme principal en JavaScript qui sert à initialiser le jeu :

- Créer une instance de l'objet XMLHttpRequest pour tous nos échanges avec le serveur.
- Créer une instance de la classe d'état CState initialisée à l'état par défaut.
- Créer le tableau HTML qui représente le terrain de jeu.
- Dessiner le terrain de jeu en fonction de l'état.
- Espionner la pression des touches du clavier.

Le code de ce programme principal est le suivant :

```
// Programme principal

GRID_WIDTH = <?php echo (GRID_WIDTH) ?>;
GRID_HEIGHT = <?php echo (GRID_HEIGHT) ?>;
NB_APPLES = 10;

// Créer l'objet XMLHttpRequest

xmlHttpRequest = new XMLHttpRequest ();

// Créer l'état

state = new CState ();

// Créer le terrain de jeu

document.write ("<center><table border='1'>");
for (j = 0; j != GRID_HEIGHT; j ++)
{
   document.write ("<tr>");
   for (i = 0; i != GRID_WIDTH; i ++)
      document.write ("<td id='square" + (i + (j * GRID_WIDTH)) + "' style=
'width:40px;height:40px'></td>");
   document.write ("</tr>");
}
document.write ("</table></center>");
document.close ();

// Dessiner le terrain de jeu

refresh ();

// Espionner le clavier

document.addEventListener ("keydown", move, false);
```

Le terrain de jeu se résume à un tableau de GRID_WIDTH x GRID_HEIGHT cellules, ces deux constantes étant définies par ailleurs. L'identifiant de chaque cellule est «squareN» où N est le numéro de la cellule de coordonnées (X, Y) déterminé par la formule : X + Y * GRID_WIDTH.

Initialement, le terrain de jeu comporte le ver dont le corps occupe une case, et un certain nombre de pommes fixé par la constante NB_APPLES. C'est le constructeur de la classe JavaScript CState déjà vue dans «Recevoir et traiter une réponse» qui génère cet état :

```
function CState ()
{
   // Initialisation

      squares = new Array ();
      for (i = 0; i != GRID_WIDTH * GRID_HEIGHT; i ++)
            squares.push (i);
      this.x = Math.floor (Math.random () * GRID_WIDTH);
      this.y = Math.floor (Math.random () * GRID_HEIGHT);
      w = this.x + this.y * GRID_WIDTH;
      this.worm = new Array ();
      this.worm.push (w);
      squares.splice (w, 1);
      this.apples = new Array ();
      for (i = 0; i != NB_APPLES; i ++)
      {
            a = Math.floor (Math.random () * squares.length);
            this.apples.push (squares[a]);
            squares.splice (a, 1);

      // Suite de la classe...

      }
}
```

La classe positionne aléatoirement le ver (this.x et this.y) puis stocke le numéro de la case correspondante dans un tableau de tous les numéros de cases occupées par le ver (this.worm[ ]). La première entrée de ce tableau référence la case occupée par la tête, la deuxième entrée référence la case occupée par l'anneau du corps suivant la tête, etc. Enfin, le classe distribue NB_APPLES pommes sur le terrain de jeu en stockant au passage les numéros des cases occupées (this.apples[ ]). L'algorithme utilisé sert à éviter des calculs inflationnistes quand la surface du terrain et le nombre de pommes deviennent importants.

L'affichage du terrain de jeu

C'est la fonction JavaScript refresh () qui est chargée d'afficher le terrain de jeu :

```
function refresh ()
{
      // Effacer le terrain

      for (i = 0; i != GRID_WIDTH * GRID_HEIGHT; i ++)
      {
            square = document.getElementById ("square" + i);
```

```
            square.style.backgroundColor = "silver";
        }

        // Dessiner la tête du ver

        square = document.getElementById ("square" + state.worm[0]);
        square.style.backgroundColor = "lightgreen";

        // Dessiner le corps du ver

        for (i = 1; i != state.worm.length; i ++)
        {
            square = document.getElementById ("square" + state.worm[i]);
            square.style.backgroundColor = "green";
        }

        // Dessiner les pommes

        for (i = 0; i != state.apples.length; i ++)
        {
            square = document.getElementById ("square" + state.apples[i]);
            square.style.backgroundColor = "red";
        }
    }
```

Cette fonction commence par repeindre toutes les cases en argent, puis elle peint en vert clair la case correspondant à la position actuelle de la tête du ver, les cases correspondant au corps du ver en vert, et pour finir les cases correspondant aux pommes en rouge. On ne peut pas faire plus simple. Le résultat est reproduit Figure 16.2.

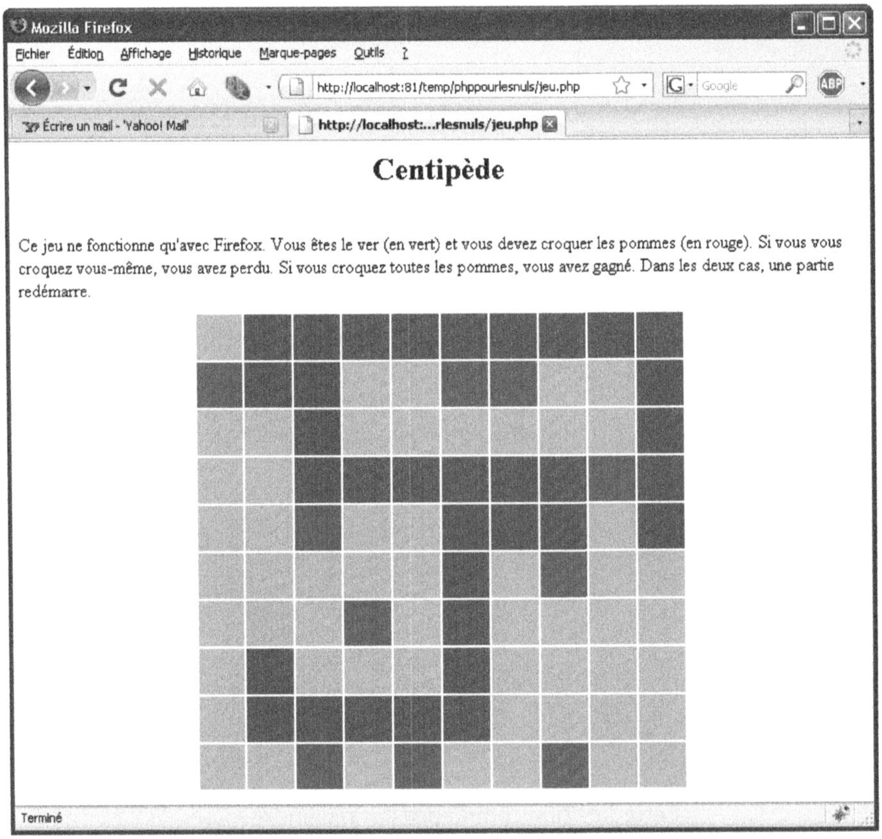

FIGURE 16.2 : Le jeu en action.

Le déplacement du ver sur le navigateur

Lorsque le joueur presse une touche, un gestionnaire d'événements JavaScript move () est appelé par le navigateur :

```
function move (e)
{
      // Vérifier que le joueur a pressé une touche de direction

      if ((e.keyCode < 37) || (e.keyCode > 40))
            return;

// Calculer les amplitudes du déplacement

      incX = new Array (- 1, 0, 1, 0);
```

```
        incY = new Array (0, - 1, 0, 1);
        direction = e.keyCode - 37;
        x = state.x + incX[direction];
        y = state.y + incY[direction];

// Vérifier que le ver ne sort pas du terrain de jeu

        if ((x < 0) || (x >= GRID_WIDTH) || (y < 0) || (y >= GRID_HEIGHT))
              return;
        w = x + y * GRID_WIDTH;
        state.x = x;
        state.y = y;

        // Vérifier si le ver s'est mordu

        for (i = 1; i != state.worm.length; i ++)
        {
              if (w == state.worm[i])
              {
                    alert ("Vous avez perdu !");
                    state = new CState ();
                    refresh ();
                    return;
              }
        }

        // Sinon vérifier s'il a mordu une pomme

        for (i = 0; i != state.apples.length; i ++)
        {
              if (w == state.apples[i])
              {
                    xmlDocument = state.toXML ();
                    xmlSerializer = new XMLSerializer ();
                    sendRequest (xmlSerializer.serializeToString
(xmlDocument));
                    return;
              }
        }

        // Déplacer le ver

        state.worm.pop ();
        state.worm.unshift (w);
        refresh ();
}
```

Les premières lignes de code permettent de vérifier que le joueur a bien pressé une touche de direction (code compris entre 37 et 40). Comme ces codes se suivent, leur différence avec 37 permet de référencer une entrée dans des tableaux d'incréments en X et en Y, lesquels déterminent donc l'amplitude du déplacement à accomplir horizontalement et verticalement. Par exemple, si le joueur a pressé la touche Flèche haut (code 38), la différence (38 - 37 = 1) permet de référencer les incréments 0 en X et - 1 en Y : la tête du ver se déplacera donc bien d'une case vers le haut.

Après avoir vérifié que le ver ne sort pas du terrain de jeu (auquel cas la pression de la touche de direction est ignorée), la fonction move () vérifie d'abord si le ver ne s'est pas mordu. Si tel est le cas, une boîte de dialogue affiche le message «Vous avez perdu», l'état est réinitialisé et une nouvelle partie commence.

Si le ver ne s'est pas mordu, a-t-il mordu une pomme ? Si ce n'est pas le cas, la fonction move () déplace le ver en insérant le numéro de la nouvelle case occupée par la tête en première position du tableau des cases occupées par le corps du ver (state.worm[]) et en supprimant la dernière entrée de ce tableau. Elle rafraîchit le terrain de jeu, et le jeu continue.

Mais si le ver a mordu une pomme, le navigateur va demander au serveur de traiter cette partie du jeu : à lui de modifier la longueur du corps du ver et de placer un nouvelle pomme sur le terrain de jeu, pour autant qu'il reste une case de libre pour ce faire.

Le déplacement du ver sur le serveur

La répartition du travail entre le navigateur et le serveur est totalement arbitraire : nous aurions aussi bien pu imaginer que tout ce qui concerne le déplacement serait assuré par le navigateur ou par le serveur uniquement. En fait, nous n'avons pas besoin du serveur pour traiter ce qui survient lorsque le ver croque une pomme, mais, pour l'exemple, nous allons considérer que c'est nécessaire.

Le navigateur soumet donc une requête au serveur en utilisant la fonction sendRequest () décrite dans «Envoyer la requête». Il lui transmet en paramètre l'état, c'est-à-dire le résultat de la sérialisation de la classe CState qui correspond à un document XML, dont un exemple est donné dans «Traiter la requête». La fonction move () se termine alors, le navigateur attendant la réponse du serveur puisque la requête est soumise de manière asynchrone.

Le serveur réalise qu'on lui soumet une requête comportant un paramètre request, reconstitue le document XML affecté à ce paramètre, désérialise l'état sous la forme d'une instance de la classe CState, puis appelle la fonction play () pour gérer l'événement :

```
function play ($state)
{
	// Allonger le corps du ver

	array_unshift ($state->worm, $state->x + $state->y * GRID_WIDTH);

	// Retirer la pomme

	$w = $state->x + $state->y * GRID_WIDTH;
	for ($i = 0; $i != sizeof ($state->apples); $i ++)
	{
		if ($state->apples[$i] == $w)
		{
			array_splice ($state->apples, $i, 1);
			break;
		}
	}

	// Vérifier s'il est encore possible d'ajouter une pomme

	if ((sizeof ($state->worm) + sizeof ($state->apples)) == GRID_WIDTH *
GRID_HEIGHT)
		return;

	// Ajouter aléatoirement une nouvelle pomme

	$squares = array ();
	for ($i = 0; $i != GRID_WIDTH * GRID_HEIGHT; $i ++)
		$squares[] = false;
	for ($i = 0; $i != sizeof ($state->worm); $i ++)
		$squares[$state->worm[$i]] = true;
	for ($i = 0; $i != sizeof ($state->apples); $i ++)
		$squares[$state->apples[$i]] = true;
	$rand = array ();
	for ($i = 0; $i != GRID_WIDTH * GRID_HEIGHT; $i ++)
	{
		if (!$squares[$i])
			$rand[] = $i;
	}
	$state->apples[] = $rand[rand (0, sizeof ($rand) - 1)];
}
```

La fonction play () allonge le corps du ver en insérant le numéro de la nouvelle case occupée par la tête du ver en première position du tableau des numéros des cases occupées par le corps du ver ($state->worm[]). Elle retire ensuite le numéro de la case occupée par la pomme qui vient d'être croquée du tableau des numéros des cases occupées par les pommes ($state->apples[]). Après avoir vérifié qu'il reste au moins une case de libre pour ajouter une pomme, play () ajoute aléatoirement une pomme sur le terrain de jeu. L'algorithme utilisé sert à éviter des calculs inflationnistes quand la surface du terrain et le nombre de cases occupées par le ver et les pommes deviennent importants.

La fin du jeu

Au terme du traitement de la requête, le serveur sérialise l'état sous la forme d'un document XML qu'il retourne au navigateur. C'est donc la fonction getResponse () qui achève de traiter le déplacement du ver du côté du navigateur :

```
function play ()
{
   if (state.apples.length == 0)
   {
      refresh ();
      alert ("Vous avez gagné !");
      state = new CState ();
   }
   refresh ();
}
```

La fonction vérifie si le jeu est terminé en comptant le nombre de pommes qu'il reste sur le terrain de jeu. S'il est nul, le joueur a gagné.

La méthode fromXML () de la version JavaScript de la classe CState vérifie si l'élément <apple> n'est pas vide avant d'appeler la méthode split (). C'est parce que cette méthode retourne autrement un tableau contenant un élément indéfini.

5

Les dix commandements

DANS CETTE PARTIE...

Les trois chapitres de cette partie contiennent des astuces, des conseils et des avertissements basés sur ma propre expérience. Peut-être pourront-ils vous servir de guide dans le chemin que vous allez parcourir pour devenir un bon développeur Web ? Je l'espère sincèrement.

Chapitre 17

Dix choses que vous pourriez faire avec les fonctions PHP

DANS CE CHAPITRE :

» **Découvrez quelques fonctions utiles.**

» **Apprenez ce que peuvent faire ces fonctions.**

Un des aspects les plus forts de PHP est son impressionnante collection de fonctions natives. Dans ce chapitre, je vais vous donner la liste des fonctions PHP que j'utilise le plus souvent. J'ai déjà décrit quelques-unes d'entre elles dans ce livre, et j'en ai mentionné quelques autres. Mais il en existe bien plus (on compte ici en milliers !). Pour en connaître la liste complète, jetez un coup d'œil sur la documentation PHP à l'URL http://www.php.net.

Communications avec MySQL

PHP propose plusieurs fonctions conçues spécialement pour dialoguer avec MySQL. Les fonctions MySQL suivantes ont été décrites minutieusement dans ce livre, tout particulièrement au Chapitre 10 :

```
mysqli_connect();  mysqli_select_db();  mysqli_fetch_assoc()
mysqli_close();    mysqli_num_rows();   mysqli_query()
```

Les fonctions dont la liste suit ne sont pas inutiles, mais je n'en ai pas parlé ou n'ai fait que les évoquer dans les précédents chapitres :

- » `mysqli_fetch_array($resultat)` : A été remplacée dans ce livre par `mysqli_fetch_assoc($resultat)`.
- » `mysqli_insert_id($connexion)` : Est utilisée avec l'attribut `AUTO-INCREMENT` dans une colonne MySQL. Elle renvoie la dernière valeur (c'est-à-dire le dernier numéro) insérée dans cette colonne.
- » `mysqli_select_db($connexion,$database)` : Sert à sélectionner une base. N'est plus utile depuis que la fonction de connexion accepte un quatrième paramètre pour le nom de la base.
- » `mysql_fetch_row($result)` : Renvoie une ligne se trouvant dans la zone des résultats temporaires. Cette ligne est placée dans un tableau doté de clés numériques.
- » `mysql_affected_rows($result)` : Renvoie le nombre de lignes qui ont été affectées par une requête. Par exemple, le nombre de lignes supprimées ou mises à jour.
- » `mysql_num_fields($result)` : Renvoie le nombre de champs d'un résultat.
- » `mysql_field_name($result, N)` : Renvoie le nom de la ligne pointée par `N`. Par exemple, `mysql_field_name($result, 1)` renvoie le nom de la deuxième colonne du résultat. (Le numéro de la première colonne est 0.)

A partir de la version 4.1 de MySQL, l'appellation des noms de fonctions change légèrement. En effet, le préfixe mysql_ devient mysqli_.

Envoi de courrier électronique

Il existe une fonction PHP qui permet d'envoyer des e-mails à partir d'un programme PHP. Sa forme générale est :

```
mail(^aobppb)□prgbq)□jbpp^db)□bk*qðqbp);
```

avec :

- » `adresse` : L'adresse de messagerie du destinataire.
- » `sujet` : Le sujet du message.
- » `message` : Le texte du message.
- » `en-têtes` : Une chaîne de caractères qui définit des valeurs pour les en-têtes du message. Par exemple :

```
"From: arthur@petstore.com\r\nbcc: joseph@monserveur.com"
```

Cet en-tête définit l'expéditeur du message (*From*) et envoie une copie en aveugle (*bcc*) de ce message à Joseph.

Voici un exemple de bloc PHP utilisable dans un script pour «rédiger» et envoyer un courriel :

```
$to = "janet@valade.com";
$subj = "Test";
$mess = "Ceci est un test mail";
$headers = bcc:techsupport@mycompany.com\r\n
$mailsend = mail($to,$subj,$mess,$headers);
```

Lors de l'envoi d'un message, vous pouvez rencontrer des problèmes. Pour que cette fonction puisse se connecter au serveur de courrier, il est nécessaire que la configuration de PHP soit adaptée à cet usage. L'option par défaut est généralement correcte, mais si votre courrier ne semble pas parvenir à son destinataire, vérifiez avec l'administrateur de PHP la configuration définie dans php.ini. Vous pouvez également contrôler l'état des directives suivantes dans la sortie produite par phpinfo() :

```
Sendmail_path           (sous Unix/Linux)
SMTP                    (sous Windows)
```

La section de php.ini qui nous intéresse se présente par défaut ainsi :

```
[mail function]
; For Win32 only.
SMTP = localhost ; for Win32 only

; For Win32 only.
sendmail_from = me@example.com

; For Unix only.
;sendmail_path =
```

Les utilisateurs Windows ont à adapter les deux options du haut. La première doit pointer vers le serveur de courrier que vous utilisez (celui de votre fournisseur d'accès, par exemple). Ceci vaut pour une connexion par modem ou via un réseau local.

Si vous travaillez localement, vous connaissez sans doute le nom du serveur sortant ou bien vous pouvez aisément le trouver dans les paramètres de votre client de messagerie. Si vous utilisez Outlook Express pour votre courrier électronique, cliquez sur Outils/Comptes/onglet Courrier/bouton Propriétés. Cliquez alors sur l'onglet Serveurs et regardez le nom du serveur de courrier sortant. C'est la valeur qu'il faut reporter dans le fichier php.ini à la rubrique SMTP. A défaut, demandez ce nom à votre administrateur de messagerie, ou encore à votre fournisseur d'accès (quoique, dans ce cas, il serait tout de même temps de vous intéresser au courrier électronique). Cette information devrait se présenter sous la forme :

```
mail.fournisseur.net
```

Ou bien encore :

```
smtp.fournisseur.fr
```

Le second paramètre définit l'adresse de retour qui sera envoyée avec votre courrier. Indiquez ici une adresse valide (sinon, vous ne saurez rien de ce qui se passe et personne ne vous écrira). Par exemple :

```
sendmail_from = Janet@Valade.com
```

Pour Linux/UNIX, la commande par défaut SENDMAIL est généralement correcte. En cas de problème, vous devrez demander à votre administrateur de vous fournir le chemin d'accès correct vers le serveur gérant l'expédition des messages.

Pour des raisons de sécurité (lutte contre le SPAM), la plupart des fournisseurs d'accès bloquent l'usage de cette fonction. Si vous recourez aux services d'un hébergeur payant, il faut lui poser la question. (*N.d.T.*)

Si vous modifiez une ligne placée sous forme de commentaire, n'oubliez pas de retirer le point-virgule qui la précède afin d'activer l'option correspondante.

Les sessions PHP

Les fonctions d'ouverture et de clôture des sessions ont été étudiées au Chapitre 11. J'en rappelle ici la liste :

```
session_start();     session_destroy()
```

Arrêter l'exécution du programme

Nous avons vu qu'il existait deux fonctions pour arrêter un programme : exit() et die(). En réalité, il s'agit de la même fonction, die() étant un alias d'exit(). On peut lui/leur passer en argument une chaîne de caractères qui sera affichée lors de l'arrêt. Exemple :

```
exit("Fin normale du programme");
```

Le traitement des tableaux

Avec PHP, les tableaux sont d'une grande utilité, tout spécialement pour recevoir les résultats des fonctions de traitement de base de données et pour les variables de formulaire. Au Chapitre 7, en particulier, j'ai expliqué le rôle des fonctions suivantes :

```
array();     extract();    sort();    asort();
rsort();     arsort();     ksort();   krsort();
```

En voici quelques autres :

» `array_reverse(!klj\ab\s^of^_ib)` : Renverse un tableau en rangeant les valeurs qu'il contient en ordre inverse.

» `array_unique($klj\ab\s^of^_ib)` : Supprime les valeurs dupliquées d'un tableau.

» `in_array("`e^ kb", $klj\ab\s^of^_ib)` : Recherche dans le tableau `$klj\ab\s^of^_ib` la chaîne `chaîne`.

» `range(s^ibro., s^ibro/)` : Crée un tableau contenant toutes les valeurs contenues entre `s^ibro.` et `s^ibro/`. Par exemple, `range('a', 'z')` crée un tableau contenant l'alphabet en bas de casse.

» `explode("pbm", "`e^ kb")` : Crée un tableau de chaînes de caractères dans lequel chaque article est une sous-chaîne de `chaîne` séparée de ses voisines par le séparateur *pbm.* Par exemple, `explode(" ", `e^ kb)` crée un tableau dans lequel chaque mot de `$chaîne` est une valeur isolée. Les connaisseurs auront remarqué que c'est l'équivalent de la fonction `split` en Perl.

» `implode("if^kq", $q^_ib^r)` : Fait l'inverse de `explode()`. A partir des valeurs contenues dans le tableau `$tableau`, crée une chaîne de caractères dont chaque élément est lié au suivant par le caractère `if^kq`. Par exemple, `implode(", ", $tableau)` crée une chaîne de caractères du genre *val1, val2, val3*, etc. C'est tout à fait semblable à la fonction Perl appelée `join`.

Il existe encore bien d'autres fonctions utiles pour le traitement des tableaux. PHP est capable de réaliser pratiquement tout ce que vous pouvez imaginer dans ce domaine.

Test de variables

Pour savoir si une variable existe, vous disposez de quelques fonctions dont :

```
isset($variable);  // vrai si variable est définie
!isset($variable); // vrai si variable n'est pas définie
empty($variable);  // vrai si variable est nulle ou non définie
```

Mise en forme de valeurs

Au Chapitre 6, j'ai montré comment mettre en forme des variables au moyen des fonctions number_format() et sprintf(). Nous avons également appris l'existence de la fonction unset() qui annule la définition d'une variable. Voici quelques fonctionnalités supplémentaires de sprintf().

Cette fonction vous permet de formater n'importe quelle chaîne de caractères ou nombre, y compris des valeurs de variables. Sa forme générale est :

```
$neovar = sprintf("cloj^q", $s^o., $s^o/…);
```

Ici, format est une chaîne de caractères qui indique comment va être effectué le formatage et $var1, $var2... constitue la suite des variables à traiter. L'instruction suivante est correcte :

```
sprintf("Mon chien s'appelle Fredo");
```

La chaîne de caractères entre guillemets sera affichée. Mais vous pouvez également incorporer des variables dans votre chaîne de caractères, comme on le voit dans l'exemple suivant :

```
$nchiens = 5;
$nchats = 2;
$neovar = sprintf("J'ai %s chiens et %s chats", $nchiens, $nchats);
```

%s est un caractère de mise en forme indiquant à sprintf() qu'elle doit convertir la variable de même rang en une chaîne de caractères. La variable `$neovar` contient donc :

```
J'ai 5 chiens et 2 chats
```

La forme générale d'une instruction de mise en forme est la suivante :

```
%m^a*i^odbro+ab`qvmb
```

» `%` : Signale le début d'une spécification de mise en forme.

» `pad` : Caractère de remplissage utilisé pour compléter le résultat si nécessaire. S'il est omis, c'est l'espace qui sera pris par défaut. Ce caractère peut être un zéro (0) ou n'importe quel autre caractère précédé d'une apostrophe ('). On peut ainsi compléter un nombre par des zéros à gauche pour obtenir 01 ou 0001.

- `-` : Justification à gauche de la chaîne de caractères du résultat. Par défaut, la justification se fait à droite.
- `largeur` : C'est le nombre total de caractères qu'occupera le résultat. Si la valeur finale ne remplit pas tout cet espace, elle est complétée par le caractère de remplissage *pad*. Ainsi, si ce dernier est 0 et que *largeur* vaut 5, on pourrait obtenir : `00001`.
- `.dec` : Nombre de chiffres après le point décimal.
- `type` : Le type de valeur. `s` s'utilise dans la plupart des cas. `f` convient aux nombres ayant une partie fractionnaire.

Exemples :

```
$argent = 50;
$nom = "Joseph";
$produit = "Chatons";
$prix = 30;
echo sprintf("J'ai $%03.2f. Combien a %s ?",$argent, $nom);
echo"<p>";
echo sprintf("%'.-20s%3.2f &#8364;",$produit,$prix);
```

Voici le résultat de l'exécution de ces instructions :

```
J'ai $050.00. Combien a Joseph ?
Chatons............. 30.00 €
```

Comparaison de chaînes de caractères à des motifs

J'ai présenté les expressions rationnelles au Chapitre 6. Les fonctions suivantes utilisent des expressions rationnelles pour trouver et quelquefois remplacer des motifs dans des chaînes de caractères :

- `ereg("jlqfc", $klj\ab\s^of^_ib)` : Recherche la chaîne de caractères *motif* à l'intérieur de la chaîne de caractères `$klj\ab\s^of^_ib`. Si cette chaîne existe, le résultat est VRAI. La fonction `eregi()` fait la même chose, mais sans tenir compte de la casse des caractères.

- ereg_replace("*jlqfc*", "*`e^ kb*", *$klj\ab\s^of^_ib*) : Recherche la chaîne de caractères *motif* à l'intérieur de la chaîne de caractères *$klj\ab\s^of^_ib*. Si cette chaîne existe, elle est remplacée par *!`e^ kb*. La fonction eregi_replace() fait la même chose, mais sans tenir compte de la casse des caractères.

Traitement de chaînes de caractères

Pour faire des recherches, des conversions et/ou des remplacements simples dans une chaîne de caractères, il existe quelques fonctions utiles à connaître :

- strlen(*$nom_de_variable*) : Renvoie la longueur de la chaîne passée en argument.
- strpos("*`e^ kb*", "*plrp*`e^ kb*"& : Renvoie la **première** position de *plrp*`e^ kb* dans *`e^ kb*. Par exemple, strpos("Bonjour le monde", "on") renverra 1. (La première position dans une chaîne de caractères a pour numéro 0.) De même, strrpos("*`e^ kb*", "*plrp*`e^ kb*"& renvoie la **dernière** position de *plrp*`e^ kb* dans *`e^ kb*.
- substr("*`e^ kb*", *k.)*□*k/&* : Renvoie la sous-chaîne de *`e^ kb* de *k/* caractères qui commence en *k.*. Par exemple, substr("hello", 2, 2) renvoie ll.
- strtr(*$klj\ab\s^of^_ib*, "*`e^ kb.)*□*`e^ kb/&* : Fait une recherche de *`e^ kb.* dans la chaîne *$klj\ab\s^of^_ib* ; si elle la trouve, la remplace par *`e^ kb/*.
- strrev(*!klj\ab\s^of^_ib*) : Renvoie la chaîne de caractères renversée.

Il existe encore beaucoup d'autres fonctions. Pour en connaître la liste complète, visitez la documentation PHP à l'URL http://www.php.net.

Modification de casse d'une chaîne de caractères

Il existe quatre fonctions PHP qui s'intéressent à la casse des caractères alphabétiques :

- strtolower($nom_de_variable) : Remplace les caractères en capitales (majuscules) par leurs équivalents en bas de casse (minuscules).
- strtoupper%*!klj\ab\s^of^_ib*) : Remplace les caractères en bas de casse (minuscules) par leurs équivalents en capitales (majuscules).

- `ucfirst(`*`!klj\ab\s^of^_ib`*`)` : Remplace l'initiale de la chaîne de caractères par son équivalent en capitale.
- `ucwords(`*`!klj\ab\s^of^_ib`*`)` : Remplace l'initiale de chaque mot par son équivalent en capitale.

Chapitre 18

Dix chausse-trappes PHP

DANS CE CHAPITRE :

» **Les erreurs que l'on commet le plus souvent.**

» **Interprétation des messages d'erreur.**

Je vous garantis que vous commettrez toutes les erreurs et bévues que je mentionne dans ce chapitre. Il n'est pas possible d'écrire des programmes sans commettre ces fautes. Toute l'astuce consiste à savoir les reconnaître, à jurer vos grands dieux que l'on ne vous y prendra plus et à les réparer. Le message d'erreur que vous verrez le plus souvent est celui-ci :

```
Parse error: parse error in c:\test.php on line 7
```

C'est la façon qu'a PHP de dire : «Hein ?» Cela signifie qu'il y a quelque chose qu'il ne comprend pas. Par bonheur, ce message indique le fichier et le numéro de ligne où PHP ne s'y reconnaît plus. Parfois, c'est la ligne même où l'erreur a été commise, mais, à d'autres moments, c'est la conséquence d'une erreur commise plus haut dans le programme.

Oubli de points-virgules

Chaque instruction PHP doit se terminer par un point-virgule (;). PHP ne s'arrête de lire une instruction que lorsqu'il trouve ce séparateur. Si vous l'oubliez à la fin d'une ligne, il va continuer à lire la suivante. Considérez, par exemple, les deux instructions :

```
$test = 1
echo $test;
```

Pour PHP, cela n'a pas de sens, puisque tout se passe comme si vous aviez écrit :

```
$test = 1 echo $test;
```

Vous allez donc recevoir le traditionnel :

```
Parse error: parse error in c:\test.php on line 2
```

Quand vous aurez pris l'habitude de terminer toutes vos lignes par un point-virgule, vous en mettrez même au bout de votre adresse !

Pas assez de signes «égal»

Pour voir si deux valeurs sont égales, vous devez interposer entre elles l'opérateur de comparaison formé de deux signes «=» rigoureusement consécutifs. En oublier un est très courant. Et c'est normal, car, depuis le cours élémentaire, vous avez été habitué à n'en utiliser qu'un seul. Si simple qu'elle soit, cette faute est difficile à détecter, parce qu'elle ne donne lieu à aucun message d'erreur. Votre programme fera probablement des choses étranges : boucle infinie ou bloc jamais exécuté, par exemple. J'ai toujours été surprise de voir combien de temps je pouvais contempler une séquence de ce genre :

```
$test = 0;
while ($test = 0)
{
   $test++;
}
```

sans comprendre pourquoi le programme tournait en rond. Alors qu'il aurait suffit d'écrire :

```
while ($test == 0)
```

Noms de variables mal orthographiés

Cette erreur ne donne pas non plus de message d'erreur, se contentant de perturber le comportement du programme. Une variable mal orthographiée est interprétée par PHP comme une nouvelle variable avec laquelle il fera exactement ce que vous voulez qu'il fasse. Voici une autre façon intelligente de faire une boucle infinie :

```
$test = 0;
while ($test == 0)
{
   $Test++;
}
```

Vous aviez oublié que PHP fait la différence entre majuscules et minuscules dans les noms des variables ? Alors vous êtes largement candidat(e) à ce type d'erreur.

Oubli du dollar initial

Oublier le dollar initial dans le nom d'une variable est difficile à repérer, mais du moins en résulte-t-il généralement un diagnostic, ce qui vous amène à regarder de plus près la ligne signalée dans le message :

```
Parse error: parse error in test.php on line 7
```

Guillemets et apostrophes mal appairés

Vous pouvez avoir écrit trop ou trop peu de guillemets ou d'apostrophes. Ou encore, vous pouvez les avoir mal appairés, ce qui revient au même. Exemple :

```
$test = "<table width="100%">";
```

PHP va trouver le deuxième guillemet (celui qui se trouve juste devant «100») et le considérer comme le guillemet fermant de l'instruction. Ensuite, il va prendre «1» comme une instruction, ce qui provoque une erreur, heureusement diagnostiquée. Il aurait fallu écrire :

```
$test = "<table width='100%'>";
```

ou :

```
$test = "<table width=\"100%\">";
```

Si vous oubliez de refermer une chaîne de caractères, comme dans :

```
$test = "<table width='100%'>;
```

PHP va continuer à lire la ou les lignes suivantes jusqu'à ce qu'il trouve un guillemet. Peut-être ne le trouvera-t-il que plusieurs lignes plus loin ? C'est l'un des cas où le numéro de ligne indiqué dans le message d'erreur n'a pas de réelle signification. La véritable erreur est survenue plus haut, lorsque vous avez oublié de refermer la chaîne de caractères.

Vous obtenez un résultat du même genre si vous refermez par une apostrophe une chaîne de caractères ouverte avec un guillemet. La différence entre apostrophe et guillemet a été expliquée au Chapitre 6.

Sortie invisible

Certaines instructions comme header doivent impérativement être exécutées avant toute sortie d'informations à destination du navigateur. Si cette condition n'est pas respectée, il en résultera toujours une erreur, heureusement diagnostiquée. Le bloc qui suit va déclencher une erreur parce que ce qui est généré par header n'est pas la première sortie :

```
<html>
<?php
   header("Location: http://entreprise.com");
?>
```

<html> ne fait pas partie de la section PHP ; il est donc envoyé au navigateur. Voici ce qu'il aurait fallu écrire :

```
<?php
   header("Location: http://entreprise.com");
?>
<html>
```

Autre bloc mal écrit :

```
 <?php
   header("Location: http://entreprise.com");
?>
<html>
```

Le diagnostic est nettement plus délicat. La première ligne commence par un espace. Ce n'est pas du PHP et c'est donc envoyé au navigateur. Mais on ne voit naturellement rien d'affiché. C'est une erreur fréquente, pas facile à détecter.

Tableaux et indices

Pour PHP, comme pour la plupart des langages de programmation, le plus petit indice d'un tableau a la valeur 0. Ceux qui n'ont jamais programmé pensent naïvement que c'est 1. C'est la raison pour laquelle le bloc suivant n'affiche rien :

```
$test = 1;
while ($test <= 3)
{ $array[] = $test;
  $test++;
}
echo $array[3];
```

Cependant, la boucle est correctement écrite. Mais les valeurs du tableau ainsi initialisées sont les suivantes :

```
$array[0]=1
$array[1]=2
$array[2]=3
```

et $array[3] n'a jamais reçu de valeur.

Fichiers mal inclus

Lorsqu'on inclut un fichier dans un programme PHP, on peut penser que tout ce qu'il contient sera interprété par PHP comme étant du PHP. Erreur ! Je vais vous en montrer un exemple. Supposons que le fichier fichier1.inc contienne :

```
if ($test == 1)
       echo "Hi";
```

et qu'il soit ainsi inclus dans un programme :

```
<?php
$test = 1;
include ("fichier1.inc");
?>
```

Au lieu de Hi, l'écran du navigateur affiche :

```
if ($test == 1) echo "Hi";
```

Il est évident que le contenu du fichier a été pris comme étant du HTML. Pour qu'il soit vu comme du PHP, il aurait fallu placer son contenu entre les balises appropriées :

```
<?php
if ($test == 1)
       echo "Hi";
?>
```

Blocs mal refermés

A toute parenthèse gauche doit correspondre une parenthèse droite. A toute accolade gauche doit correspondre une accolade droite. Si vous mélangez ces délimiteurs, il en résultera une erreur. Si vous en oubliez un, ce sera pareil. Une de mes erreurs les plus fréquentes est d'écrire :

```
if (isset($test)
```

On voit que j'ai oublié la parenthèse droite refermant la condition testée par le if. Cette erreur est plus difficile à détecter lorsqu'elle survient dans une cascade de if, comme dans l'exemple suivant :

```
while ($test < 3)
{
if ($test2 != "oui")
{
if ($test3 > 4)
{
echo "Feu !";
}
}
```

Si vous les comptez, vous trouverez trois accolades gauches et seulement deux accolades droites. Supposez qu'il y ait cent lignes de code dans chaque bloc. Il sera bien difficile de repérer l'endroit où il manque quelque chose. Vous penserez peut-être que c'est l'accolade refermant l'ensemble qui est absente, alors que, pour PHP, c'est celle qui clôt le bloc commençant par le test de $test2. Plus loin dans le programme, PHP peut considérer la première accolade droite qu'il trouvera comme celle qui lui manque ici. Dans un grand programme, ce type d'erreur peut se révéler difficile à localiser.

Une bonne indentation des blocs aide à repérer ce type d'erreur, surtout si on ajoute un commentaire explicatif à la suite de chaque fermeture de bloc, comme dans :

```
while ($test < 3)
{ if ($test2 != "oui")
 { if ($test3 > 4)
  { echo "Feu !";
  } // fermeture du bloc pour $test3
 } // fermeture du bloc pour $test2
} // fermeture du bloc while
```

Parenthèses et accolades

Je ne sais pas si c'est un problème pour tout le monde ou seulement pour moi, mais PHP semble différencier plus facilement les parenthèses et les accolades que mes yeux n'en sont capables. Tout spécialement lorsque je regarde un écran après avoir travaillé dix heures sur un programme. Bien évidemment, il en résultera une erreur accompagnée d'un message d'erreur.

Chapitre 19

Dix astuces pour bien concevoir une base de données

DANS CE CHAPITRE :

» **Assurez-vous que les informations de votre base de données contiennent le moins d'erreur possible.**

» **Evitez certaines erreurs de conception.**

» **Construisez votre base de données pour qu'elle corresponde bien à vos informations.**

La conception d'une base de données peut se révéler intimidante la première fois qu'on s'y attelle. Pas de panique ! Vous allez très vite avoir le pied à l'étrier. Voici quelques leçons que l'expérience m'a apprises durement. Peut-être en ferez-vous votre profit et ne referez-vous pas ces mêmes erreurs ?

Interrogez tout le monde

Lorsque vous commencez à planifier votre base de données, faites une enquête autour de vous. Demandez à tous ceux que le sujet intéresse ou concerne quelles interrogations elle pourrait susciter. Je vous assure qu'ils soulèveront des questions auxquelles vous n'aviez jamais songé. Si vous ne discutez pas avec le responsable du marketing, comment penseriez-vous à demander la date de naissance de vos clients de façon que votre entreprise puisse leur envoyer une carte d'anniversaire ? Si vous ne parlez pas avec le directeur général, penseriez-vous à demander aux collaborateurs de votre entreprise quels sont leurs passe-temps favoris afin que l'entreprise sache quelles activités sponsoriser ?

Si vous ne parlez pas au directeur des ressources humaines, penseriez-vous à demander à vos clients où ils ont passé leurs dernières vacances afin que l'entreprise puisse offrir comme premier prix d'un concours un voyage vers un lieu de villégiature renommé ? Même si vous ne collectez pas toutes les informations imaginables, essayez de prendre en compte le plus possible d'éléments avant de choisir ceux que vous garderez. A partir d'une liste complète de souhaits, vous serez en mesure de synthétiser, organiser et trier ce dont vous avez réellement besoin. Sinon, votre base de données risquera d'être incomplète et moins utile qu'il ne serait souhaitable.

Trouvez un identificateur unique comme clé primaire

Cela semble évident, mais plus difficile qu'il n'y paraît. Par exemple, vous pouvez être tenté d'utiliser le patronyme comme identificateur unique dans une table de clients. Ce n'est pas une bonne idée, même si vous êtes sûr que, dans votre environnement, il n'y a pas deux clients ayant le même nom. Cet identificateur doit rester immuable pendant toute la durée de vie de la base de données. Un client (une cliente, surtout) peut changer de nom pour un tas de raisons. Et que va-t-il se passer si vous avez mal orthographié ce nom lorsque vous l'avez saisi ? C'est pourquoi les numéros de Sécurité sociale sont si souvent utilisés comme identificateur unique : ils sont uniques et immuables. Dans la plupart des tables, vous aurez besoin d'inventer un identificateur (un numéro de client, par exemple), en étant certain qu'il est aussi singulier qu'une empreinte digitale et qu'il ne risque pas de changer.

Les clés primaires peuvent être des liens

Beaucoup de tables sont liées entre elles en insérant la clé primaire d'une table sous forme de colonne dans une autre table. C'est une des relations du type un-vers-plusieurs les plus souvent utilisées entre les tables. Par exemple, un client peut être associé à sa commande au moyen d'une colonne contenant son identificateur unique (pourquoi pas son code client ?) dans la table des commandes. Plusieurs lignes de cette table sont susceptibles de recevoir le même code client, puisqu'une même personne peut passer plusieurs commandes. Les clés primaires ont été traitées dans le Chapitre 3.

Occupez le moins de place possible pour chaque information

Des informations pertinentes et de petite taille accroissent la souplesse d'adaptation à des cas de figure imprévus. Vous pouvez rassembler deux champs de données plus facilement qu'il n'est possible d'en séparer un seul en deux parties. Par exemple, conserver le nom et le prénom d'un client dans un seul champ peut poser problème si vous voulez isoler le prénom du patronyme. Mieux vaut leur consacrer deux champs distincts que vous réunirez éventuellement si votre application le demande.

Evitez de dupliquer des informations

Une table ne doit pas contenir plusieurs exemplaires de la même information. Si cette information venait à être modifiée, vous devriez effectuer cette modification à plusieurs endroits, ce qui est une cause potentielle d'erreurs pouvant provoquer des problèmes difficiles à localiser. Si vous constatez que vous êtes amené à stocker la même information dans une ligne de table, c'est le signe que vous devez réorganiser vos données et créer une autre structure. Supposons par exemple qu'une table contienne des adresses, et que vous découvriez que plusieurs personnes ont les mêmes coordonnées. Vous devriez alors placer l'adresse dans une table séparée, appelée disons Habitat. Vous pourrez ensuite lier les deux tables au moyen d'un identificateur unique pour l'habitat dans la ligne de la table où se trouve l'identité des personnes qui partagent la même adresse.

Une seule information par colonne

Ne mettez qu'une seule information dans chaque colonne. Par exemple, une table appelée Film peut contenir une colonne Acteurs donnant la liste des acteurs du film. Mais ce n'est pas une bonne idée. Le mieux est sans doute de créer une table séparée que vous appellerez Acteur et qui contiendra une ligne par acteur. Un pointeur reliera alors chaque entrée de la table Film à autant d'entrées qu'il est nécessaire dans la table Acteur.

Trouvez des noms évocateurs

Que ce soit pour une base de données, une table ou une colonne, des noms évocateurs faciliteront le travail de tous ceux qui auront besoin de l'utiliser. Un nom doit indiquer avec précision ce qui est stocké dans une base de données, une table ou une colonne. Ainsi, Table1 n'évoque rien du tout alors que Individu est déjà mieux et Client bien préférable. Date est banal ; DateNaissance ou DateCommande sont plus clairs.

La plupart des nombres peuvent être représentés par des chaînes de caractères

Un nombre ne doit être conservé sous cette forme que si on a l'intention de le faire intervenir dans un calcul. Ce n'est pas le cas des numéros de téléphone, des codes postaux et autres NIF (Numéro d'identification de Français : c'est ce qu'on appelle couramment le «numéro de Sécurité sociale»). Alors, conservez-les tout simplement sous forme de chaînes de caractères. Voyez aussi le Chapitre 3 à ce sujet.

Donnez de l'air à vos colonnes

Cela va sans dire, mais il m'est arrivé plus d'une fois de buter sur des colonnes trop étroites. Réfléchissez soigneusement à la largeur de chaque colonne. Quel est le nom le plus long dans l'annuaire du téléphone ? Quel est le nom de ville le plus long ? Les numéros de téléphone français ont 10 caractères, mais les numéros des autres pays contiennent (au moins) un préfixe de nationalité de 2 chiffres. Et si l'entreprise d'un client ne dispose pas d'une SDA (Sélection directe à l'arrivée, *N.d.T.*), vous devez prévoir en plus du numéro général de l'entreprise le numéro de poste du client. «Anticonstitutionnellement» est-il réellement le plus long mot possible ?

Servez-vous des champs ENUM

L'emploi de champs de type ENUM vous évitera de nombreuses erreurs de frappe puisqu'ils n'acceptent que des termes extraits d'une liste fixée à l'avance. Même si le nombre de valeurs possibles est élevé, vous y gagnerez. MySQL autorise

65 535 valeurs différentes dans un champ ENUM. C'est probablement plus que vous n'en aurez réellement besoin. Reportez-vous au Chapitre 3 pour plus d'informations sur ce point.

Annexe A

Installer PHP, MySQL et Apache avec XAMPP

Vous pouvez installer PHP, MySQL et Apache sur votre ordinateur en installant un package tout en un nommé XAMPP. La procédure d'installation XAMPP installe des versions récentes de Apache 2.2, PHP 5, MySQL 5.1, ainsi que de phpMyAdmin et FileZilla.

XAMPP est destiné à votre environnement de développement sur votre ordinateur. Vous ne devriez pas utiliser XAMPP pour installer les logiciels mentionnés sur un serveur Web qui permettra de rendre votre site Web public. En effet, XAMPP n'installe pas une configuration assez sécurisée ou assez bien localisée pour convenir à un site Web public.

XAMPP installe les mêmes logiciels que ceux que vous installeriez si vous les téléchargiez pour les installer vous-même. Toutefois, ces logiciels sont installés à d'autres emplacements que ceux prévus par défaut. En effet, l'emplacement par défaut est c:\xampp pour Windows et Applications\xampp pour Mac. Si vous installiez chaque logiciel vous-même, ils se trouveraient à d'autres emplacements sur votre machine. Il en résulte que les fichiers de configuration de ces logiciels se trouvent à des emplacements différents de ceux prévus par défaut, si bien que leurs documentations peuvent vous induire en confusion lorsqu'elles y font référence. J'explique comment configurer les logiciels pour le Web dans l'annexe B.

Installer XAMPP sur Windows

Suivez ces étapes pour installer les logiciels Web à l'aide de XAMPP :

1. **Allez sur www.apachefriends.org/fr/xampp-windows.html.**
2. **Faites défiler l'écran jusqu'à atteindre la section Téléchargement, comme sur la figure A.1.**
3. **Cliquez sur le lien EXE dans la section XAMPP pour Windows pour télécharger une version de la procédure d'installation.**

   La version courante du fichier est `xampp-win32-1.7.3.exe`. Le numéro de version que vous trouverez pourra être différent car le logiciel est mis à jour régulièrement.

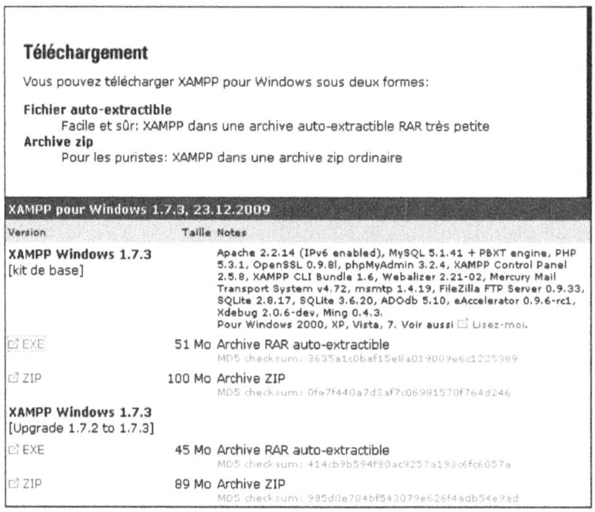

FIGURE A.1 : La section Téléchargement du site Web de XAMPP.

4. **Enregistrez le fichier téléchargé sur votre disque dur ou votre bureau.**
5. **Rendez-vous dans le répertoire contenant le fichier de XAMPP que vous avez téléchargé et double-cliquez sur le nom de fichier.**

   L'assistant d'installation se lance, comme sur la Figure A.2.

6. **Cliquez sur Suivante.**

   L'écran représenté sur la Figure A.3 apparaît.

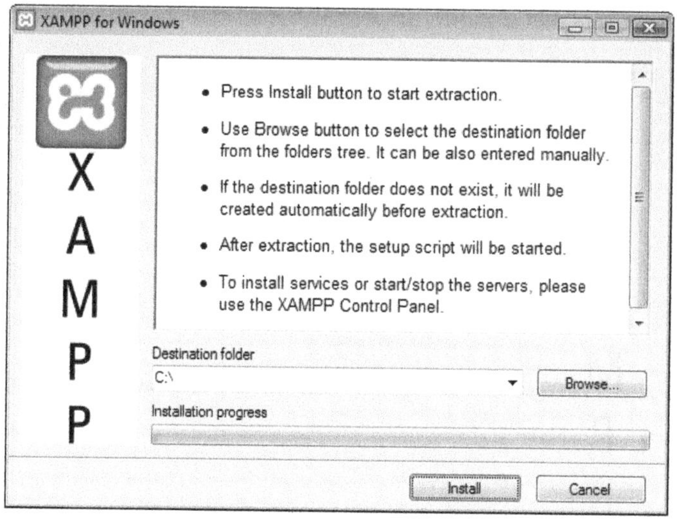

FIGURE A.2 : La page de démarrage de l'assistant d'installation de XAMPP.

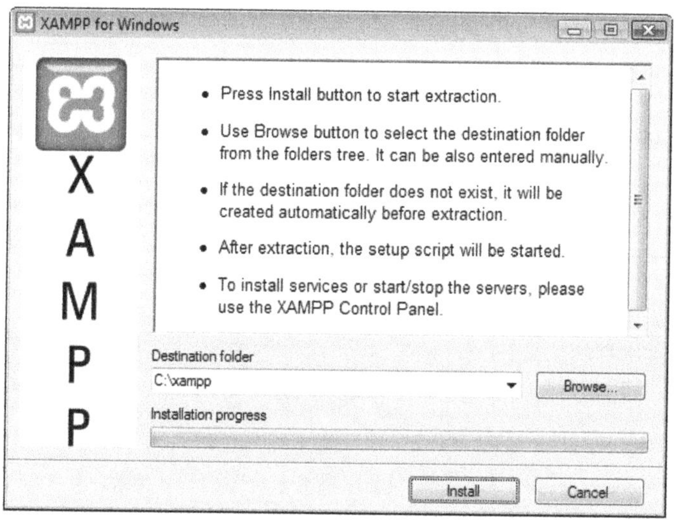

FIGURE A.3 : L'écran de sélection de l'emplacement d'installation.

7. **Sélectionnez l'endroit où installer XAMPP.**

   Il est recommandé d'utiliser l'emplacement `c:\xampp`, sauf si vous avez une bonne raison d'en choisir un autre. Si vous procédez à l'installation sur Vista, vous ne pouvez pas installer XAMPP dans le dossier Program Files du fait d'un problème de protection. Par ailleurs, PHP rencontre un problème s'il est installé à un emplacement dont le chemin contient un espace, ce qui est le cas de Program Files.

8. **Cliquez sur Install.**

L'écran d'installation apparaît, comme sur la figure A.4.

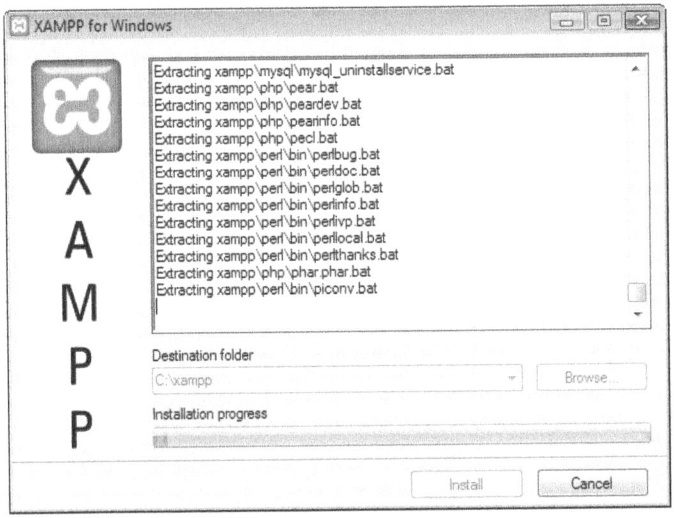

FIGURE A.4 : L'écran d'installation de l'assistant.

La procédure d'installation prend quelques minutes pour se terminer. Pendant qu'elle se déroule, vous pouvez visualiser les différents fichiers/composants qui sont installés sur votre système à l'emplacement que vous avez spécifié. Une barre de progression vous indique où vous en êtes.

Lorsque l'installation est terminée, une fenêtre de commandes s'ouvre pour vous permettre de régler différentes options, comme sur la Figure A.5.

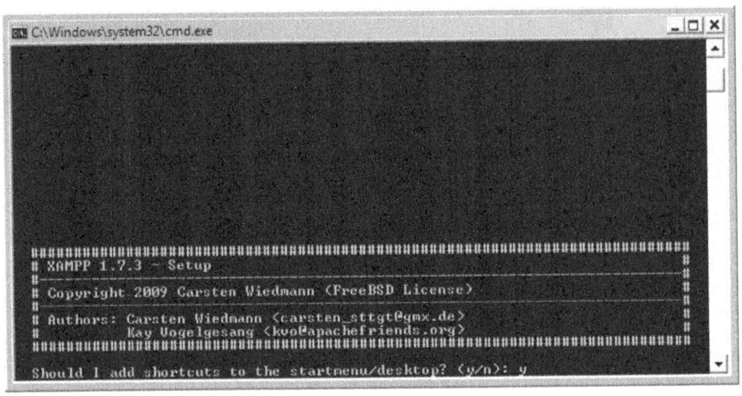

FIGURE A.5 : L'écran signalant la fin de l'installation de XAMPP.

9. **Validez les choix proposés par défaut en pressant Entrée.**

   La procédure d'installation de XAMPP peut vous interroger plusieurs fois pour effectuer différentes tâches de configuration supplémentaires. Laissez faire le programme en optant pour les choix par défaut. Parfois, l'écran peut s'arrêter un instant. C'est normal. Attendez sagement. L'installation reprendra jusqu'à son terme.

10. **Lorsque l'installation est terminée, un message vous demande si vous souhaitez afficher le panneau de configuration de XAMP. Saisissez 1 et pressez Entrée.**

Ce message est représenté sur la Figure A.6. Le panneau de configuration lorsque Apache et MySQL fonctionnent est représenté sur la figure A.7.

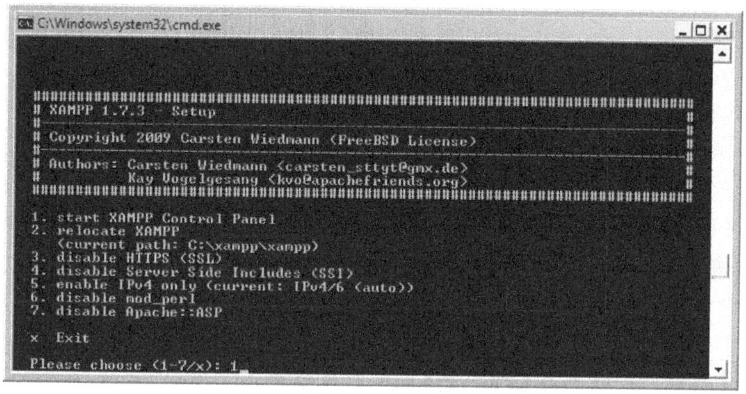

FIGURE A.6 : Le message signalant la fin de l'installation de XAMPP.

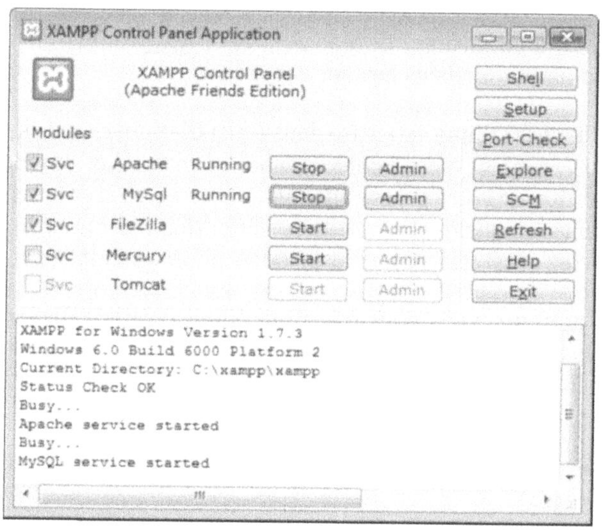

FIGURE A.7 : Le panneau de configuration de XAMPP.

Sur cette figure, Apache et MySQL sont en cours de fonctionnement et la case Svc (pour Service) est cochée, signifiant que ces logiciels fonctionnent en tant que services Windows. Ce panneau vous permet de constater que votre installation est prête pour le développement.

Si le statut d'Apache et de MySQL est Running mais que la case Svc n'est pas cochée, vous pouvez utiliser ces logiciels mais ils s'arrêteront lorsque vous éteindrez votre ordinateur. Vous devrez donc les redémarrer en passant par le panneau de configuration de XAMPP chaque fois que vous redémarrerez votre ordinateur. Il vaut mieux les faire fonctionner en tant que services, car ils démarreront ainsi automatiquement avec votre ordinateur. Pour redémarrer Apache et MySQL en tant que services, cliquez sur Stop pour les arrêter. Cochez alors la case Svc, puis sur Start pour redémarrer les logiciels.

Vous pouvez maintenant fermer le panneau de configuration de XAMPP. Vos logiciels sont installés et prêts à être utilisés pour développer votre application de base de données sur le Web.

Lorsque le panneau de configuration fonctionne, l'icône orange XAMPP apparaît dans la zone de notification de Windows. Vous pouvez cliquer dessus pour afficher le panneau de configuration. Si l'icône n'apparaît pas dans votre zone de notification, vous pouvez lancer le panneau de configuration manuellement en sélectionnant Démarrer->Tous les programmes->Apache Friends->XAMPP->XAMPP Control Panel.

Installer XAMPP sur Mac

Si vous êtes un utilisateur de Mac, Apache, MySQL et PHP sont déjà installés sur votre ordinateur, mais ils ne sont pas activés.

Si vous disposez d'une expertise dans l'installation, ce qui signifie savoir activer un logiciel, accéder à des fichiers cachés et verrouillés et modifier un fichier de configuration de votre propre chef, vous pouvez utiliser le système déjà installé. Vous trouverez quelques conseils sur http://foundationphp.org et d'autres sites. Vous devrez aussi télécharger et installer phpMyAdmin séparément.

Si vous préférez, vous pouvez utiliser XAMPP. Il installe tout ce qu'il faut en une seule procédure et il est aussi facile à installer que toute autre application. Cependant, vous devrez au préalable vous assurer que les logiciels déjà installés ne sont pas activés :

1. **Allez dans les préférences de votre système et cliquez sur le bouton Partage.**
2. **Assurez-vous que la case Partage Web (ou Partage Web Personnel dans les premières versions de Mac OS X) n'est pas cochée.**

   C'est très important. Si vous avez coché cette case, les versions d'Apache et de PHP installées par le système vont interférer avec votre usage de XAMPP.

3. **Allez sur www.apachefriends.org/fr/xampp-macosx.html.**
4. **Faites défiler l'écran jusqu'à atteindre la section Téléchargement.**
5. **Cliquez sur le premier lien XAMPP pour Mac OS X.**

   Téléchargez le fichier sur votre bureau.

6. **Lors que le téléchargement est terminé, le package se lance automatiquement. Si ce n'est pas le cas, double-cliquez dessus.**
7. **Glissez le dossier XAMPP sur le dossier Applications de votre ordinateur.**

   XAMPP est maintenant installé dans le dossier `Applications/xampp`.

8. **Double-cliquez sur l'icône XAMPP Control dans le dossier XAMPP de votre dossier Applications.**

   Si Apache et MySQL ne fonctionnent pas, cela sera indiqué par une icône sur fond rouge. Pour pouvoir travailler dans votre environnement de développement, vous devez les démarrer tous les deux.

9. **Si Apache et/ou MySQL ne fonctionnent pas, cliquez sur Start pour chacun.**

   L'icône se transforme en «Running» sur fond vert. Lorsque Apache et MySQL fonctionnent tous deux, vous pouvez utiliser votre environnement de développement.

Vous pouvez maintenant fermer le panneau de configuration de XAMPP. Vos logiciels sont installés et vous pouvez entamer le développement de votre application de base de données sur le Web.

Lorsque le panneau de configuration fonctionne, son icône apparaît dans votre Dock. Vous pouvez cliquer sur l'icône pour ouvrir le panneau de configuration.

Utiliser XAMPP

Une fois que vous avez accompli la procédure d'installation de XAMPP décrite dans les sections précédentes, Apache, PHP et MySQL sont prêts à être utilisés.

S'il semble que Apache et/ou MySQL ne fonctionnent pas correctement, vous pouvez ouvrir le panneau de configuration de XAMPP pour consulter leurs statuts. Parfois, ils ne sont pas lancés et vous devez le faire manuellement. Ou alors, les arrêter et les lancer de nouveau peut permettre de résoudre le problème.

XAMPP dispose aussi d'une page principale qui donne accès à quelques fonctionnalités qui peuvent s'avérer utiles. Cette page est similaire à celle représentée sur la figure A.8.

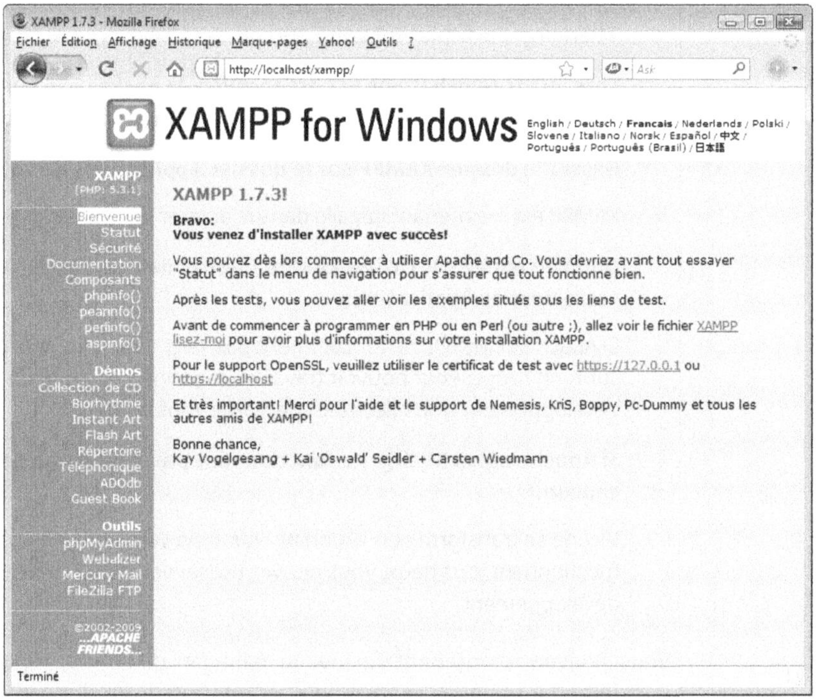

FIGURE A.8 : La page principale de XAMPP.

Pour accéder à cette page principale, ouvrez votre navigateur et saisissez localhost dans la barre d'adresse. La première fois que vous ouvrez XAMPP, vous devez choisir une langue.

La page principale de XAMPP donne accès à des fonctionnalités via le menu qui se trouve sur le côté gauche. Parmi ces fonctionnalités, les plus utiles sont :

» **Statut**. Affiche la page qui fournit des informations sur le statut des logiciels Web.

» **Documentation**. Fournit de la documentation sur vos logiciels Web.

» **phpMyAdmin**. Fournit un lien qui ouvre phpMyAdmin. Toutefois, vous n'êtes pas obligé de passer par la page principale de XAMPP pour accéder à phpMyAdmin. Vous pouvez y accéder directement en saisissant `localhost/phpmyadmin`.

» **FileZilla FTP**. Fournit un lien qui lance le logiciel FileZilla.

En général, vous n'avez pas besoin d'utiliser la page principale de XAMPP très souvent, si ce n'est jamais. Pour réaliser les applications décrites dans ce livre, vous n'avez carrément pas besoin d'y accéder. Cependant, c'est une bonne idée que d'accéder à cette page au moins une fois pour vous assurer que tout fonctionne correctement.

Annexe B
Configurer PHP

Cette annexe présume que vous avez installé les logiciels requis pour faire fonctionner un site Web.

PHP dispose de nombreux paramètres de configuration qui contrôlent la manière dont il fonctionne. J'ai évoqué ces paramètres à diverses reprises au fil de cet ouvrage. Par exemple, j'ai fait référence aux paramètres PHP relatifs à la gestion des erreurs lorsque j'ai expliqué comment les erreurs PHP fonctionnent au chapitre 6.

Les paramètres de configuration sont conservés dans un fichier php.ini. PHP recherche le fichier php.ini lorsqu'il démarrage et utilise les paramètres qu'il y trouve. Si PHP ne peut pas localiser ce fichier, il utilise un jeu de paramètres par défaut.

Tout paramètre PHP peut être modifié via le fichier php.ini. Quelques paramètres devraient être systématiquement modifiés tandis que d'autres ne devraient l'être que dans des circonstances exceptionnelles. Par exemple, magic_quotes_gpc devrait toujours prendre la valeur off. J'ai présenté ce paramètre au chapitre 6.

Vous avez toujours accès au fichier php.ini sur votre ordinateur, ce qui vous permet de modifier des paramètres vous-même. À l'inverse, un hébergeur Web ne vous donne pas les droits requis pour accéder au fichier php.ini général, car ce fichier contrôle les paramètres affectant les sites de tous les utilisateurs de l'ordinateur et non seulement ceux qui affectent votre site. Vous devez donc mettre en œuvre une autre procédure si vous souhaitez modifier des paramètres PHP sur ce type de configuration :

- **Un fichier `php.ini` local.** Quelques hébergeurs vous permettent de disposer d'un fichier php.ini local qui contrôle le fonctionnement de PHP pour votre site Web uniquement. Dans ce cas, vous n'avez qu'à modifier directement ce fichier.
- **Un fichier `.htaccess`.** Vous pouvez ajouter des directives à votre fichier `.htaccess` pour modifier des paramètres PHP. Toutefois, vous ne pouvez modifier que certains paramètres PHP de cette manière.

» **Une instruction dans un programme PHP**. Vous pouvez ajouter une instruction dans un programme PHP qui modifie un paramètre pour ce programme. Autrement dit, le paramètre ne prendra la valeur que vous spécifiez que durant l'exécution du programme, à la suite de quoi il reprendra sa valeur initiale. Seuls quelques paramètres peuvent être modifiés ainsi.

Notez que seuls quelques paramètres peuvent être modifiés via un fichier .htaccess ou via une instruction dans un programme PHP. Vous trouverez un tableau qui recense les paramètres PHP qui peuvent être modifiés sur www.php.net/manual/fr/ini.list.php. L'une des colonnes du tableau s'intitule Modifiable. Les codes qui figurent dans cette colonne vous indiquent par quels moyens les paramètres recensés peuvent être modifiés :

» `PHP_INI_ALL`. Peut être modifié par n'importe quel moyen.

» `PHP_INI_PERDIR`. Peut être modifié via un fichier `.htaccess`.

» `PHP_INI_USER`. Peut être modifié via une instruction dans un programme PHP.

» `PHP_INI_SYSTEM`. Ne peut être modifié que dans le fichier `php.ini`.

Tout au long de ce livre, j'ai présenté divers paramètres dans leur contexte. Chaque fois, j'ai expliqué comment il était possible de le modifier. Par exemple, lorsque j'ai traité de la gestion des erreurs dans les programmes PHP, j'ai présenté les divers paramètres qui affectent la gestion d'erreurs et montré comment il était possible de les modifier.

Modifier les paramètres dans `php.ini`

Vous pouvez modifier tous les paramètres PHP dans le fichier php.ini. Vous pouvez toujours modifier votre propre fichier php.ini à l'aide d'un éditeur de texte sur votre ordinateur. Si votre hébergeur vous permet d'utiliser un fichier php.ini local sur votre site Web, vous pouvez aussi modifier ce fichier à l'aide du même éditeur.

Dans le fichier `php.ini` général

Comme php.ini est un fichier texte, vous pouvez le modifier avec n'importe quel éditeur de texte. Suivez ces étapes pour procéder :

1. **Localisez le fichier php.ini qui est utilisé.**

   Comme je l'ai expliqué au chapitre 2, vous pouvez identifier le fichier dont il s'agit à l'aide des informations retournées par l'instruction `phpinfo()` dans un programme PHP.

2. **Ouvrez le fichier php.ini dans votre éditeur de texte favori.**

3. **Faites défiler le contenu du fichier jusqu'au paramètre que vous souhaitez modifier.**

   Dans cet exemple, je vais désactiver `magic_quotes_gpc`. La figure B.1 montre le paramètre `magic_quotes_gpc` avant que je ne le modifie.

4. **Passez la valeur On à Off.**

5. **Sauvegardez le fichier php.ini modifié.**

6. **Relancez Apache.**

   Vous pouvez ouvrir le panneau de contrôle de XAMMP, cliquer sur Stop puis cliquer sur Start. Ou alors, vous pouvez vous rendre dans la fenêtre des services, sélectionner Apache et cliquer sur Redémarrer.

   Toutes les modifications que vous effectuez dans le fichier `php.ini` ne prendront pas effet tant que vous n'aurez pas redémarré Apache.

```
  Maximum size of POST data that PHP will accept
post_max_size = 8M

  Magic quotes
```

FIGURE B.1 : Le paramètre `magic_quotes_gpc` qu'il s'agit de modifier.

Dans le fichier `php.ini` de votre site Web

Si vous avez la possibilité d'utiliser un fichier php.ini local, sachez que ce fichier n'a pas besoin de contenir tous les paramètres que le fichier php.ini général se doit de contenir. Il n'a besoin de contenir que les paramètres que vous souhaitez modifier.

Au chapitre 2, lorsque vous avez testé votre configuration, vous avez créé un fichier vide nommé php.ini dans votre environnement de développement. Vous pouvez y ajouter les paramètres que vous souhaitez modifier.

1. **Ouvrez le fichier php.ini de votre environnement de développement dans votre éditeur de texte favori.**

   Il peut être vide ou contenir des paramètres que vous y avez précédemment rajoutés.

2. **Ajoutez le paramètre que vous souhaitez modifier.**

   Par exemple, pour désactiver le paramètre `magic_quotes_gpc`, ajoutez la ligne suivante dans le fichier `php.ini` :

```
magic_quotes_gpc = Off
```

3. **Sauvegardez le fichier php.ini.**

4. **Téléchargez le fichier php.ini modifié sur votre site Web.**

   Le fichier `php.ini` modifié remplace l'actuel, et le paramètre est modifié.

Modifier les paramètres à l'aide d'un fichier `.htaccess`

Le fichier .htaccess est un fichier de configuration Apache. Apache lit ce fichier et effectue certaines tâches en fonction des directives qu'il contient. Vous pouvez ajouter des directives à un fichier .htaccess pour demander à Apache de modifier les paramètres de configuration de PHP. Comme cela a été expliqué plus tôt dans cette annexe, seuls certains paramètres PHP ne peuvent pas être modifiés de la sorte.

Les paramètres que le fichier .htaccess contient s'appliquent à tous les programmes du répertoire où le fichier .htaccess réside, ainsi qu'à tous ses sous-répertoires. Vous pouvez utiliser plus d'un fichier .htaccess – ces fichiers se trouveront dans autant de sous-répertoires distincts.

Vous disposez peut-être déjà d'un fichier .htaccess sur votre site Web. Quelques hébergeurs utilisent des fichiers de ce genre pour permettre à leurs utilisateurs de spécifier leurs propres configurations. Si un fichier .htaccess existe déjà pour votre site Web, faites donc attention lorsque vous le modifiez. Il peut contenir des directives qui sont essentielles pour le bon fonctionnement de votre site.

Il vaut mieux ne pas copier le fichier .htaccess dans votre environnement de développement. En effet, le fichier de votre site Web peut contenir des directives qui sont requises sur votre site Web, mais qui ne permettront pas à votre environnement de développement de fonctionner, voire qui désactiveront carrément votre site local.

Les directives que vous utilisez dans un fichier .htaccess pour modifier les paramètres PHP sont les suivantes :

- » `php_flag`. Utilisée pour activer ou désactiver des paramètres.
- » `php_value`. Utilisée pour affecter une valeur à un paramètre.

Pour désactiver la directive magic_quotes_gpc, comme cela a été montré dans la section précédente, utilisez la directive suivante dans le fichier .htaccess :

```
php_flag magic_quotes_gpc Off
```

Si vous devez spécifier la valeur d'un paramètre, utilisez une autre directive comme dans cet exemple :

```
php_value post_max_size = 10M
```

Pour modifier un paramètre, il vous suffit d'éditer le fichier .htaccess et d'y ajouter le paramètre en question. Si votre hébergeur vous permet de créer directement un fichier sur votre site Web, vous pouvez donc l'y éditer (le fichier .htaccess est une exception au regard des instructions que j'ai prodiguées, recommandant de ne pas éditer de fichiers sur votre site Web directement mais uniquement sur votre site de développement).

Si vous avez besoin de modifier le fichier .htaccess sur votre site de développement, téléchargez le fichier .htaccess courant, ajoutez la directive modifiant le paramètre et téléchargez le fichier modifié de nouveau sur votre site Web. N'oubliez pas de supprimer le fichier .htaccess de votre site de développement après l'avoir téléchargé sur votre site Web.

Modifier des paramètres avec des instructions PHP

Vous pouvez modifier certains paramètres PHP à l'aide d'une instruction PHP dans un programme. Ce paramètre n'est modifié que lorsque le programme est exécuté. Lorsque cette exécution se termine, le paramètre PHP reprend sa valeur initiale. Comme cela a été expliqué plus tôt, tous les paramètres PHP ne peuvent pas être modifiés par ce moyen.

PHP fournit donc une instruction pour modifier un paramètre. Le format général est :

```
ini_set("parametre", "valeur");
```

Dans les deux sections précédentes, je vous ai montré comment désactiver magic_quotes_gpc. Toutefois, je ne peux pas utiliser magic_quotes_gpc ici. Si vous jetez un œil sur le tableau auquel j'ai fait référence plus tôt dans cette annexe, vous verrez que magic_quotes_gpc est signalée comme PHP_INI_PERDIR. Cela signifie que magic_quotes_gpc ne peut pas être désactivée par voie d'une instruction. Le paramètre ne peut être désactivé que dans un fichier php.ini ou un fichier .htaccess.

Pour cet exemple, je vais donc plutôt choisir de désactiver les erreurs. Pourquoi le faire ? Cela est expliqué au chapitre 6. Pour désactiver les erreurs, ajoutez l'instruction suivante au début du programme :

```
ini_set("display_errors", "Off");
```

PHP dispose aussi d'instructions spécifiques à certains paramètres. Vous pouvez les utiliser en lieu et place de l'instruction ini_set. Par exemple, PHP vous propose une instruction pour modifier les types d'erreurs que vous souhaitez afficher.

Il est fréquent de vouloir modifier les types d'erreurs à afficher. Par exemple, vous souhaiterez utiliser une instruction qui affiche des messages d'erreur plus détaillés durant le développement, mais vous souhaiterez afficher moins de détail lorsque le site Web sera rendu public. Vous voudrez alors plutôt enregistrer les erreurs que de les afficher au monde entier.

Pour modifier les types d'erreurs affichés temporairement, vous pouvez utiliser l'instruction suivante au début de votre programme :

```
error_reporting( E_ALL );
```

Cette instruction indique à PHP qu'il doit afficher tous les messages d'erreur lorsque le programme, et aucun autre, est exécuté.

Une autre instruction fournie par PHP permettant de modifier un paramètre est :

```
set_time_limit( seconds);
```

Cette instruction modifie la durée pendant laquelle PHP attend avant de décider que le programme fonctionne mal et décide de suspendre son exécution.

Index

D

E

F

M

N

O

P

Imprimé en France

N°: 45504143 21217

Dépôt légal: 08/2017